JN094179

技術・家庭科 ものづくり大全

その教育理念と授業実践

産業教育研究連盟［編］

合同出版

序　文

　人類は、地球という限られた世界の中で生きています。その自然の恵み
を得て、生命を維持し生活しています。この事実は、人類の誕生から将来
にわたり、変わることのない普遍的原理です。自然の法則に従い社会に有
用なものを作り出す人間の営みが、生産労働です。生産労働は、長い人類
史の時間を経てヒトを進化させ、社会や文化を築く基礎にもなってきまし
た。

　人類の歴史を見れば明らかなように、生活の根本である衣・食・住を
確保することから人類の生活は始まっています。人類はそれを拠り所にし
ながら、生産労働を農業、工業へと長い年月を掛けて積み上げてきました。
これらの営みは、どれも欠くことのできないものになっています。自然と
の関わりを発展させた成果は、生産に関する知的体系である技術としてま
とめられています。それを担う教科が、技術・家庭科です。技術・家庭科
は優れた陶冶力を持ち、子どもたちが技術・家庭科を学ぶことは、人間形
成に大きく役立つはずです。誰もが学校で学び、誠実な働き手となり、社
会を支える一員となります。ゆえに、技術・家庭科は学校教育に欠かせな
い教科です。身の回りの生活から巨大かつ高度な生産に至るまで、技術が
貫かれており、それは学校で学ぶに値する教科です。しかし、日本の教育
課程においては、技術・家庭科の意義と陶冶価値の認識が低いという弱点
があります。

　日本において技術・家庭科が始まったのは、戦後以降のことです。高度
経済成長期においては、技術・家庭科の時間数も確保されていました。し
かしながら世の中は、労働やモノに対価を支払う実体経済からモノを介さ
ずにお金だけが動く金融経済へと変わってきました。そのような社会変化
は、技術・家庭科の授業時数の削減と無関係とは思えません。しかし、お

金だけが動く経済活動は新たな価値を作り出すことはできず、人々の豊かな生活を実現することはありません。真の豊かさは、やはり労働により価値を作り出し、その富が人々に分配されてはじめて実現できます。人類は、自然から恵を得て持続可能な社会をめざすべきです。その担い手の教育に、技術・家庭科は重要な役割を持っています。

　教員数の削減、授業時数の削減の中で、民間教育研究団体である産業教育研究連盟を維持・発展させることはなかなか困難です。教師が自ら研修する機会はおろか、多忙化も問題になっています。そのような状況を鑑み、本書は、これまでの産業教育研究連盟の活動に基づいて、その成果をまとめたものです。清原道壽『昭和技術教育史』（農文協）は、戦前から戦後にわたる昭和時代の技術教育をつぶさにまとめた大著です。しかし、昭和末期から平成の技術・家庭科教育についてまとめられたものはありません。本書は、技術・家庭科教育の意義を理解して、困難な中でもすばらしい授業を実践してきた教師集団がいた証であり、産業教育研究連盟としての総括の意味を持っています。

　産業教育研究連盟の発足当時からの研究成果を十分に伝え切れていないかもしれませんが、可能な限り個々の研究を取り上げたつもりです。本書に加え、産業教育研究連盟の月刊誌「技術教室」や産教連通信および関係する方々の書籍が、将来の技術・家庭科教育の発展に寄与できれば、望外の喜びです。

　最後に、本庄由香里さんに本書の制作を担当していただきました。ありがとうございます。そして、何をおいても本書が出版できたことは、合同出版の上野良治会長のご理解とご支援によるものです。心より深謝申し上げます。

　2021 年初夏

産業教育研究連盟常任委員会

目次

第Ⅱ部　教材と授業実践

第6章　金属加工の授業 —— 金属の性質を生かしたものづくり……207

┌─【凡例】─

月刊「技術教育」「技術教室」の変遷

職業と教育, No. 1（1945 年 5 月）〜 No. 4（1950 年 5 月）
　　職業教育研究会機関誌として発行
職業・家庭, No. 5（1951 年 6 月）〜 No. 6（1951 年 11 月）
　　職業教育研究会機関誌として発行
職業教育研究会機関誌, No. 7（1952 年 3 月）〜 No. 13（1952 年 12 月）
　　職業教育研究会機関誌として発行
職業と教育, No. 1（1953 年 2 月）〜 No. 8（1954 年 8 月）
　　職業教育研究会編集，月刊誌になる
職業と教育, No. 9（1954 年 9 月）〜 No. 3（1956 年 3 月）
　　産業教育研究連盟編集
教育と産業, No. 4（1956 年 4 月）〜 No. 3（1959 年 3 月）
　　産業教育研究連盟編集
技術教育, No. 82（1959 年 5 月）〜 No. 308（1978 年 3 月）
　　産業教育研究連盟編集，国土社発行
技術教育, No. 309（1978 年 4 月）〜 No. 311（1978 年 6 月）
　　産業教育研究連盟編集，民衆社発行
技術教室, No. 312（1978 年 7 月）〜 No. 488（1993 年 3 月）
　　産業教育研究連盟編集，民衆社発行
技術教室, No. 489（1993 年 4 月）〜 No. 713（2011 年 12 月）
　　産業教育研究連盟編集，農山漁村文化協会発行

＊以上の雑誌は、産業教育研究連盟の以下のURLの「技術教室」から閲覧できます。
　　http://www.sankyoren.com

■本文組版　本庄由香里（GALLAP）
■写真提供
　カバー（上）：Dendera temple or Temple of Hathor. Egypt. ／ Merlin74 ／ PIXTA(ピクスタ)
　カバー（下）：Drawings on the ceiling of the temple of Hathor, fragments. Dendera.
　　　　　　　 ／ Olga Margulis ／ Shutterstock.com
　表紙（表）：Hieroglyphics ／ Shutterstock.com
　表紙（裏）：Hieroglyphs of Karnak temple ／ Oskanov ／ PIXTA(ピクスタ)
　本扉：上野原遺跡から見つかった水煙土器 ／ 山梨県立考古博物館所蔵
■装幀　中島かほる

第Ⅰ部

技術教育・
家庭科教育の課題

技術・家庭科教育の
変容と課題

❶ 技術・家庭科教育の変容

1·1 「職業」の発足

　技術・家庭科教育の特徴は、その複雑な改訂の歴史にあり、それらは多くの問題を含んでいる[*1]。その事実は、教科名およびその内容の変遷を見ても一目瞭然である。他の教科は純粋に教科を論じることでこと足りるが、技術・家庭科では領域の変更も多く、一貫した教育が実施されなかった。

　学習指導要領改訂のときは、移行措置や指導要領改訂への対応に追われてしまうが、昭和、平成、そして令和へと元号が変わった戦後74年間を通して技術・家庭科教育の変容を見ると、日本の教育の抱えている構造的問題を再認識することができる。戦前の技術・家庭科教育については、関係する書物にゆずり[1,2]、戦後の技術・家庭科教育の変容について考察する。

　新制中学校発足時の昭和22（1947）年に、技術・家庭科は「職業」の教科名として始まった。文部省の学習指導要領（試案）では[*2]、「職業」は、農業・商業・水産・工業・家庭が領域として含まれており、中学校卒業とともに就職する生徒が多かった時代を反映して、実務に即した内容になっていた。また、農業、商業、工業、水産などの実業高校に進学する上でも、

---

*1　教科名の変遷などもあり、技術・家庭科教育では技術教育か技術科教育かの用語の扱いですら議論になる。普通教育としての技術教育を意味する場合は、技術教育を使用し、中学校の教科に限定する場合は、技術科教育の用語を使用する。普通教育としての技術と家庭科の教育を表す場合、技術教育・家庭科教育とするのが厳密な表現である。本稿では、中学校での技術・家庭科の教育を扱うことから、「技術・家庭科教育」の用語を使用する。教科名としては「技術・家庭科」と表す。中学校の行政上の教科名を表すときは、技術・家庭となる。

*2　当時は、学習指導要領（試案）として提示され、「これまでの教育では、その内容を中央できめると、それをどんなところでも、どんな児童にも一様にあてはめて行こうとした。だからどうしてもいわゆる画一的になって、教育の実際の場での創意や工夫がなされる余地がなかった。このようなことは、教育の実際にいろいろな不合理をもたらし、教育の生気をそぐようなことになった」ことを指摘し、試案の意味を記している。

進学後の基礎になる教科としても位置づけられた。当時、家庭科は小学校および高校の教科として位置づけられていた。しかし、中学校においては、技術も家庭科も教科としては存在しなかった。このような、戦後の教科としてのはじまりが、多くの問題の発端となることは、誰の目から見ても明らかである。

　その原因は、戦前の技術・家庭科教育においては、技術は勤労精神を涵養する科目として位置づけられ、家庭科は女子教育としての科目として位置づけられていたことにある。戦後の民主教育のカリキュラムを作成する時においても、技術・家庭科の教科としての本来の意義や役割が全く理解されないままであったことは不幸であったと言わざるを得ない。さらに、戦後の民間教育研究の活動の中で、技術・家庭科の教科としての意義や役割は追究されたが、その成果は技術・家庭科の中にとどまり、技術・家庭科教育以外では、その意義と役割が理解されなかった。国民の教育に責任を持つ教育学者や文科省が、諸外国と日本のカリキュラムを比較研究すれば、技術・家庭科の教科の役割の認識が、日本においてはきわめて低いことに容易に気付くはずである。その一方で、技術・家庭科教育に関わる内容や時間を削減し、ゆとり教育、総合的学習の時間、道徳などを導入した教育政策の罪過は大きい。

1.2　職業・家庭科の時代

　昭和26年の学習指導要領（試案）改訂から「職業・家庭科」の名称が現れ、中学校の職業科の内容から家庭科の内容が分離されるようになる[*3]。

　当時、家庭科は小学校（第5、6学年）および高等学校に教科として存在していた。中学校に教科として家庭科がないことが、家庭科教育団体に

---

*3　国立教育政策研究所の「学習指導要領データベース」は、昭和22年から平成29年度までの学習指導要領が整理されており、役に立つ。以下のURLから参照できる。
https://www.nier.go.jp/guideline/

おいては、何としても改善しなければならない課題であったことが一因である。今日から振り返ると、このようなことが、昭和33年改訂の学習指導要領で「技術・家庭科」の教科が生まれる重大な事件につながった[3]。

　当時の試案では、「家庭生活に関する仕事は、他面からみれば、職業に発展する性格をもっている」と指摘し、家庭生活を女子教育の範疇にとどめないで、社会へと導く可能性を指摘していることは重要である。

　職業教育研究会が1949年2月に発足して、同年5月には職業教育研究会機関誌「職業と教育」が創刊されている[4]。当時、中学校3年の保護者を3学期に集めると、一番の問題は就職である。卒業生の8割が就職を希望する。それを解決できる教科は、職業科しかない。そのような気持ちで、技術・家庭科の教育実践者たちは、職業教育研究会に結集した。当時の職業・家庭科の教科書はとても授業に使えるものはなく、教員自らがすべて用意しないと授業が成立しなかった。熱心な教師らの努力は職業科文庫（全50巻）として編纂され、同文庫は鉱山や製鉄所で働く人から、電球や紙などを作る人たちなど、たくさんの職業を網羅してその仕事を興味深く教え、生徒に伝えようとしている。生徒が自ら職業を選択するための知識が何よりも必要であった。

1·3 「技術・家庭」の発足と黄金時代

　学習指導要領が昭和33（1958）年に告示され、昭和37年度から実施された。戦後から高度成長に向かう日本は、工業経済が急成長を始める時代を迎えていた。教科名を「技術・家庭」と改め、技術と家庭科はそれぞれ男子向きと女子向きの男女別学で実施されることになった。職業科時代の授業時数140時間から、技術・家庭では各学年105時間となり、当時の領域設定は、

男子向き　設計・製図、木材加工、金属加工、栽培、機械、電気、総合実習
女子向き　設計・製図、家庭工作、家庭機械、調理、被服製作、保育

であった。この学習指導要領の内容と時数設定が、戦後の技術・家庭科教育を形作ることになった。社会の流れと、教科の発展が歩調を合わせて進行した時代である。時間数は週3コマで、製作などを考慮した2コマ連続の時間割が設定できたことは、優れた学習効果を発揮した。例えば、熱機関の学習では、エンジンの分解組み立て、内燃機関のしくみ、機構学の学習にとどまらず、蒸気機関の製作へと発展している[5]。

　この体制は昭和52（1977）年の学習指導要領改訂まで継続された。昭和44（1969）年の学習指導要領の改訂においても、授業時数は105時間に維持され、領域についても

男子向き　製図、木材加工、金属加工、栽培、機械、電気

女子向き　被服、食物、住居、家庭機械、家庭電気、保育

で構成され、設計・製図が製図になったが、大幅な変更はなかった。

　19年間にわたり、週3コマの授業時間が用意され、その領域もかなり精選されていたことは、技術・家庭科教育の確立と発展をもたらした。これは、まさに技術・家庭科教育の黄金時代であったと言っても過言ではない。その結果、教材開発や授業実践などが活発に展開され、多くの成果を残すことができた。産業教育研究連盟（以下、産教連と称す）の自費出版であった「教育と産業」は、昭和34（1959）年5月には改題して「技術教育」となり、国土社から創刊された[*4]。このようにして、技術・家庭科教育の民間教育研究団体の活動が、全国的に普及しながら展開することになる。この時期の成果は、大著『昭和技術教育史』[6]の中に網羅されている[*5]。また、産教連編集の「教育と産業」「技術教育」「技術教室」のすべての雑誌が、産教連のホームページに掲載され[7]、誰でも自由にダウンロードで

---

*4　「技術教育」は1978年3月号まで国土社から出版され、翌4月号から民衆社より出版された。同年7月号から「技術教室」として民衆社により出版された。さらに、「技術教室」は1993年4月号から農山漁村文化協会から発刊され、休刊する2011年12月号まで続いた。

*5　『昭和技術教育史』は、太平洋戦争前の昭和の初期から高度経済成長期までの40年間の初等・中等教育における技術教育の実践研究が網羅されている労作である。

きる。これらの雑誌には、戦後の技術・家庭科教育において議論されてきた教科内容や授業実践、そして教材論がしっかりと記録されており、歴史的にも貴重な一次資料である。

1·4　技術・家庭と男女共学

　中学校学習指導要領の昭和52（1977）年改訂（昭和56年施行）では、受験戦争や「詰め込み教育」への批判、日教組の「ゆとりある学校」などの提起も影響し、学習負担の適正化が計られるようになった。その結果、技術・家庭の授業時数は、各学年105時間から1・2学年70時間、3学年105時間へと削減された。他の教科でも同様に時数が削減された。「ゆとりある学校」への方向転換は、それ以後の教育改革における時数削減のはじまりであり、時数削減は学校教育に取り返しのつかない重大な影響を与えることになる。

　そもそも詰め込み教育やゆとりのない生活が授業時数の多いことに起因するのではなく、本当の原因は競争社会と学歴神話によるものである。何のために学ぶのかを見失った大人社会の責任が学校教育に転嫁されたことを見逃してはならない。根本の原因を放置した教育改革の姿は、技術・家庭科教育に見て取ることができる。

　さらに、技術・家庭の特徴として男女の相互乗り入れがある。改訂された学習指導要領では、

　A木材加工（1、2）、B金属加工（1、2）、C機械（1、2）、D電気（1、2）

　E栽培、F被服（1、2、3）、G食物（1、2、3）、H住居、I保育
の一連の領域を設定し、ついに技術領域から製図がなくなり、製図の要素は木材加工および金属加工の中に含める扱いになった。「原則として、男子にはAからEまでの領域の中から5領域、FからIまでの領域の中から1領域、女子にはFからIまでの領域の中から4領域、AからEまでの4領域の中から1領域を含めて履修させるように計画すること」と規

定した。男女別学であった技術・家庭科から、それぞれ1領域ずつを互いに乗り入れることになった。

　女子にも普通教育として技術を学ぶ機会を与えることは、男女平等の原則からも歓迎されることである。だが、女子差別の撤廃と「家庭科共学」について吟味すべき点がある。小学校家庭科は、男女共学であった。高校の家庭科は、昭和22（1947）年に共学の選択科目としてはじまった。中学校・技術は男子生徒。家庭科は女子生徒が履修していた。男女の学習内容の違いは、男女差別として指摘される点である。

　その後、全国家庭科教育協会などの家庭科教育団体は「家庭科の女子必修化」に向けた請願・陳情活動を展開した。中央産業教育審議会*6での審議を経て1974（昭和49）年に高校家庭科の女子必修化が実現した。選択共学であった家庭科から女子必修化を求めたのが、家庭科教師団体であったことは何とも理解に苦しむところである。

　昭和50（1975）年6月にメキシコシティで国連の国際婦人年世界会議において、国内、国際両面における国際婦人年の目標達成のための行動への指針を与える「世界行動計画」が採択された。同年秋の第30回国連総会では、この会議で決まった行動計画を承認するとともに、昭和51（1976）年から昭和60（1985）年までを国連婦人の10年とすることを宣言し、その目標を平等・発展・平和と定めた。日本国内における取組では、昭和50年6月、衆参両院の超党派議員により「国際婦人年にあたり、婦人の社会的地位の向上を図る決議」が提案され、衆参両院で採択された。昭和55（1980）年7月、コペンハーゲン（デンマーク）において「国際婦人の10年」中間年世界会議が開催され、「国連婦人の10年後半期行動プログラム」が採択された。同会議の会期中に女子差別撤廃条約の署名式が行われ、日本もこれに署名した。1984年6月、文部省は家庭科教育に

---

*6　1951年6月産業教育振興法の公布に伴って設置された産業教育の施設、設備、総合計画などについて答申、建議をするための審議会。1966年7月に理科教育審議会と合併して、理科教育及び産業教育審議会（文部科学省所管）となった。「理科離れ」とは裏腹に、平成10（1998）年以降、開催されていない。

関する検討会議」を設置し、同会議は同年12月に「今後の家庭科教育の在り方について」報告をまとめ、「女子のみ必修」の家庭科から男女共学の家庭科の方向性が打ち出された。

　以上のような経緯をみると、中学・高校の家庭科を男子にも履修させることが、女子差別の撤廃であるかのように見える。しかし、女子差別の撤廃とは、女子における機会や権利の制限を撤廃することが本来の趣旨である[*7]。当時、女子生徒が学校において機会を与えられていなかった教科は中学校・技術である。女子生徒が家庭科を履修することが差別ならば、女子もそれを履修しないことが差別の解消になる。女子から技術を遠ざけることは、高校や大学の進学にも影響する。そして、理工系や医学の高度な技術を必要とする職業は賃金が高いが、それらの職種に女性の割合は少ない。その結果、社会的差別の構造が形成される。その根底には、ジェンダーの問題がある。高度経済成長政策においては、夫は仕事、妻は家庭の性的役割が強調され、当時は結婚に際して退社することが当たり前の風潮すらあった。

　正確に見れば、女子生徒が技術を履修する機会を奪っていることが、女子差別である。しかし、女性団体や家庭科教育団体の運動には「女子にも技術履修の機会を」のベクトルではなく、「男子に家庭科履修を」の陳情に変わり、政府はその陳情に対応して女子差別撤廃条約の行動としてきた。それは、女子差別の真の解決につながることがなかった。家庭科教育においては、家政学団体の影響力、発言力は大きい。例えば、男女共学の教育内容について、日本家政学会は「従来の食物、被服などを中心としたものから、食生活、衣生活、住生活に加えて、家族関係、保育、家庭経営に関する内容をより重視すべき」と提言している[8]。このような提言が学習指導要領に影響を与え、中学校・家庭科の授業に多大な影響を及ぼしている。

[*7]　与えられなかった権利や機会が均等に与えられることが差別の撤廃である。技術教育を受ける権利のない女子生徒に技術教育を受ける機会を与えることが差別の撤廃となる。「女子だけでなく男子も家庭科を履修すべき」というスローガンは、家庭科を苦役・義務とみなした平等負担を意味する。それでは家庭科は苦役であり、教科に値しないことになる。

1·5　情報基礎と家庭生活の追加

　前述のように、学習指導要領の昭和 52（1977）年改訂により、1、2 年生は技術・家庭の授業時数は週 3 コマから 2 コマの授業時間へと削減され、技術・家庭の 1 領域をそれぞれ相互に履修する形態になった。女子生徒も技術の 1 領域を履修できるようになった意義は大きい。しかし、技術科の授業時間は 70 時間に家庭科領域も加わるので、厳密にみれば、技術の時間削減が始まったのである。

　昭和 59（1984）年に臨時教育審議会が設置され、官邸主導・政治主導の教育政策立案という新しい流れが始まった。平成元（1989）年改訂（平成 5 年 4 月施行）の中学校学習指導要領においては、技術・家庭科に重大な変更があった。昭和 52 年改訂の学習指導要領に、情報基礎と家庭生活が新たな領域として加えられた。技術および家庭科の教員免許状についても新領域への対応が求められたが、教員の配置や予算もないままであった。コマ数も増やすことなく新たな領域を加えたことからも、学習指導要領には真摯な配慮は見られず、社会の要望や要請を安易に技術・家庭科に押しつけていることがわかる。当時、パーソナルコンピュータが職場や家庭に普及しはじめ、まさに情報社会が動き出した。また、青少年の犯罪も取り沙汰され、家庭の役割も強調された。このような社会風潮を受け、それを教育改革に反映させるために、技術・家庭科がその受け皿にされた。

　技術・家庭科は男女共修となり、学校における授業内容に男女差がなくなった。男女共修の形態においては、完全な男女共学もあれば、男女が同じ内容を男女別学で履修する形態もあった。また、履修内容においては、木材加工、電気、家庭生活および食物の 4 領域は必修とされた。時間数が少なくなったにも拘らず、領域が増えたことから、技術および家庭科の各充実度は低下することになる。

　平成元（1989）年改訂（平成 5 年施行）では、履修が完全な男女共学

になった。さらに、授業時数は改訂前と同じ70時間であったにも関わらず、領域の設定は

　A木材加工、B電気、C金属加工、D機械、E栽培、F**情報基礎**、
　G**家庭生活**、H食物、I被服、J住居、K保育

となり、新たに情報基礎と家庭生活の2領域が追加された。A木材加工、B電気、G家庭生活およびH食物の4領域については必修となり、AからKまでの11の領域のうちから7以上の領域を履修することになった。これも、どのような根拠で必修を定めたのか説明されていない。11領域も設定しながら、それをすべて履修できない無理な教科内容の構成が押しつけられた。時数70時間であっても、実質的には大幅な時間削減になる。

　パーソナルコンピュータが社会に普及しはじめた時代を背景にして、学校教育における情報化社会への対応が迫られた。その結果、技術科においてF情報基礎の領域が加えられた。学習指導要領では「コンピュータの操作等を通して、その役割と機能について理解させ、情報を適切に活用する基礎的な能力を養う」としている[*8]。ものづくりを中心としてきた技術科に一方的に情報が加わったために、技術科の教師には冷ややかに受け止められた。情報基礎は、何の議論も準備もない、下からの積み上げがない教育改革の典型的なスタイルである。文科省の整備状況の調査を見ると[9]、パーソナルコンピュータの設置台数は平成3（1991）年で1校当たり8.3台であり、授業環境はほとんど整っていない。学習指導要領の情報基礎の導入は精神論でしかなかった。

　一方、教科（数学、理科）においては領域の設定はなく、指導計画の作成と内容の取扱いにおいて、数学では「必要に応じ、コンピュータ等を効果的に活用するよう配慮するものとする」、理科では「観察、実験の過程での情報の検索、実験データの処理、実験の計測などにおいて、必要に応

[*8]　コンピュータは計算機を意味し、大型計算機から個人利用のパーソナルコンピュータや、マイクロコンピュータまである。行政ではコンピュータと表現しているが、学校教育で利用されるのは、パーソナルコンピュータである。本書では、パーソナルコンピュータの用語を使用している。

じ、コンピュータ等を効果的に活用するよう配慮するものとする」の記述に留まっている。この扱いを見ると、技術科が社会的要請の受け皿となり、情報基礎を取り入れたが、時間数は配慮されなかった。これでは技術・家庭が犠牲になったと言っても過言ではない。

さて、家庭生活が追加されたことについては、前述のように日本家政学会が提言した「家族関係、保育、家庭経営に関する内容をより重視すべき」の影響だけではない。昭和58年警察白書によれば、刑法犯少年の数は19万1,930人と前年に比べ7,028人（3.8%）増加し、その人口比も18.8人となり*9、共に戦後最高を記録した56年を更に上回った。このような少年の非行問題がクローズアップされた。校内暴力、子どもの荒れなどの機運から、家庭や子育てが取り沙汰されたことも影響している。そもそも、家庭科の教科内容は、食物、被服、住居の技術的要素が多く含まれていた。作ること、技術的要素を活かした家庭科の授業を試みると、生徒が積極的に授業に参加し、生き生きと学ぶようになった経験を持つ教師が多い。そのような教師は、産教連の活動に参加して熱心に授業実践をしてきた。しかし、家庭生活や家族の領域が新たに加わることで、家庭科の技術的側面が薄まってしまうと共に、その時間数も減ってしまった。

ここから見える問題は、技術・家庭の教科の構成が学問を基礎に構成されていない弱点がある。学校に対する社会の安易な要請が、技術・家庭に押しつけられる弊害がある。その結果、時々の学習指導要領により、技術・家庭の領域が都合のいいように変更されることになる。

1·6　時数削減による技術・家庭科の衰退

平成10（1998）年改訂（平成14年施行）では、大幅な時数削減となった。その原因の一つは、学校週5日制が平成14（2002）年から完全

---

*9　警察白書では、人口比とは同年齢層の人口1,000人当たりの補導人員をいう。

実施されたことである*10。140 時間の授業時数の削減が必要となる。加えて、総合的な学習の時間のために、各学年で 70 時間以上の時数の削減が必要となった。合計で、210 時間の時数削減となった。この時数削減は技術・家庭科に留まらず、あらゆる教科に及んだ。このような時数の削減は、学力低下や理科離れなどの社会問題を引き起こすことになる。

　週休二日制は、「ゆとり教育」の実現には向かわず、部活動のための時間へと振り向けられた。「ゆとり教育」は部活動に拍車をかけ、休日や夏休みの出勤がますます増えた。これは、教育研究団体の夏の大会の衰退にもつながっている。教員勤務実態調査（平成 28 年度）の集計では [10]、看過できない教師の勤務実態が明らかとなった。学校だけでなく、日本中学校体育連盟*11 をはじめとするスポーツ団体は、練習試合や全中の大会などの在り方を検討しなければならない*12。スポーツ庁は「運動部活動の在り方に関する総合的なガイドライン」[11] や中央教育審議会の答申 [12] をしっかりと実質化できるかが問われる。

　平成 10（1998）年改訂により技術・家庭科は、技術分野と家庭分野の構成になり、

- **技術分野**　A 技術とものづくり、B 情報とコンピュータ
- **家庭分野**　A 生活の自立と衣食住、B 家族と家庭生活

のようになり、各領域は各分野の中に含められた。しかも、情報とコンピュータおよび家族と家庭生活で半分を占め、教科内容の大幅な変更と

---

*10　多くの学校では、1992 年から毎月第 2 土曜日が休日となり、1995 年からは第 2、第 4 土曜日が休日となり、徐々に週休二日制が導入された。2002 年から毎週土曜日が休業日となり、完全週休二日制が始まった。

*11　昭和 30（1955）年全国中学校体育連盟として発足し、平成元（1989）年 2 月 27 日、財団法人日本中学校体育連盟として設立認可された。主催の全国中学校体育大会（全中）の夏季大会は全国 8 地域にて輪番開催される。教員は夏休みも返上して部活動の指導に追われる。

*12　平成 30（2018）年、スポーツ庁は「運動部活動の在り方に関する総合的なガイドライン」を発表した。それには、週当たり 2 日以上の休養日を設けること、1 日の活動時間は、長くとも平日では 2 時間程度、学校の休業日（学期中の週末を含む）は 3 時間程度などが示されている。平成 31（2019）年には、中央教育審議会は「新しい時代の教育に向けた持続可能な学校指導・運営体制の構築のための学校における働き方改革に関する総合的な方策について」（第 213 号）の答申を出した。

なった。技術および家庭科で週1コマ、3年では選択授業である[*13]。その
ため、時数が圧倒的に足りなくなり、AとBの分野で構成されてしまった。
技術とものづくりについては、キーワード的に記されている環境・エネル
ギー、材料、加工技術、機器の仕組み、エネルギーの変換、栽培などのこ
とばから内容を想像するしかない。機械、電気の領域がなくなり、「エネ
ルギーの変換」という文言が何の説明もなく使用されている。かつての領
域は姿を消し、教科の内容は学問的基礎から乖離した。

　このような無謀な学習指導要領の改訂は現場に大混乱を引き起こし、技
術・家庭科の授業は、つまみ食い的な教材や教具しか利用できない事態に
追い込まれた。

　週2コマの授業がなくなると、ものづくりや実験・実習などの作業的な
授業は困難となる。「1コマの授業では、調理なんかできません」という家
庭科教師のことばは、そのことを端的に表している[*14]。食材と調理器具を用
意して、説明した後、調理を始めると授業が終わってしまう。理科、技術、
家庭科、美術などの授業は、実験、実習、作業などが不可欠であり、2コ
マ連続した時間割が必要である。座学が中心の教科であっても、週に複数
コマあって授業が成立する。年35時間では、あまりにも時数が少なく、授
業は成立しない。年70時間が、授業が成立する最低基準であろう。技術・
家庭科の授業は、学習指導要領により時数を削られ衰退することになる。

　各教科の時数を削られた平成10（1998）年改訂では、「総合的な学習
の時間」の授業時数は、各学年で70時間以上を要求されたのである。総
合的な学習の時間は、経験的な学習、問題解決的な学習、異年齢集団、全

[*13] 平成10年指導要領では、選択教科の数は、第2学年においては1以上、第3学年におい
　　ては2以上とされた。中学校学習指導要領（平成元年3月）でも「第2学年においては音
　　楽、美術、保健体育、技術・家庭、外国語……第3学年においては第2章に示す各教科」
　　と表記されている。高校受験の教科を重視する風潮もあり、技術・家庭を履修しない生徒
　　が多くなる。選択教科とは、卒業に必要のない授業や教科を意味する。選択は必ず責任を
　　伴う。義務教育において、その責めを生徒に帰すことの善し悪しを吟味する必要がある。
[*14] 学習指導要領では「簡単な日常食の調理ができること」「調理実習で用いる生鮮食品の良
　　否と加工食品の表示を扱うこと」「魚、肉、野菜を中心として扱い、基礎的な題材を取り
　　上げる」の記述があり、週一コマで調理実習を要求している。

教師が一体となって指導など、何でもありのように見えるが、教科内容を排除することに特徴がある[*15]。

　平成10年の学習指導要領は各教科の時間を削減し、週休二日による部活動の過熱化、さらに、総合的な学習の時間による落ち着かない学校生活が始まった。その結果、生徒の学ぶ機会が奪われ、学力低下が深く進行した。以後、技術・家庭においては、週1コマが固定化された。

　平成20（2008）年に学習指導要領が告示されたが、技術科と家庭科の週1コマの時数は改善されなかった。技術分野と家庭分野に各領域が集められ、2つの柱の中に曖昧な構成であった平成10年の改訂による混乱を収拾しようとして、

- 技術分野

　A　材料と加工に関する技術

　B　エネルギー変換に関する技術

　C　生物育成に関する技術

　D　情報に関する技術

- 家庭分野

　A　家族・家庭と子どもの成長

　B　食生活と自立

　C　衣生活・住生活と自立

　D　身近な消費生活と環境

の構成になった。

　これまでの学習指導要領が混乱を招いたことを反省することはなかった。「理科離れ」の対策として[*16]、数学と理科の時数が増えたことが特徴である。しかし、技術・家庭科を置き去りにしたことは重大な過ちであっ

[*15] 教科内容の排除は、教職大学院の設置にも強く要求された。教科の排除という流れが、総合的な学習の時間のときから始まっていた。

[*16] OECD（経済協力開発機構）の国際的な学習到達度調査ができるようになると、理系教科の学力差が評価できるようになり、各方面から日本の理数系の学力低下が問題視された。

た*17。

　平成 29（2017）年告示の学習指導要領は、時数減については全く手を
付けることなく、

- 技術分野

　A 材料と加工の技術

　B 生物育成の技術

　C エネルギー変換の技術

　D 情報の技術

- 家庭分野

　A 家族・家庭生活

　B 衣食住の生活

　C 消費生活・環境

となり、技術分野に関しては並びと文字の変更のみで、ほぼ同じである。
家庭科分野においては、食物、被服、住居が一つに括られて領域が一つ
減った。他方、家族や消費生活の内容がクローズアップされ、技術的要
素・創造的な内容が後退してしまった。これでは、平成 20 年に告示され
た学習指導要領よりも後退したことになる。

　戦後から今日までの技術・家庭科の変容をみると、教科の領域は学問の
体系ではなく社会の受け皿として変えられてきたこと、また時数削減の犠
牲になってきたことが明らかである。ゆえに、技術・家庭科の変容がいか
に誤っているかを論証することは重要な課題である。

---

*17 平成 20 年に、数学と理科の時間を増加しても、理科離れは改善されなかった。この問題
　の詳細は後述にて明らかにする。

❷ 学習指導要領の弊害

　技術・家庭科教育の発展という歴史的事実は、教育政策において継続性が如何に重要であるかを物語っている。そのことは、学校教育を担う教師たちの強い要請と明確な根拠により教科の内容や授業時数の改訂をすべきであることを示している。これに反して、政策や都合による教育改革は取り返しのつかない弊害を生むことになる。日本の教育改革は、中央教育審議会（以下、中教審と称す）により行われている。しかし、中教審は文部大臣の諮問機関であり、学校現場の切実な声は反映されない。

　現在の教育改革は、自民党の教育再生実行本部から提言される。それが、内閣の私的諮問機関である教育再生実行会議に送られる、さらに、その政策を文部科学大臣の諮問機関である中教審で審議される。教育政策を議論するためには、専門性、独立性、公平性が担保される審議会が必要である。中教審の顔ぶれを見れば、教育の専門家の構成とは思えないメンバーの集まりである。前述のように、自民党の提言の受け皿になっている会議を経ているのであれば、中立性や公平性もありえない。かつては、教育課程審議などの個別の審議会が文部省にあった。しかし、教育課程審議会は、生涯学習審議会、理科教育及び産業教育審議会、教育職員養成審議会、大学審議会、保健体育審議会と統合され、2001（平成13）年に中教審に集約された。このように、教育政策はすべて統合され、自民党、首相直轄の機関により統括され、独立性は失われている。中教審の下に分科会と部会が組織され、中教審に従い報告をまとめるだけである。

　中教審の委員には、民間教育研究団体とともに教育実践の研究をしてきた人は見当たらない。大学の学長や企業の経営者では、学校現場の切実な課題や現状を認識できるはずもない。中教審の委員は何を評価されて、適任と判断されたのかもわからない。中教審では、学識経験者や財界筋の委

員が各自の学識・見識から批評して、論壇的なイメージで教育改革が語られる。そこには何の実証的な分析や評価もなく、観念的な教育改革が推進される。彼らの忖度による教育政策が学校現場に与える影響を考えもしない。日本の教育政策の最大の欠陥は、専門性、独立性、実証性の三つが欠けている点にある。学校現場を見ることのない不毛な論壇的な教育政策にある。これまでの歴史を見れば、「詰め込み教育」「受験戦争」の解消を目的に、「ゆとり教育」の声が上がった。週休二日、総合的学習に加え、何の定義もなく「生きる力」が一人歩きしてきた。現在では、アクティブラーニング、道徳の教科化、小学校英語がその代表例であろうか。十年後の中教審答申においては、それらの政策が学校現場や子どもたちにどのように影響を及ぼしたのかを実証的に調査して、その評価にもとづいて答申をすべきであるが、中教審答の議論には、自らの省察は見当たらない。

　中教審の答申を受けて学習指導要領が改訂される手続きは、公教育の原理に反する。コンドルセ*18 によって唱えられた公教育の原理は [13)、

1. 人間＝国民の自由と権利に根ざした国家・社会の義務であること
2. 公費による無償制であること
3. 国家権力の思想・良心への介入を排して教育内容を知育のみに限定すること

としている。日本では、政権党の実行本部や内閣府の実行会議を受けて、中教審が答申を出し、それに対応して学習指導要領が作られている。このこと自体が公教育の原理に反している。教育行政は権力から独立していなければならない。教育計画は、教育に責任を持つ地方自治体、教員団体、保護者団体により立案され、住民による審議を経て制定されるべきである。

　戦前、政府は教育を利用して国民の思想・良心に介入し、その結果、不幸にも軍国主義教育ができあがった。日本の民主化のために戦後派遣され

---

*18 コンドルセ侯爵領の領主であり、正式な名前はマリー・ジャン・アントワーヌ・ニコラ・ド・カリタ（1743-1794）、フランスの数学者、哲学者、政治家であり、コンドルセは公教育の父であるといわれる。1791 年に公共教育委員会議長となり、1792 年に公教育の全般的組織についての報告と法案」を提出し、公教育の原理を著した。

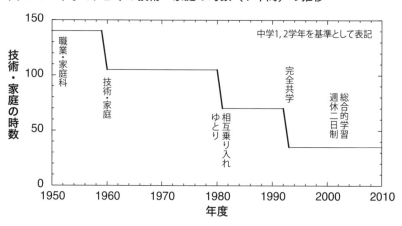

図 1-1　中学 1、2 年の技術・家庭の時数（1 年間）の推移

た米国教育使節団報告書[14]は、日本における高度に中央集権化された教育制度の弊害を指摘している。「教師各自が画一化されることなく適当な指導の下に、それぞれの職務を自由に発展させるためには、地方分権化が必要である。かくするとき教師は初めて、自由な日本国民を作りあげる上に、その役割をはたしうるであろう。この目的のためには、ただ一冊の認定教科書や参考書では得られぬ広い知識と、型通りの試験では試され得ぬ深い知識が、得られなくてはならない」と述べている。

　戦前の軍国主義教育の反省に立てば、中教審や学習指導要領は中央集権の道具として強い役割を果たしていることを危険視しなければならない。

　前述のように、学習指導要領は、各教科ごとの 1 年間の時数を規定している。技術・家庭が戦後どのように推移したか図 1-1 に概略を示す。技術・家庭科においては、その内容が時々の社会対応の受け皿として大きな変更を迫られただけでなく、一貫して時数を減らされてきた。時数減の原因には、ゆとり教育、総合的学習、週休二日などの中教審をはじめとする教育政策がある。その一方で、大学進学率が上昇し、受験の教科を偏重する風潮も無視できない。本来、学校教育の役割として職業への接続がある。

しかし、進学が偏重され、意味もなく普通教育が継続されている。後述するが、日本における義務教育、高校教育の段階における技術教育の希薄さに注意する必要がある [15]。

　平成8（1996）年7月に、中央教育審議会「21世紀を展望した我が国の教育の在り方について」として第一次答申が出された。平成10（1998）年7月に、教育課程審議会答申により、総合的な学習の時間の創設が提言された。その説明では、各学校が創意工夫を生かした特色ある教育活動を展開できるような時間を確保・社会の変化に主体的に対応できる資質や能力を育成するために教科等を超えた横断的・総合的な学習をより円滑に実施するための時間を確保するものとなっている。総合的な学習の時間も、学校現場、教師たちから強い要望があったのではなく、中教審の答申を受けて、教育課程審議会が提言したものである。この教育政策により、技術・家庭の時数が削減された。この効果が、どれほど功を奏したのかを、総括されることもなく、今日も続いている。

　技術・家庭の授業は、実習を伴うこと、作業の継続性が求められる特徴がある。このような教科が、週1コマで済むはずがないにも拘らず、1コマとなってしまった。また、時数減による影響は、教員の配置にも影響する。中学校校長会の資料（平成21年度）では、技術・家庭が臨時免許状の授与件数の53％を占める事態も報告され [16]、教科の中でも免許外担任、臨時免許の割合が高い[*19]。これは義務教育の保障に関わる深刻な教育問題であるにも拘らず、技術・家庭科の軽視という日本的特徴のために表面化せず、放置されたままである。しかし、「生活やものづくりの学びネットワーク」の粘り強い活動もあり、文科省は2018年1月にようやく「免許外教科担任制度の在り方に関する調査研究協力者会議」を設置した[*20]。

[*19] 全日本中学校技術・家庭科研究会の平成29年度の全国調査では、技術の免許外・臨時免許による担当者は9,982人中2,209人（22.1％）、家庭科は9,930人中2,320人（23.4％）である。（全日本中学校長会のホームページから http://www.zennichu.com/images/presi/presi15-2.pdf）

[*20] この協力者会議は、元兵庫教育大学長・加治佐哲也を座長として設置され、その目的は、

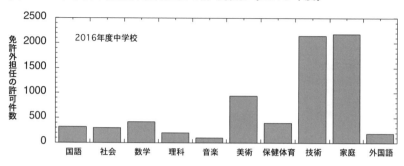

図 1-2　中学校の免許外教科担任の許可件数（2016 年度）

図 1-2 に免許外教科担任の許可件数を示す [17]。技術・家庭や美術の時数が週 1 コマになったために、教員配置が後回しにされ、免許外担任でそれを乗り切ろうとする安易な対応の結果である。技術・家庭が免許外担任の 60％を占め、美術が 13％になる。このことは、戦後の高度経済成長以降、時数が削減されただけでなく、教員の配置も疎かになり、教科の授業が形骸化していることも想像に難くない。

　前述の技術・家庭科の現状は、時間数も教員配置と教科の内容も荒廃の極みと言っても過言ではない。その責任を技術・家庭科の教員に帰することはできず、為政者の責任である。学校教育の問題の多くは教員の問題ではなく、教育の制度・設計の問題であることは、あまり気が付かれない。これは、日本の教育の問題の深刻さを物語っている。その具体例の一つとして、次節以降では理科離れ問題について言及する。

免許外教科担任の縮小に向けた方策をめざすものとした。しかし、報告案では教員配置の整備に言及せず、免許状取得要件の弾力化、大学間の教職課程の設置、多様な人材の活用、遠隔システムの活用、インターネットによる講習などを提言しており、本来の解決方向には向かっていない。

❸ 技術教育の充実で理科離れを改善

　理科離れが叫ばれてずいぶん久しい。図 1-3 には、工学部・理工学部志願者および志願者割合の推移を示している [18]。大学受験人口の変動もあるが、志願者割合で見ると、一貫して理工系の志願者が減少している傾向は明らかである。理科離れのための対策もずいぶん取られたが、その効果は見られないことも図 1-3 をみれば明白である。

　理科離れの実態調査と原因分析が精力的に実施され、多くの調査・研究が実施された。これまで、理科離れの原因についても調査がまとめられている [19]。例えば、教育的環境に起因するものとして、次のようなことが指摘されている。

教師原因説　教科の好き嫌いは教師に左右され、理科嫌いの教師が多い。

授業形態説　授業時間数で入試対策により暗記偏重の授業形式に陥り、実験や観察に回す時間も少なくなる。その結果、理科への関心が減少する。

理科困難説　わからない、覚えることが多い、理屈が難しいということから理科の教科としての難しさが原因である。

図 1-3　工学部・理工学部志願者および志願者割合の推移

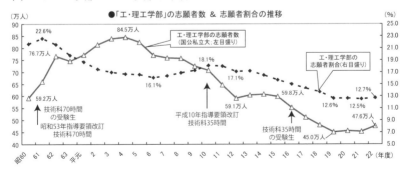

社会的環境に起因するものとして、次のようなことも指摘されている。

文明社会説　科学技術が高度に発展した世界に生まれた者は、科学技術の成果をあたかも自然物のように享受し、それを生み出す科学技術のプロセスに対する自覚が減退する「文明社会の野蛮人」仮説である。

生活環境説　消費生活が支配的になり、若者が科学技術を身近に感じることが難しくなっている。

　これらの原因の指摘が的を射たものであるとは言いがたい。なぜなら、理科の内容については日本特有のことではないし、先進国で理科離れが共通して起きている訳ではない。この現象には「日本特有の問題」が影響しているはずであり、その真の原因にたどり着いた研究はない。

　一方、理科離れの対策・事業も膨大な額に上る。例えば、科学技術・理科大好きプラン（スーパーサイエンスハイスクールの創設等）は、平成14年度予算額56億5600万円を計上している。その後の理工系人材育成戦略なども関係しているので、多くの対策や事業がいまも継続している。それらの対策や事業が継続しているにも拘らず、それが効果を発揮していないことは、理科離れの原因を明確に捉えていないことを実証している。かつては起こらなかった理科離れが1980年以降に現れており、その原因を教育課程に求めるべきである。

　理科離れの論点の中で、どの対策も技術・家庭科教育に関連を示唆するものが少ないが、図1-4の風間晴子氏の研究は非常に興味深い事実を示している。この図を見れば、日本の理科離れの原因は、経済発展などの一般論で説明できるものではなく、日本固有の問題があることを強く示唆している。つまり、

1. 日本は、理科が生活の中で大切と考える生徒の割合が極端に少ない国である。

2. 日本は、科学を使う仕事をしたいと考えている生徒の割合が極端に少ない国である。

図1-4 「理科は生活の中で大切と考える生徒の割合」と「科学を使う
　　　仕事をしたいと考えている生徒の割合」の相関関係[20]

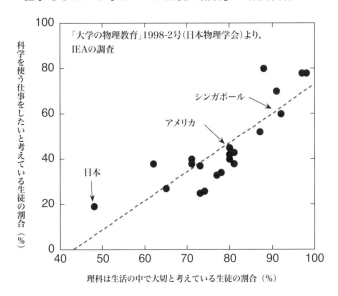

　　3. 上の両者には相関関係がある。

ということを証明している。このことは理科離れの原因には、日本におけ
る技術教育および家庭科教育が大きく影響していることを物語っている。
次節では、理科離れ現象のより深い理解に遡る。

❹ 教科としての技術・家庭科の役割

4·1　世界に類を見ない技術・家庭科教育の軽視

　前節では理科離れの原因は、理科（自然科学）が生活や社会を支える重要な知識として位置づけられていないこと、自然科学を学ぶ意義が理解されていないことにある。

　技術教育のカリキュラムの国際比較をした貴重な調査研究がある [21、22)]。表 1-1 は、文献 [23)] に基づき作成したものである。この表を見れば、諸外国では普通教育としての技術教育の価値を認め、初等義務教育から中等教育まで技術教育を位置づけたカリキュラムを設定している。それとは対照的に、日本の技術教育のカリキュラムはあまりにも乏しく、特に初等教育段階では皆無となっている。前節で述べた理科離れにおける「日本特有の問題」は、技術教育の軽視であることが明白であり、その論証には何の飛躍もない。

　なぜ、日本が世界に類を見ない技術教育軽視の国になってしまったかは、多くの理由が考えられる。

　労働力の二重構造　技術教育の対象とする層としない層との二重構造が歴史的に形成され [24)]、初等・中等教育段階の技術教育では勤労精神の涵養に重きを置かれた。

　格差社会　階級社会の影響により労働やものづくりに対する偏見があり、技術教育を人間形成のカリキュラムの重要科目として認識できない。その結果、教養主義に重きが置かれる。

　学歴社会　戦前は「学歴貴族」ともいわれ、大学大衆化では努力して受験競争で上位になれば、社会的に有利な位置を占めることができると考える。受験一辺倒の教育の結果、入試科目に重点が置かれる。

表 1-1　日本と比較した 8ヵ国における普通教育としての技術教育の教科の実施状況

国名 (教科名) ＼ 学年	1	2	3	4	5	6	7	8	9	10	11	12
スウェーデン (手工科)	●	●	●	●	●	●	●	●	●	●		●
イギリス (技術科)	●	●	●	●	●	●	●	●	●	●	–	
ロシア (技術科)	●	●	●	●	●	●	●	●	●	●	–	
台湾 (技術科)	●	●	●	●	●	●	●	●	●	●		
ドイツ (州ごと)	●	●	●	●	●	●	●	●	●	●	–	
米国 (州ごと)	◇	◇	◇	◇	◇	●	●	●	○	○	◇	◇
フランス (技術科・他)	△	△	△	●	●	●	●	●	○	○	○	○
韓国 (技術科・産業科)	–	–	●	●	●	●	●	●			○	○
日本 (技術)	–	–	–	–	–	–	●	●	◇	–	–	–

● 必修、○ 選択必修、◇ 選択、△ 他の教科と統合して実施

　このような思想背景は、技術教育の軽視につながることは容易に想像できる。しかし、これらの理由はいずれも、偏見や差別を克服できていない日本社会の裏返しでもあることに気付かなければならない。本来、カリキュラムは偏見や誤った社会の在り方を是正する役割を果たすはずであるが、そうなっていないので、カリキュラム改善できる組織、政府から独立した学校教育の専門会議が必要である。

　生産は社会の基盤であり、働くことは人間として尊い営みであり、日本国憲法 27 条は「すべて国民は、勤労の権利を有し、義務を負ふ」と規定している。技術を軽視する視点は、家庭科教育にも大きい影響を与えている。前述したように家庭科の内容の変遷を見れば、家庭科教育の中から技術的要素がずいぶん削減されていることに気が付く。被服・食物・住居、家庭電気・機械など技術的な要素を活かして、子どもたちに豊かな教材を提供できた時代は過去のものとなっている。

4·2　教科の関連性の大切さ

　表 1-1 に示したように技術教育の時間が少ない事実は、日本特有の問題である。また、図 1-4 で指摘した「理科は生活の中で大切と考える生徒の割合」の極端に少ないことも日本特有の現象である。両者の日本特有の問題は無関係ではなく、生活に科学が大切であることが理解されない原因として、技術・家庭の学習時間の削減が関連している。教科は独立しているわけではなく、数学、理科、技術科、家庭科などの学習内容が、豊かな認識形成を相互に支えている。人類の知識も、長い年月を経て自然、社会、そして労働や生活から生まれてきた。生産に関する科学を教える技術・家庭科教育が、戦後の理工系人材の育成を大きく支えていたことを再認識すべきである。理科の学習が身近な生活や活動の中で活かされていることを認識するためには、技術・家庭科教育は格好の教科であることに気が付くべきである。そして、その手当を早急に検討すべきである。

　国立教育政策研究所プロジェクト「中学校・高等学校における理系進路選択に関する研究」の報告がある[25]。この調査は、中学校 485 校 15,697 人の標本からの値であり、そこから、中・高生が、各教科の学習にどの程度の意義や有用性を感じて進路を選択したり理系や文系を選択しているかを知ることができる貴重な調査である。その中に中学校の 3 年生に行った「あなたは、次の教科や内容の学習が好きですか」の調査があり、その結果を図 1-5 に示す[*21]。技術の内容については、ものづくりと情報に分けて調査されている。この図に示すように、半数に近い中学生が技術・家庭の学習内容を「大好き、好き」と思っている。技術・家庭を教える教師は、このことを再認識して教壇に立ってほしい。また、その生徒の期待に応える授業をしなければならない。図 1-2 に示したように免許外担任が技術・

[*21] この調査では地域別に調査結果が示されているが、大きな差がないので、平均で示している。

図1-5　あなたの好きな学習（中学校３年）

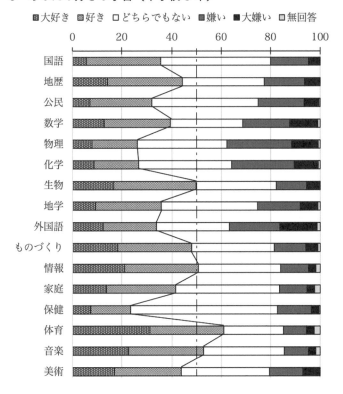

家庭に集中しているにも拘らず、技術・家庭を「大好き、好き」と言っていることは驚異的な結果であり、技術・家庭科の陶冶力の証である。そのような教科を週１コマにした政府と関係者の責任は重大である。

　前述の調査には、中学３年生を対象にした「あなたが将来生きていく上で重要な学習」の項目がある[26]。図1-6を見ると、ものづくり、情報および家庭が生徒たちから生きていく上で大切な教科であると認識されていることは特筆すべきである。図1-5では、好きな教科ではポイントの低かった国語、公民、数学、地学、保健が必要な学習としてポイントが増えていることは、中学３年生は社会で働き、生活をすることについて正しい理解をしている。好きではなくとも、学ぶ必要がある教科を意識している

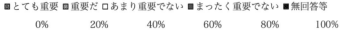

図 1-6　あなたが将来生きていく上で重要な学習（中学校 3 年）

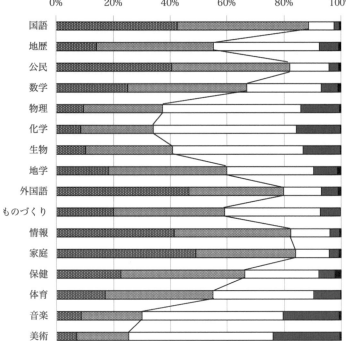

ことは健全である。他方、好きな教科であった音楽や美術などは、生活に
必要な教科としてのイメージはなく、人生を豊かにするものとして理解し
ていることを示している。日本の子どもたちの教科の認識は、おおよそ十
分かつ健全である。

　問題なのは、図1-6で物理、化学、生物を生きていく上で重要と思わな
い子どもたちが、6割を超えている事実である。ここまで来ると、理科離
れ現象は、理科に起因する問題ではなく、技術・家庭科教育を軽視した
帰結である。さらに、子どもたちの認識形成に日本社会、受験競争、カリ
キュラムなどの問題が奥深く影響している。この厳しい数字を見ると、理
科離れを解決しようとして、政策的に理科教育の予算を安易に投入しても

効果は期待できない。もはや、理科教育の改善で、理科離れを解決できないことは容易に想像できる。理科離れの原因は、理科の教師の努力不足ではない。

4·3　技術・家庭科の陶冶力

　理科離れ現象からはじまり、中学3年生の意識を通して教科全体の在り方を概観すると、日本のカリキュラムのほころびが見えてくる。そもそも、学校教育のカリキュラムは、子どもたちの陶冶、すなわち人間形成を基本に据えて考える必要がある。子どもたちの素直な教科の認識を考慮して教科の陶冶力を考える必要がある。教科内容と教科の編成は、子どもたちの発達段階とともに変化、形成される面もある。中学段階での教科の編成を考えると、教科の陶冶力を表す指標として、子どもたちが好きな教科であること、必要性を感じている教科であることは重要な因子になる。教科の陶冶力を

$$陶冶力 ＝ 好きな教科 \times 教科の必要性 \qquad 〔1.1〕$$

で表してみる。そうすると、教科の陶冶力が見えてくる。

　図1-7は、式〔1.1〕を用いて、図1-5、1-6の調査結果から学習内容の陶冶力を円の大きさで表している。図の右下に位置する国語、公民、外国語については、将来において必要と感じているが、好きではない教科となる。ゆえに、好きになるように教科の内容と方法を改善することで、陶冶力を改善できる。このように考えると、受験や進学から離れ、各教科が社会生活で役に立つこと、必要な国民的教養であることを子どもたちに認識させ、かつ教科の内容と方法を喜びの感じられるように改善すればよい。

　さて、ものづくり、情報および家庭は陶冶力のある教科であることが、図1-7からよくわかる。しかし、先に述べたように技術・家庭科は週1コ

図1-7　各学習内容の陶冶力

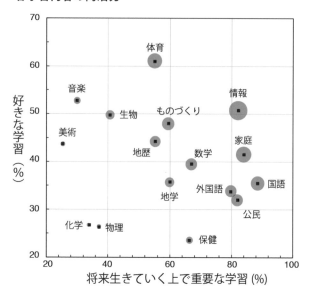

マしかなく、これらの教科は学校教育の中では軽視されている。その結果、化学、物理については、必要性が認識されず、陶冶力が小さくなっている。技術・家庭の時数削減と理科の陶冶力の低下は大いに関連する。技術・家庭科がそれぞれ週2コマとなり、技術的な教科内容に改善されれば、化学、物理の陶冶力も変わってくるはずである。

　1970年代は、ほとんどの進学校が高校3年4月に理系・文系のクラス編成をしていたので、高校での授業と進学する大学・学部を考えて理系・文系の選択をしていた。しかし、現在は高校1年次の1学期には理系・文系希望の調査が実施され、高校2年4月に理系・文系のクラス編成が実施される*22。入学して間もない1学期の成績が出た途端に理系・文系の選択を迫られるようでは、高校1年生としては中学校での学習経験をもとにして、進路選択するしかない。大学での学びと将来を考えるなら、

---

*22 国立教育政策研究所の調査では[27]、大学志望9割の高校で74%、大学志望6割〜9割未満の高校では84%が、高校2年4月に理系・文系のクラス編成をしている。

高校での学習の成果に基づいて高校３年次にクラス編成する方が望ましい。大学受験の対策だけを考えた高校２年次の理系文系の選択は早すぎる。しかも、中学３年生の意識調査に見られる実態と併せて考えると、理工系を志望する学生が減るのは当然である。

　図1-7 は、その他にもいろいろなことを示唆している。中学３年生が必要だと認識されている国語、公民、外国語、保健では、より興味を持つような教材や授業方法を考える必要がある。音楽や美術では、興味を持って授業に参加し、生活を豊かにするものとして受け止められている。また、子どもたちが自ら製作したり、身体を動かす要素の強い授業は好きと回答する割合が高く、座学中心になっている教科は好きな学習の回答が低い。現在の指導要領では、アクティブラーニングや課題解決などの学習法を一律的に要求しているが、このグラフから見ると、国語、公民、外国語、地学、保健で取り入れると効果がある。

5 教科を社会に位置づける意義

　個人心理学を提唱したアドラーは、すべての人は三つの主要な絆で生きていると述べている[28]。

1. 人間は自然の中で生活し、自然を知り、自然から生きるために必要なすべてのものを得て生きるしかない。
2. 人間は一人では生きられない。常に他者と結びついて生きなければならない。
3. 人間は二つの性でできている。自分の性とどう向き合うか、愛や結婚もこの絆の中にある。

　これらは三つの課題とも言われる。この第 1 の課題は、数学、理科、技術・家庭が相互に関係し合いながら、人間として自然の中で生きるための必要な知識と力を育てることが必要であることを示している。このことは、古くから指摘されていることで、ルソーも「エミール」のなかで、自然、経験・事物、人間という三つの先生から学ぶとしている[29]。第 2 の課題についても、人間はなぜ言語を持つかを考えればよくわかる。他者と共に生きるからこそ、言語が必要となる。国語、社会、外国語をはじめ芸術や体育も同様である。性の問題については、社会や自然と関わりながら、生活の中で生活に即して学ぶことが必要である。

　技術・家庭の発展と衰退を見ると、中教審や学習指導要領の教育政策が大きく影響していることがわかる。そして、技術・家庭の衰退が理科離れや理工系人材の不足の原因となっている。財界の目から都合のよい教育を押しつけた結果、日本社会は大きな曲がり角にすでに来ている。誤った教育政策は、技術・家庭を 105 時間から 70 時間にした 1980 年からはじまり、2020 年で 40 年になる。1970 年代を知る教員は、中学から大学まですでに現役を退いている。当時の教え子が、大学教員にわずか残ってい

る程度である。一日でも早く、1980年代から始まった教育改革を総括して、カリキュラムを元に戻す必要がある。このままでは、日本人は自然を知らず、便利で豊かな生活が生産と労働によって成り立っていることを知らない国民になってしまう。社会の富が何となく与えられるものと解釈して生きることになる。すでに社会基盤を形成する力を失い、経済力は衰退し、社会は貧困化しはじめている。

　人類は、産業革命により動力を利用して急速に富を得て、近代社会の基盤を形成してきたが、今後は地球の温暖化防止のため、石油・石炭からの脱出を求められている。人類の未来は、その新しい社会を作ることで切り拓かれる。それを担う日本国民を育成するには、技術・家庭の内容とコマ数を再構成して、自然を知り、自然から生きるために必要なすべてのものを得て生活するにふさわしいカリキュラムを必要としている。数学と理科だけでは、これを実現できないことを証明した40年である。何をおいても、技術・家庭科の陶冶力を再認識することである。

6 技術・家庭科教育における評価

6·1 観点別評価のはじまり

　学歴社会と言われるように、学歴が採用や給与に影響するので、高度経済成長で国民の所得に余裕が生まれると、その余裕は教育に向かうようになる。その結果、高校・大学への進学率は増加した。「受験戦争」の用語も生まれ、学校全体が競争に巻き込まれることになる。その解消を口実に、国立大学を皮切りに 1979 年から大学共通一次試験がはじまり、大学入試センター試験へと移行している[23]。その解消の一つとして、「ゆとり教育」も叫ばれるようになってきた。

　1970 年前後の学園紛争に象徴されるように若者が意思を持ち、社会や国の在り方を考えるようになってきた。労働組合の運動も広がりを見せ活発化した。それらを反映して、地方でも革新自治体が数多く誕生しはじめた。国政においても野党の議席が増えるようになった。さらに 1980 年頃から、校内暴力や暴走族などをはじめとする非行問題もクローズアップされるようになった[24]。当然ながら、国民の関心は学校教育へと向かうことになる。この頃になると、高度経済成長も陰りを見せ始め、国民の不安も少しずつ増大するようになった。

　このような情勢に鑑み、財界は学校教育の在り方について大きな攻勢を仕掛けるようになる。知識偏重教育への批判のキャンペーンが入り乱れるようになった。「詰め込み教育」「落ちこぼれ」などの言葉も耳にするよう

---

*23 このような入試改革は表面的な改革であり、百害あって一利なしであった。マークシート方式の導入、高校教育の形骸化をもたらした。大学はさらに序列化され、大学間の格差は増大した。本当の課題である日本社会の競争原理の克服には着手されず、競争社会は市場原理によりますます助長されることになる。

*24 校内暴力を扱った「3 年 B 組金八先生」もこの頃に放送された。

になる。

　1987 年 12 月、教育課程審議会の最終答申が提出された。この中には、管理主義教育をねらう巧妙な手法がとられた。最終答申は、教育課程の基準の改善の関連事項として「学習の評価」に「知識理解面の評価に偏ることなく、児童生徒の興味・関心等の側面を一層重視し、学習意欲の向上に役立つようにするとともに、これを指導方法の改善に生かすようにする必要がある」[30] と述べている。これを機に「知識・理解」「技能」に「関心・意欲・態度」「創意工夫」の観点別評価が学校現場に導入されることになる。指導要録にも観点別評価が導入され、「関心・意欲・態度」が重視されるようになった。「できること」「理解している」という客観的な到達度評価から、教員の示す方向を向いているかを評価する方向評価に変更された。この流れにより、指導要録に観点別評価を導入し、通知表や調査票にも反映されるようになる。このようにして、日本の国民教育を観点別評価が長年支配することになる。

6·2　関心・意欲・態度の評価は無力

　技術・家庭科教育において、この観点別評価がどのような価値を持つのかを研究した三山裕久、向山玉雄の興味深い調査研究がある[31]。この論文では中学生へのアンケート調査を行っており、技術科で学んだことで、どのような能力が自分に備わったかを自己評価させている。その評価の観点を指導要録のまま、「関心・意欲・態度」「創意工夫」「技能」「知識理解」の観点でアンケートを実施している。そして、各観点に対して、「○できた」「×できなかった」「△わからない」を調査している。達成感が高い「○できた」の順位で並べると、知識・理解（43.2%）、技能（32.3%）、創意工夫（26.7%）、関心・意欲・態度（21.4%）の順になる。

　この結果は、技術科の教科では、関心・意欲・態度の観点で評価しても達成度は上がらず、観点別評価は学習への効果が低いことを生徒自らが示

した。教育課程審議会の答申「児童生徒の興味・関心等の側面を一層重視し、学習意欲の向上に役立つ」は、何の役にも立たなかったことが証明されたのである。これが技術特有の現象ではなく、他の教科でも同様の傾向を持つことは容易に想像できる。「知識理解面の評価に偏ることなく」の文言は、知識理解が軽視されることにもつながった。公教育において、知育を軽視し態度・姿勢を優先させる教育は、学校の教育力を奪ったことになる。以降、このような観念論的な教育課程審議会の答申が、重大な影響を及ぼすことになるが、いまだに何の反省もない。

　技術・家庭科は、実際に試し、作る過程を通しながら、生産の技術にある科学や法則を理解して、生産に関する科学を認識する教科である。正しい認識が形成されて、興味・関心・意欲が自ずと醸成される。知識や理解を軽視して、形式だけの興味・関心では人格の形成は困難であることを前述のアンケートは示している。特に、技術・家庭科は製作などの実習を通じて学習を深める過程であり、そもそも知識偏重に陥ることはあり得ない。技術・家庭の授業時数を削減した人たちが、知識偏重を口にするのも不思議な話である。教育課程審議会の答申が知識偏重を批判するならば、技術・家庭科の時間数削減を増やさなければ、説明が付かない。そうであれば、「関心・意欲・態度」の観点別評価の真の目的は、別のところにあったことが想像できる。

6·3　観点別評価と自己の確立

　技術・家庭科教育の軽視は、時数削減だけでなく、観点別評価でも顕在化していたのである。

　学校教育は、観点別評価により知識理解を軽視し、関心・意欲・態度に重きを置くようになった。このことは、結果的に青年期の人格形成にも大きな影響を与えることになる。ルソーは「わたしたちは、いわば、2回この世に生まれる。1回目は存在するために、2回目は生きるために」とし

て、青年期前期を人間としての第二の誕生と呼んだ[32]。この時期は、未熟ながらも人間として自ら考え、行動して、自我を形成しはじめるときである。

　乳幼児期から学童期までは、自らの要求をよりどころにして育ってくる。ゆえに学童期までは、自己中心的な存在である。しかしながら、青年期前期になると、他者が視野に入るようになる。そして、自分を客観的に捉えるように徐々に精神的発達がはじまる。学童期までは、親や教師、大人の言うことを借りて物事を解釈していたが、青年期からはそれに疑問を感じるようにもなる。これまでの自分の経験や知識を使いながら、何が正しいのか、何を信じるべきかも自ら考えるようになる。このような内面の発達を迎え、自分と向き合うことができるようになり、自己の確立と実現をめざす行動が開始される。青年期前期は、まさに葛藤の時でもあり、同時に自立のはじまりと見るべきである。自分と他者の間で揺れ動きながら、少しずつ自我を形成し成人へと向かって行く。生徒たちが技術・家庭科を学ぶ時期は、ルソーの言う「ふつうの教育が終わりとなるこの時期こそ、まさにわたしたちの教育をはじめなければならない時期」に当たる。

　この青年期前期に、事物や行動を未熟ながらも自ら考え、そこでたくさんの失敗と教訓を獲得した生徒は、きっと立派な人間に成長するであろう。そして、「自分とは何か」を問いながら自我を形成しつつ、この世界のことを自ら感じ取ることができる。それが、自分の考えや意見を表現できる大人を準備する。しかし、この大切な青年期に、知識理解を軽視し、学校や教員の目を気にしながら、もっぱら関心・意欲・態度の評価を競うようになったら、自我形成、自己確立の機会は失われる。何事も波風を立てず、葛藤を避けながら育ったら人間はどうなるのだろうか。自らの意思を持たず、内面の理解ができず、形式的な理解しかできない人間になる。ともすると、観点別評価は、自ら考え判断することを避け、他者に媚びながら生きる青年を育てることにつながる。気が付かないうちに、観点別評価の世代が大半となり、このような仕組みができているかもしれない[*25]。

近年の日本の学生像を考えると、世の出来事や問題に対して意見を求めても、自分の意見を持てない学生が目に付く。そして、自ら課題を解決する力が弱い。法則は知っていても、その意味や原理を理解していないし、それを知ろうという意欲が感じられない。社会の有様を見ても、それが何を意味しているのか感じ取ることが苦手である。国家権力にとって、実に都合のよい国民が大量に作られる仕組みが、観点別評価に潜んでいたとみることもできる。

　このような学生を見ていると、自我形成、自己確立が未完成であることに気が付く。この現状を財界自身も気付いたのか、中教審答申（中教審第197号、平成28年12月）では「主体的・対話的で深い学び」の実現（「アクティブ・ラーニング」の視点）を取り上げざるを得なかった。しかし、アクティブ・ラーニングの言葉が上滑りするだけで、それが功を奏することは期待できない。なぜならば、観点別評価についての猛省がないこと、文科省を頂点とする縦の学校教育体制の打破がないからである。子どもたちは、学校という社会の中で人間として発達する。子どもたちの自我形成に必要なことは、学校現場の教師たちが自ら考え行動する環境とその力である。そのためには、教師に裁量と責任を与えなければならない。公教育の原理[26] に立ち返ることが、いま最も必要なことである。

　技術・家庭科教育では、科学的な知識理解に立脚して、実際にそれを試しながらものを作り、目的を達成する。ゆえに、技術・家庭科は実践的活動と理論的活動を統一したカリキュラムを構成できる優れた教科であり、子どもたちの人間的発達にふさわしい陶冶力を持っている。青年期の発達の特徴から見ると、技術・家庭科は青年期にはなくてはならない教育内容

---

*25 公務員が首相をはじめ権力を忖度し、不正や隠蔽工作を繰り広げるようになった。教育基本法、学校教育法、地方教育行政法および教員免許法が次々に改正され、その結果、大学の自治、教育の自主性も奪われた。2020年、菅首相は日本学術会議会員の6名の任命を理由を明らかにせず拒否した。観点別評価により不当な政治や学問の介入に対して何も感じない国民が増えているのかもしれない。

*26 公教育の原理については、37ページに記述している。

と方法を備えている教科である。技術・家庭科教育を軽視してきた戦後の教育政策は、諸外国のカリキュラムからも逸脱しており、教育の歴史に大きな禍根を残すことは間違いない。

参考文献

1) 諏訪義英「総合技術教育の思想—児童・婦人労働と教育」(1980)，青木書店

2) 鈴木賢治「技術教育学序説」(2009)，合同出版

3) 鈴木賢治，遠藤友美，「技術教室」のデータベース構築，新潟大学教育学部研究紀要自然科学編，Vol. 6, No. 2, pp. 59-68 (2014)

4) 職業教育研究会機関誌「職業と教育」No. 1 (1949)
http://www.sankyoren.com/journal/1949/19495.pdf（2021年3月30日確認）

5) 鈴木賢治，後藤直，熱機関から見た「エネルギー変換」学習の歴史，新潟大学教育学部研究紀要自然科学編，Vol. 11, No. 1, pp. 63-69 (2018)

6) 清原道壽，「昭和技術教育史」(1998)

7) http://www.sankyoren.com（2019年6月5日確認）

8) 日本家政学会編「新時代への家庭科教育」(1988)，p. 203，東京書籍

9) 三山裕久，コンピュータの充足状況—文部省統計にみる，技術教室 No. 476, pp. 44-49 (1992)，民衆社

10) 教員勤務実態調査（平成28年度）の分析結果及び確定値の公表について
https://www.mext.go.jp/component/a_menu/education/detail/__icsFiles/afieldfile/2018/09/27/1409224_004_3.pdf（2021年3月30日確認）

11) スポーツ庁「運動部活動の在り方に関する総合的なガイドライン」
http://www.mext.go.jp/sports/b_menu/shingi/013_index/toushin/1402678.htm（2021年3月30日確認）

12) 中央教育審議会「新しい時代の教育に向けた持続可能な学校指導・運営体制の構築のための学校における働き方改革に関する総合的な方策について」(第213号)
http://www.mext.go.jp/b_menu/shingi/chukyo/chukyo3/079/sonota/1412985.htm（2021年3月30日確認）

13) 文献1）のp. 4

14) 以下の文部科学省ホームページ
http://www.mext.go.jp/b_menu/hakusho/html/others/detail/1317998.htm（2021年3月30日確認）

15) 竹内真一「失業時代を生きる若者たち」(1999)，p. 145，大月書店

16) 藤木勝，技術教育・家庭科教育の教育条件と教育課程を考える，産教連通信，No. 195, pp. 2-5 (2014)

17) 第1回免許外教科担任制度の在り方に関する調査研究協力者会議 --- 免許制度に関する基礎資料，(2018) 文部科学省
http://www.mext.go.jp/b_menu/shingi/chousa/shotou/136/giji_list/index.htm（2021年3月30日確認）

18) 大塚憲一，産業基盤を支える「理工学系」人材の育成，今月の視点10月，旺文社教育情報センター（2011）
http://eic.obunsha.co.jp/eic/resource/viewpoint-pdf/20111001.pdf
（2021年3月30日確認）

19) 長沼祥太郎，理科離れの動向に関する一考察 — 実態および原因に焦点を当てて，科学教育研究，Vol. 39, pp. 114-123（2015）

20) 風間晴子，国際比較から見た日本の「知の営み」の危機，大学の物理教育，Vol. 98, No. 2, pp. 4-16（1998）

21) 技術科教育のカリキュラムの 改善に関する研究 — 諸外国の動向，「教科等の構成と開発に関する 調査研究」研究成果報告書（3），国立教育政策研究所（2000）

22) 技術科教育のカリキュラムの 改善に関する研究 — 歴史的変遷と国際比較，「教科等の構成と開発に関する 調査研究」研究成果報告書（6），国立教育政策研究所（2001）

23) 文献22）の p. 41

24) 文献1）の p. 64

25) 理系文系進路選択に関わる意識調査 — 学校属性別集計結果の概要，p. 49，国立教育政策研究所（2012）

26) 理系文系進路選択に関わる意識調査 — 学校属性別集計結果の概要，p. 68，国立教育政策研究所（2012）

27) 理系文系進路選択に関わる意識調査 — 学校属性別集計結果の概要，p. 21，国立教育政策研究所（2012）

28) アルフレッド・アドラー，岸見一郎訳「人生の意味の心理学（上）」（2010），p. 10，アルテ

29) ジャン・ジャック・ルソー，今野一雄訳「エミール（上）」（1962），p. 24，岩波文庫，岩波書店

30) 教育課程審議会最終答申「教育課程の基準の改善について」，教育情報研究，Vol. 3, No. 4, pp. 64-95（1988）

31) 三山裕久，向山玉雄，「技術科」教育の社会的役割（2）中学生の技術科意識の分析，技術教室，No. 597, pp. 50-55（2002）

32) ジャン・ジャック・ルソー，今野一雄訳「エミール（中）」（1963），p. 5，岩波文庫

第2章

総合技術教育と
技術・家庭科教育

❶ 東欧の教育についての関心

　かつて、スプートニク・ショック（Sputnik crisis）という言葉があった。これは1957年10月4日、ソ連による人類初の人工衛星「スプートニク1号」の打ち上げ成功に、西側諸国が危機感を抱いたことを表現している[*1]。

　当時、アメリカ合衆国をはじめとする西側諸国の政府に走った衝撃や危機感は相当なものだった。このスプートニク計画以前、アメリカは自国を宇宙開発のリーダーであると信じていたからである。この時期、ソ連が弾道ミサイル搭載潜水艦をアメリカに先駆けて配備し、大陸間弾道ミサイル開発を先行するなど、軍事技術でアメリカを圧倒することが相次いでいた。

　スプートニク・ショックを受けて、アメリカでは軍事・科学・教育を大きく再編せざるを得なくなった。技術教育も例外ではなく、ソ連をはじめとする東欧の技術教育に関心を持つ知識人が増えていった。このような出来事が契機となり、日本においても東欧の教育体系に関心を寄せる機運が高まったのである。そのような状況から、労働と教育の観点についても研究されるようになった[*2]。

---

*1　「ソ連」はソビエト社会主義共和国連邦が正式名称である。1985年3月に誕生したミハイル・ゴルバチョフ政権はペレストロイカ（改革）を推進した。その後、東側の同盟国の民主化やバルト三国などの独立問題を経て、徐々に東西冷戦構造が揺らぐようになってきた。1991年12月25日にゴルバチョフがソ連大統領を辞任し、翌日、最高会議が連邦の解体を宣言して、ついにソ連は消滅した。旧ソ連という表記も見られるが、その時代のことを表現するのでここでは「ソ連」で表記する。

*2　スプートニク・ショックだけでなく、これまでも情報化社会、グローバル社会など多くの社会の出来事で、国家の教育改革が進められきた。このように考えると、その社会現象の中に優れた教育的本質を見抜く視点がないと、目先の教育改革に翻弄される危険がある。

2 総合技術教育の探究のはじまり

　これまで、産業教育研究連盟（以下、産教連）は、その時どきの教育現状に提言を行ってきた。1975年に上梓した『子どもの発達と労働の役割－小・中・高の技術の教育』[1]もそのひとつである。「総合技術教育の思想に学ぶ」の主張を打ち出してきた。この総合技術教育のルーツはソ連の教育制度にある[*3]。クループスカヤが『国民教育と民主主義』[2]の中でルソーの『エミール』を評価しながら、総合技術教育を論じている[*4]。向山玉雄はクループスカヤの教育論から学び、次の「4つの命題」をいつも確認していく必要を強く感じていると、『子どもの発達と労働の役割』で述べている。その「4つの命題」は

1. それ（総合技術教育）はどの職業にも応じうる準備を与える。
2. それは生徒の知的視野を広げ、生徒に全体を理解し諸部分の相互関係を正しく評価する能力を与える。
3. それは労働のうえになりたっている社会的諸関係を評価するための正しい基準を与える。
4. それは現存の社会秩序についての真実な観点をみずから構成する能力を与える。

[*3] 総合技術教育（poly-technical education）とは、近代の主要な生産諸部門にとって必要な技術的基礎を生産労働に必要な技能、態度とともに総合的に授ける教育である。総合技術教育は、単科的技術教育の対語でもある。カール・マルクス、フリードリッヒ・エンゲルスは、大工業の本質を分析して、これが人間の全面的発達を可能ならしめる教育過程の重要な構成部分であることを解明した。東欧諸国では、生産活動の要素を教育体系に位置づけ、義務的普通教育の一環として実践に移されてきた（『ブリタニカ世界大百科事典』による）。

[*4] この著作は1915年、レーニンと一緒の亡命中にクループスカヤが執筆した。労働者階級の教育の基礎に「総合技術教育」をおき、そのルーツにジャン＝ジャック・ルソー、ヨハン・ハインリッヒ・ペスタロッチ、エマニエル・フェルレンベルグ、ロバート・オーエンの業績を分析して論を展開している。レーニンの親友、作家マクシム・ゴーリキーに出版願いの書簡を出している。

産教連は 1970 年の大会から「総合技術教育にせまる実践をめざして」
をサブテーマに掲げた。これは、産教連が本格的に総合技術教育を研究し、
技術教育を組み変える大きな柱にしたはじまりである。1975 年の全国大
会においては、「総合技術教育の思想に学ぶ実践」をテーマに掲げている[5]。

　諏訪義英[6] は、総合技術教育について精力的に研究し、その成果は『総
合技術教育の思想』[3] にまとめられている。生産労働と教育との結合をめ
ざした総合技術教育の考えは、現代にも通じるものがある。総合技術教育
の考えは、ルソーの『エミール』にある「農民のように働き、哲学者のよ
うに思索する」にはじまる。それに強く影響を受けたペスタロッチは、そ
の理論と実践を展開した。その根底には、教養、人格の形成には技術教育
が不可欠であるという考えがある。人間性の根本力に「働くこと」が大き
く関わっている[7]。クループスカヤは、総合技術教育の思想に立った全面
発達を求める教育に応える「ポリテフニズム」という教育体系を 1929 年
に提唱した。特に、東欧の国々で、総合技術教育に基づく教育が浸透する
ようになる。

　総合技術教育の考え方は、東側諸国、社会主義に限ったことではない。
米国のデューイ[8] は『学校と社会』の中で、「われわれは木工・金工・編物、
裁縫・料理などを、個別的な教科と考えるのではなく、生活および学習

---

[5]　三浦が 1974 年（昭和 49 年）の日本教職員組合の全国教育研究集会（山形）において東
　　京都の報告者として「授業実践（応用力学をどのように教えるか）」を発表した。その当
　　時の「職業教育」の分科会は「選抜と多様化」のレポートが多く、授業実践の報告は皆無
　　だった。私は高校に所属していたが、運営者の判断で中学校の「技術科教育」分科会でも
　　報告することになった。そのような経緯で、技術教育・家庭科教育に関わるようになった。
　　1975 年に向山玉雄の『子どもの発達と労働の役割』が発刊され、「総合技術教育」のこと
　　が話題になり研究した。

[6]　諏訪義英（1932-2020）、教育学者、大東文化大学名誉教授。名古屋大学大学院教育学研
　　究科修了、大東文化大学学長、大東文化学園理事長を歴任した。産業教育研究連盟委員長
　　も務め、技術教育・家庭科教育の発展に寄与した。

[7]　ルソーが『エミール』を著したのは、自然の植物に成長の法則があるように、本来、人間
　　にも発達の法則があると考えたからである。その法則から、人間の発達には教育が必要で
　　あると説いている。ルソーは、自然、経験や物事および人間による教育の三つがあり、自
　　然の教育が最もよく、人間による教育がもっとも人をダメにすると説いている。

[8]　ジョン・デューイ（1859-1952）、米国の哲学者、教育学者、コロンビア大学教授。

66

の方法と考えねばならぬ」と述べている[4]。学校を隔離された所ではなく、社会につながるところであることを主張している。それ以前の 1910 年代、米国においてはインダストリアル・アーツ（一般技術教育）が位置づけられ、ジュニア・ハイスクールの発達と結びついたのである[*9]。

　今日の日本の教育に総合技術教育の哲学が欠けていることは大きな問題である。このことを指摘していたのは清原道壽で「日本においては、まだまだ社会通念として技術教育は、職業方向がある程度きまった者の受ける職業準備の技術教育であると言う考え方が一般的といえる」と指摘している。その原因についても言及し、日本においては明治から敗戦に至るまで、歴史的に職業準備教育として技術教育が位置づけられたことを指摘している。日本において総合技術教育が根付きにくい歴史を持っていることを再認識する必要がある。

　そもそも国民の教育権は労働権と不可分のものであり、まともな技術的教養を持つことは、人間として生きていく上で欠くことはできない。技術的素養の獲得は人権の確立と同じくらいに大切なことのひとつある。このことは、前述の「4 つの命題」と同じことを意味している。技術の素養を普通教育の中にしっかりと位置づけた教育制度が、日本では未だに確立されておらず、文化国家としての日本の課題である。

　例えば、それまで農林漁業などが主で家族が協力して生計を立てていたが、高度経済成長の政策によって工業化へと社会は変化した。男性は高等学校や大学を卒業し、企業に正社員として雇用され、その一方で家庭で子育てや家事に専念する専業主婦層が生まれるようになった。主婦層の形成や技術革新と関わって、技術（男子向き）や家庭科（女子向き）の学校教育が位置づけられた。さらに、情報化や家庭崩壊などの社会問題が取りざ

---

*9　当初のインダストリアル・アーツが変質するようになったのは、1929 年に始まる世界恐慌である。インダストリアル・アーツは、「一般技術教育」から一転して「生活適応主義」へと向かい、日常生活に役立つ技術をあれこれと取り上げる授業に変質してしまった。そこに、スプートニク・ショックが起きたことから、「生活適応主義」の教育は、「産業的に最強のアメリカ」になるための「技術教育」へと変貌した[5]。

たされると、技術科に情報基礎の領域が持ち込まれ、家庭科には家族の領域が持ち込まれた。技術・家庭科においては、もっぱら時々の社会要請に対応した内容を埋め込まれ、教科の意義が軽視されてきた。

　ゆえに、日本国民のための教育の実現には、財界や中央集権的統制を離れたところで、国民の教育を議論・政策立案できる組織と制度の確立が必要である。そのとき、はじめて真の教育制度が確立し、それには総合技術教育の哲学が役立つはずである。

❸ 総合技術教育の視察

3·1 ドイツ民主共和国研究のはじまり

　産教連の機関誌「技術教育」に「ドイツ民主共和国の教科書」の連載記事の紹介があった。執筆者は清原道壽、諏訪義英などであった[*10]。

　1974年、産教連常任委員会でドイツ民主共和国の総合技術教育の視察に行くことに決定した。産業教育研究連盟「第一回ドイツ民主共和国総合技術教育視察団」の組織は、参加者35名、添乗員2名、計37名であった。なお、団長は諏訪義英（当時：大東文化大学）、副団長は向山玉雄（当時：東京都葛飾区立奥戸中学校）、事務局長は三浦基弘（当時：東京都立小石川工業高等学校）である。1977年3月27日、視察団の一行は羽田国際空港を出発した。

　この視察の終了後、『ドイツ民主共和国の総合技術教育 ― 子どもの全面発達をもとめて』を上梓した[6]。序文に編集委員会一同として、以下のように記した。

[*10] 諏訪が「ドイツ民主共和国の教科書」を紹介していた時、ドイツ民主共和国にいつ頃、行かれたのですかとお聞きした。「まだ、行ったことはないよ」。三浦が意地悪をしたのではないが「行っていないのによくドイツ民主共和国の教科書をかけますね」といった。すると、諏訪は「清原さんも行ったことはないよ」と言われた。三浦が「それじゃ、ドイツ民主共和国に行きませんか」と提案した。諏訪は「日本とドイツ民主共和国が国交回復をしていないのに、渡航は難しいのではないの？」と尋ねた。三浦は「難しいですが、ソ連陣営の優等生といわれるドイツ民主共和国の総合技術教育に関心がありますし、民間の日本ドイツ民主共和国友好協会がありますから、渡航の可能性があると思います」と返事した。紆余曲折があり、三浦が事前にドイツ民主共和国に下見に行き、交渉し、渡航を実現することになった。

日本の民主教育改革をめざして ― 序にかえて ―

　いま、日本の教育は大きな危機に立たされています。「学歴社会」の中で、より安定した生活を求めて「教育」に投資する父母、ますます激化する受験地獄、教室の中では１クラス最高45人という世界でも稀な超過密状態。そのなかで授業についていけない子どもが出ます。「塾」がその子どもの救済の場と考えられ、最底辺のところでは非行が続発します。教師は、この中で疲れ果てています。しかし、この現状を何とかしなければならないと考える教師たちは、教育の制度を改革する努力をし、民間教育団体に参加して、教育研究活動も続けています。私たちの「産業教育研究連盟」も、こうした民間教育研究団体の一つで、中学校の技術・家庭科の教師、高校の職業科・家庭科の教師が多く加盟している自主的な研究団体です。

　いまの教育の現状を何とかしなければならない ― 私たちは毎日の授業をより充実したものにするための実践を行なうための研究だけでなく、こうした教育改革の提言をも行ってきました。一昨年（1975年）に出した『子どもの発達と労働の役割』（民衆社）は、「総合技術教育の思想に学ぶ」主張を明確に打ち出してきました。1970年から毎年の大会でサブテーマにも、このことばを出してきました。私たちの多くは、「ものを作る」教育、技術教育に携わってきています。ところが上手に工作ができたというだけでなく、科学的・技術的なものの考え方ができ、いかにものごとを総合的に理解させるかということを考えると、どうも「総合技術教育」こそ、それにふさわしいと思うようになりました。

　特に、ここ数年、「総合技術教育」をめぐって論争も行なわれ（前記の『子どもの発達と労働の役割』も一定の主張を表明したものでした）、そのなかで、「総合技術教育」の現実を、この目で見てきたいという欲求がますます成熟してきました。

　私たちは、団員を募集し、打ち合わせを行ない、ドイツ語を勉強し（これは、あやしいものですが）、50万円近いお金を蓄積するなどして準備しました。この視察旅行は「産業教育研究連盟」が企画したものですが、友好的な関係にあるほかの団体である「技術教育研究会」「子どもの遊びと手の労働研究会」「全国農業教育研究会」などの中心的な働き手の方がたも参加されたことは、民間教育団体の連帯のために

も、うれしいことでした。

「総合技術教育視察団」といっても、当然のことながら、その背景となっている「社会主義国」の理論と現状も学ぶことになりました。しかし、社会主義のことは何でも讃美するという態度はなく、あくまでも、日本の教師としての自主性を崩すことなく、受けとめてきたつもりです。1977 年 3 月 27 日に出発し、予定より 1 日遅れて 4 月 6 日に帰るまでの私たちの経験はすべて新鮮でたのしいものでした。

このような事業は、日本の民間教育運動の歴史の上でも、はじめてのことでしょう。このたび、この記録を一冊の本にまとめることになりました。この本が、これからの日本で教育をどう改革してゆくかを日夜考えておられるみなさんの参考になればありがたいと思います。また、その団体の常任委員だけが行ったのではなく、ひろく団員を募集して、教師集団として行ったことも新しい試みでした。日本の教師の気概を示した事業であったと、いささか自画自讃している次第です。読者のみなさんから、いろいろなご意見をよせられることを期待しています。

1977 年 7 月

3·2 ドイツ民主共和国の技術教育

ドイツ民主共和国（DDR: Deutsche Demokratische Republik）は、1970 年以降、世界の工業大国の仲間入りをしており、1949 年の建国時に 220 億マルクであった生産国民所得は、1978 年には 1610 億マルクになっている。ドイツ連邦共和国の「奇跡の経済復興」はよく紹介されているが、DDR は意外と知られていない。その秘密を教育の中に探ってみよう。

1965 年 2 月 25 日に、社会主義の統一的な教育制度（einheitliche sozialistische Bildungssystem）に関する法律が制定されている。この法律の序文に次のように書いてある。「この制度の目的は国民全体の高度な教育であり、自覚的な社会生活を形成し、自然を変え、充実した幸福な人間生

活を営む多面的、調和的に発展した社会主義的人格（allseitig und harmonisch entwickelte sozialistische Persönlichkeiten）の教育である。そもそも社会主義教育制度は、社会主義社会を形成し、技術革命を成し遂げ、社会主義的民主主義の発展に協力する能力を市民に与えることに寄与するものである。それは人々に現代的一般教育と高度な特別教育を授け、同時に社会主義的モラルの原則にのっとった特徴を与える。社会主義教育制度は善良な国民として優れた仕事をし、絶えず先んじて学習し、社会的に活動し、計画に参加し、責任を果たし、健康な生活を享受し、余暇を有意義に利用し、スポーツをやり、芸術を大切にするのに必要な能力を与える。この目的が社会主義国家とすべての社会的勢力、共通の教養・教育活動の点において統一するものである」。DDR は、この目的を達成するために、次代を担う子どもや青年に限りない援助をしている。

　7 歳から 16 歳までの 10 年間の義務教育学校は「一般陶冶総合技術学校」（POS: Polytechnische Oberschule）と呼ばれる。「総合技術」という言葉は狭い意味の技術・技能の教育ではなく、それぞれの子どもたちの全面発達を保障する基礎教育のことで、教育が生産労働、社会主義建設と結びついていることを意味している。総合技術教育の思想はマルクスに求めることができる。彼は「あらゆる生産過程の基本原則を教え、同時に、児童または少年をあらゆる生産のもっとも簡単な道具の使用法を習熟させる」教育とし、ソ連のクループスカヤが実践的に発展させた。

　10 年間の POS は、低学年（1〜3 学年）、中学年（4〜6 学年）、上学年（7〜10 学年）から成っており、低学年では中、上学年で受ける授業のための基本的、基礎的学力と社会生活への適応能力が養われる。さらに次の中学年までの 6 年間を通して、将来において労働を通じて社会の一員となるために必要な人間形成を重視している。

　例えば、みんなと共同して作業をする協調性、自分の仕事の結果を客観的に評価する力とか、成果が上がればそれに喜びを感じることが培われる。7 学年からは専門教科室（Fachkabinett）での学習が多くなると同時に、

工業・農業関係の企業で実習を行い、実際に企業体の生産計画に組み込まれ社会主義的生産をする。生産の中で責任を持たすことは生徒に多大な影響を及ぼし、自覚を促すことが少なからず確認されている。因みに Oberschule の Ober は「この義務教育課程で基礎教育だけを行うのではなく、社会主義社会の要求する高い知識と倫理性を身に付けること」を意味している。ドイツ連邦共和国の Oberschule は各種専門学校（Fachoberschule）のことである。

　DDR の教育制度では、上級に進むに従ってコースが分かれているが、どのコースからも大学進学が可能であり、袋小路になっていない。その点、ドイツ連邦共和国の制度と異なっている。しかし、子どもの全面発達を願う教育制度においても、問題が起こることがある。

　一つのエピソードを紹介しよう。第 9 学年になると、工場に実習に行く。もちろん複雑な仕事はできないから、ごく簡単な工程に組み入れ、実際の労働とは何かを学ばせる。こうした授業は必要か、不必要かの論争があった。訴えたのは我が子を医者にしようとする母親であった。医者になるのに何も工場実習をする必要はないというわけである。社会主義国であっても教育熱心な親はたくさんいる。自分の子に対する愛情は洋の東西を問わない。結局、母親の意見は退けられた。医者は頭脳だけで仕事をするのではない。もちろん、正確で豊富な知識は必要だが、子どものうちから手を使うことを訓練しておかなければ、手術もこなせない。日本でも、有名中学校の医学部志望の「優秀」な生徒が、靴ひもを結べないと読んだことがある[11]。日本の学校制度と比較してみると、考えさせられる話である。

　第 1 〜 10 学年の工作の内容と課題は、本書の末尾に付録**「一般陶冶総合技術学校のカリキュラム」**として収録しているので、目を通してほしい。

　一般陶冶総合技術学校の教科を列挙すると、国語、社会科（郷土科、歴

---

[11] 高度な専門職の人が身の回りのこともできず、とうとう清掃業者に部屋の掃除を依頼すると、業者がマンションに入り絶句するなども話題になる。まず、ひとりの人間としての人間形成が本来の普通教育である。その上に、職業教育や進学のための教育がある。

史、公民科、地理）、算数、ロシア語、理科（物理、科学、生物）、芸術体育（図画、音楽、体育）、総合技術教育（工作・生産活動）、選択科目（第二外国語、速記）である[11]。POS の具体的なカリキュラムと日本の中学校の技術教育と異なるのは、第 1 学年より第 10 学年まで一貫した教育内容で体系的に教育していることである。日本の中学生は DDR の第 7、8、9 学年にあたる。POS の平均学級構成人数は、全国平均 1 クラス 26 人で、ベルリンなど都市部では 31 人である。教科書の 40％は無料支給であるが、4 人以上の子どものいる家庭は 100％無料支給である。その子が第 9、10 学年に進むと、親の収入とは無関係に月 60 マルク（1 マルク＝ 125 円）までの補助金がでる。

　特に注目すべきは、文部大臣アルフレッド・レムニッツ（Alfred Lemnitz）は、工作科、学校農園教科に高い科学的水準を貫徹させることに言及している。そのために、多くの技術的、自然科学的学会は総合技術教育を援助することなどを提言している[7]。それを受けて、教育改革が進められ、多くの討議を経て 1964 年には国民的討議も行っている。その成果は、本書の付録にある「一般陶冶総合技術学校のカリキュラム」として実を結んだ。そして、1968 年の新学期から第 7 学年から第 10 学年の生徒は、工学、機械学、電気工学、製図、経済学を伴う「社会主義生産入門」を課している。

　日本の現状では、産学共同になるので難しいが、DDR の上学年の生徒たちは、割り当てられた企業に週一定時間出向いて、生産作業の手ほどきを受ける「生産授業日」（UTP: Unterrichtstag in der sozialistischen Produktion）というのがある。現在では 2 つの教科の形で行われ、一つは「社会主義生産入門」（ESP: Einführung in der sozialistischen Produktion）で理論的教科、もう一つは「生産労働」（PA: Produktives Arbeiten）で実践的教科である。これらを結び付け、生産企業における労働の基礎知識が教えられる。第 7、8 年での「生産労働」は、学校内の「総合技術センター」（Polytechnisches Zentrum）で行われ、第 9、10 学年では、生徒

たちがこの「授業日」に企業に出向く。

　次に拡大上級学校になると[*12]、この2教科を一つにまとめた形の「科学生産的労働」（WPA: Wissenschaftlich-Produktive Arbeit）の教科で教える。職業学校（日本の職業高校にあたる）は、学生であると同時に労働者であり、学習はその企業の中の生産現場の中にある問題を中心に組み込まれており、制度、内容ともに生産労働と教育が結合されている。結合されているというより、融合され、理論と実践、労働と教育が統一されているという方がよいのもしれない。

　DDRに2回目の視察団を組んだ。理由は、第1回目には10年制の義務教育の学校（POS）を視察できなかったからである[*13]。2回目（1979年3月25日〜4月4日）の内容と成果は、「技術教室」に掲載されている[8,9,10]。

　その後、スウェーデンのスロイド教育[*14]を視察（1986年3月26日〜4月4日）した。視察後、機関誌「技術教室」に報告が載らなかったが、報告書の冊子「わたくしたちの見たスウェーデンの技術教育・家庭科教育・職業教育」（1987）を作成した。沼口博団長が「まえがき」に次のように述べている。

＊12　10年制の一般陶冶総合技術学校が義務教育になり、さらに大学への特別な準備教育として、11-12年生向けの拡大上級学校が設置された。日本の普通高校に相当する。

＊13　第1回の視察団のときは、10年制学校の視察を希望したができなかった。当局によると、各国からの視察希望が多く、子どもたちの授業がさまたげられ、教師の労働が増え、また、子どもは見世物ではないので、遠慮してほしいということだった。しかし、第1回の視察後、『ドイツ民主共和国の総合技術教育』の本を上梓したところ、DDRの関係者から、こういう本を出したのは、外国では日本が初めてとのことで、好意的な連絡があった。そして、第2回目の視察では、10年制学校の見学が実現した。

＊14　現在小学校の「図画工作」のルーツを探ると、1890（明治23）年東京高等師範学校の後藤牧太教授がスウェーデンのストレングネース（この地名は古ノルド語のstrengr（狭い海峡）とnes（高地、丘陵）の二語からなる）から移入した「手工科＝スロイド」に辿りつく。スロイド（slöjd）はスウェーデン語で、本来「木彫り、木工」を意味する。今では広くhandslöjdとかslöjdといい、手仕事を意味している。フィンランド語での表現ではkäsityö（カシテュエ）といい、käsi（手）とtyö（仕事、労働）の複合語で、これもまた「手仕事」を意味している。教科としての「手工教育」も、slöjdとかkäsityöの表現でそのまま使用。両国語とも木工ばかりでなく繊維製品の仕事など、あらゆる手仕事を包括して「手仕事」または「手工科」といっている。

私達は今から9年前（1977年）、総合技術教育の思想に学ぼう
と、民間教育研究団体として初めてともいえる海外教育視察団を編成
し、ドイツ民主共和国を中心とした学校教育、および学校外の教育等
について訪問、見学を行いました。この視察旅行を通して、私達は多
くの事を学びました。例えば、ドイツ民主共和国では学校外の教育的
機関としてピオニール少年団という組織とピオニール宮殿という立派
な施設があり校外教育として大きな力を発揮していましたし、また10
年制学校後の職業教育においても職業教育というよりは一般教育とも
いえる教育が行われていました。さらに、FDJ（エフ・デー・ヨット）
と呼ばれるドイツ共産主義青年同盟が学校の中でも活動を展開してお
り、これらが総合的に機能しあって一つの社会的教育のシステムを形
成しているのでした。また、総合技術教育（ポリテフニズム）の源流
はフランスにあり、この思想はヨーロッパ中に伝播し何らかの形で学
校教育が影響を受けていることを知ったのでした。
　7年前（1979年）の第2回海外視察旅行では、初めてドイツ民主共
和国の10年制学校（オーベルシューレ）の見学が実現しました。特
に7、8、9、10学年での生産労働の見学では工場の中で生き生きと
学習し、実習する生徒達を見て労働と教育の結合に驚いたものでした。
生徒と労働者が、学校と工場が、労働と教育が、つまり社会的教育の
システムがうまく調和している、いや調和させているのに驚嘆したも
のです。
　こうしたヨーロッパ各国の教育の制度は一朝一夕にして出来たもの
ではなく、長い歴史を通じて作りあげられてきたことを理解すること
ができました。そしてこの歴史は民衆の力に支えられていることも身
体で感じることができました。とくに第二次世界大戦時のナチスの残
忍な行為やナチスに対する抵抗運動の跡は色々なかたちで残されてい
ました。歴史を逆戻りさせようとした者とその犠牲になった者、抵抗
した者との関係を、まさに事実として残しているのです。それらは人
間の尊厳を確立するための一里塚でもあるかのようでした。
　ヨーロッパの学校教育制度はこのような歴史と共に、すなわち
ヒューマニズムや民主主義の歴史と共に発展してきたといってよいで
しょう。そのため形式的に見た場合、いくつかの点で我が国の制度と
比べて遅れていると思われるところもありますが、しかし、民主主義

とヒューマニズムに支えられていることを思えば、それも歴史の過程の一里塚と言えそうです。

　私たち産業教育研究連盟第三回海外視察旅行団は、第１回、第２回の成果の上にたち総合技術教育のその後の発展状況の視察を主目的にし、さらに違ったところにも目を向けてみようということでドイツ連邦共和国のシュタイナー学校とスウェーデンのスロイドにも焦点を合わせた旅行を企画しました。というのも、わが国の今の技術科の前史を振り返ってみると、そこにスウェーデンのスロイドやドイツの労作教育の影響が見てとれるからです。

　しかし、私たちのこのような視察希望は客観的な制約のために、そのいくつかを断念せざるを得ない状況となってしまいました。まず、一番大きな制約はイースターでした。このお祭り ― 神聖な行事 ― のために、学校も商店も官公庁もすべてお休みで、大変困ってしまいました。次にアクシデントといってよいのではないかと思いますが、アラスカの大雪のため飛行機の離発着に大変手間取り、最初の見学ができなくなってしまったことです。

　しかし、その他は概ね大変順調に事を運ぶことができました。見学先ではいずこも大幅に時間を超過して意見交換が行われましたが、お互いに真剣な討論の結果として超過労働にあまんじることができました。ここに載せてあるのは私たちが見てきたほんの一部にすぎませんが、しかし本や資料などではわからない部分も実際に見学し、意見交換を通じてかなり明らかにすることができました。実際の強さと言えましょう。私たちのこの記録に色々なご意見などをいただければ幸いです。

||||||||||||||||||||||||||||||||||||||||||||||||||||||||||||||||||||||||||||||||||||||||||||||||||||||||||||||||||

　産教連として計３回、海外視察旅行を行ったことになる。民間教育団体の海外教育視察旅行は、産教連が最初である。その後、美術教育を進める会、技術教育研究会などが、あらたな海外教育視察旅行を行った。

3·3 ドイツ民主共和国の戦後教育

　DDR の教育制度は、反ファシズム、民主化政策の一環として手掛けられた。それは、かつてのワイマール期の理想[*15]に通じるものがあった。ドイツの教育体系は、帝政ドイツ時代に部分的に改革はあったものの、三つの育成の柱があった。知識人などのエリート育成、職人、専門職などのマイスター育成、農民、労働者などの育成である。

　DDR の教育制度は実質的にソ連占領下における「ドイツの学校の民主化に関する法律」（1946 年 6 月 12 日施行）で確立された。青少年たちをナチズムと軍国主義から解放し、平和と民主主義を愛するように教育する」理念の下、8 年制の義務教育を保障するものであり、無償で学校に通えることはドイツ史上、初めてのことだった。

　校長には学校教育についての裁量と責任が明確に与えられている。学校内での管理運営の基本原則は集団間協議を基礎とする独任制管理[*16]であ

[*15] 第一次世界大戦末期の 1918 年 11 月、北ドイツ、ユトランド半島にあるキール軍港の水兵反乱を機に兵士、労働者が蜂起した。この動きが全国に広がり、ヴィルヘルム 2 世が退位して、新しくドイツ共和国が発足した。これに伴い「ワイマール憲法」（ヴァイマル憲法）が制定された。
　　起草文を作成したのが、ドイツ民主党の政治家で弁護士のフーゴー・プロイス（Hugo Preuß,1860-1925）である。前文および本文 181 条からなる法典である。本文は 2 編に分かれ、第 1 編はドイツ国の構成と任務、第 2 編はドイツ人の基本権と基本義務にあてられている。この文には、国民主権、男女平等の普通選挙、議会制民主主義体制などが盛り込まれた。この中で基本的人権の「社会権」が初めて規定。これは生存権や教育を受ける権利、労働基本権などを指す。これにより、旧皇族、貴族の政治的影響が少なくなり、当時は世界で最も民主的な憲法といわれた。
　　この憲法が画期的とされるひとつは「社会権」、中でも重要なのが第 151 条に定めた「生存権」である。ここには「経済生活の秩序は、すべての者に人間たるに値する生活を保障する目的をもつ正義の原則に適合しなければならない」と明記されている。ワイマール憲法の 151 条に規定された「生存権」は、日本国憲法の第 25 条の「健康で文化的な最低限度の生活を営む権利」の保障や、公共の福祉に反しない範囲での経済圏の自由などの規定はほぼ一致している。それから 14 年後、国家社会主義ドイツ労働者党（ナチ党）の権力掌握によって全権委任法が成立し、ヴァイマル憲法はその機能を失った。しかし、その精神は戦後の東西ドイツの憲法（ドイツ民主共和国憲法とボン基本法）に引き継がれたのである。

[*16] 独任制（どくにんせい　self-reliant system）は、行政機関などが一人で構成される制度。これの対義語は、複数の人で構成される合議制（council system）。大統領、知事などが、独任制に当たる。単独制ともいう。

り、校長はこの原則にもとづいて学校を管理する。集団協議の組織として
は、教育会議、父母協議会、企業付設の総合技術協議会、学年主任を中心
とする会議などで構成されている。特に、教育会議は全教員、父母協議会
議長と管理者から選任された多様な人で構成されている。社会主義制度下
の教育と考えると否定的イメージを持つかもしれないが、タテ社会的な日
本の学校運営に比較すれば、DDR の学校教育は民主的であり、教員の士
気も高く、教員の学校教育改革への参画の機会も多い [12]。

　DDR では、教授プラン（Lehrplan）の作成そのものに教師・教員組合
等が参加するのであり、日本のごとく学習指導要領の法的拘束力の是否を
論ずるような状況にはないことは明らかである。むしろ、全国的教育実践
を基礎として Lehrplan の科学性をどう確立するかが問題となっている [12]。

　社会主義統一党（SED: Sozialistische Einheitspartei Deutschlands）
の第 3 回大会（1956 年 3 月）は、総合技術教育を導入した。5 年の移行
期間を経て、10 年制の義務教育学校として制度化していった。政治的に
は 1960 年代半ばまでに資本主義から社会主義への移行を完了させ、生
産関係の計画経済を完成させることであったという。そして、学校には
「DDR への愛」、「社会主義の成果の誇り」を持たせ、「将来は全ドイツが
社会主義となる」ことを確信させる政策であった。

　DDR では 1976 年 5 月に SED の第 9 回大会が開かれた。その大会綱領
に SED の来るべき時期（1976-1980 年）の目標を「発展した社会主義社
会を形成し、共産主義への漸次的移行のための基礎的前提を創る」ことに
おいた。この目標は、国連加盟（1973 年 9 月）、全欧安全保障協力会議
（1975 年 8 月）を経て国際的に承認され、経済的には世界の十指の工業
国に仲間入りしたという自信の上に築かれたものである。

　しかし、この目標を実現させるためには、なお数多くある困難の中で、
問題の一つとして、教育との関連で無視しえない労働力不足がある[*17]。統

[*17] ドイツ民主共和国には、東南アジア（主にベトナム）、ポーランドやユーゴースラヴィア
などの東欧、アフリカなどから、かなりの外国人労働者が入っている。ドイツ民主共和国

計的に見れば、生産部門の労働者従業員数は、1955 年の 100 に対して 1965 年の 105、1975 年の 117 に過ぎない。人口は日本の 15% に当たる 1685 万人（1975 年）で、労働力の絶対的不足である。この不足で、物質的文化的に向上するという第 9 回大会の基本課題を達成するためには、生産性の向上と労働力の質の向上という問題が生まれてくる。このことから、教育が DDR の社会主義建設にもたらす課題でもあった。産教連の視察旅行での教育を語る会合の中でも、しばしばこの生産性の向上という言葉をよく聞いた。会合の中でもうひとつ注目すべきことは「社会の要請と個人利益・関心を一致させる」という指摘である。教育の問題でいえば、教育が社会的要請としての労働力の要請に応えるだけでなく、個人の利益という観点から能力の開発にも十分に応えなければならない。この両者をどう統一するかが教育の課題である。特に総合技術教育体制は、個人の能力を単に労働力の立場でのみ把握するのではなく、人間の諸能力の開花としても把握しようとするものである。しかし、DDR の労働不足と生産向上の課題の解決は、なかなか重いものであった。

3·4　総合技術教育視察の総括

　産教連は DDR に 2 回の視察旅行を行い、総合技術教育について、次のようにまとめている。

　この教育の体系や内容は、想像していた以上に、国家的規模で位置づけられていることが、短期間の視察でも理解できた。義務教育としての 10 年制学校とその後の教育機関・社会教育との関連の緊密なこと、それは具体的には、教育と生産労働の結合によって保障される。しかし、このこと

国民の西への脱出や出生率の低下によって慢性的かつ危機的に不足している労働力を、外国人労働者が単純・重労働を中心に補っていた。特に、クロと言われるのは、モザンビークからの労働者をさす場合が多い。ドイツ民主共和国には失業などの不安はないのも拘らず、国内の政治・生活に対する不満、特に外国旅行を制限されていることに対する鬱積が、国内の外国人に対する迫害となって現われ、かなり前から問題になっていた。（ドイツ民主共和国の民主化を記録する会編『ベルリン 1989』大月書店、1990 年）

を単純に、教育機関が、国家の生産目標達成の目的の下に従って運営されていると理解することは誤りである。生産を高めることは、国民の生活水準・文化水準を高めるためという大前提がある。

　総合技術教育の体系と言っても、それは言い換えれば、子ども・青年の全面的な発達を保障するという文化的な目標と一致しなければならない。子ども・青年・勤労国民の文化的要求を満たし、豊かな情操や社会主義の建設に立ち向かう道徳的、政治的心情を高めることも重視されている。こうした目標を達成するために、国家や社会は、子ども・青年・国民に対して全体で責任を持ち、それが果たされている。それは、ピオニール*18 における課外活動や FDJ（エフ・ディ・ヨット：ドイツ青年同盟）の活動、勤労国民の再教育制度の重視という形となって具体化されている。しかし、まだ社会主義建設は途上であり、多くの課題を抱えている。住宅建設の能率化、それに伴う諸施設（保育園・学校、日用品やエネルギーの供給施設など）の整備、それを達成するために、生産手段の増強や自動化を進めたり、労働時間の短縮も進めなければならない。

　また、職業選択については、労働計画に基づく地域の要請に応えながら、同時に各人の希望を重視しようとしている。さらに 8％の子どもについては、将来の産業の発展を考えた場合、8 年制卒でよいかどうか検討すると同時に、現在は下の段階から十分に指導するようにしているという。個々の問題が社会の大きな動きの中に考えられているといえよう。

　本章で前述したように、総合技術教育の理論のルーツはクループスカヤである。彼女は幼児教育に限らず、一般に教育の目的を「全面的に発達した人間の育成」に求めた。人間の具体像として、彼女は次のようにまとめた。「全面的に発達した人々は、意識的で組織された社会的本能を持ち、一貫して考え抜かれた世界観を持ってほしい。そして自然や社会生活において自分の周囲で起こるすべてのことをはっきりと理解し、肉体労働であ

---

*18 課外活動の一つであり、もともとピオニール（пионер）はソ連の少年団のことである。ピオニールとは「開拓者」の意で英語のパイオニア（pioneer）である。

れ、精神労働であれ、すべての種類の労働に対して、理論の上でも実践の上でも準備ができており、合理的で十分な衣食住を与えることができ、美しく楽しい社会生活をうちたてることができる人間である」。

　このような人間の形成を、一方では、理論と実践の統一において生産労働の全面的な学習を保障し、生産の主人公を育成する「総合技術教育」（ポリテフニズム）を通して実現しようとした。また、他方で、集団における民主的な組織化を通して、子どもの持つ「社会的本能」を開花させ、他人の心の痛みの分かる人間を形成しようとしたのである。

　総合技術教育の底流には、ドイツのワイマール共和国時代への過渡期に、労作学校の運動が影響を与えている。ゲオルク・ケルシェンシュタイナー（G. Kerschensteiner）は、ミュンヘン大学で教育学を講じ、ドイツ教授委員会の会長として教育改革の推進に尽力してきた。彼は、19世紀末までの範例的で書物中心の教え込み教育を止揚した労作教育を提唱した。それは「労作学校」[19]として広がり、ドイツの教育に大きな影響を与えている。その教育哲学の根底は、近代教育思想の先駆者であるペスタロッチの影響を受けている。総合技術教育の基本は、創造的活動を通して学習することであり、「作業」とは意味合いが異なる。作ること、生み出すことから本質を学ぶことを総合技術教育は唱えている。労働の本質には、経済的意味とは異なる人間の本質、生命的活動がある。このことについては、後ろの節で深める。

　一般陶冶総合技術学校だけについてみても教育目的を達成する教育の場は、学童保育所、寄宿舎、工場、農業生産組合などの生産現場、その他にピオニール、FDJ などの青少年組織の自主的学校活動もある。日本に比較して、教育活動の場は学校を中心に地域的にも人的にも多様である。こ

---

[19] 日本の学校教育でも、玉川学園の小学部・中学部、千葉県の三育中学校、新潟県の敬和学園高等学校などに「労作の時間」として息づいている。ケルシェンシュタイナーの主著『労作学校の概念』の「労作」の用語については、労働の用語がマルクス主義を連想させ、政治的攻撃を危惧して、「働くこと」を禅でいう「作」と翻案して Arbeit を「労作」と訳した。

のような教育の場の拡大と教育に密接に関係する人的構成の拡大は、学校の社会主義的変革の一つの特徴をなしているようにも感じた。

しかしながら、産教連が教育視察を行ったほぼ10年後、不幸にしてDDRは崩壊した。経済の破綻である。そして取りも直さず国を動かしてきた書記長、政治局員の責任である。崩壊後、その理由が明らかになってきた[20]。

ドイツが統一されても、DDRの総合技術教育思想がなくなったわけではない。教育視察を終えて編んだ『ドイツ民主共和国の総合技術教育 ― 子どもの全面発達を求めて』にあるように、学ぶべきことが少なくない。今後、どのように教育活動に生かすか、新しい模索と実践の分野である。

---

[20] 壁ができた1961年8月13日。その日、輝くような夏の陽ざしとともにわが家にとび込んできた「東西ベルリンの境界遮断」のニュースも多くのドイツ人ほどには、衝撃ではなかったように記憶している。家賃や光熱費をはじめ、交通費、基本的生活必需品の値段は、たいていの日本人がびっくりするほど安いまま一度の値上げもなく、医療も教育もほぼ無料に等しく、真面目に働きさえすれば、地味だけれど、老後の心配もなく暮らせると安心もし、それをこの国に暮らすすべての人に保障する、世界でも奇特な政策を実施しているドイツ民主共和国政府は、基本的に人道的と信じていた国民も多い。

一方で、SED（社会主義統一党）は、政治、経済をはじめ、教育、文化と社会のあらゆる分野で特権的な指導権を掌握していた。年々高まる国民の批判や不満を押さえるために、SEDに並んで国家公安機構がこれまた徹底的に国民ひとりひとりを監視の対象としてキャッチするまでに網羅されていた。その上、書記長はじめ政治局員の大多数がその強力な特権を利用して私腹を肥やしていた。公安当局は、一方では国民の口を封じ、他方ではこうした腐敗を国民の目に触れさせない守り役をしていた。

東西分断の壁をつき崩す原動力は、党員でも知識人でなく、怖れも躊躇もなく不満や怒りに突き動かされた数百万の大衆だった。支配階級の事実が次々に明るみに出されるにつれ、職場や地域で社会主義への真摯な献身からSEDの平党員であった多くの友人や知り合いたちの驚愕と苦悩は深く、痛ましいものがある。

以上、『ベルリン1989』（ドイツ民主共和国の民主化を記録する会編、大月書店、1990年）の斎藤瑛子の手記の要約。基本的人権、自由と民主主義を堅持し、複数政党制による議会制民主主義に基づかない国家は長続きしないことを、歴史は教えている。

4 技術・家庭科教育の陶冶価値と役割

4·1 新しい技術教育の必要性

　1980年以降の教育の現状を直視すれば、早期教育、塾をはじめとする学校外教育が蔓延した。そこにあるものは、受験を目的にした偏差値教育である。しかしながら、学力は低下の一途をたどっている。このことは、教え込み教育は早期において効果を見せるが、理解して考える青年期には破綻を迎えることを物語っている。教え込み教育の方法は、情報だけを提示され実在実態がない仮想の学びである。そのような知識は、理解と思考に深みがなく、端的に言えば暗記に近いものがある。

　その一方で、学校教育においては内申書の重視、推薦入学、観点別評価に象徴される訓育的教育が拡大された。極端に言えば、学校では教師の顔色をうかがう方向評価[*21]による訓育が、学外では教え込みの偏差値教育が進んだ。このような流れは、歴史の中で繰り返されてきた蹉跌である。興味・関心・意欲・態度は形式的な表面的評価を助長し、タテ社会に適した人間を作る効果しかない。ここにも「理解」と言うことが欠落している。

　これまでの不毛な教育改革から決別して、実際に物事を通して、ものに触れながら理解を深める教育方法がいかに重要かを認識すべきである。経験を通して理解を深めることが、概念や認識を形成し、内面の発達を促すのである。真の人間的活動は、正しい認識や概念から組み立てられた行動・活動でなければならない。例えば、訳もわからずに偶然できたこと

[*21] 戦後の教育では、客観的な到達目標を設定し、その達成度により評価する到達度評価を実施してきた。その後、内申書の重視、新学力観などにより関心・意欲・態度などの観点別学習が支配的になった。その結果、子どもたちは、理解・知識や達成よりも、教師の顔色を気にするようになる。教員も子どもの態度や姿勢を評価するようになる。このように、子どもの方向を評価することを方向評価という。

と、十分に仕組みや原理がわかってできたことは、意味合いが大きく異なる。外面的には同じでも、そこにおいて内面的理解の有無は重要な意味を持っている[*22]。内面の発達とは、真の理解を意味している。教育の営みは、子どもの中に真の理解を形成することである[13]。

　子どもたちが真の理解、認識を形成するためには、初等・中等教育において何が必要なのであろうか。生活や授業の中でものを作ったり、観察や実験を通して理解や認識を育てることが必要である。一般陶治総合技術学校の由来は、フランス革命期に創設された高等技術者養成機関であるエコール・ポリテクニーク（École polytechnique）である。大学は主に学問（学術）の教育機関を意味するのに対し、ポリテクニック（polytechnic）は理工系（職業教育）を中心に教育課程が編成されている。これに対して、日本の教育は技術教育が縮小され、教え込みの偏差値教育および訓育重視の教育へと肥大化した。しかも、技術・家庭科教育を見れば明らかなように、科学的理解や原理が軽視され、もっぱら黙々と働く「勤労愛好」[*23]に重点を置いてきた負の歴史がある[14]。

　以上のことから、日本の教育には改めて教育の原点への回帰が求められている。

4.2　進化・社会発展と労働

　直立歩行を獲得し、前足が手の役割を担い、手によって労働を営むことが、人類の誕生に決定的な役割を果たした。このことはエンゲルスの「猿

---

*22　これと同じことは、2000 年以降、バイオテクノロジーに多額の研究費が流れ、国際競争の過熱が問題になったことにも通じる。STAP 細胞など、論文ねつ造が社会問題になった。この投資と競争の過熱が、「なぜ実現できたのか」の理由付けや原理の説明がないまま論文掲載される風潮を作り出した一因である。

*23　1886 年（明治 19 年）に、高等小学校に手工科設置に当たり、手島精一は学問を基礎とした技術教育を重視したが、一戸清方は製作法の教え込みを唱えた。これに対して当時の森文部大臣は「勤労愛好」を涵養する方針をとったことが、日本の技術教育に大きな影響を与え、今日に至っている。

が人間化するにあたっての労働の役割」[15]でも詳しく述べられている。労働により人類は生命を維持してきた。また、労働が集団の形成を高度化させ、言語を発達させ、人類は知識・技術を獲得することができた。アウストラロピテクスの脳の体積は 600 cc でチンパンジーの 800 cc よりも少ないが、発掘調査から直立歩行し旧石器を使っていたことも判明している。この事実は、脳の発達によりヒトが出現したのではなく、人類は労働することで進化し、その結果、脳の体積が大きくなったのである。ヒトの進化は、労働の営みの産物である。長く壮大な人類の進化劇も、労働という営みなしに説明できない。

手の骨格は 27 個の小骨からなり、これは人間も脊椎動物でも差がない。霊長類は 5 本の指を持ちヒトと変わりがない。にも拘らず、ヒトはその手の運動範囲も器用さも格段に高い。手は感覚と運動を統一した器官であり、神経ですべて脳につながっている。手は脳の体性感覚と運動野において、その占める面積割合は広い*24。人間にしかないのが、手の拇を動かす長拇指屈筋と短拇指伸筋である[16]。人間は手を使うことで、手でつまむ操作が意識的に円滑にできるようになる。人間としての能力を発達させるには、ヒトの進化の過程と同じ道筋を辿るしかない。繰り返し運動や刺激を受け、脳のニューロンやシナプスを発達させて能力を獲得する。手を使うことが理解や知能を発達させる大きな役割を担っている。

人類社会の歴史、社会発展の原動力は生産力である。生産なしでは、人類は生きるための糧がなく生命を維持できない。人類は労働により生産物を作りだし、衣食住をまかなっている。労働を通じて蓄えてきた知識は科学・技術として発展し、生産力を増大させてきた。生産力の増大により、社会や文化的生活が保障され、その本質は将来も変わらない。今日の巨大な生産力は自動的に維持・発展することはできない。科学と技術を世代を

---

*24 顔面も割合が広いのは、言語活動やコミュニケーション能力の進化によるものである。言葉を発声できるのも人間の特徴であり、コミュニケーションとして言語の活動も人間の労働と密接に関わっている。

超えて伝えることなしに、生産力を維持することはできない。この大規模な社会的生命活動を支えているのが、教育の営みに他ならない。生産に関する科学＝技術を学校教育、普通教育の中に位置付ける必要性、意義はだれでも認識できるはずである。

　しかしながら、前述のことが社会・教育の中で正しく認識されない原因を考える必要がある。農業経済中心の国家は、産業革命により工業生産へと移行し、経済成長が急速に向上する。農業資本から工業資本への移行は、経済成長により国民の生活水準を向上させる。農業中心の社会では、農地の資産価値は非常に高く、農地の相続は決定的な格差を与えていた。しかし、高度経済成長により、農地の資産価値は相対的に低下する。親からの相続依存度は低下し、自らの所得の蓄積が重要な位置を占めるようになる。一方で農民の人口は減り、労働者の人口が急増する[*25]。所得の有利さもあり、ホワイトカラーや理工系の分野が脚光を浴びる。戦後の技術・家庭科が黄金期を迎えていた時期が、これと一致する。労働者の数も所得も拡大し、生活水準も向上する。進学率も上昇し、子どもの教育に大きな期待がかかるようになる。受験競争が激化するようになる。経済成長の時代は、科学・技術への関心も高く、技術・家庭科の時数を削減しようとは誰も考えなかった。

　高度経済成長もやがて陰りが見られるようになり、進学率も鈍りだし、経済もやがて低成長になる。給与所得の伸びも頭打ちとなる。その頃になると、すでに経済は工業資本から金融資本へと移行している。大手の企業は銀行から資金を調達する必要もなくなり、自己資本で事業展開できるようになる。銀行は資本（社会的富）の投資先を失い、余った資本は、為替、株、先物取引などの金融商品へと向かう資本の流れが作られる。生産力の向上よりも、もっぱら金融取引に興味が向いてくる。これはもはや資本主義社会の末期状態にある。

---

*25　日本の戦後の高度経済成長期には、集団就職の少年・少女たちは「金の卵」と呼ばれ、農村から都市部へ大量に押し寄せた。その結果、地方の過疎と都市の過密化が生じた。

日本の現在は、生産物や労働の対価をお金で支払う実体経済からお金を株、為替などの相場や金融商品に変える金融経済へと変貌している。すでに経済の規模では、モノを介さずにお金だけが動く金融経済が上回っている。この段階では、生産工場は人件費の安い途上国へ移転をするようになり、工業生産も生活の周囲から急速に見えなくなる。結果として、目の前の生産はなくなるために、人間の労働が価値を作り、経済を形成しているにも関わらず、金融資本の相場があたかも経済のような錯覚を憶えるようになる。社会の本質が生産と労働にあることが、ますます見えにくくなっている。しからば、社会の普遍的原理である生産と労働を技術・家庭科として学校教育で教えることは、ますます重要となるはずである。

　資本主義社会の末期においては、余剰資本は利潤率[*26]を求めてカジノ経済へと向かう。リーマンショックやバブル経済の崩壊に象徴されるように、経済恐慌を起こす。また、投資は利潤率の高い発展途上国へと向かい、グローバル経済が展開されるようになる。先進国内で経済の成長は停滞し、競争の余地はなくなり、企業の吸収・合併または倒産が顕著となる。この段階の特徴は経済の格差である。ますます富は一部に集中し、庶民の経済（労働）が縮小し、貧困化が進行する。これが現代の日本の姿である。経済成長が止まると、経済成長の時代とは異なり、かつてのように相続による所得が、所得内訳の大きい割合を形成する。相続遺産の大きい人がより所得を増加させるので、格差は拡大し、かつ固定される。これは、19世紀の同じ社会構造に近づいており、不幸な歴史を繰り返す社会現象が起きている[17]。

---

*26 利潤率は、資本の投資に対して、どれだけ剰余価値が得られるかの比率である。資本家は利潤率の高い方へと投資をしようとするが、それが正しい経済発展へと振り向けられるわけではない。資本家の利益追求は、社会のあるべき発展に一致する保障はない。

4·3　技術・家庭科教育の現代の課題

　前述のような社会構造の変化が起きているが、経済の本質は、以下に示すように変わらない。

　1. 労働が価値（経済としての富）を作ること（労働価値説）

　2. 価値を分配して国民の福祉を実現すること（経済の目的は国民の福祉）国民が働くことで作り上げた富が、資本主義経済の仕組みでは、資本家の所有になる。本当の経済発展をめざすならば、労働で形成された価値を社会共通資本[*27] と国民の福祉に利用するように規制しなければならない[*28]。

　人間の進化や発達を支える大切な営みである労働、そして暮らしや社会を支える労働が、あまりにも国民に見えにくくなっていることに気が付く。そして、労働は金や銀のように客観的に無条件で存在しない。労働は、人間の教育活動を通してしか実現できない特徴を有している。このようにして改めて労働の成り立ちを考えると、教育と労働は不可分の営みである。

　総合技術教育の思想の根底には、生産と労働の概念がある。ポリテクニック、職業教育または技術教育の本質は、社会基盤を支える生産に関する科学を学ぶことの大切さを教えている。働くことで人間社会が支えられ、労働には科学・技術が不可欠であり、技術の素養を身につけることが、生活者としての人権に通じていることを教育体系に位置付けるべきである。

[*27] 社会共通資本とは、経済学者である宇沢弘文が唱えた経済学の概念である。単純に利益を求める経済観念を捨て、人間のために経済があるという考えに立ち、自然や環境、各種産業、金融、教育、文化、医療など、人間に必要な経済活動の全体を社会共通資本として捉える概念である。

[*28] 人間の労働により形成された資本（富）が失われるのは、歴史的に見ると戦争である。第1次世界大戦および第2次世界大戦では、各国の経済統計でも明白に国民所得の大幅な減少を示している。戦争は経済を破壊する。その他、リーマンショックのような金融商品の暴落もある。将来は、新型コロナウイルス（COVID-19）による経済減退により、国民所得の減少も記録されるかもしれない。人間の労働が低下すると社会の経済活動は減退し、国民の所得は確実に低下する。それが金融商品のバブル崩壊の引き金になると、労働で作られた金融資本が喪失して恐慌となる怖れもある。それを回避するためには、富を社会共通資本へと振り向ける必要があり、それを可能にするのが政治課題である。

図 2-1　三内丸山遺跡

縄文時代の豊かな暮らしの中に人間社会の本質が息づいているかもしれない。

　さて、図 2-1 に示されるように縄文時代の生活を見ると、衣食住が生活・社会の基盤であった。まさに、家庭科教育の衣食住の領域は生産労働そのものであった。その衣食住の労働が社会へ広がり、工業や情報へと発展してきた。その姿は、現代においても将来においても変わることのない真実である。高度に科学技術が発展しても、その根底には生産と労働が必要であり、それを教育課程に位置付けることが不可欠である。

　前述のように、労働や生産の価値が末期資本主義社会の中では矮小化され、それが日本の教育課程の歴史に色濃く反映されている。改めて技術・家庭科教育の意義を現代社会の中で教育課程に位置付けし直し、生産と労働の価値を国民の教育に取り戻す必要がある。このように考えると、技術・家庭科教育は、日本国民の新たな社会を作る上で重要な意義と役割を持っている。

参考文献

1) 産業教育研究連盟編「子どもの発達と労働の役割 ― 小・中・高の技術の教育」(1975)，民衆社

2) ナジェージダ・クループスカヤ，勝田昌二訳「国民教育と民主主義」(1954)，岩波文庫，岩波書店

3) 諏訪義英「総合技術教育の思想 ― 児童・婦人労働と教育」(1980)，p. 26，青木書店

4) ジョン・デューイ，宮原誠一訳「学校と社会」(2005)，岩波文庫，岩波書店

5) 清原道寿「技術教育の原理と方法」(1968)，p. 97，国土社

6) 産業教育研究連盟編「ドイツ民主共和国の総合技術教育 ― 子どもの全面発達をもとめて」(1977)，民衆社

7) 太田忠男「ドイツ教育史 II」世界教育史大系 12，(1977)，p. 191，講談社

8) 保泉信二，第 2 回「ドイツ民主共和国」訪問の旅を終えて，技術教室，No. 324, pp. 72-75（1979）

9) 三浦基弘，第 2 回 DDR 視察旅行の経過，技術教室，No. 324, pp. 76-77（1979）

10) 清原みさ子，10 年制学校（オーバーシューレ）における教育 ― ドイツ民主共和国の工作教育の見学を通して，技術教室，No. 324, pp. 78-85（1979）

11) 甲斐規雄，東ドイツの悲劇から安心の故郷へ，明星大学教育学研究紀要，Vol. 18, pp. 1-8（2003）

12) 小出達夫，ドイツ民主共和国における教育と法 ― 1958 〜 1962 年を中心に，北海道大学教育 学部紀要，Vol. 32, pp. 151-188（1978）

13) 鈴木賢治「技術教育学序説」(2009)，p. 111，合同出版

14) 文献 13) の p. 133

15) フリードリッヒ・エンゲルス，菅原仰訳「自然の弁証法 I」国民文庫（1977）

16) 久保田競「手と脳 ― 脳の働きを高める手」(1982)，p. 24，紀伊國屋書店

17) トマ・ピケティ著，山形浩生，守岡，桜，森本正史訳「21 世紀の資本」(2014)，p. 413，みすず書房

第3章

産業教育研究連盟の活動とその歴史

❶ 機関誌の発行と単行本の刊行

1・1 機関誌の発刊から自費出版にかけての時代

　産業教育研究連盟[*1]（以下、産教連と記す）が職業教育研究会の名で創立されたのは 1949 年 2 月のことである。産教連は、会の設立以来、途切れることなく機関誌の発行を続けてきた。創刊号は 1949 年 5 月の発行で、誌名は「職業と教育」[*2]であった。

　清原道壽によれば、「日教組（日本教職員組合）教科書研究協議会で、中学校職業科『職業指導』の教科書編集に携わった、東京都内の中学校教師が中心となって、職業教育研究会を組織するに至った」[1]とのことである。会の結成にかかわったのは清原と池田種生[*3]で、会の当初の代表（初代委員長）は清原であった。

　研究を組織的に進めるには、機関誌を定期的に発行するとともに、全国各地に研究サークルを組織して会員を増やす必要がある。それには活動資金が必要となるが、本格的に活動に取り組むための資金が不足していた。また、その当時の機関誌は市販ではなく、年会費を納めた会員に配付していた。そこで、会員から徴収した会費に、各種出版物の印税を加えて活動経費にしていたとのことである[2]。

　機関誌の誌名も創刊当初の「職業と教育」から「職業家庭科」「職業・家庭」「職業と教育」と変わり、会の名称が産教連に変わって（1949 年 9

---

*1　産教連の歴史は、「産教連のあしあと」（清原道壽「技術教室」1977 年 2 月号～1981 年
　　3 月号）、「民間教育運動の発展と産教連」（池上正道「技術教室」1981 年 4 月号～1985
　　年 3 月号）に詳しい。

*2　第 4 号（1950 年 5 月発行）には「教育會館内　職業教育研究會發行」と印刷された表記が
　　見られる。

*3　清原のあとを受けて、1950 年 5 月発行の第 4 号から 1957 年 2 月発行の第 59 号まで、
　　機関誌の編集長を務めている。

月改称）からは、誌名が「教育と産業」という名称となって（この名称となるのは 1956 年 4 月発行の第 50 号以降である）、1959 年 3 月発行の第 81 号まで自費出版が続くことになる。この機関誌も、はじめは 16 ページの薄いもの（A5 判）で[*4]、しかも不定期発行であったが、1953 年 2 月発行の第 14 号から月刊となった。

1・2　市販の月刊誌の時代

　機関誌が市販されるようになったのは 1959 年 5 月のことで、「技術教育」の名称で国土社から出版された。技術教育関係のはじめての月刊誌の誕生であった。機関誌の市販化とともに横書きに変わり（それまでは縦書きであった）、雑誌の判型も A5 判から B5 判に変わることになった（B5 判となるのは 1962 年 10 月発行の第 123 号からである）。

　その後、発行部数の減少から、1978 年 3 月号で国土社からの機関誌の発行が打ち切られることになり、1978 年 4 月号から発行が民衆社に引き継がれた。そして、出版元変更後まもなくの 1978 年 7 月発行の第 312 号から機関誌名が「技術教育」から「技術教室」[*5]へと変わり、判型も B5 判から A5 判へと変更になった。

　そして、民衆社からの機関誌の発行が続いていたが、1993 年 3 月号で発行が打ち切られることになり、1993 年 4 月発行の第 489 号から農山漁村文化協会（以下、農文協と記す）へと機関誌の発行が引き継がれた。

　農文協からの発行[*6]が続けられてきたが、発行部数の減少により、

---

*4　1952 年 3 月発行の第 7 号から 1952 年 12 月発行の第 13 号までの 7 巻は、経費の関係から B6 判 24 ページであった。

*5　誌名が変更となったのは、「技術教育」の商標登録の権利を持つ人物から権利使用料を請求されたからである。なお、「技術教室」は産教連のホームページ http://www. sankyoren.com/ から無料でダウンロードできる。

*6　第 400 号および第 500 号については、通常の発行号より増ページでの対応となった。特に、第 500 号では、通常の 3 冊分近くにもなるページ数（312 ページ）での発行となり、産教連の歴史、全国研究大会の年表、機関誌のバックナンバーの総目次、索引なども掲載した。

図 3 –1 「産教連通信」15 号

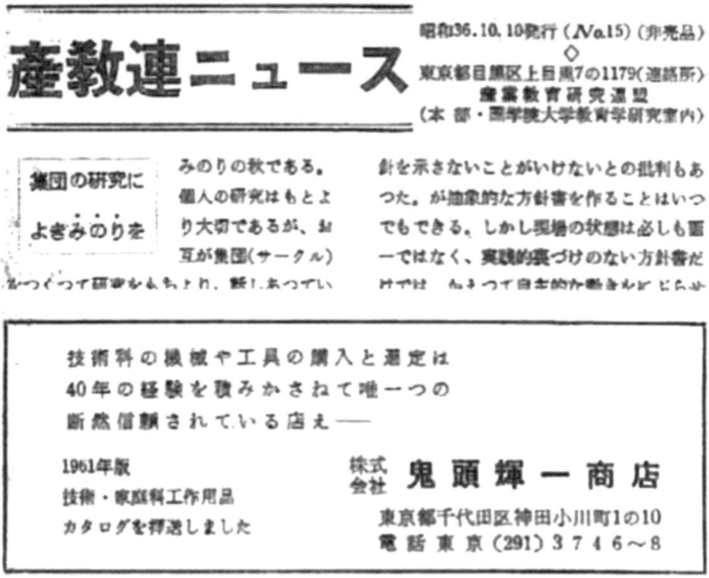

産教連ニュース

昭和36.10.10発行（No.15）（非売品）

東京都目黒区上目黒7の1179（連絡所）
産業教育研究連盟
（本部・国学院大学教育学研究室内）

集団の研究によきみのりを

みのりの秋である。個人の研究はもとより大切であるが、お互が集団（サークル）

針を示さないことがいけないとの批判もあつた。が抽象的な方針書を作ることはいつでもできる。しかし現場の状態は必しも画一ではなく、実践的裏づけのない方針書だ

技術科の機械や工具の購入と選定は
40年の経験を積みかさねて唯一つの
断然信頼されている店え——

1961年版
技術・家庭科工作用品
カタログを呈送しました

株式会社 鬼頭輝一商店
東京都千代田区神田小川町1の10
電話東京（291）３７４６～８

2011 年 12 月発行の第 713 号をもって休刊となった。

なお、機関誌の発行後も、会員向けに「産教連通信（産教連ニュース）」[*7] が不定期に発行されていた（図 3-1「産教連通信」第 15 号）が、この発行を定期化（年 6 回の隔月刊）して誰でも読めるようにしたうえで、機関誌の役割を持たせることにし、現在に至っている。

1･3 機関誌を定期発行する意義

産教連編集の機関誌「技術教室（技術教育）」は一般の人が購入できる、技術教育・家庭科教育に関する唯一の月刊誌であった。一つの民間教育研究団体が何十年にもわたって月刊誌の発行を続けていくこと自体、大変

＊7 「産教連通信」も産教連のホームページから無料でダウンロードできる。

なことである。実際に、この機関誌の編集に携わっているのは、学校に勤務している教師である。これらの現場教師が、日々の忙しい仕事の合間を縫って原稿を集め、掲載用に原稿を整えて出版社に渡すという仕事を続けてきたのだから、なおさらのことである。

　雑誌には、その時代の日本の技術教育・家庭科教育の実態を反映した実践報告が掲載されていた。もっと言えば、現場の実践を優先的に掲載するという編集方針を貫いてきたと言ってもよい。雑誌掲載の実践を追試した教師がその結果を雑誌に報告し、それをきっかけに議論が巻き起こることで、授業実践を基にした研究が活発化するとともに、研究自体も深められたことがたびたびであった。したがって、日本の技術教育・家庭科教育の歩みを手っ取り早く知るには、雑誌に目を通すに限ると言っても過言ではない。

　この「技術教室」を使って学んだ教師は数多くいると考えられる。その中の一人の声を紹介する。「学習指導要領の改訂で、授業時間が少ないにも拘らず、新しい内容に取り組まなくてはいけない。……（中略）……どうしても最初は荒削りな実践となる。実践を洗練したものにするためには、やはり教師が実践を交流する場が大切になる。そして、子どもたちにとって何を学ぶことが大切なのか。そもそも、学習指導要領で改訂された新しい内容というのは本当に必要なことなのか？議論の場があってこそ、教育がよくなっていく。そのあたり、この『技術教室』の役割は大きかった」[3]。

　技術・家庭科の教師ならば、「技術教室」という雑誌の名を一度は耳にしたはずであろう。「技術教室」が現場教師によって育てられたのと同時に、「技術教室」で育った教師も多数いると思われる。こうして、全国各地の技術教育・家庭科教育に携わる教員の研究や授業実践の成果を雑誌に掲載することで、技術教育・家庭科教育に大きな役割を果たしてきたと言ってよい。

1·4 研究活動を支えた単行本の刊行

70年を超える産教連の歴史の中で、機関誌の発行とあわせて特筆すべきことは単行本の刊行であろう。産教連編として出版された書籍もあれば、執筆者の個人名で出されたものもある＊8。「技術教室」（産教連）の歩み略年表 4) にも記載されている。その中からおもだったものを次に述べる。

まず、挙げておきたいのは『職業科文庫』（全11冊 第一出版 1949年）で、この印税を機関誌の発行費用の一部にあてていたとのことである。続いて、機関誌の最初の発行元となった国土社から出版された書籍としては、『入門技術シリーズ』（清原道壽監修 全7巻）、『図解技術科全集』（清原道壽監修 全9巻 別巻1巻）、『現代技術入門全集』（清原道壽監修 全12巻）、『技術科大事典』（産教連編 1963年）、『技術科の指導計画』（産教連編 1966年）、『技術・家庭科教育の創造』（産教連編 1968年）、『技術・家庭科の指導計画』（産教連編 1969年）などがある。このうち、最後に挙げた2冊が技術教育・家庭科教育に対する産教連の基本的な考え方をまとめたものといえる。この頃から民間教育研究団体の高揚期がしばらく続くこととなる。

次に、国土社に代わって機関誌の発行元となった民衆社からの出版書籍について触れる。その当時、ナイフで鉛筆が満足に削れない、靴の紐を結べない子どものことが話題になった。これを単に子どもの器用・不器用の問題として捉えているだけでなく、労働あるいは技術に関する教育が不可欠であることを学校現場の声としてまとめ、『子どもの発達と労働の役割』（産教連編 1975年）として出版した。この出版が契機となり、当時のソ連やDDR（ドイツ民主共和国）の総合技術教育が研究対象の一つとなっ

＊8 手がけた教科書には『職業指導』（光書房 1949年）、『職業』（光書房 1950年）、『職業家庭科』（立川図書 1951年）、『新選職業・家庭科』（立川図書 1956年）がある。

て、1977 年に産教連を中心にして教育視察旅行を実施した。その成果を
『ドイツ民主共和国の総合技術教育』（産教連編 1977 年）としてまとめた。
1980 年代には『たのしい手づくり教室シリーズ』（産教連企画 向山玉雄・
諏訪義英編 全 44 冊）の刊行も行った。

　機関誌の発行とは直接的なかかわりはなかったが、産教連の単行本の出
版で関係のあった合同出版を最後に挙げておく。産教連主催の全国研究大
会*⁹での自社発行の書籍の展示・販売の交渉過程を通じて、産教連とのか
かわりが生まれた。その後、『イラスト版 修理のこつ 子どもとマスター
する 54 の生活技術』（三浦基弘・飯田朗編 1997 年）、『イラスト版 子ど
もの技術 子どもとマスターするものづくり 25 のわざとこつ』（産教連編
金子政彦・沼口博監修 2005 年）、『技術教育学序説』（鈴木賢治著 2011
年）を上梓することになった。

---

*9　現在の正式名称は技術教育・家庭科教育全国研究大会で、2019 年の大会で開催回数は 68
　　回を数える。参加者による討議だけでなく、会場内の一角に各種教材・教具や関連書籍の
　　展示コーナーが設けられ、参加者が自由に購入できるようになっている。このコーナーで
　　は、教材業者や出版社も展示・販売が認められていた。

② 技術教育・家庭科教育を取りまく環境

2·1 技術教育・家庭科教育に対する誤った認識

　技術教育・家庭科教育に対する世の中の見方は、これまで進められてきた教育と密接に結びついている。その教育は、当然のことながら、学習指導要領に基づいて行われてきた。こうした教育の結果として世の中の人々の見方が作り上げられた。

　では、子どもの保護者あるいは世の中の一般の大人は、「技術・家庭」という教科をどのように見ているか、それを如実に物語る場面がある。それは、学校公開で、日常の授業の様子を参観する機会である。「我が子が伸び伸び生き生きと金づちを使って釘打ち作業をしている頼もしい姿を見て、将来、日曜大工で、不具合が生じた箇所を進んで修理する姿を想像してしまった」「調理実習で和気藹々と野菜を刻んでいる子どもの姿を目にして、将来、安心して台所仕事を任せられる」などの保護者の声を参観後に耳にしたこともある。また、新聞やテレビ等のマスコミに技術・家庭科関連の話題がたまに取り上げられることがあるが、その内容は授業参観時の感想と同レベルである。残念ながら、技術・家庭科に対する一般人の認識は、「生活の役に立つ」教科ではあるまいか。

　そもそも、日本の学校教育の中で、きちんとした形で技術教育が教えられるようになっているのは中学校の「技術・家庭」だけで、小学校にも高等学校にも技術を教える教科は置かれていない。小・中・高に一貫して普通教育として教科が設定されていない教科は他にあるだろうか。

　さらに、普通教育としての技術・家庭科の内容が貧弱だということである。そのため、教科の学習によってどのような知識が身についたのか、どんな学力がついたのかがなかなか理解されない。その結果として、前述の

ような保護者の声が出てくるわけである。その理由は、学習指導要領に基づいて作られた検定教科書をよく見ればわかる。

技術・家庭科の教科書は、その大部分のページがものの作り方や作業手順の説明に割かれており、系統的な知識に関する記述はほとんどない。したがって、いくら教科書を読んで勉強しても、作り方には精通するものの、賢くなった実感が湧かないということになる。

2·2　研究活動に影響を及ぼした学習指導要領の改訂

技術・家庭科の誕生以来、その内容がどのような変遷をたどってきたかという点については、すでに第1章で述べられているが、改めて簡単に振り返ってみる。

言うまでもなく、学習指導要領は各学校が編成する教育課程に対する国の基準を示している[5]。したがって、各教科の内容を細かく示すことは、個々の教師の創意と工夫を凝らした授業実践を阻害するおそれがある。このようなことから、1977年告示の学習指導要領から大綱的な基準を示すようになった。現に、1969年告示の学習指導要領では、指導内容の範囲と程度が不明確な点を改善する必要がある[6]ということで、微に入り細を穿つがごとく、内容がこと細かに記述されている。ここまで規定されると、大半の教師は、創意と工夫を凝らした授業を計画する前に、指導内容をそつなくこなすことに腐心してしまうことになる。

一方、2008年告示の学習指導要領では、指導内容の大枠が示されているに過ぎないため、教師の創意と工夫を凝らした授業実践がやりやすい。ただし、後述するように、免許外教科担任にとっては授業を進めにくい学習指導要領といえる。ところが、2017年告示の学習指導要領では、学習方法までもが例示という形で規定されることになり、教師の創意と工夫の余地を狭めることとなってしまった。

このように、1958年の技術・家庭科の誕生以来、幾度となく改訂が繰

り返されてきた学習指導要領だが、その改訂内容も産教連の研究活動に大きな影響を与えたのは事実である。どのような点か、二つ挙げておく。

　まずはじめに挙げたい点が、この教科の発足以来続いていた男女別の授業を男女共学による授業に変えることとなった、学習内容に関する規定の変更である。それまでは学習内容が男子向きと女子向きに分かれており、男女が同一の教室で同じ内容を学習できる、男女共学による授業は無理であった。それが、1981 年に発効した女子差別撤廃条約（女子に対するあらゆる形態の差別の撤廃に関する条約）の影響もあって、学習内容を男子向き・女子向きに分けることを 1989 年告示の学習指導要領の改訂時からやめたことである。これは、「履修領域に男女の差異を設けない」とした教育課程審議会答申（1987 年 12 月 24 日答申）を受けてのものである。この教科の授業の完全男女共学化の実現への道筋をつけることとなった最大の改革といえる。この伏線となったのが、男子は家庭系列（被服 1, 2, 3、食物 1, 2, 3、住居、保育の 8 領域）から、女子は技術系列（木材加工 1, 2、金属加工 1, 2、機械 1, 2、電気 1, 2、栽培の 9 領域）からそれぞれ 1 領域以上を含めて、7 以上の領域を選択して履修するという、いわゆる「相互乗り入れ」が規定された、1977 年告示の学習指導要領である。この改訂時から部分的な男女共学が可能となり、男女共学の推進を研究してきた産教連の活動にはずみがつくことになった。

　もう一つ挙げておきたい点が、総合的な学習の時間が創設された 1998 年告示の学習指導要領の改訂である。この改訂では、完全学校週五日制の実施もあって、授業時間の大幅削減がなされ、技術・家庭科の週当たりの授業時数は 2-2-1 となった。また、このときの改訂で、選択教科の時間が大幅に拡大された。新設された総合的な学習の時間では、地域や学校の特色に応じた課題、生徒の興味・関心に基づいた課題など、学校の創意工夫を生かした学習活動を展開することを促していた。そこで、技術・家庭科の授業計画の立案の際、総合的な学習の時間と選択教科の時間をも含めて年間指導計画を立てる方向で考えるべく、技術・家庭科の教員が総合的な

学習の時間の学習内容に積極的に関わっていくという新たな研究テーマが
生まれた。

2・3　授業環境の改善 1 ── 半学級による授業の実施

技術・家庭科の発足後 60 年あまりが経過したが、その間にさまざまな
問題が浮き彫りになってきている。特に、教育諸条件にかかわる問題につ
いては、産教連主催の全国研究大会や教職員組合主催の全国教研（教育研
究全国集会）などで毎年のように取り上げられているが、改善へ向けての
道筋がなかなか見えて来ない。

どのような問題があり、どんな解決策があるのか、具体的に記す。まず、
半学級による授業の実施についてである。

今さら言うまでもないが、技術・家庭科は実習を伴う教科である。実習
時には、普通教室に廊下を加えた程度の広さの特別教室（技術室あるいは
家庭科室）の中に 40 人近くの生徒がひしめき合った状態で実習に取り組
む姿が見られるのは珍しいことではない。この実習風景を見た大人ならば、
これではいつ事故が起きてもおかしくないと思うのがふつうである。しか
も、たった一人の教員がこの実習指導にあたるのである。技術・家庭科
担当教員は、まさに危険と隣り合わせの状況下で日々の授業に臨んでいる。
こうした授業光景は諸外国には例を見ないと思われる。

前述した状況の抜本的な解決策は 1 学級の生徒数を少なくすることで
あるが、これには法令*10 の改正や教員配置に伴う予算措置などを要し、
財政面での裏づけも必要となるため、実現は困難を極めている。

産教連はこうした状況を憂慮し、毎年の研究活動方針の一つに盛り込ん
で、改善を訴え続けてきている。そして、打開策の一つとして、条件の許
すところでは、1 学級の生徒数を半分にして教える、「半学級」*11 による

---

*10 公立義務教育諸学校の学級編制及び教職員定数の標準に関する法律
*11 「公立義務教育諸学校の学級編制及び教職員定数の標準に関する法律」第 3 条には「1 学

授業形態を推奨している。

　技術・家庭科の学習内容が男子向き・女子向きに分かれていた時代、この教科の授業は2クラス合併の男女別という授業形態が多かった。都市部のある中学校で、ある年度の新入生の男女別人数が大きく異なっていたことがあった。2クラス合併にすると、技術・家庭科男子向きの授業クラスの生徒数が50名をはるかに超える人数となることがわかったこの学校では、協議の結果、2クラス合併の授業は見合わせ、この学年の生徒が卒業するまで単独クラスでの授業を実施することを申し合わせたとのことである。これは、1クラスを男女別の2つの集団に分けて授業を進めるということで、半学級による授業といえる。

　もう一つ、半学級による授業が実現した広島市の事例を紹介しておく。技術・家庭科の発足に伴い、丸のこ盤や手押しかんな盤などの木工機械の導入が進められ、その結果として、授業中にこれらの機械を使用した生徒による痛ましい事故が頻発した。同様の事故が起きた広島市では、事故防止の観点から市の教育委員会と交渉を重ね、半学級による授業を実現させた。なお、1968年に出された通達[7]以降は事故が急減している。これは一つの教訓である。

　半学級による授業では、「(1) 目が行き届き、安全面に気を配れる。(2) 機械を使用した本格的なものづくりが可能となる。(3) 作業で遅れる生徒が出にくい。(4) 生徒の創意工夫を引き出せる」などの利点が認められると報告されている[8]。

　級の児童または生徒の数の基準」等が定められている。現行では、中学校の通常学級の場合の基準は40名となっている。技術・家庭科のような実習を伴う教科の授業を座学中心の他の教科の授業と同列に扱うのは不合理なので、1学級の規模を半分以下の人数に縮小した形で授業を進めるのが望ましいと考えられている。この授業形態を「半学級」と呼んでいる。

2·4 授業環境の改善 2 ── 専任教員不在の解消

　技術・家庭科の教員は、大半の授業を技術室または家庭科室という特別
教室で行う関係上、その使用教室の管理を任されていることが他教科の教
員と大きく異なる点である。したがって、技術・家庭科の専任教員が校内
にいることにより、

1. 備品の管理も行き届き、技術室や家庭科室はいつも整った状態で使
   える。
2. 子どもに対する学習指導や生活指導も自然な状態でできる。
3. 実習も含め、すべての学習内容をていねいに指導できる。
4. 遅れた子どもの指導などがきめ細かにできる。
5. 子どもは学習上の疑問点などをいつでも聞くことができる。

などの効果が期待でき、それが学校側と保護者の信頼関係の構築につなが
り、よいことずくめだといえる。逆に、専任教員がいないことでどれだけ
の悪影響があるかは言を俟たない。これはアンケート結果からも明白であ
る[9]。

　ところが、少子化に伴う学級数減により、あるいは学習指導要領の改訂
による技術・家庭科の授業時数の削減の影響により、専任教員の配置のな
い学校が増えてきている実態がある[10]。その結果として、非常勤講師による
授業、専任教員の複数校兼務による授業[*12]、免許外教科担任による授業[*13]

[*12] ある教科の中学校在籍の専任教員が他校の同一教科の授業を兼任するもので、技術・家庭
科や美術科の教員に対してこの兼務発令がなされている例が多い。技術・家庭科の場合は、
技術室・調理室などの特別教室の維持管理や授業準備の時間の確保が困難、「生物育成」
の単元での実習作物の栽培管理が難しい、時間割の調整が大変などの問題点が指摘されて
いる。

[*13] 「教育職員免許法附則第2項」にもとづくもので、担当教科の免許状を所有する者を教科
担任として採用することができない場合に、校内の他の教科の教員免許状を持つ教員が、
1年に限り、免許外の教科の指導を担任することができることになっている。ただし、こ
の制度は「当分の間」の暫定的な措置とされており、都道府県教育委員会への申請が必要
となっている。しかし、教科指導に関する研修の機会も保証されず、授業に対する不安を
抱えながらの担任とならざるを得ない例が少なくない。図 1-2 を参照のこと。

といった対応が増えている。

　専任教員の不在解消も自治体の財政問題が絡んでいるため、簡単には解決できないが、その事実を訴え続けることは大切である。

2·5　授業環境の改善 3 ― 免許状更新制の改善

　専任教員の不足は非常勤講師の採用で補う対応をとっていると前項で触れたが、近年、その非常勤講師の確保すら危うい状況になってきている現実がある。その原因の一つが、技術科教員養成の大半を担っていた国立大学において、大学改革に伴い教員養成学部の技術・家庭科専修が減ってきているという点である。もう一つの原因が 2009（平成 21）年 4 月から導入された教員免許状更新制である。この制度が導入されて以降、免許状更新講習を受講しないで免許状を失効させてしまうと、非常勤講師を希望しても採用が認められなかったり、採用へ向けての講師登録そのものができなかったりすることが生じている。技術・家庭科に限らず、臨時教員の確保が難しくなっている。

　必要な教員の不足を招くことは、憂慮すべきことに留まらず、子どもの学習権を侵害することと同値であり、行政の責任は重大である。技術・家庭の免許状を持つ教員の配置の要望は繰り返し訴えることが必要である。技術・家庭は、社会で働く能力の基礎になるので、その能力を身につけることは、識字能力と同様に生存権・労働権に関わる。

2·6　授業環境の改善 4 ― 対外的な働きかけ

　技術教育・家庭科教育に携わっている関係者が諸々の問題を抱え込んでしまっていては、その状況はなかなか改善されない。技術教育・家庭科教育が劣悪な環境下で行われていることを一般の人々にもよく知ってもらい、改善へ向けての協力を求める姿勢が大切である。では、対外的な働きかけ

を行ったこれまでの事例を挙げてみる。具体的には、産教連主催の全国大会での決議などにより、声明を発表した、あるいは要望書を作成して関係機関に提出したという事例である。

　まず、産教連委員長名で提出した「改訂学習指導要領案『技術・家庭科』の内容改善に関する要望」を挙げておく。これは、1969年4月14日告示の学習指導要領の改訂に際して、その案が出された時点で、文部省ならびに教育課程審議会にあてて、その年の2月18日に提出した[11]ものである。

　次に、産教連主催の全国研究大会での討議を受け、産教連名で出した「今後の技術教育・家庭科教育の推進に関する声明」が挙げられる。これは、教育課程審議会（教課審）の諮問事項「幼稚園，小学校，中学校及び高等学校の教育課程の基準の改善について」に関する審議のまとめが出されたことに対して、神奈川県秦野市鶴巻温泉で開催された第35次大会（1986年実施）で議論がなされたことを受け、その年の10月7日に声明を出した[12]ものである。このときの教課審答申は1987年12月24日（最終答申は12月29日）に出されている。

　要望書の提出について、もう一つ挙げておく。それは、産教連名で1987年8月9日に提出した「教課審『中間まとめ』の高校『家庭』科に関する要望」である[13]。この要望書は、「幼稚園，小学校，中学校及び高等学校の教育課程の基準の改善について」に関する教課審の中間まとめが1986年10月20日に発表されたことを受け、大阪府池田市で開催された第36次大会（1987年実施）での決議を実行したものである。

　教員顔負けの行動力で技術教育の充実のために奔走した人物がいることを最後に紹介しておく。その人物とは水田實[*14]で、広島県内の一企業の社長という立場ながら、全国各地の学校を訪ね歩いて、自社製品の宣伝

＊14　久富電機産業㈱代表取締役で、産教連主催の全国研究大会で自社製品を展示したのをきっかけに、産教連の研究活動に深い理解を示し、「技術教室」にもたびたび寄稿してもらった。

紹介の傍ら、技術教育にかかわる悩みごとや困った点などを現場の教員から直接聞き取ることに努めていた。こうした地道な聞き取りから浮かび上がったのが、技術・家庭科の授業時数減によってものづくりに当てることのできる時間が減ってしまったことである。この状況を憂えた彼は、地元選出の国会議員*15 に、この現状改善を陳情した。その結果、技術教育のものづくりが国会審議で取り上げられることとなった。彼は、子どもの理科離れや技術科離れをたいへん憂慮し、現在も精力的に活動されているとのことである 14)。

---

*15 自民党の参議院議員の阿南一成代議士で、文教科学委員会で技術教育について質問している。阿南代議士から「水田さん、ものづくり教育について、貴方はそのように熱心に言われるが、文科省の役人のなかには『日本では、もうものづくりなどは中国などに任せ、完成品を輸入すればよいのではないか。我が国では、高度な IT 産業などでよいのではないか』という考えの人が少なからずいる」と言われた水田は、文科省の官僚の考えに非常に立腹したと言う。

❸ 産教連の研究活動の足跡

　産教連は、職業教育研究会の名で発足して以来、多くのテーマで研究を進め、さまざまな問題を提起してきた。これらの研究活動[*16]を研究テーマ別に振り返ってみる[15]。

3·1　家庭科教材の技術教育的視点での再編成

　戦後、日本国憲法が制定され、法的に男女平等が保障されることにはなったが、男女同権は多くの面で達成されず、「男性は職業活動に、女性は家事にそれぞれ従事するのが当然である」という風潮が根強く残っていた。戦後70年余りが過ぎ、世の中も大きく変わり、家族のあり方が多様になった現在も、この風潮が残っている。

　一方、日本の家庭科教育は「家庭生活を送るのに必要となる女性のための教科である。だから、家庭の中の諸々の仕事ができるようになることが教科の目標となり、家庭生活の中から教材を選定して内容を構成する」という考え方に基づいて進められてきた。現在、小・中・高と連続して家庭科教育が行われているが、似たような内容を繰り返す学習が多く、家庭内の種々の家事処理を子どもに学ばせるという内容や教材が多い。こうした考え方では系統的な指導は困難で、しっかりとした学力が身につくところまではいかない。しかも、教材が家庭内の仕事に限定されているため、消費生活面に偏り、視野が狭まってしまっているという懸念が拭えない。家庭科の教材には、生活面としての長所があるものの、生産的な視点を取り入れることが大切である。

[*16] 1968年後半から1977年前半までと、部分的ではあるが、小池一清が研究テーマ別にまとめたものがある。

さて、「着る、食べる、住む」のいわゆる「衣・食・住」3 条件を満た
すことは、人間が生きていくうえでの基本的な営みであるという点は、今
も昔も変わらない。現在、衣・食・住は家庭科の主要な教育内容や教材の
柱になっているが、すべての子どもに教えてもおかしくない家庭科教育の
考え方と内容を追究したいと考えた。したがって、男子に教えても決して
おかしくないような家庭科教材を追究しようとも考えた。

　そこで、産教連の仲間は、技術を「労働手段の体系」[*17] と捉えるところ
から出発した。労働手段としての道具・機械・装置を中心に据え、労働
対象としての材料、道具を使って材料に働きかける人間の労働、これら 3
者を技術教育の柱にして内容を構成するという考え方で進めてきた。衣・
食・住についても同様に捉えることができると考えたのである。

　この「家庭科教材を技術教育的視点で再編成する」という考え方（仮
説）に多くの教師が共鳴し、全国各地で実践が進んだ。さらに、1958 年
に発足した技術・家庭科が「男子向き」と「女子向き」の内容に分けられ
てしまったことも重なり、教科の性格をめぐっても議論が沸騰することと
なった。その結果として、実践の過程で、新たな視点に立った教材が多く
生み出された。

　その後、このテーマは「技術・家庭科の男女共学による授業の推進」と
一体化して研究が進められることとなった。

3·2　技術・家庭科の真の男女共学と実践

　産教連では、設立後間もない 1950 年代後半、技術・家庭科発足前の職
業・家庭科の時代から、研究活動は技術教育を柱にしながらも、家庭科教

---

*17 「技術とは何か」という規定をめぐる論争には、岡邦雄らが提唱した「技術とは労働手段
　の体系である」という労働手段体系説と、武谷三男が提唱した「技術とは生産的実践にお
　ける客観的法則性の意識的適用である」という意識的適用説の 2 つがあり、技術論の原点
　となっている。これらの技術論の論争と技術の定義については、『技術教育学序説』[16)] に
　詳しい。

育あるいは女子に対する技術教育についても深い議論がすでになされていて、機関誌「教育と産業」にも複数の論文が掲載されている。これは、その当時行われていた技術教育あるいは家庭科教育が男女差別に当たると捉えていたからである。その結果として、男女共学による授業実践の輪が広まりつつあった。これは何を意味するのか。義務教育段階での学校教育は一般普通教育であり、他の教科と同じように男女共学[*18]で行うのが当然で、それに耐え得る教育内容に変える必要があることを認識していた証しではないか。

　さて、先進的な授業を進めていた教師をはじめとして、教師の授業実践を揺るがすことになる教育制度上の大きな出来事が起きた。それは、1958 年告示の学習指導要領で「技術・家庭科」が誕生したことである。多くの教師にとって、学習指導要領は授業実践を大きく左右するもととなるのだが、問題は新設された教科の中味である。新教科「技術・家庭」は、「生徒の現在および将来の生活が男女によって異なる点のあることを考慮して、『各学年の目標および内容』を男子を対象とするものと女子を対象とするものとに分ける」とし、性別によって「男子向き」と「女子向き」に分かれる内容となっていた。しかも、学習指導要領の法的拘束力が以前にも増して強まってきたこともあり、これで男女共学による授業はできなくなると考える教師も少なからずいた。そこで、矛盾だらけの学習指導要領[*19]に反発した現場教師たちの学習指導要領批判とともに、男女共学の

---

*18 本項で言う「男女共学」とは「同一の教室内で、同一内容の授業を、男女が同時に受ける」ことを意味している。家庭科教育の関係者が使う「共学」とよく似た言葉に「共修」という言葉がある。共修は同一内容を男女別の集団で学ぶことも含めているので、ここでは共学とは区別する。また、1958 年に誕生した技術・家庭科という教科は、実に不思議な教科ともいえる。この教科には「技術・家庭科」の免許状はなく、男子向きは「技術科」、女子向きは「家庭科」という免許状を持つ教員がそれぞれ担当する。この 2 種類の免許状は独立した形で授与される。

*19 1958 年版学習指導要領では、男子向きの学習内容が設計製図、木材加工、金属加工、機械、電気、栽培、総合実習、女子向きの学習内容が設計製図、家庭工作、家庭機械、調理、被服製作、保育となっていて、男子向きと女子向きとで学習内容がだいたい同じものもある。1968 年版学習指導要領も、男子向きと女子向きに分かれる内容となっているなど、改訂前と大きな変化はなく、男子向きは製図、木材加工、金属加工、機械、電気、栽培、女子向きは被服、食物、住居、家庭機械、保育、家庭電気という学習内容であった。

取り組み実践が徐々に広がっていくことになった。

　ところで、男女共学を進める意味はどこにあるのか。共学の推進について先進的な役割を果たした教師の一人、向山玉雄[17]は「共学を進める運動は単なる教育課程の研究ではなく、差別教育への抵抗運動でもある。したがって、他の教科のように、教育内容を組み替え、教材を新しくし、授業を行えばよいというものではない」と、単に形だけ整えてもだめで、技術科の教師と家庭科の教師が共通の認識を持って取り組む必要があると訴えている。そして、「現在の学習指導要領のように、誰が見ても女子のための教育、男子のための教育であることがはっきりしているものをそのまま結合して共学を実施するわけにはいかない。そこで、全く新しい考え方に立って教育課程を自主編成しなければならない。つまり、男女共学を進めることは、差別に対する闘いであると同時に、教科研究の問題である。そして、技術・家庭科の場合には、共学を進めることが、自分に対しても体制に対しても、最も厳しい自主編成となる」と言い切っている。

　こうして男女共学による授業実践が広がりつつあるなか、機関誌でも特集記事を掲載している。「技術教育」1972年7月号の「男女共学の運動の成果と課題」である。この特集の中で、2年続けて共学による授業を受けた生徒の変容ぶりに驚いたという、指導教師の声が紹介されている[18]。1年時には共学の授業に猛烈に反対していた男子生徒の多くが、2年時の授業が終わる頃には共学賛成に回っていたとのことである。一方、共学による授業を実践した教師たちはというと、「楽しい授業をすることができた」「授業を受ける生徒たちが生き生きしていた」などという声が大半であった。

　男子向き・女子向きの規定された学習指導要領に抗い、産教連の主張する考え方に共鳴して授業実践を進める教師が次第に増えていく過程で学習指導要領の改訂があった。1977年告示の学習指導要領である。ここで、大きな変化があった。「男子向き・女子向き」という表記が消え、その代わり、指導計画作成の際の配慮事項として「男女相互の理解と協力を図る

ことを十分考慮して」という文言がつけ加わった、いわゆる「相互乗り入れ」が規定された。その次の 1989 年告示の学習指導要領では、性別を表す男女という文言すら見られなくなった。「履修領域に男女の差を設けない」という教育課程審議会答申（1987 年 12 月 24 日）を受けてのことである。産教連が長年取り組んできた男女共学という実践的研究が実を結ぶ第一歩となった学習指導要領といえる。

3·3　子どもの発達を保障する技術教育

1970 年代、日本の子どもたちをめぐって、低学力、非行、暴力、自殺等の人間的発達の危機的な状況が数多く指摘された。子どもの生活や教育の中に現れてきた、このような発達上のさまざまな歪みの原因の多くは、戦後の日本の教育政策によるところが大きい。それに対し、「こうした子どもの発達阻害は労働経験の不足に原因がある。この労働経験の不足は単に子どもの手先が不器用になっていくということだけでなく、子どもの思考力を衰えさせ、さらには生きる力を退化させることにもつながる」ということを産教連は一貫して主張してきた。その結果、技術教育やそれと密接な関連を持つ労働の教育が積極的に評価されるようになってきた。向山玉雄は、「技術教育の中で、子どもの発達を促す労働の教育は容易であろう。その意味で、技術教育の中に労働の教育的視点を取り入れ、技術教育と労働の教育を結合させて統一していくことは今後の重要な課題の一つとなろう」[19]とし、労働の教育的視点のさらなる強化も提案している。

なお、1970 年代後半の産教連主催の全国研究大会は、「子ども・青年のたしかな発達をめざす技術教育・家庭科教育」をメインテーマに掲げて実施されている。子どもたちは発達する基本的権利を持っており、教育の営みは発達保障の実現でもある。

3·4 小・中・高一貫の技術教育

前節でも触れたが、日本の学校教育で技術を学ぶ機会は中学校の「技術・家庭科」だけで、小学校にも高等学校にもこの場は置かれていない。しかも、技術・家庭科は以前には男子向きと女子向きに分けられていた。こうした点に関し、「技術教育は小・中・高一貫して必要である。しかも、それは男女の区別なく、平等に行われなくてはならない」ということを産教連は主張してきた。この主張の実現のためには日本の教育制度を変える必要があり、現場教師の努力ではいかんともし難かったが、小・中・高一貫の技術教育はどうあるべきかについて民間教育研究団体が主導して追究してきた。その代表的なものが日教組（日本教職員組合）の委嘱を受けて設置した中央教育課程検討委員会が 1976 年 5 月に公表した「教育課程改革試案」である。この試案では、小学校と高校に「技術科」の新設を提案している。これにより系統的な技術教育が保障されることになるが、家庭科との関連の問題がある。というのは、この試案では、技術科と家庭科を別教科としてそれぞれ男女共学としているが、技術・家庭科の歴史的経過から考えると、多くの問題が残されていた。

3·5 総合技術教育の実践に学ぶ

1970 年に山梨県山中湖畔で開催された全国研究大会（第 19 次大会）に「総合技術教育にせまる実践をめざして」というサブテーマが登場する。このテーマは途中で「総合技術教育の思想に学ぶ実践をめざして」と変わるものの、1979 年に新潟県中頸城郡鵜の浜（現上越市大潟区雁子浜）で実施された第 28 次大会まで続く。この頃の研究活動方針にも総合技術教育が取り上げられている。

では、このテーマをなぜ掲げたか。向山玉雄は「子どもの全面発達をめ

ざす教科の一つとして、男女共学の技術教育を小学校段階から行うには、"労働"の役割を抜きには考えられない。技術教育の中に労働をきちんと位置づけるためには『生産労働と教育を結合することによって子どもの全面発達をめざす』総合技術教育の研究をすることがこれらの研究を進めるうえで役立つと考えたからである」と述べている[20]。さらに、「多くの優れた実践が出てきたが、私たちの実践はどこへ行き着くか考えたときに、総合技術教育に迫っているように思えた。そこで、バラバラな実践を一つの統一的な方向で進めるために総合技術教育を考えたが、これはあくまでも一つの視点であって、今の日本の社会体制の中で実現することはできない。したがって、現段階としては『総合技術教育という立場に立って私たちの実践を検討するとどのような問題があるか』ということである」とも述べている。

　掲げられた「総合技術教育」という研究テーマは相当難しかったが、技術教育をできるだけ科学に基づいて構成すること、技術教育の中で労働をどう扱うかを研究すること、学習を集団的に取り組むために集団主義教育の方法を取り入れることなどを研究の具体的な方向として進めていった。このテーマは、その後、他の教育研究団体も巻き込んで、科学に裏づけられた授業が追究された。この研究の過程でドイツ民主共和国の視察旅行が実現した。1977 年のことである。総合技術教育を実践している国の教育を間近で見るという体験は、その後の産教連の研究活動に大きな影響を与えることになった。

3·6　技術史を取り入れた授業実践の展開

　技術史を取り入れた授業は、技術教育あるいは家庭科教育の授業実践の中で、多くの教師に支持され、一定の広がりを見せ、それが教科の内容や使用教材・授業方法にまで影響を及ぼしている。

　技術史の取り上げ方にもいくつかある。例えば、他の教材とは切り離し

たうえで、電気の歴史を一つの流れとしてまとめて教える、金属加工学習の中で、使われている材料の鉄について、製鉄の歴史を指導するなどである。また、使用場面としては、学習の導入として使う、学習のまとめに利用する、授業の展開時に教材の一部として使用することが考えられる。

　技術史を授業に取り入れることによってどのような効果があるか。技術史の導入によって教材に対する子どもの興味を広げたり、教科としての系統性を見出したり、指導内容の再編成をしたりすることが期待できる。それまでの授業実践を総括した向山玉雄は、「教師が技術史を自分のものにするまで学習し、それを教材として子どもの興味を引き出せるように再編成して授業に持ち込むと成功率が高く、逆に、技術史を知識として教え込もうとすると授業は失敗することが多い」と分析している[21]。

　この「技術史」については、機関誌では1969年1月発行の第198号ではじめて特集が組まれ、その後も何回か特集が組まれている。この第198号で、岡邦雄は「理科教育に科学史的教材を導入する動きが過去にあったが、うまくいかなかった記憶が残っているので、技術教育への技術史の導入には積極的になれない。だからといって、すでに技術史を取り入れた実践が多くの現場教師によって行われており、その実践展開についての研究も進められているなどの点を考慮すると、導入を否定することは誤りである。技術史を導入する場合には教育方法として取り入れるべきで、教育内容として取り入れるのには慎重でありたい」[22]という趣旨のことを述べている。この指摘は十分検討に値するものだといえる。

3·7　自主テキストの制作と発行

　子どもが学習を進める際の主たる資料として使われるのが教科書である。技術・家庭科の教科書の記述で目立つのは作業のやり方や作り方の手順で、その裏づけとなる科学的な情報の記述はほとんど見られない。本当に学習したい内容が書かれていない教科書では、子どもの学習意欲が湧くはずは

ない。かといって、これを学習内容の組み換えで対応するのにも限界がある。これは学習指導要領に問題があるからだと考えたとしても、一個人の教師の力では学習指導要領を変えるのは不可能に近い。そこで、産教連の仲間は、「自分で使う教科書は自分たちの手で作る」という考えのもと、自主教科書（自主テキスト）作りがスタートする。1970年代はじめの頃のことである。この頃はちょうど男女共学による授業実践が、広がってきた時期でもある。共学実践を進めるに当たって問題となったのが男子と女子とで教科書が異なることであった。その当時は男子と女子とで学習内容が異なり、教科書も男女で別だったからである*20。産教連が自主テキストの制作に積極的に取り組んだのは、学校現場の要請に応えるためでもあった。

　「本当に教えたい内容の本を自分たちの手で作る」という、教育内容の自主編成運動の流れの中で、個々の教師が授業で使った手作りプリントを持ち寄って討議した。1969年に広島県宮島で開催された全国研究大会（第18次大会）でのことである。これを気運に自主テキスト作りへ向けての検討作業が加速して行き、翌年の山中湖大会（第19次大会）での自主テキスト第1号発表につながっていく。

　その当時の産教連の仲間は、自主教科書作りのねらいを次のように述べている。「(1) 検定教科書では創造的な授業実践ができない。われわれが考える授業を実践するには、検定教科書に代わるものを自主教科書とし、それを副読本として併用する。(2) 今まで積み上げてきた実践を自主教科書（学習テキスト）にまとめることを通じて、今までの実践をきびしく検討する。(3) 今までの実践を特定の個人やグループの名人芸にとどめず、全国の仲間におし広める」23)。

　こうして、『機械の学習 (1)』を皮切りに全12冊が刊行され*21、テキス

---

*20 男子向きあるいは女子向きの教科書の必要箇所を印刷し、全生徒に渡して授業を行った場合もあるが、共学用のテキストとして独自のプリントを手作りする教師も多くなっていく。
*21 自主テキスト第1号は「機械の学習 (1)」(1970年)で、続いて、「電気の学習 (1)」(1971年)、「食物の学習」(1972年)、「製図の学習」(1973年)、「技術史の学習」(1973年)、「加工の学習」(1974年)、「電気の学習 (2)」(1975年)、「布加工の学習」(1975年)、「栽

トの利用が進んだが、1980年に検定教科書が男女同一となってからは、テキストの利用は急速に減っていった。

このテキストを作るという作業によって、教師が教えたいと考えている内容が明確になるとともに、どんな順序で教えるか、あるいは、どの場面でどんな言葉で子どもに説明するかがはっきりしてきた。テキスト作りによって教師の力量が上がり、教材選定や授業研究にも大きな影響を与えた。

3·8　全国研究大会の実技コーナーと教材・教具発表会

全国各地の教師が、年に1回、夏休み中の2日間ないし3日間、一堂に会し、日頃進めてきた教育実践を発表し合い、議論を深める場として産教連主催の全国研究大会が利用されてきた。この大会は2020年時点で回を重ねることすでに70回近くになる。ここで紹介された授業実践や教材・教具が全国に広まり、一定の評価を受けているものも数多くある。

さて、産教連主催の全国研究大会の日程の中に「実技コーナー」と呼ばれる企画がある。この企画は、もう30年以上も続いている、大会には欠かせない名物コーナーとなっている。大阪府箕面市で開催された第27次大会（1978年実施）が最初で、それ以降、連綿と続いている。それまで夜に行われていた参加者同士の交流会に「教材・教具実技コーナー」を設けたのが始まりである。参加者一人ひとりが生徒になった気持ちで教材・教具を作るところが人気を博し、今日まで続いている。

夢中になって製作に没頭する参加者の姿は実習に取り組む生徒そのものである。夏休み明けの授業のネタ探しが目的の参加者から、教材・教具の作り方や使い方のヒントを製作指導者から直接聞き出すのがねらいの参加者に至るまで、その目的はさまざまである。この実技コーナーは、広島

培の学習」（1976年）、「自主テキストによる問題例集」（1976年）、「学習ノート 電気の学習」（1981年）、「学習ノート 食物の学習」（1982年）と刊行されたが、現在は絶版となっている。

県で開催の第52次大会（2003年実施）から「匠塾」とその名前を変え、続けられてきた。この企画は、大会が2日間となった現在では、分科会の中に組み入れられる形態となっている。

　教師が、授業で取り上げたいと考えた教材を検討する場合、事前に試作のうえで、問題点や指導上の留意事項を整理して授業に臨むのがふつうである。そのようなとき、実技コーナーの製作指導者は経験豊富な場合が多く、教材についての相談にうってつけの存在である。魅力ある教材・教具の数々とていねいな製作指導が長年続いてきた所以であろう。この実技コーナーが果たしてきた役割には相当大きなものがあると判断できる。このコーナーで取り扱われた教材・教具のいくつかが本書の第二部でも取り上げられているので、参考にされたい。

　それに加えて、産教連主催の全国研究大会で、実技コーナーと並んで人気のある企画が「教材・教具発表会」である。それまで、大会開催期間の夜に設定されていた参加者同士の交流会の中で紹介されていたものが、教材・教具発表会として独立して設けられるようになった。静岡県熱海市で開催の第32次大会（1983年実施）からである。この企画があるから参加したという参加者もいるほどの人気コーナーでもある。大会が2日間になった現在は、この企画は、初期の頃のように、交流会の中で行われるようになっている。

　教材・教具発表会は、別名「教材・教具自慢会」とも呼ばれるだけあって、手作りの教材・教具について、その作り方から使い方に至るまで、発案者自ら解説・実演してみせたり、過去に取り上げられた教材・教具の改良版が紹介されたりという具合である。参加している教師が参考にするばかりでなく、学校出入りの教材業者までが、教材開発のヒントにするべく、メモをとったりしていた[*22]。このコーナーで紹介された教材・教具を本書

───────────

＊22 教材・教具の普及の面では、学校出入りの教材業者あるいは教材会社も一役買っている。産教連とかかわりの深かった教材業者として飯田一雄（飯田一男を改名、イーダ教材代表）を挙げておく。下駄、おろし金、繭などの教材の提供が得意で、産教連の仲間もよく利用していた。また、機関誌には「すぐに使える教材・教具」などの教材・教具に関する連載

の第二部でも取り挙げる。

　市販の教材・教具の中には優れたものがあることは事実だが、実際に子どもに接している教師が、目の前の子どもの実態にあわせて考え出した手づくりの教材・教具には、考案した教師の創意・工夫がなされたものが多いことも確かである。こうして考え出された教材・教具が全国研究大会の場で紹介され、参加者を通じて全国各地の教師の間に広まり、その後の技術・家庭科の授業実践に貢献している例も少なくない。技術・家庭科の授業においては、教材・教具の役割が大きい特徴があるので、全国研究大会で実技コーナーや教材・教具発表会が続けられてきたことは、産教連が果たしてきた役割と成果を語るうえで、たいへん意義がある。

3·9　産教連の活動を支える仲間作り

　日本民間教育研究団体連絡会（日本民教連）という組織がある。加盟団体数は 2021 年現在、40 団体である。むろん、産教連もこの組織に加盟している。この日本民教連の日常的な活動としては、加盟団体の代表が毎月 1 回集まっての情報交換である。これらに基づき、不定期に実施の「講演会」、毎年 12 月実施の「交流研究集会」を行っている。この交流研究集会では、産教連の活動内容や教科の抱える問題点などを他教科の人に理解してもらうこと、そして、教科の発展のために実践報告を行ってきている。

　また、日本民教連に加盟する教育研究団体の多くが、夏季に全国規模の研究大会を開催しているが、昨今の教育行政、生徒数や教員数の減少あるいは労働環境の悪化などのさまざまな影響があってか、総参加者数には減少傾向が見られる。それでも、毎年 12,000 人ほどの教職員が手弁当で参加している。

記事が掲載されており、産教連の仲間が交代で執筆していた。一方、50 回を超える「勧めたい教具・教材・備品」と題する連載記事が機関誌に掲載されてもいた。これは、20 社近くの教材会社が交代で執筆し、自社の主力製品の紹介とその開発の苦労話などを載せた。

なお、これらの団体は、教育委員会などが主催する研修会とは異なり、教育関連資材販売会社（いわゆる教材業者）や出版社も構成員とし、自主的な研究会を随時開催している。

　ところで、技術・家庭科関連の友誼団体としては、産教連以外にも、技術教育研究会（技教研）、全国農業教育研究会（全農研）、子どもの遊びと手の労働研究会（手労研）、家庭科教育研究者連盟（家教連）があり、いずれも日本民教連に加盟していることを申し添えておく。さらに、日本民教連加盟の組織ではないが、産教連と家庭科関連の研究団体（日本家庭科教育学会、日本私立小学校連合会家庭科部会ほか 8 団体）の共同研究組織として「生活やものづくりの学びネットワーク」が 2010（平成 22）年 9 月に設立され、年 1 回の総会、全国交流会（9 月）と春の学習交流会（3 月）を開催し、会報「生活やものづくりの学び Net ニュース」を発行している。

　この節で紹介した関係団体とも緊密に情報交換しながら、技術教育・家庭科教育を取りまく厳しい現実を改善する運動も必要である。

4　研究活動の一端を担ったサークル活動

4·1　産教連を支えたサークル活動

　産教連の歴史を概観すると、その活動を支えるとともに大きな力となったのは、全国各地の研究サークルの果たした役割に担うところが大きい。産教連は民間教育研究団体ゆえ、その規約には研究サークルの育成を謳う項目があり[24]、毎年の研究活動方針にも全国各地のサークル活動の推進が盛り込まれている[25]。

　研究サークルの結成のされ方をみると、それぞれの地域で活躍している若手教員が中心となって組織されたり、同じ地域の何人かの教員有志が産教連主催の全国研究大会参加者に呼びかけたりして、サークル活動が始まった例が多い。なかには、全国研究大会の開催地となったことをきっかけに研究サークルが再結成されて活動を再開した例もある。また、サークル活動を行う場所としては、研究サークルのメンバーの学校や地域の教育会館などの公共施設を利用している場合が多い。

　その他、それぞれの研究サークルの活動の成果を冊子にまとめ、全国大会の場で紹介するとともに、大会参加者に有料で提供することも行われている。その例をいくつか紹介しておく。東京サークルの「東京サークル研究のあゆみ」、大阪サークルの「技術・家庭科実践記録集」などである。

　ここで、産教連の事務局で掌握している、東京・大阪以外の地域で活動中あるいは活動してきた研究サークルについて、簡単に触れておきたい。東北の地、岩手県で活動していたのが岩手サークル（岩手技術教育を語る会）で、活動の成果が「技術教育」や全国教研（教育研究全国集会）で報告された。日本海沿いの上越地方ではじめて開催された全国研究大会

で、開催準備に奔走したのが新潟サークルである。金沢市内の若い教員が泊まりがけで集まり、本部（常任委員会）からも教員が参加するなか、参加者自身の実践を振り返る研究会を開催したのが石川サークルである。今から40年ほど前の1977年12月に誕生したのが滋賀サークル（滋賀技術・家庭科を考える会）で、当初は毎月1回のペースで研究会を開催し、活動の成果を「総括集」にまとめている。しばらく活動が途絶えていたが、2015年に「滋賀の技術を語る会」として活動を再開している。古都京都で定期的に例会（研究会）を開催するとともに、サークルだよりも発行していたのが京都サークル（京都技術教育サークル）である。岡山大学教育学部技術科の卒業生を中心に結成された（1963年4月誕生）のが岡山サークル（岡山技術教育研究サークル）である。1973年に発足した広島サークル（広島県技術教育を語る会）は、毎月定例のサークル研究会を開催するだけでなく、宿泊を伴う研究会も定期的に開催し、その中で教材・教具の製作も実施していた。こうしたサークルの研究の積み重ねを「作ってたしかめる増幅器の回路学習」のような学習ノートとして形にしている。また、研究会で取り上げた数々の教材・教具の中から選りすぐりのものをまとめ、「技術教育における新しい製作題材と教材・教具」という本にまとめ、出版している。これは220ページにも及ぶ大作である。九州にも、その地域のほとんどの教員が参加する大分サークルという研究サークルがある。教職員組合の肝いりでできたものだという。

　しかし、近年の教員の多忙化とも重なり、サークル活動に加わる教員の数が減少するとともに、会合を開く回数も減り、サークル活動自体が以前より停滞してきている。

4·2　東京サークルの活動

東京サークルの歩み

　産教連発足当初の1950年代後半の研究会は、主として土曜日に東京の

神楽坂エミール（教育会館）を会場として開催されていた[*23]。当時はどのような形で研究会が開かれていたかはっきりしないが、研究会の報告が最初に載ったのは機関誌第4号（1950年5月発行）で、研究会の参加者募集と研究会の財政不足を訴える内容であった。会の発足当初は毎週土曜日の午後3時から開かれていたようで、座談会になることもあったとも記載されている。研究会はその後も定期的に開かれているが、報告として取り上げられたのは機関誌第7号（1952年3月発行）で、研究会だよりとして、会員が1年間にわたって研究した「適性検査」の問題を特集し、研究課題として「文部省試案、職業・家庭科学習指導要領」について、文部省の委員を中心に話し合いがなされたことが記載されている。会の発足当初は手探り状態で、皆で作り上げていたことが見て取れる。

　また、機関誌第46号（1956年3月発行，p. 21）には、学校内だけでなく地域とも連携した「産業教育サークルの活動がほしい」という記述が見られる。その後は産教連ニュースの中に研究部の活動報告が記載されているが、研究会開催日の予告程度の記述しかないので、どのようなことが話し合われたのか気になるところである。

　1960年代は、機関誌の産教連ニュースの中に、数ヵ月おきに簡単な報告がある程度で、どのようなことが話し合われたかはわからない。研究会のまとめが、夏の全国研究大会やその後の授業実践に生かされているとの報告もある。

　1970年代に入ると、毎月ではないものの、東京サークルの報告が機関誌に載るようになる。機関誌の出版元が国土社から民衆社に変わるのに合わせるかのように、東京サークルの案内と報告が丁寧に載るようになった。研究会の会場として、東京神楽坂の教育会館が主に用いられていた。会場の会議室利用時間に制約があったため、会議終了後に駅前の居酒屋で食

---

*23 産教連の発足後しばらくの間、定例研究会の会場確保に困ることがたびたびあったようである。そのようなとき、産教連結成にかかわった人物の一人の池田種生と親しかった鬼頭輝一（㈱キトウの創業者）が助け船を出し、キトウを定例研の会場として提供することが何回もあったとのことである。それ以降、産教連とキトウとは深いつながりができた。

事を摂りながら討議の続きをやっていた。毎月開催の研究会以外にも、理論研究会が行われており、参加者も常任委員を中心とした若い教師で、教育学の基本や技術論などについて学び合い、その学習成果を全国に広めていった。

東京サークルとのかかわり

野木勇が東京都の公立中学校の技術科教員になったのは1976年で、区内の研究会で産教連の存在をはじめて知ったが、当時は部活動の指導などで忙しく、定例研究会（以下、定例研と記す）には一度も参加する機会がなかった。教員生活4年目の1980年、誘われた私学に異動した。赴任後数年間は技術室の整備に追われ、研究会に参加する余裕はなかった。学校にも慣れてきた頃、教科内容の検討を思い立ったが、校内には相談相手がいない。産教連を思い出し、全国研究大会に参加してみた。参加してみると、参加者の中に高校時代の恩師がたまたまおり、初参加にも拘らず、大会本部で仕事の手伝いをさせられた。これがきっかけで2学期から定例研に出席するようになった。定例研に顔を出し、中味の濃い実践報告を聞いて感心していると、その実践内容を批判する教員がいたり、思いも寄らない質問があったりして、参加者の自由な発言に驚いたことを記憶している。

私立学校での定例研究会へ

野本が参加し始めた1984年当時は、おもに神楽坂エミール（東京都福利厚生事業団教育会館、現東京都教育庁神楽坂庁舎）で定例研を開催していた。この定例研にはいつも10名前後の参加者があり、終了後に近くの店で夕食を摂りながら、研究会で言えなかったことなどを発言し、楽しい思いをしたとのことである。

その後、何回か研究会に参加した頃、野本の勤務校が交通の便も比較的よい都心にあるからということで、定例研の会場として使いたい旨の打診があった。学校側は大変協力的で、教師の研究は大変重要なことだという

ことで、快い承諾が得られたという。

　私学は、時間的な制約があまりなく、教室の利用に関しても公立の学校ほど大きな制限がないこともあり、その後は定例研の会場として毎回用いるようになった。また、学校の技術室が利用できるため、それまで実践報告と討議だけしかできなかったものが、紹介された教材・教具が実際に製作できるようになり、定例研が実技研修的な内容に変わってきた。例えば、「技術教室」1988年1月号の定例研報告に、「10月には簡易テスタの製作が行われたのだが、製作に時間がかかり、他に予定していた実践報告が11月回しになってしまった」という趣旨の記述がある[26]。これ以外にもラジオ製作や鋳造作業などを行っているが、時間的な制約から、報告者が一番大切にしている部分のみを製作したうえで討議に入っている。実践してみて生徒の反応はどうだったのかを聞きながら、実際に生徒の気持ちになって作品を作ると、生徒と同じように失敗することもあった。また、どこに重点を置いて指導すればよいかがわかり、作業手順を確認することなどで、次の授業に生かすことができた。さらに、授業を追体験できることと、作品を製作しながら討議できることで、より詳しく教材や教具を検討することができた。

　野本は、1988年頃からは定例研の開催案内の作成を頼まれるようになり、その当時使われていたプリントゴッコ（理想科学工業）を用いて、毎月数十人の関係者に案内を出すことを数年間続けた[*24]。その後はパソコン用のカラープリンタを利用して案内を出す方法が長く続いたが、やがて、メールによる案内が主体となった。

　やがて、東京サークルの運営を小池一清から引き継いだ野本は、金子政彦と協力しながら、定例研の毎月開催を続けて行った。1988年4月の定例研からは、金子がその内容を「技術教室」に報告している。

[*24] 定例研の開催案内の送付先は基本的には産教連会員だが、会員を増やす目的もあって、全国大会などでの新たな参加者にも案内を送った。宛先不明で開催案内の葉書が戻ってくることも多かったが、最も多く案内葉書を出したときには60名近くにもなった。

定例研究会の盛衰

　1990年代は活発な研究活動が続いた。定例研も、「技術教室」の特集テーマに合わせて毎回のテーマを決めたため、「技術教室」と併せて充実した研究会となった。しかし、1990年代後半になると、公立学校の教員は校務に忙しく、加えて土日は部活動の指導で余裕がなくなり、参加者が減り始めるようになった。

　2000年代に入ると、退職者が増え、それまで時間のやりくりをして参加していた教員が少なくなり、参加者が1人、2人の時も出てきた。また、初任の教員は官制の研修会参加に忙しく、民間の研究会に参加する余裕はなくなった。そこで、若年層の教員に何とか参加してもらいたいという思いから、基本的な技能の習得や教具作りのコツなどを伝授することを主目的とした定例研を行うようになった。少しでも若い教員の興味をひくようなテーマを毎回考えて実施したが、参加者は思うようには増えなかった。少人数ではあるが、首都圏外からはるばる参加する教員もいて、中味の濃い研究会が毎月必ず開催できたのは、技術教育・家庭科教育の意義と重要性を考えてのことである。

今後の定例研をどうするか

　野本が現職の頃はその勤務校で実施できたが、退職後は定例研の会場探しに苦労するようになり、毎月の開催日程は会場の確保次第となってしまった[*25]。また、参加者も会場校の教員以外にはほんの数人というような定例研が続くようになった。その後、私学勤務の教員が参加するようになり、その教員の勤務校を会場として利用できることになったが、あいにく交通の便が悪く、参加可能な教員が限定されてしまうことが難点であった。

---

*25　教育会館などは、会議室の利用料金が予算に見合わない金額のうえ、利用したい土曜日の午後は塞がっていることが多かったため、現職教員の勤務校の借用を検討するも、相当忙しい教員が多いようで、開催直前まで定例研実施日が決まらないことが増えた。

そこで、多忙な教員でも参加しやすいように、経験の浅い教員の勤務校で定例研を実施してみることにした。定例研の開催案内を出せば、それなりの参加者があった時代とは異なり、定例研の実施テーマに少しでも興味を抱いた教員がいれば、多少不便な学校でもその教員の勤務校を会場として研究会を開催することで、次の研究活動へ繋げたい。

4·3　大阪サークルの活動

　大阪サークルの名称は正式には「大阪技術・家庭科教育を語る会」で、東京都港区で開催の第25次大会（1976年実施）に参加した大阪の若手教員が中心となって呼びかけ[*26]、1976年9月に発足した。設立当初の頃の活動を、設立の経緯を含めて簡単に紹介する。大分県別府市で開催の第24次大会（1975年実施）後、教員仲間で行っていた親睦会を教材研究の会に組み替え、大学の同窓仲間を中心に互いに連絡を取り合い、不定期に例会（図3-2）を開催していた。特に、全国研究大会終了直後の夏休み期間中に例会を開き、大会の報告と教材作りを中心に活動していた。やがて、近畿圏の大会参加者を中心に、例会の開催案内を送るなどして、仲間を広げる取り組みを始めた。はじめは、大阪市内の教育会館やなにわ会館（現、アウィーナ大阪）を会場にしていた。教材作りなどの作業を伴うときは、メンバーの勤務校の技術室を会場として使うこともあった。

　その後、全国研究大会で知り合った家庭科教員にも会員になってもらい、被服製作や調理実習なども行ってきた。具体的には、うどん作りや運動会の玉入れ競技用の紅白玉作りも実施した。やがて、毎年、教職員組合主催の教研集会にレポート発表するようになり、サークルメンバーが大阪代表として全国教研に何回か参加するようにもなった。

　サークル活動が軌道に乗ってくると、サークルメンバーが地域の官制

---

*26 中心的な役割を果たしたのは下田和実で、例会の開催案内も彼の名で出されている。図3-2は設立間もない頃の例会の開催案内である。

図３－２　大阪技術・家庭科教育を語る会の案内

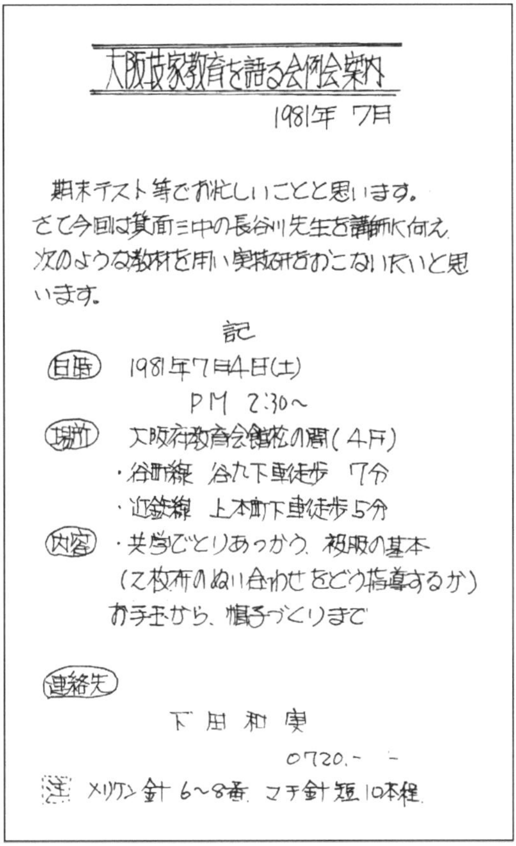

大阪技家教育を語る会例会案内

1981年 7月

期末テスト等でお忙しいことと思います。
さて今回は箕面三中の長谷川先生を講師に向え、
次のような教材を用い実技研修をおこないたいと思います。

記

日時　1981年7月4日(土)
PM 2:30～
場所　大阪府教育会館松の間(4F)
・谷町線　谷九下車徒歩　7分
・近鉄線　上本町下車徒歩5分
内容　・共学でとりあつかう被服の基本
(2枚布のぬい合わせをどう指導するか)
お手玉から、帽子づくりまで

連絡先
下田和実
0720.- -

注　メリケン針 6～8番、マチ針 短 10本程.

の教育研究会の中心的な存在になり、地域の研究会の交流もできるようになった。また、こうしたサークル活動を通じて、教材業者との交流もできるようになり、教材・教具についての改良や改善に関する要望も可能となった。教材業者側からは、現場の教員の要望を聞くことができて参考になると喜ばれた。時には教材業者に対し、新製品の試作をさせてもらったり、実技指導をしてもらったりした。

学習指導要領の改訂に伴い、技術・家庭科の授業の持ち時数が少なくな

り、最近では、技術科の担当者は一人だけという学校が多くなって、他校の取り組み状況がわかりづらくなるとともに、市販教材に頼る割合が多くなってきた。いろいろな学校で例会を行うと技術室が見学でき、珍しい道具や機械などがあり、それだけでもわくわくした参加者がいる。最近のコンピュータ導入によって仕事が楽になるはずが、個人情報の管理のために校内での仕事が増えてしまった。持ち帰りの仕事が少なくなったと言うと聞こえはよいが、実際は校内に拘束される時間が長時間に及んだり、休日出勤してまで残った仕事を片づけたりすることが多くなった。その関係か、例会参加者が次第に少なくなってきた。その結果、最近の例会開催の回数はぐんと減ってしまった。

　サークル活動は、教師としての成長を促すかけがえのないものである。反面、世話役の教員は大変だが、技術・家庭科が魅力ある教科、生徒がわくわくする教科であり続けるよう努力していくことが大切だろう。

参考文献

1) 清原道壽，産教連のあしあと，技術教育，No. 295, pp. 50-53（1977）

2) 三浦基弘，産業教育研究連盟と月刊雑誌，技術教室，No. 712, pp. 57-63（2011）

3) 後藤　直，「技術教室」をとおして学んだこと，技術教室，No. 713, pp. 20-23（2011）

4) 向山玉雄，「技術教室」500 号に想う，技術教室，No. 500, pp. 125-130（1994）

5) 鈴木寿雄，技術科教育史 戦後技術科教育の展開と課題，p. 243（2009），開隆堂

6) 文献 5）の pp. 105-115

7) 初等中等教育局長通知「中学校技術・家庭科における工作機械等の使用による事故の防止について」1968 年 2 月 12 日付　文部省

8) 石原　忍，「ものづくり」の質を高める「半学級」授業，技術教室，No. 668, pp. 62-65（2008）

9) 中薗政彦, 技術・家庭科教育の過去から未来を見る（調査研究），第一工業大学研究報告，第 24 号，pp. 63-74（2012）

10) 坂口謙一編著，教科教育学シリーズ 10 技術科教育，pp. 48-53（2014），一藝社

11) 産業教育研究連盟，改訂学習指導要領案「技術・家庭科」の内容改善に関する要望，技術教育，No. 203, pp. 17-19（1969）

12) 産業教育研究連盟，今後の技術教育・家庭科教育の推進に関する声明，技術教室，No. 414, pp. 64-66（1987）

13) 産業教育研究連盟, 教課審「中間まとめ」の高校「家庭」科に関する要望, 技術教室，No. 425, p. 86（1987）

14) 三浦基弘，産業教育研究連盟と教材会社，技術教室，No. 711, pp. 54-59（2011）

15) 小池一清，産教連と研究活動テーマの変遷，技術教育，No. 300, pp. 18-19（1977）

16) 鈴木賢治「技術教育学序説」（2009），合同出版

17) 岡　邦雄・向山玉雄編，「男女共通の技術・家庭科教育」（1976），p. 187, 明治図書

18) 市川茂樹・紙村節子，高槻八中における男女共学の全貌，技術教育，No. 240, pp. 8-12（1972），国土社

19) 向山玉雄「新しい技術教育論 ― 教育現場からの提言」（1980），p. 18, 民衆社

20) 向山玉雄，私たちの実践の意味を考え自主的研究を推進しよう，技術教育，No. 220, pp. 2-3（1970）

21) 向山玉雄, 技術史の実践の傾向と課題, 技術教室, No. 426, pp. 4-13 (1988)
22) 岡　邦雄, 技術・家庭科教育と技術史, 技術教育, No. 198, pp. 2-4 (1969)
23) 文献 19) の pp. 84-85
24) 産業教育研究連盟規約, 技術教室, No. 713, p. 95 (2011)
25) 文献 19) の pp. 226-230
26) 産教連研究会報告, 技術教室, No. 426, pp. 90-91 (1988)

第Ⅱ部

教材と授業実践

技術・家庭科の
教科内容と方法

1 技術・家庭科の教育内容

　技術・家庭科の授業を具体的に編成するためには、教科内容を理解することが大切である。技術・家庭科の教科内容は、このようなものであると、国家が規定してそれを無批判的に受け入れて実施することは、教育の営みとして正しいことではない。なぜならば、歴史を見ても明らかなように、国家はけっして過ちを犯さない全能の神でないからである。国家が正しくないこともあるので、鵜呑みにして従うことは危険である。

　本来の学校教育の在り方は、教育関係者や科学者が独立性を保ち広く議論して報告をまとめるべきである。それらを受け止めつつ、学校の裁量と責任で学校教育が実施されることが望ましい。ゆえに、教科を担当する教師が教科の内容と方法を教員人生を掛けて問い続けることが真の姿である。その教科観こそが、教科内容の根幹となる。教科観は個々の教師の中に形成されるものであり、互いに切磋琢磨してそれを築き上げる過程が大切である。そのような努力をしてきたのが、民間教育研究団体であり、戦後教育の価値ある歴史である。本節では、技術・家庭科の教育内容の基礎について述べる。

1・1 技術論の重要性

　技術・家庭科の教科内容の根幹をなすものは生産と労働である。ヒトはサルから進化してきた[1]。そして、直立歩行を獲得したヒトが、手を使うことにより労働をするようになる。この労働が、ヒトの進化の主要な役割を果たしてきた。ヒトの進化のメカニズムについては、エンゲルスの『自然の弁証法』に含まれている「猿が人間化するにあたっての労働の役割」で示されている[2]。人間の進化から見ても、労働は人間の生命的活動であ

り、労働により社会基盤が支えられている。労働から人類の歴史がはじまると言っても過言ではない。目的意識的に自然に働きかけることが労働であり、それによって生み出されるものが生産物である。この尊い営みは、人間の進化、社会基盤の形成であると同時に、個々の人間の発達をも促すことから、労働・生産は陶冶価値を持っている。

　自然そのものの仕組み、知的体系を自然科学といい、それは理科の領域である。しかし、自然科学だけで生産が行われることはない。自然科学という知的体系とともに、人間の活動、労働があってはじめて生産が成立する。ここに、技術・家庭科の本質的意味がある。人間の営みが自然に向かい、有用なものを作り出す営みにも知的体系が作られる。「技術は、生産に関する科学である」という定義は[3]、ここから生まれている[*1]。技術とは何か、技術にも自らの発展法則があると考える哲学分野が、技術論である。技術・家庭科教育においては、つねに技術とは何かを考え、捉え直して行くことが必要である。なぜならば、技術は進化し、かつ激しく変化するので、固定化して捉えることはできない。ここに、技術・家庭科教育の特徴がある。変化する中にも普遍的なことが含まれており、技術の本質をうまく見つけ出し、技術・家庭科の教科内容を見定める視点が必要である。つまり、技術・家庭科の教員が技術論の素養を持つことは、教科内容を捉える上で大切な教師力となり、教材の分析や解釈でも必要となる。

1·2　生産の教育的認識の欠落

　技術・家庭科の教育内容は、人間にとって最も大切な「生産に関する科学＝技術」で構成される。生産という名称や形式に拘らず、また表面的な生産の理解に陥ることなく、生産を捉えて教科内容を整理することが大切である。

[*1]　現代では、人間の労働の営みは広く、生産労働だけでなく、教育、公務、医療、事務、福祉など、多様な労働がある。そのため、労働の科学の用語は技術の定義より広くなる。

生産に関する科学の基本となる学問は、農学・水産学と工学である。技術・家庭科の内容を考えるときに、学問は拠り所となる大切なものである。教科の内容の正しい理解を得るためには、学問に照らす姿勢は重要である。日本の技術・家庭科教育の歴史的弱点はここにある。諏訪義英が「総合技術教育の思想」でいみじくも言い当てている。それは、近代日本においては富国強兵を急ぐあまり、外国から技術を導入して実業に向けることのみに技術が扱われ、普通教育から技術が欠落したことである。その結果、技術教育は職業専門教育として理解されてしまった。その一方で、普通教育としての技術教育には、勤労者育成、働くための心構え的なイメージが支配することになる。安易なもの作り教育は、その片鱗とも言える。

　一方、食物や被服などの生産も大切な視点である。これらは人間の生活に直接関わり発展した科学と技術である。これらは、化学や繊維学など、自然科学の基礎と結び付いている。しかし、過去の歴史では男尊女卑の考えのため、「調理や裁縫は女のするもの」という意識が支配的であり、家庭科の内容は女子教育の一環として扱われてきた。このような日本の教育の歴史のゆがみが、技術・家庭科に現れている。歴史を見れば、幼児教育では良妻賢母教育の一環として幼児の教育を捉えており、幼稚園は高等女学校の附属幼稚園として誕生したものであり、そこに子どもの発達保障の考えはなかった。家政学は女学校で教えられ、戦後もそれが引き継がれ、家政学として位置付けられてきたが、生活科学などへの改組を通して女子教育の歴史からの脱却が進みつつある。

　このように専門職業教育や女子教育の中で扱われてきた技術・家庭科教育の不幸な歴史がある。その結果、普通教育の中に生産という視点が位置づけられないままに、戦前、戦後を通して日本の教育が作られてきた。この解決は、技術・家庭科教育だけでは不可能である。日本の学校教育の教育課程（カリキュラム）に携わる人たちの責任は重大である。彼らがこの問題について総括すれば、真の「教育再生」に結びつく。

　技術・家庭科の時数を削減し、子どもたちから生産の科学を学ぶ貴重な

機会を奪った罪は大きい。このことを考えると、その一因である選択教科や総合的学習については検討を要する。総合的学習について評価する意見もあるが[4]、その授業から何を学ぶのかが曖昧な形態は問題も多い。技術について系統的に学ぶことが重要であり、総合的学習にそれは期待できないし、目的もそぐわない。総合的学習を通じて技術を学ぶ機会が得られる可能性はあるが、「技術の体系と労働が別のものではなく、結合した形で子どもの前に出現することが理想である」[5]の指摘は意義深い。教育課程の中に位置付けるには、教育内容の本質的意義と目的が明確にされる必要がある[*2]。

1·3　生活の歴史的意味

その生産のとらえ方の大切な視点は、生産と生活の理解である。歴史を見れば、人間は地域の中で生活していた。当然ながら家族構成はあったが、親が健康で長生きすることは少なく、家よりも親戚や地域が頼りになる村社会でもあった。地域で生きて行くには、村八分にされないように地域を大事にしていた[*3]。そのような時代は、生産と消費はすべて家族の中に統一され、家族の中に生産があった。ゆえに、人々は生産とともに暮らしていたのである。

今日では生産力が増大し、高度経済成長と福祉の発展により、家族だけで生きることができるようになり、核家族化が進行した。その一方で核家族の持つ問題も生じている。家庭の中にあった生産的要素は、すべて資本の活動の中に奪われていった。工業生産の発展は、家内制手工業からはじまり、問屋がとりまとめる問屋制手工業へと発展した。やがて、資本主

[*2]　「総合的な学習の時間」は教科などの枠を越えた横断的・総合的な学習を行うとされ、体験学習や問題解決学習の重視、学校・家庭・地域の連携を掲げており、技術・家庭科の内容を実践できる保障は示されていない。特に、教科の枠を取り払う学習としての意味合いが強く求められ、教育内容の本質的意義と目的が曖昧である。

[*3]　村八分とは、葬儀、火事の二分以外は付き合わないという意味であり、どんなにひどい人であっても、葬儀、火事は助けたのである。

義のはじまりとともに、工場に労働者を集め、より生産性の高い形態へと発展した。これがマニュファクチャとも呼ばれる工場制手工業である。動力の利用により、より生産性の高い工場制機械工業へと発展した。このように、家庭にいた働き手は、出勤して労働し、帰宅する生活形態を取るようになった。その結果、現代の家庭生活は、ほとんどが消費の場となっており、生産的要素は見当たらない。「ものは作る」という生産の視点から、「ものは買う」消費へと変化したのである。

　資本主義的生産様式は、子どもの発達にとって重要な創造的営みである生産を家庭から奪ってきた過程とみることもできる。例えば、家庭科の題材の選定において、視野が身の回りの家庭生活に限られてしまうと、何も題材が見つからない。消費生活のアドバイスをしても本当に家庭科を教えたことには値しない。ある意味では、現代の身の回りのことから、題材を考える意識から脱却しなければならない。中学校学習指導要領（平成29年告示）解説の家庭分野には、消費者との対比で「生産者」という言葉が2回使用されるだけで、生産の視点が不十分である。学習指導要領において生徒は消費者でしかない。生徒は、社会を支える生産の科学の素養を持ち、将来は有能な労働者になる視点が大切である[*4]。身の回りの生活にとらわれない、歴史をたどる技術史的視点が優れている理由も、この点にある。

1·4　技術・家庭科の教育内容＝生産の視点

　技術・家庭科に関わる内容は、そもそも広いために教科内容を網羅することは不可能に近い。学習指導要領で定められてきた領域や民間教育研究団体などで発表されてきた教材や実践を含めながら、その中に含まれる教科内容を見る視点が大切である。技術・家庭科の教科内容の基本は、生

[*4]　総合技術教育では、生徒は有能な労働者になり、社会と歴史を動かして行く国民になると考える。しかし、市場原理の教育観では、生徒や国民はものを言わず労働奉仕する消費者でしかない。市場原理の政府では、将来の社会を支える人づくりの視点がなく、人材育成も政策はなく国民に要求するだけである。

産の視点の一言に尽きる。技術・家庭科の授業で、生産に関する科学と方法を含んでいるならば、それだけで立派な授業になる可能性を持っている。しかし、「生産の視点」が見つからない授業内容であれば、技術・家庭科の授業として本当によいのか、疑問が残るはずである。なぜならば、教育内容は、真理でなければならないからである。教育内容には、客観的に成立する科学的根拠が必要である。

　実生活に即して生産の科学を概観すると、工学および農学などの広い分野に学問的基礎がある。生徒たちの教材的視点から見ると、生産などに含まれる力学、電気、化学、生物学、材料学、製作法などになる。ここで教材について、改めて言及したい。教材とは、教科の内容を教えるための素材である[6]。教材研究には、教材解釈と教材分析がある。教科の内容を考えるには、生産の視点に立って、教材解釈と教材分析をすることが大切である。

1·5　教材解釈と教材分析

　図 4-1 に教材解釈と教材分析の概念を示す。教材解釈は、教材を理解することから始まる。そして、教師が教材についての解釈、理解により授業で伝えるべき内容をつかみ取り、整理する。そのためには、どうしても教材に関する知識と学習が不可欠である。教材の意義や価値がわかると、授業の目的や方法が明確になる。同じ教材でも、解釈が異なれば、授業の重点が変わってくる。授業やその題材で何を教えたいのか曖昧な研究授業もある。これは教材解釈が不十分であったり、題材そのものがあまり価値のないことが原因だったりする。良い授業をするためには、何をおいても教材解釈の力量が必要である。

　これに対して、教材分析は図 4-1 に示すように教材の教えるべき内容を分析することである。教材分析を食事に例えて説明すると、食べ物が咀嚼され、消化して吸収されることと同じである。教材を咀嚼・消化して、は

図4-1　教材解釈と教材分析の概念

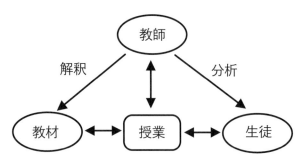

じめて子どもたちの栄養として吸収される。教師が教材分析することで、はじめて子どもたちの生きた知識として吸収される。これこそが、教材分析である。教材は同じでも子どもの発達に応じて、分析の内容は変わってくる。同じ加法でも、2＋3として加法を扱うべきか、$a + b$と扱うべきかは、子どもの発達によって違ってくる。子どもたちの知的発達に即して、教材を分析して整える作業は、学習の過程で重要な意義を持っている。分析して消化された授業は学んで栄養となり、生徒が成長する授業になる。

　これらのことを理解すると、教材解釈と教材分析は他者が行っても意味がなく、授業者自身が教材解釈と教材分析することで、授業者のポテンシャルが高くなる。教師自らが教材を定め、その教材の解釈と分析を通して、教材として意義が明確になる。教材の解釈と分析があって、授業の目的と生徒が理解すべき内容が得られる。教材の理解ができて、指導方法と教具の準備ができるようになる。そのようにして図4-1にあるように、授業という場で教材と生徒と教師が出会うのである。

　授業を構想するときに、教材の解釈と分析の力量を必要とするので、教職経験だけでは何の役にも立たない。教師が持つべき基礎力は、教科内容についての深遠な知識と教材を解釈・分析する力である[5]。昨今、新卒の

---

[5]　政府は、教員養成系の修士課程を廃止して教職大学院への改組を迫った。筆者が学部長として文科省に行った際に「教職大学院を設置しない大学は教員養成の意欲のない大学とみ

<hr />

教員に対して教職の重視や即戦力を求める傾向が強くなっている。これは、若い教師に対し無意味なプレッシャーを与えるだけであり、ハラスメントに近い。

1·6　領域の教科内容

　本書では、木材加工、金属加工、機械、電気、情報、栽培、食物および被服に限定して第Ⅱ部を構成しているが、技術・家庭科の教育内容はそれに限定することなく、生産の視点を教科内容に生かしてほしい。

◇**木材加工**　木材は加工しやすい材料であり、ノコギリ、カンナなどの道具の使用ができるので、魅力ある教材である。年輪、繊維方向もあり、材料の異方性を知るのに適している。強度や締結の方法など学ぶ要素が多い。加工の自由度があるので、設計にも適している。木材加工は、もの作りの導入に適した教材である。森林、林業、製材などの資源・環境も含めて考えると幅広い題材がある。

◇**金属加工**　金属は酸化物・塩化物などの形で自然界に存在し、金属はそのものの形で自然界に存在しない。ゆえに、人類が自らの手で金属を還元して人工的に作り出すしかない。岩石や動植物などの自然の素材を使っていた人間が、人工的に作った最初の素材が金属である。現代社会では、金属は工業材料の中核をなす。金属は塑性変形という性質を持ち、かつ金属製品は切削や研削・研磨などの加工を経て製造される。鋳造、熱処理や合金など技術的魅力も豊富な教材である。歴史も深く、技術史の題材が豊富である。金属は、道具、機械、電気を作るためには欠かすことができない。工作機械の発達も技術の面からは大切な視点である。

なす」とも言われた。教職大学院設置では、教職だけが教員の専門性と強調され、設置審査申請では教科に関わる講義内容は極力排除されるように指導があった。教員の養成と研鑽は、学校現場に浸かることで育つものではない。

◇**機械**　機械の本質は力学である。機械工学は mechanical engineer-ing といわれるように、生産のメカニックス＝力学を受け持つ分野である。生産の手段としての機械装置に気を取られると、機構を教えて機械を教えたと思ってしまうが、機構は機械学の一部でしかない。力に耐えたり、力を利用してエネルギーを取り出すことなど、技術を力学的に捉える視点から機械の教材を考える視点が大切である。機械学は、固体、流体および熱などの力学を基礎にしており、その題材は広い。それらの教材研究はまだまだ未知の分野である。機械は土木の分野にも及ぶ。

◇**電気**　生産に関わる電気現象がその内容になる。時間変化のないオームの法則に関係する直流回路からはじまる。電気現象の時間変化から、交流や電磁誘導が理解できると、変圧、電磁波、電動機などの技術にも広がる。また、半導体の利用を含めると、多くの教材がある。歴史は浅いが、現代社会において重要な役割を持つ教材である。本質的には、電場と磁場の性質を理解することが大切であり[6]、その教材研究が期待される。電気回路を製作する題材は豊富にあるが、そこから何を学ぶかの教材解釈や分析が大切である。

◇**情報**　情報の歴史は浅く、いまも変化の激しい領域であり、何を教えることが情報に値するのか、その体系はまだ未完成である。情報は、物質の生産そのものではないが、生産に深く関わっていることを理解しなければならない。現代社会では、情報なしに生産はできない。情報を取得し、それを加工して、活用することで、生産や社会がより効率化している。教材の現代化としても取り組むべき分野である。

◇**栽培**　農業の営みは、人類の歩みそのものである。人間が生きていく上で欠かせない食糧も農業から生産される。自然環境と生物の成

---

[6]　「気」は不可視であり、流動的で運動し、作用を与えるものと考えられている。電気、磁気の「気」は性質を意味していると考えるとよい。電磁場の性質は電磁気学として成り立っている。その技術としての学び方はまだまだ未知の分野である。

長を利用する生産であることが、工業と決定的に異なる農業の特徴である。そのため、教室だけで完成することはなく、水やりをはじめ多くの手間と時間を掛けて生産物を得ることになる。作物の成長の科学的法則を知り、農作業および病害虫対策の意味を理解しながら授業を進めなくてはならない。その場で結果が出ないので、その手立てが大切である。いずれにしても、栽培は欠くことのできない領域である。

◇**食物**　農業で生産されたものが、そのまま食べられることは少ない[*7]。ほとんどのものを調理して、味を付けてはじめて食事ができる。食は人類の文化であり、日々の命を支えている。その意味は深いものがある。食農教育とも言われるように、農業生産は、食事にまでたどり着くことではじめて完結する。食は歴史と文化そのものであり、教材としてたくさんの題材がある。方法論だけでなく、文化と科学的根拠を大切にしなければならない。技術的要素を大切にした食物学習は、生徒たちに食物に対する深い理解を与えるはずである。

◇**被服**　被服領域も食物と同様に、人類の歴史と文化、そのものであり、人間は着るものなしに生きることはできない。現代社会では、衣類のほとんどが既製品である。生活の場で衣類を作るという経験はほとんどない。家庭科領域で、生活の場から生産的なものが奪われた典型的分野である。しかし、被服が、社会・人間に必要な生産であることは疑う余地もない。技術史的視点でみれば、自ら繊維を取りだし、糸を紡ぎ、布を織り、裁断・縫製とたくさんの技術が息づいている。歴史を見ると、どの国でも工業化と経済成長は繊維産業からはじまっている。これは地場に繊維・被服の伝統や技術が根付いており、繊維産業の技術的な素養が整っている。それが基盤とな

---

*7　果物をそのまま食べて消化できる。それは、ヒトはサルから進化したので、サルが食べているものは人間もそのまま食べることができる。ヒトは穀物をそのまま食することはできない。それはヒトの宿命である。人間はサルから進化する中で、加熱調理して穀物を食するようになった。

り、被服の技術の集約ができるので、繊維産業の工業化が実現できる。すなわち、工業資本が入り込む前に被服の技術が広く生活に普及していることを意味している。工業化により家庭から被服の技術が失われるので、被服の技術とその素養を授業で扱うことは大切な意味がある。

❷ 技術・家庭科教育の方法

2·1 教育技術主義からの脱却

　教育の方法について考えるときに、チャップリンの映画「モダン・タイムズ」を思い出してほしい。機械制大工場は生産効率を上げ、人間は機械化により解放されるはずだった。しかし、機械化によって起きたのは、機械に支配され、気が狂って行く労働者の姿であった。チャップリンの演じるスパナを持った労働者は、実に滑稽で笑いを醸し出すが、観客の心のどこかにその恐ろしさも訴えている。学習指導要領や検定教科書が、授業の一助としての位置付けであれば、問題はない。しかし、それらが教育の方法を規定してしまい、教師自らが創意と工夫をする余地を奪われるならば、それは「モダン・タイムズ」と同じではないか。

　このように考えると、教育の内容と方法が教育に役立つか否かは、教師自身が授業に対して自らの主体性を持っているか、失っているかにかかっている。例えば、100 メートルを無理やり走らされるならば奴隷であり、自ら走るならばスポーツマンである。そして、教師が主体性を失った授業をすれば、子どもたちも主体性を失ってしまう。教師も子どもたちも主体性を持って授業を展開しているとき、真の授業が成立する。教育の目的を共有し、各自が目的意識を持つ授業が理想である。そのような授業を追究するときに、教育の内容と方法がはじめて役に立つのである。

　このことを以下の 1947（昭和 22）年の学習指導要領（試案）は、いみじくも指摘している[8]。

---

[8] 「学習指導要領：試案. 昭和 22 年度 一般編」の貴重な資料の実物を国立国会図書館デジタルコレクションで閲覧することができる。以下の URL を開くとよい。
https://dl.ndl.go.jp/info:ndljp/pid/1445643

これまでの教育では、その内容を中央できめると、それをどんなところでも、どんな児童にも一様にあてはめて行こうとした。だからどうしてもいわゆる画一的になって、教育の実際の場での創意や工夫がなされる余地がなかった。このようなことは、教育の実際にいろいろな不合理をもたらし、教育の生気をそぐようなことになった。（略）教育の現場で指導にあたる教師の立場を、機械的なものにしてしまって、自分の創意や工夫の力を失わせ、ために教育に生き生きした動きを少なくするようなことになり、時には教師の考えを、あてがわれたことを型どおりにおしえておけばよい、といった気持におとしいれ、ほんとうに生きた指導をしようとする心持を失わせるようなこともあったのである。（略）

　この書は、学習の指導について述べるのが目的であるが、これまでの教師用書のように、一つの動かすことのできない道をきめて、それを示そうとするような目的でつくられたものではない。新しく児童の要求と社会の要求とに応じて生まれた教科課程をどんなふうにして生かして行くかを教師自身が自分で研究して行く手びきとして書かれたものである。

　この姿勢を守りながら教育政策が行われていれば、日本の教育の姿は、現在とずいぶん違った姿になっていたはずである。

　清原道壽が「根本的には、教育の目標に導かれた教育内容が、指導方法を規制するのである」[7]と指摘するように、教育方法だけが存在することはなく、何のために、何を教えるか、教育の目標と内容がしっかりしなければならない。教科書や指導要領に任せてしまう姿勢は大いに問題がある。教育実習や研究授業では、このような誤った姿勢が現れ、前述の指導要領（試案）が懸念していることが往々にして起きている。これは「教育技術主義」に陥った姿である[*9]。教育技術主義の一因は、タテの人間関係である。

---

*9　学習指導要領を無批判に受け入れたり、それに追随するのは教育技術主義である。近年に

職場や教室にそのような雰囲気がはびこらないように注意しなければならない。アクティブラーニングが成立するためには、教師自身の主体性を奪わないように注意すべきである。

2·2　技術・家庭科の教育方法

授業実践には、アイデアや経験も必要になるし、生徒との信頼関係はさらに大切である。方法論だけを取り上げて善し悪しを判断することは無意味である。教育方法について検討する前提として、このことを押さえておくことは、何よりも大切である。

技術・家庭科の授業では、おおよそ提示、発問、講義、道具、実習・製作などの方法を取る。発問や講義などは他の教科にも共通しているが、提示、道具、実習・製作は、技術・家庭科の特徴でもある。これらの方法を効果的にすることは授業を進める上で大切である。

提示

提示は、授業の導入、道具の使い方、作業の指示などあらゆる場面で使われる。提示することが目的ではなく、提示によって何を伝えたいか、何を理解してほしいかを明確にすることが大切である。これらが曖昧では、提示として意味をなさない。提示の基本は、視覚を利用し、手を使って触ってみたりするので、見えること、体感できることが意味を持つ。小さなものを教卓に提示しても後ろの生徒には見えるはずもなく、提示の効果はない。教卓に集まり提示することも必要なときもあるし、生徒に持ち回りで触ってもらう場合もある。生徒によくわかってもらおうと、拡大した模型を作った教師もいる。

魅力あるものを提示して、その意義が生徒たちに伝わったときに、生徒

おいては、教職重視などに見られるように、教職指導に力点を置いて、教材研究や分析が軽視される傾向が強まっていることも教育技術主義の現れである。

たちは、それを作ってみようとして、驚くほど粘り強さを発揮することもある。例えば、後藤直の「リッター・オブ・ライト」の授業実践は[8,9]、夜間の地球の衛星写真を提示する。生徒たちは、発展途上国や都市のスラム街には貧富の差で電灯もなく暗黒の地域があることに気付く。そのスラム街に、自らの手で太陽光を利用したペットボトル LED 照明を作り明かりを点す活動がリッター・オブ・ライトであることを生き生きと YouTube が伝える。生徒たちは、その提示により自分もペットボトル LED 照明を作ろうと強い目的意識を持つ。そのインパクトのある提示を受けて、生徒たちはとても作れそうになかったオリジナル LED 照明をとうとう完成させるのである。

　言い過ぎかもしれないが、提示は授業の成否を大きく左右する。授業の提示を軽視してはならない。「はじめよければ、すべてよし」と考えれば、提示の工夫は必要である。産教連の研究大会には教材発表会があり、これまでに数々のオリジナル教材が紹介されてきた。それらは、どれも創意と工夫が凝らされており、教師の長年の熱意がにじみ出るものであった。

発問・講義

　発問・講義・板書などは、座学と言われる一般の授業形態である。導入では、発問により生徒の意識を少しずつ喚起させ、徐々に本題へと導く。生徒の経験や身の回り、持っている知識を生かしながら興味を引き出す必要がある。提示なども含めながら、やがて説明をした後に、具体的な作業へと展開して行く。ここに重要なポイントがある。技術・家庭科の場合は、何をするのか、目的が曖昧になると、必ず作業のところでつまづく。生徒が目的や内容の理解が不十分なままに、作業に入ることが当たり前になると、指示されたことをしているだけの作業になる。目的意識的な実習が失われる。ゆえに、目的や内容の理解がとても大切である。何のために何をするのかをしっかりと押さえること、説明の十分な理解が発問・講義の重要ポイントである。教室の全体に、これが行き届くのかを見定めて、作業

に入ることが肝要である。製作の諸注意ばかりの座学にならないように注意し、理解という点に視点を定める。

　技術・家庭科で学習する内容は、科学に裏付けられた教科内容になるので、原理、法則および仕組みなどを理解することを軽視することはできない。生徒たちの学力や知識の現状に迎合すると「やさしい」授業になってしまう。これは、生徒には何の知識も与えず、努力なく学習を進める授業の設定である。「やさしい」を厳密に表現すると「低すぎる」授業である。これでは、生徒たちの学習意欲は消極的になり、生徒たちの発達は期待できない。根本のところで、「生徒たちは知識や理解を求めている」という生徒への信頼を失ってはならない。教員の授業の設定、要求が高すぎても、同じことが起きる。生徒たちの経験、実態、能力や雰囲気を十分に把握する必要がある。ゆえに、教師の資質として、他者への理解が如何に大事であるかを強調しすぎることはない。

道具

　技術・家庭科の一番の特徴は道具である。これだけたくさんの道具や機械、器具を使う教科は技術・家庭科をおいて他にない。道具の予算、購入、準備や手入れ、整理方法など、授業とは関係のない仕事がたくさんある。道具や実習室の整備が何よりも基本となる。道具の整備が、嫌になるようでは、どこかに心の余裕、ゆとりそして意欲を失っているのかもしれない。そのようなときは、自分の生活や職場の状況を見直すことも大切である。

　さて、技術・家庭科においては、道具＝学習環境である。授業に必要な道具が用意されていないことは、子どもの学習権を奪うことと同じである。技術・家庭科の教員が、実習室の整備、道具・機械類を点検・準備しないで、誰がそれをするのであろうか。生徒の学習環境、学習権を守れる唯一の人が技術・家庭科の教員である。その責務と自覚を持つことが大切である。良い授業をするためには、まずは道具・機械類の整備であると認識してほしい。

実習に必要な道具が整備されていれば問題ないが、往々にして不足していることも多い。実習の予算を要求し、道具や設備の充実や更新は計画的に揃えて行く必要がある。校長や教育委員会が理解・納得して予算化できるように、要求の正当性や合理性を粘り強く説明することも必要である。

　人間は、手に道具を持ち労働して、生産を発展させてきた。道具には、人間と同じように歴史がある。まさに、道具は知識の塊であり、道具には名称、役割、仕組みがある。道具をうまく使いこなすには、知識が必要である。ただ使わせるだけでは上達することはない。授業の時間も少ないので、道具の知識、使い方を教え、生徒がそれを理解すれば、製作の時に間違いも少なく、製作の効率もよくなる。道具をこよなく愛する気持ちを持ってほしい。

実習・製作

　実習・製作は、技術・家庭科の最も重要かつ授業時間を割いている部分である。本質的な表現をとれば、実習・製作は理論と実践の相互作用の場である。提示、講義を受け、道具と方法を深く理解・認識されていれば、実習・製作は円滑に進む。しかし、現実はうまく行くことはない。大方の生徒は理解したつもりになっているし、教員も教えて伝わったと思っているが、実習・製作に入ってみるとそうでないことが多い。人間は、すべて文字や言葉によって理解できるわけではない。実際に体験や物事を通じて理解することの方が多い。算数や国語でさえ、たくさん計算や文字を書いて、演習をして理解と認識が形成されている。技術・家庭科の内容であれば、さらに実際に試してみて真の理解・認識が形成される。

　例えば、プログラミングを例に考えると、いくら講義や提示をしても、ほとんど伝わらず、理解することも難しい。プログラミングの授業の教え方の善し悪しを議論してもあまり成果はない。実際に課題を出して、プログラミングをして、エラーが起き、その原因と自分の勘違いや誤解に気が付いて、はじめてエラーの原因がわかり、真の理解にたどり着く。このよ

うな繰り返しが実習となる。

　実習・製作は主観と客観との往還であり、それを通して真の認識に至るのである。実習・製作により真の技術の認識が形成される。他教科に比較して、技術・家庭科教育がなぜ優れた陶冶力を持つかの本質もこの営みにある。音楽、美術、体育および技術・家庭科を実技系の教科として見る観点もあるが、実技系の教科において、理論をしっかり位置付けて実技をするならば、それこそ理想の教育になるのではなかろうか。

　さて、技術・家庭科の実習・製作においては、生徒が実際にやってみることで、教わった内容に気付けばよいが、そうでない場合は個別に指導することが大切になる。個別の指導で重要なことは、生徒が何につまづいているのかを理解することである。それができなければ指導は成立しない。実習・製作が成立するか否かは、生徒の理解である。巷で言われる「子ども理解」は、子どもの心情の理解である。生徒が困っていることに気がつくだけであれば、誰にでもできる仕事である。しかし、技術・家庭科の教員は、生徒がなぜつまずいているのか、つまづきの技術的問題、生徒の誤った理解、生徒が何を理解していないのかをその場で見分け、その解決策を教えなければならない。

　実習・製作の場での生徒のつまづきを分析する力は、教職の場数を踏むことで身につくものではない。その力は、教材の解釈と分析から生まれる。教材の深い理解、道具の使い方の分析などが基礎にあって気が付くことが多い。

2·3　技術と技能

　技術・家庭科では、製作をして作品ができることも他教科にない特徴である。作品の評価は生徒自身でも自ずとわかるものである。作品のできばえも大切であるが、作品を製作して、何を身につけたのかも大切である。技術・家庭科の授業が、作品のできばえを競う製作の場と化してはなら

図4-2　技術と技能

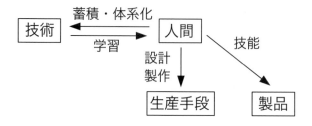

ない。それを端的に言えば、なぜできないか、どうすれば上手にできるか、という問いかけである。この問いかけの本質は、技術と技能である。

　図4-2に技術と技能との関係のイメージを図示する。技術は生産に関する科学（知的体系）として人間の意識とは関わりなく存在する。技術を蓄積・体系化し、それを学習する。技術教育の体系と内容は、そこから生み出される。その知識に基づいて生産手段*10 が用意され、生産物（製品）が産み出される。しかし、多くは道具や人間を介して製作される。そのとき、その知識が人間を介して生かされて製品になる過程で、コツや勘などであったり、熟練を要する面も多々ある。このように各個人を拠り所として発揮されるものが技能である。

　生徒はその技術を深く認識することで、いろいろな課題を解決する力を獲得して行く。「知は力」と言われる理由もそこにある。技術は、人類が共有できる知的体系である。一方、技能はそれぞれの個人に備わっている能力である。実際にものを作ってみて、それが体感されて生徒の体の中に備わって発揮される実践的能力が技能である。やり方やコツを教えるだけでは、優れた技能は身につかない。知識を得て、それを自分が道具を使い作業するときに生かされる必要がある。技能は知識の伝達だけでは完成しない。生徒の探究心や熟練も必要とする。実際にものを作ることは、技術

---

*10 生産手段は、生産に必要な原材料などの労働対象、道具、機械、装置、設備などの労働手段のすべてを含む。社会基盤である生産は、人間の労働と生産手段が合わさって成り立つ。

と技能が統一されてはじめて実現できる。生産という営みは、技術と技能の統一といえる。

　技術・家庭科教育で技術と技能のどちらを重視するかは、あまり意義のある議論にはならない。実際に即して考えれば、どちらも大切である。前述したように、作品のできばえに気を取られていると、生徒も教師も技能に重心を置いてしまう。その結果、技術という知的体系を学習することが薄れることに注意しなければならない。技術・家庭科教育が技能教育になってしまうと、日本の教育の負の歴史に陥ることになる。実習・製作で技能の割合が多く、技術的要素が曖昧であったり、少ない教材にならないようにすることも大切である。

　例えば、スチレン飛行機を作る教材は、技術と技能の問題をよく考えさせられる教材である[10,11]。この教材は、スチレンペーパーから飛行機の胴体と主翼、尾翼を簡単に切り出して、それを組み立て飛ばすだけの簡単な製作である。技能はほとんど要求されない。しかしながら、きれいに飛ばすためには、飛行機の飛び方を見て、機体の重心や反りを判断して、うまく調整すれば、誰でも上手に滑空させることができる。技能よりも力学の理解の要素が多い教材である。逆に言えば、機体の制御、モーメントのつり合いを理解しなければならない。単に指示に従って製作するだけでは、うまく飛ばない教材である。スチレン飛行機の教材は、生徒が技能だけではなく、技術という知的な理解がものを作るのに重要な役割を持つことを教えてくれる点に価値がある。

　指導要領を基に授業計画を立てるので、どうしても領域と時数でカリキュラムを構成してしまう。しかし、技術・家庭科の教材の位置付けを技術と技能で考えてみることも大切である。例えば、図4-3のようにして技術 - 技能ダイアグラムを作成して教材の位置付けを考えると、カリキュラムのバランスを見て取ることができる。生徒のレベルで完全に技術を理解して達成できる教材（図のA）や、理解は脇に置き技能により達成できる教材（図のB）もある。中学校の3年間で扱ったそれぞれの題材を図4-3

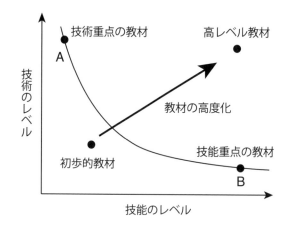

図4-3 技術・家庭科における教材の技術 – 技能ダイアグラム

の技術 – 技能ダイアグラムに落としてみると、技能にばかり重点を置いていたり、技術的理解にばかり重点を置いていることなど、偏りを客観的に分析できる。また、レベルの低い「やさしい授業」をしているのか、高度な授業をしすぎていないか、検討することもできる。全体のバランスを考えれば、あえてレベルを落とすことも、時には高度な授業もあってよい。そして、技能を中心に授業を設定するときもあれば、技術に重点を置く授業もあってよい。ぜひ、学校の授業の各単元を技術 – 技能ダイアグラムに記してみると役に立つはずである。

　いずれにしても、教師が生徒の技能や技術のレベルを正確に把握することが大切である。そうすれば、図4-3の技術 – 技能ダイアグラムにおける生徒の位置と題材の位置との差を把握することができる。その差を小さく設定することではなく、その差を埋める教師側の手立てが大切なのである。生徒の興味をいかに引き出すか、製作の意欲をどれだけ高められるか、作業のミスを減らすための指導の工夫もたくさんある。失敗しながらも、諦めないで、立派な題材に仕上げた授業実践はたくさんある。

　教師がこれだと思った題材は、簡単によい実践に行き着くことはない。

しかし、その題材は試行錯誤を重ねて定番の題材になる可能性が高い。なぜならば、その教師の心を捉えた魅力があるからである。教材への感性を磨いていれば、心を捉える題材に巡り会う機会は多い。技術・家庭科の教師としての感性を大切にしてほしい。また、困難を回避しないで、乗り越える姿勢があれば、心を捉える題材はよい実践にたどり着くはずである。

　教師は経験と研鑽を積んでたくさんのカード（題材）を蓄積し、ダイアグラムのどの位置の授業でも設定できる力を身に付けることが大切である。いつも初歩的教材ばかりで授業設定をしていると、気が付いたときにはレベルの低い授業しかできなくなっている。授業は生徒の学びの場であるとともに、教師として成長する一番大切な場でもある。自らの授業の設定を客観的に見る視点を忘れないようにしてほしい。

2·4　教育の原点から学ぶ

教育が人類を救う

　世界で初めての教科書を著したのは、チェコの教育学者コメニウスである[11]。図4-4は『世界図絵』の最初に出てくる絵であり[12]、学ぶことの大切さを子どもに話しかけている。

　先　生　こちらにおいで。賢くなるために学びましょう。

　子ども　賢いってどういう意味？

　先　生　正しく理解して、正しく行い、正しく話すこと。どれも必要なことです。

---

[11] ヨハネス・アモス・コメニウス（1592-1670）は、チェコの教育学者である。コメニウスはラテン語のペンネームであり、チェコではコメンスキーとして知られ、チェコの紙幣（200コルナ）の肖像画にもなっている。世界ではじめて学校教育の必要性を説き『大教授学』を著した。また、子どもたちに必要な読み書きや知識を授けるための初めての教科書『世界図絵』を著した。

[12] チェコの首都プラハのバーツラフ広場の突き当たりに国立博物館がある。そこを訪ねたときにコメンスキー展が開かれており、数々の歴史的著作が展示されていた。その案内のポスターの挿画と言葉をここに示した。

図4-4　コメニウス展のポスターの挿画

（チェコ国立博物館）

子ども　誰がそれを教えるの？

先　生　神の助けによって、私が教えるのだよ。

子ども　どうやって？

先　生　たくさんのものを絵に示して、その名前を教えよう。

子ども　わかった。さっそく教えて。

先　生　まずその前に、正しい発音を学ぼう。言葉は正しい発音ででき
　　　　ている。動物の音声は生まれたときから作られているが、君た
　　　　ちは舌で発音を真似ることから学ばなければならない。そして、
　　　　自分の手で絵が描けるようにならなければならない。読み書き
　　　　ができるようになれば、広い世界へ進んで、たくさんのことが
　　　　わかるようになるよ。

当時の子どもたちは、「賢い」（wise, moudrým）の意味を知らない。正しく読み書きをすることからはじまり、少しずつ人間は賢くなることの必要性を考えた人がコメンスキーである。キリスト教のプロテスタントとカソリックの宗教対立により30年戦争が起き、プロテスタント派の彼は亡命生活を余儀なくされ、諸国で学校教育の必要性を訴え、祖国に戻ることなく生涯を終えた。悲惨な宗教対立を目の当たりにしたコメニウスは、人々が教育により正しい知識を持つことで、平和な社会を築くことができると考えたのである。苛酷な彼の運命を知れば「青少年の教育に人類全体の救いがかかっている」「人類を破滅から救うのは教育のみ」は大げさな表現でなく [12]、教育というものの原点と教師の使命を言い当てている。

　長い教師人生には理不尽な目に合うことも少なくない。教育には困難がつきものであるが、目の前の生徒たちに、人類の救いがかかっていると思ってはどうだろうか。その生徒たちに学ぶことを教える自らの使命を忘れずに教壇に立ってほしい。

楽しいと思う気持ち

　コメニウスが誕生してから59年後、ラ・サール[*13]がフランスで産声を上げる。当時の学校は教師が生徒の間を回り、個別に教える個人教授法であった。しかも、学者のなりそこないや神学生くずれがわずかばかりの知識を思いつきで投げ与えるので、教師の質も悪かった。それでも学校に通えるのは裕福な家庭の子弟に限られていた。

　ラ・サールは、こんな教育では子どもの知恵は磨かれることはないだろうと考え、教師と生徒が一体となって授業を進める方法を考えた。当時は、

---

*13 正式名は、ジャン＝バティスト・ド・ラ・サール（1651-1719）は、ソルボンヌ大学を出て司祭となり、フランスの聖人、教育者である。敬虔なキリスト教徒であったラ・サールが見据えていた最終目的は、すべての人々の救済にあった。幼少期に受ける教育はその後の人格形成にとって重大な影響を及ぼすことをラ・サールは熟知していた。彼の教育実践は、今日の義務教育の原型であった。しかし、それはあまりにも先駆的であり、素晴らしい教育システムであったために、貴族と宗教の支配する社会体制と合わず、多くの迫害を受けることになり、司祭職をはく奪された。ラ・サールの死後から19世紀になってようやく教会にも理解されるようになり、聖人に認められた。

慈善学校に限らずラテン語で授業をしていたが、日常用語のフランス語で授業を行うようにした。さらに、教師の資質を磨く必要があると考え、教材の並べ方、教材をわかりやすく教える方法などを身につけた教師が必要と考え、世界で初めての師範学校を発明した。ラ・サールの教えを受けた教師たちが慈善学校*14 に送り出された。彼らの授業はどこでも評判となり、子どもたちがおもしろがって勉強し、めきめきと実力がついてくる。その評判を聞きつけて、金持ちの子どもまでが慈善学校に押しかけたという。このようにして、ラ・サールは

- 学級の編成、カリキュラム、教授法を作り、それらが効果的な教育成果を生み出すこと
- 教師による体罰の禁止
- 貧しい家庭の学費の免除

など、パリで義務教育の原型を作り上げた。日本が江戸時代前期の頃にフランスでは学校教育の取り組みが始まっていたのである。このようなラ・サールの活動は、平民の教育を平民の教師が勝手に教えていることになり、教会側から見れば、異端者とみなされ迫害を受けることになる。それでも、慈善学校から育った親たちは、迷うことなく慈善学校へ自分たちの子どもを通わせたのである。このような教育の営みは、支配階級と独立した平民による教育システムであったと見ることもできる。それがパリの市民に浸透していたことが、何らかの形で市民に権利を理解できる知識を与え、その後のフランス革命につながったと思われる。たくさんの迫害にあっても屈することなかったラ・サールは、どのような教育哲学を持っていたのか、とても興味深い。

　後に、ラ・サールは「ラテン語がなくなってから慈善学校の教室に愉快な火花が散るようになった。学校は、たのしい場所であるべきである。た

---

*14 職人や貧者はたいていほとんど教育を受けることがなく、一日中生活の糧を求めるのに忙しく、子どもたちに必要な手ほどきや礼儀にかなったキリスト教の教育を施すことができなかったことから、教会による慈善学校が設立された。

のしいと思う気持ちが、子どもたちに知識を吸い込ませるからだ」[13)]と述べている。教師の仕事は、楽しいと思う気持ちが沸き起こるような教材、授業方法、教室を作ることである。そのような授業で育った生徒たちが、日本を支えるようになれば、新しい社会がやってくる。

参考文献

1) 鈴木賢治「技術教育学序説」(2011), p. 30, 合同出版

2) フリードリッヒ・エンゲルス, 菅原仰訳,「自然の弁証法 1」国民文庫 11a, (1970), p. 224, 大月書店

3) 文献 1) の p. 16

4) 柴田義松「教育課程 ― カリキュラム入門」(2000), p. 218, 有斐閣

5) 向山玉雄編著「遊びと労働で育つ子ども」(1979), p. 17, 青木書店

6) 柴田義松編, 阿部好策, めざすべき学習指導とは何か,「新・教育原理」(1996), p. 69, 有斐閣

7) 清原道寿「技術教育の原理と方法」(1968), p. 150, 国土社

8) 後藤　直, ソーラーランタンでエネルギー変換の学習, 産教連通信, No. 217, pp. 12-17 (2017)

9) 鈴木 賢治, 後藤 直, 持続可能性を考えるエネルギー変換の授業実践 ― リッター・オブ・ライト, 新潟大学教育学部研究紀要自然科学編, Vol. 11, No. 2, pp. 125-135 (2019)

10) 土田　敏, 流体力学を取り入れた飛行機作り, 技術教室, No. 409, pp. 51-55 (1986)

11) 鈴木賢治「大空へ飛べ！ぼくの飛行機 ― スチレン飛行機をつくろう」(1987), 民衆社

12) 海津　淳, コメニウス教育思想の歴史的・宗教的背景 ―『大教授学』にみる歴史的背景に関する試論, 国際経営・文化研究, Vol. 18, No. 2, pp. 45-58 (2014)

13) 井上ひさし「小説を巡って」(2020), p. 170, 岩波書店

木材加工の授業

◇◇◇◇◇◇◇◇◇

道具を使ったものづくり

木材加工に関する学習は、1958（昭和33）年の技術・家庭科発足以前の職業・家庭科の時代から取り組まれてきた。教科名が技術・家庭に変わってから、1977年告示の学習指導要領で相互乗り入れが実施されるまでのおよそ20年間にわたって、男子向きと女子向きとで学習内容が異なることになったものの、男子だけでなく女子に対しても木材加工に関する学習は行われていた[*1]。その後、学習内容に男女の差異をつけなくなって、現在に至っている。

　そこで、ここでは技術・家庭科発足以降の実践について見ていくことにする。

[*1]　1958年版学習指導要領の女子向き1年の「設計・製図」に15時間、「家庭機械・家庭工作」の"家庭工作"に10時間があてられ、2年の「家庭機械・家庭工作」においても、刃物のとぎ方と手入れを扱うようになっていた。また、1969年版学習指導要領の女子向き1年の「住居」の中で、製作図のかき方と住生活に関係のある木製品の設計と製作（指導時数の規定はなし）を扱うようになっていた。

❶ 大切にしたい製図学習

1·1 製図領域の消滅

　技術・家庭科の授業時数の削減の直接的な影響を受けて、それまで独立して設けられていた製図学習に関する領域がなくなった。製図領域がなくなったからといって、その学習が重要でないというわけではない。それは、製図領域消滅後も教科書では継続して製図に関係する内容に一定のページ数が割かれていることを見ればわかる。

　技術・家庭科発足当初の頃には、男子と女子とで学習時間の違いはあるものの、「設計・製図」という一つの領域が設定されて製図学習が行われていた。具体的には、1958年版学習指導要領男子向きには、「設計・製図」として1年で25時間、2年で30時間をそれぞれあてるようになっており、1969年版学習指導要領男子向きには、1年で「製図」を取り上げる（指導時数の規定はなし）ようになっていた（女子向きについては脚注 *1 を参照）。

　製図学習のねらいとして、1958年版学習指導要領には「簡単な図面を正しく読んだり描いたりするのに必要な基礎的技術を習得させ、ものごとを計画的に進め、精密、確実に処理する態度を養う」とある。材料の加工には図面が欠かせないことは言うまでもない。したがって、図面を正しく読み取ることが正確な加工の第一歩となる。そのために必要な技術を身につけさせるだけでなく、仕事を計画的かつ正確に処理する習慣を身につけさせることも目的にしていた。これが、わざわざ製図領域を設けていた理由でもあるということになる。

　その後、学習内容に男女の差異をつけないようになった1977年版学習指導要領からは製図に関する単元がなくなり、木材加工や金属加工と

いった加工学習の中で取り扱うようになって*2、それが現在まで続いている。この学習指導要領における製図領域の消滅は、技術・家庭科の授業時数の削減とちょうど呼応している。製図領域の消滅の影響はどうなのかについては、次項で触れる。

1·2　製図領域消滅の影響とその対策

　技術・家庭科発足時の 1958 年版学習指導要領では、前述したように、全 315 時間の授業時数中 55 時間も製図学習にあてることができた。1969 年版学習指導要領では、投影法についての理解まで求めていた。それが、製図領域がなくなった 1977 年版学習指導要領以降、製作に必要な構想図や製作図を加工学習の中でかくための学習にとどめられてきている。こうなった現在、せいぜい数時間程度の時間しか製図学習に割けない。どうも、授業時数の削減とともに製図学習のねらいが矮小化されてきて、図がかけさえすればよく、そのための学習に特化しているようにも見受けられる。

　授業時数が減っても、一定の技能を身につけるのに必要な時間はそれほど変わらない。そこで、指導者としては、当然のことながら、指導内容を絞ることになる。その場合、学ばせる内容として何を捨て、何を残すかが重要となってくる。

　近藤孝志は、製図学習に対する自身のそれまでの指導を振り返り、強く感じている点として次の 3 点を挙げている[1]。

　1. 指導時間が少なく、きちんと理解させられない。

　2. 等角図やキャビネット図が製図学習の中心となっている。

　3. 子どもの製図能力が年々低下してきている。

---

*2　1977 年版学習指導要領の木材加工あるいは金属加工の内容の中に、「使用目的に即して製作品の構想を具体化し、斜投影図や等角投影図によって構想図をかくことができること」あるいは「構想図をもとにして、製作図を第三角法でかくことができること」という記述が見られる。また、2008 年版学習指導要領の材料と加工に関する技術の内容の中に、「構想の表示方法を知り、製作図をかくことができること」という記述が見られる。

さらに、「製図学習にあてることのできる時間が減るなかで、欲張って
あれもこれも指導するのは無理である。構想図をかかせるための学習をし、
構想図を実際にかかせると、その後で製作図をかかせる時間的な余裕はな
い」とも述べている。その結果として取った方法は「構想図に使われる等
角図やキャビネット図は、他の教科の美術科でも学習するのだから、そち
らの学習に任せ、技術・家庭科では第三角法の学習に特化して製図学習を
進める」ことであると述べている。「そうすれば、製作図をかく時間も生
み出せ、効率的に製図学習が進められる」と近藤は結論づけている。

　近藤の提唱する方法で製図学習を進めようとしたとき、考慮すべき点を
挙げてみたい。2008 年版学習指導要領には「構想の表示方法を知り、製
作図をかくことができること」とあるのみで、図法についての規定は何も
ないのに対して、2017 年版学習指導要領には「製作に必要な図をかくこ
とができること。ただし、主として等角図および第三角法による図法を扱
うこと」という規定が設けられている点である。この点に関しても、「教
師がこだわりをもって教える内容を取捨選択することが大切である」と近
藤が述べている。このあたり、傾聴に値する意見ではなかろうか。製作物
を正確に伝える図法は第三角法であり、JIS の製図の規定も第三角法であ
る。技術の授業で製作するものを第三角法で表すくらいは、さほど難しい
ことではない。

❷ 作りながら木材の特徴・性質を学ぶ

1998年版学習指導要領では「技術とものづくり」、2008年版学習指導要領では「材料と加工に関する技術」、2017年版学習指導要領では「材料と加工の技術」となって、扱う材料についての規定がなくなっているが、木材加工領域が存在した頃、その位置づけは「この領域の学習を基礎・基本として他領域の学習をとらえさせることにより、すべての領域において、計画から完成までの視点でおさえることができ、技術・家庭科の学習が生活に生かせる実践力となる」とされている[2]。あわせて、木材加工領域と他領域との内容の関連性も強調されている[3]。

このように、その当時の学習指導要領では、木材加工領域ですべての領域の学習の基礎・基本が学べるとしているが、これは次のような点からである。木材は他の材料に比べて加工しやすく、したがって道具で比較的簡単に加工できる。そのためもあって、設計変更なども容易である。また、作りやすく、完成度は割合高く、成就感や達成感も味わえる。

そこで本節では、木材を扱った加工学習で、材料としての木材に焦点を当てた実践を取り上げる。加工学習で材料に関する学習というと、教科書などの資料を参考にして、その材料の特徴や性質について普通教室で学ばせる、いわゆる座学の授業になりがちである。場合によっては、準備しておいた材料の実物見本あるいは材料標本を、指導する教員が提示することもある。

ここでは、材料学習自体を単なる材料に関する学習に終わらせず、その後の製作学習につなげた実践、材料のよさを最大限に生かした実践、木材の特徴を極めたとも言える実践をそれぞれ紹介する。

2·1 丸太材の切断から始める木材加工

　材料学習の教材として丸太材を取り上げた実践はいくつもあるが、ここでは居川幸三[4]と下田和実[5]の二人の実践を取り上げる。そこで扱っている丸太材は、二人とも樹皮つきの間伐材である。では、学習に使う材料がなぜ丸太材なのか。居川は「ものづくりの原点は材料と道具にあるはずなのに、子どもが原材料に触れ合う機会が減ると同時に、それらを加工する道具の使用経験がほとんどなくなってきている」とし、下田は「道具のない家庭も多くなり、中学校の授業ではじめてノコギリを使うような子どもが増えてきている」というように、二人とも子どもの実態に危機感を感じている。これを払拭するには、丸太材という原材料を教材として与え、学習を展開する必要があると考えたわけである。二人の実践をもう少し詳しく見てみる。

　まず、居川の実践では、全13時間の学習計画を次のよう配分している。

1. オリエンテーション、材料調べ　　　1 時間
2. 間伐材について、丸太の輪切り　　　1 時間
3. 切断面の観察、丸太の横びき　　　　2 時間
4. 年輪のでき方、丸太の縦びき　　　　2 時間
5. 板の種類、丸太割り　　　　　　　　1 時間
6. 小作品作り（ベルトサンダー使用）　4 時間
7. 穴あけおよび塗装　　　　　　　　　2 時間

教材として使うのは、直径が10 cm前後で、長さが 1 mのヒノキの間伐材である。「材料は生木に近く、樹皮つきで扱いにくいが、学習の過程で新たな発見が多く期待できる。また、生の材料に触れ、道具や機械を繰り返し使うことにより、ものづくりの基礎が培われていくはずである」と居川は述べている。さらに、「丸太材を使うことで市販の板材にはない本物の学習が可能となる」とも述べている。その「本物に触れる」部分の様

子を以下に取り上げる。

　教員は、詳しい説明なしに丸太材を4人グループに1本ずつ渡す。カンナがけされたきれいな材料を見慣れた生徒たちは、丸太材を渡されて一瞬とまどうが、教員の次の指示で、我先にとノコギリを手に切り始める。直径が15 cm近い丸太材もあり、切り終えたときの生徒たちの手応えや満足感は十分である。なお、切断には古いノコギリを使わせることにし、作業上の注意点のみ伝え、ノコギリの使い方などの指導は一切しないで、自由に切らせた。しかし、丸太材の輪切りの作業を少なくとも一人3回はやることになるので、ノコギリの使い方は自然に身に付く。この点について、居川は「時間数の関係でノコギリびきの練習を少ししかやらない。キット教材の利用などで作業部分を少なくすることによって作品の完成度は上がる。これでは道具を使いこなしたことにはならないし、材料についてわかったことにはならない」と述べている。さらに、「縦びきはそのコツさえつかめばおもしろく、切りくずも横びきとは全く異なるので、両刃ノコギリの刃が縦びき用と横びき用とでなぜ違うのかを考えさせるきっかけとなる。また、約10 cmの長さに切断した材料をノミを使って割るという“丸太割り”を縦びき後に行うのだが、節があると容易には割れない。割れた断面を観察すると、節が木材の中心部まで食い込んでいることがわかる。こうした事実はその後の材料学習のよい教材となる」とも述べている。

　居川は、丸太材を使った材料学習で学べることを次のようにまとめている。

- 本物に触れ合えることでわかること
  生木と乾燥した木材の重さの違い（作業前と作業後の重さの違いの比較）、カビが生える（水分の多い生木だと、保存のしかた次第でカビが生える）、「檜皮葺」などの樹皮の別の利用を示すことができる。
- 丸太材の断面の観察からわかること
  生育環境による年輪の姿の違い（年輪の間隔が密か粗か）、心材・辺材の違い、木材の成長の様子（春材・夏材の特徴、形成層の役割）

図5-1 丸太の断面

図5-2 木目を生かした生徒作品

- 輪切りにした断面の観察からわかること

  図5-1の断面を見せると、板の種類（柾目板・板目板の取り方）、枝の跡である節から枝打ちの必要性を考えさせる手がかりにもなる。

- 小作品作りを通じてわかること

  間伐材の有効利用、木材のよさを知ることができる。図5-2の生徒作品の例のように、年輪の美しさを生かした作品作りがよい。

図5-3　丸太材切断の様子

　続いて、下田の実践について述べる。居川と同様の理由から、変形の少な
い集成材ではなく、材料学習のしやすいスギの間伐丸太材（直径が15 cm
程度、長さ2 m）を利用し、できるだけ伐採して間もない材木を納品して
もらっている。切断には枝切りノコギリを使わせている。生木を切るた
め、両刃ノコギリではノコギリの目が詰まって時間がかかるのと、あさり
があって切り口がざらざらになるからとのことである。あさりのない生木
用のノコギリは切断面が比較的きれいで、その後の磨き時間が短縮できる
ことにもなる。

　技術室にある2脚の腰掛けをひっくり返して足の間に丸太材を入れて
丸太材を固定する。図5-3のように切断しない生徒を丸太材に座らせて切
らせた。切り落とす厚みは3 cmとし、材料に直接けがきするのはむずか
しいので、幅3 cmの紙帯を丸太材に巻きつけ、切る際の案内とした。こ
のとき、真っ直ぐに切るための体の構えやノコギリの持ち方を指導すると、
板材を両刃ノコギリで正確に切断するときの指導に結びつく。

　扱うのが生木なので、その乾燥状態を観察させるため、丸太材切断後に
中心部まで切り込みを入れ、キッチンスケールで重さを測る、測定結果を
ノートに記録させておく。次の授業で重さを測ると、200 gほど軽くなっ

図5-4 柱の背割りの学習

(a) 切り込みのない丸太材　　　　(b) 切り込みを入れた丸太材

ているものもあり、生徒から驚きの声があがる。3週目くらいから切り込みのすきまが広くなっていることがわかるようになる。図5-4(a)の切り込みのないいびつな割れ方をした丸太材と図5-4(b)の切り込みを入れた丸太材とを比べると、柱の背割りの学習につなげることができる。

　切断材は乾燥していないため、3週間ほどは紙ヤスリによる磨き作業はできない。紙ヤスリを使っての磨きを2回ほど行った後、次の小物入れの製作に取りかかる。

　下田は実践を振り返り「自分たちの切断した丸太材を目の前に置いて、木材に関する基本的な学習を進めると理解がより深まるようで、効果的であった。また、時間の経過で丸太材に入れた切り込みの間隔が広がっていることと、切断材の重さが減っていることに驚きを隠せない生徒たちの姿が印象的で、実物をもとにした学習のすごさを再認識した」と述べている。

　丸太材の切断を木材加工学習の導入教材と位置づけて実践した例を二つ紹介した。これらはよく似ていたが、ノコギリびきの指導方法については、大きく二つのアプローチがある。一つは、ノコギリの使い方の指導を作業前にはやらずに、安全面の注意事項のみ確認して作業をさせるやり方である。そのため、使い古しの道具を使うことにし、切れ味のよい新品の道具はその後の本製作時に使わせ、ここで使い方の指導をていねいに行う。もう一つは、材料の切断に最適の道具を用意し、その道具の使い方・切り方

のコツをあらかじめ指導したうえで作業させるやり方である。道具の使用経験の極端に少ない現代の子どもたちにとって、どちらの指導方法が効果が上がるだろうか。

2・2　下駄作りの実践

　下駄作りについては多くの授業実践がある。池上正道の報告によれば[6]、木材加工の教材として下駄を開発したのは向山玉雄とのことである[7]。開発者の向山について「その当時、多くの学校で取り上げられていた折りたたみ腰掛けに代わる教材を探していた彼は、学校出入りの教材業者に下駄を薦められ、下駄や草履に慣れ親しんだ幼い頃の記憶がよみがえり、下駄の教材化を思いついた」と、池上は述べている。

　一方、素材からの加工を大事にし、丸太材の加工学習の延長線上に下駄作りを位置づけて取り組んだ実践もある。それがこれから紹介する足立止の実践である[8]。下駄の教材化に向け、足立は日本はきもの博物館を訪れ[*3]、事前研究をするとともに、大阪サークルの例会で試作品を作るなどして教材化を図っている。

　それでは、下駄作りの魅力はどこにあるか。この点について、足立は次のように述べている。

||||||||||||||||||||||||||||||||||||||||||||||||||||||||||||||||||||||||||||||||||||||||||||||||||||||||||||||||||||||||||||||||||||||||||||||||||||||||

　　下駄作りは奥が深い。自分自身でも、楽しくかつおもしろく、興味深い教材の一つと言える。そのおもしろさを自分なりに分析してみると、木の塊が一つの作品に仕上がる、材料にかなりの厚みがあって思い切りよく切れる、片方が失敗してももう片方はほぼ完璧にできる、できばえが多少悪くても履くことができるなどといった点があげられ

---

*3　かつて広島県福山市松永町にあり、履物をテーマにした博物館だった。残念ながら、2013年に閉館となっている。

る。子どもは、一枚の板が本立てに変わるのにさほどの不思議感を抱かないが、一塊の角材が下駄に変わるのは不思議に感じるようで、だからこそ、自分で作った下駄には愛着を持つようだ。これほどまでに子どもが真剣に取り組む教材も少ない。

足立は、以下のような指導計画で木材加工学習を進めている。

- オリエンテーション　　2 時間
- 材料の学習　　　　　　6 時間（作業の 2 時間を含む）
- 道具の学習　　　　　　4 時間
- 製図の学習　　　　　　3 時間
- 下駄の製作　　　　　　20 時間

下駄作りの手順は、実践者によって多少異なるところがある。加工にノコギリとノミを使う点はみな同じだが、歯の部分の加工法に少し違いが見られる。ここでは、足立の下駄作りについて、もう少し詳しく紹介する。

　◇**製作図**　図 5-5 に下駄の製作図を示す。

　◇**けがき**　準備する材料は、以下の寸法の杉材である。

　　男子用　幅 120 ×長さ 600 ×厚さ 60（mm）

　　女子用　幅 95 ×長さ 600 ×厚さ 60（mm）

この杉材は半乾きの状態で納品してもらう（木材のそりや曲がりを体験させるねらいがある）。そして、これまでの材料に関する学習をもとに、材料のどの部分を下駄の上面にしたらよいか、生徒自身に決めさせたうえで、図 5-6 のようにけがきをさせる。

　◇**切断**　図 5-7 のように、ノコギリで真っ直ぐに切る方法を指導したうえで作業をさせる。使用する刃の違いによる切断面の違いも体験させる。

　◇**切削**　ノミは歯と歯の間をかき取る作業に、カンナは上面を削る作業に、木工ヤスリは下駄の周囲に丸みをつける作業にそれぞれ使う

図5-5　下駄の製作図（女子用）

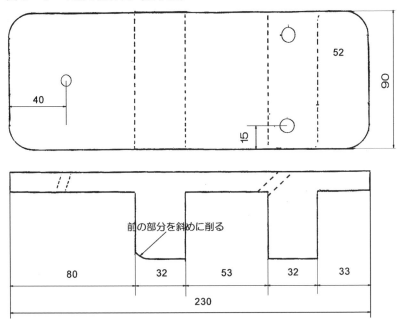

前の部分を斜めに削る

が、十分に刃の手入れが行き届いていないと、仕上がりも悪く、作業がうまくできないので、注意が必要である。木工ヤスリを使った作業が間に合わないときは、ベルトサンダーも使用する。また、カンナは、刃の出し方とかけ始め・かけ終わりを指導すれば、ほぼ平面を削れるようになる。

◇塗装　塗装の前段階として、下駄を黒く焼く方法、そのまま紙ヤスリで磨いて塗装する方法、色をつける方法などを提示し、どの方法をとるかは生徒に選ばせる。塗料には床用ウレタンニスを用い、やや濃いめに1回のみの塗装とする。

◇鼻緒つけ　「下駄の鼻緒の結び方」という自作ビデオを生徒に視聴させた後、班の代表に鼻緒の結び方を指導し、できた生徒から自分たちの班員に指導させるという手法をとって作業させる。

図5−6　下駄のけがき

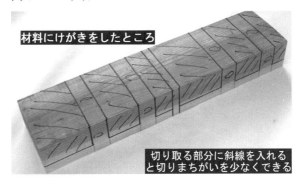

材料にけがきをしたところ

切り取る部分に斜線を入れる
と切りまちがいを少なくできる

図5−7　ノコギリびきのしかた

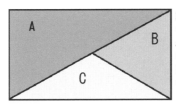

真上のけがき線に沿ってノコ
ギリで切り込みを入れる.
Aの部分，ついでBの部分を
けがき線に沿って切る．最後
に，Cの部分をAとBの切り込
み線に沿って切る．

　教材としての下駄の開発者とされた向山は「下駄は、やはり特殊な教材
と言わなければならない。しかし、特殊な教材はそれ自体の中に子どもを
引きつける何かを持っている。この特殊の中からどう一般を引き出すかが
教師の力量である」と述べている。教材としての下駄の一般化は、今後の
研究を待ちたい。

2·3　ヒノキ材の塊を磨いてペン立てを作る実践

　前項で紹介した下駄は、木材加工の教材としては変わった部類に入るが、
これから紹介する木製のペン立てもそれに劣らない。図5-8のように、ペ
ン立てと名づけられるありふれた教材ではあるが、木目がきれいに現れて

図5-8　ペン立て

おり、見る者の目を魅了する作品となっている。これだけを見れば、木材
加工の教材としては適切ではないということも考えられるが、導入教材の
位置づけで、本製作の教材と組み合わせれば、立派な木材加工学習が成立
するはずである。それは他にもこの教材の実践者が複数いることで納得が
いくかと思う。ここでは、この教材を生み出した藤木勝[9,10]の実践を紹介
する。

　藤木は、ある日、街のD.I.Y.センター内の売り場の一角で[*4]、削られ磨
き上げられた木製のブロックをふと目にする。木目や節が活きた、この木
の塊に魅せられたことが教材化の発端となる。それが実現するのは数年後
のことである。はじめは、ヒノキの端材を利用して、4時間ほどをかけて
製作させたが、どの程度の学習効果があったのか疑問を感じた。そこで、
ヒノキ材のブロック（100 mm×100 mm×40 mm）を購入し、切って
削って磨き、穴をあけてペン立てに仕立てることに切り替え、教材化に成
功する。

---

*4　Do it yourself. の略、自分でやってみること。「日曜大工」といわれるように、かつて
　　の日本では自分でものづくりする人も多かった。今日では、ホームセンターが普及して
　　D.I.Y. の精神を発揮しやすい利点もある。

材料の配付から作品完成までの流れは、おおよそ次のようである。材料を配付した後、加工方法や使用工具類に関する説明を行い、すぐ製作に取りかからせる。底面となる部分は平面とし、凹みを少なくするという点以外は、形状などに制約を設けないことにした。その後、製作途中で夏休みが挟まることになり、数日、技術室を開放して自由に作業を続行させた。休み明けに製作途中の作品を持ち寄った生徒たちが、級友の作品に刺激を受け、さらによいものをめざして努力する姿が見られたということである。完成後は、作品を写真に撮ってレポートに貼付したうえで、作品とともに提出させている。

　この実践を振り返り、藤木は次のように述べている。

　「間伐材を使ってペン立てを作る」というような記述が教科書にも見られるが、「檜ブロックを使ってペン立てを作る」学習は一般的な木材加工学習とは異質なものである。それは、木肌・木目・香りなどの素材のよさを生で味わわせたいがための教材だからである。一般的な「技術」を想定すると、技術要素としての不足があるはずだが、材料の変化に魅了された感性の目覚めと自覚、やれば変わるということに魅せられてさらに向上しようとする自分の姿が、子どもの感想にもよく現れていた。そこには学びの根源的要素があるのではないか。

3 木材加工におけるキット教材と手づくり教材

3·1 キット教材・手づくり教材の特徴と比較

　技術・家庭科の授業は製作などの実習を伴うのが普通なので、どのような教材を使って学習を進めるかは非常に重要である。その場合、いわゆる「キット教材」と呼ばれるものを使っている教員が多いことも事実である。その一方で「手づくり教材」を使う教師もいる。キット教材利用の状況やその背景については次項で触れる。木材加工の学習で使われるキット教材あるいは手づくり教材のそれぞれの特徴について整理してみると、次のようになる。

　キット教材には「材料にはプレカットやプレーナー仕上げが施され、釘や木ねじなどの必要な部品は一人分ずつ小分けになっていることが多い。また、製作図や作業手順・作業内容・作業上の注意事項などが懇切ていねい、かつ事細かに記された説明書が付属している」といった特徴がある。したがって、説明書の指示どおりに作業を進めていけば、ほぼ間違いなく完成できる。それゆえ、指導経験の浅い未熟な教員が扱っても失敗が少ない。また、教員側の教材準備に要する時間や手間が軽減されるとともに、学習時間の短縮も図れる。さらに、キット教材には時間をかけて開発したものが多く、製作上のトラブルが生じないよう、いろいろな配慮がなされている。

　キット教材には、前述のようなよい面ばかりではない点もある。例えば、生徒全員が同一のキット教材を用いて製作に取り組み、図面どおりに作れれば、寸分違わない作品がいくつもできあがることになる。これでは教科目標にもある「工夫し創造しようとする実践的な態度を養う」ことから外れることになり、好ましくない。そこで、創意・工夫を加える余地のある

キット教材が近年多くなっている。一例をあげると、同じ大きさ・厚さの一枚板でバリエーションに富んだ作品が作れ、自分の好みに応じて生徒が選べるようになっているものが増えている。加えて、複数の製作例の中から選んだ作品の一部分が変更可能なように、設計図上で示してあるものも登場している。

　一方、手づくり教材は自主教材と呼ぶ実践者もある。目の前の子どもの実態に合うよう工夫を凝らすことが可能で、取り上げる教員の個性あふれるオリジナル教材となることが多い。加えて、さまざまな点を教材研究の過程で検討しなければならず、教材として完成するまで時間がかかることである。また、開発した教材に自信がないままで開発教材を使った授業をした場合、自分では手に負えない想定外のトラブルが起こる可能性もある。この点を心得たうえで扱う必要がある。

　ここで、キット教材を使うときに気をつけなければならない点を挙げておきたい。それは、次のようなことである。ある教員が、授業で扱ったキット教材が生徒たちにも好評で、学習効果も認められたと判断し、翌年度も同じ教材を扱おうと考え、教材カタログでも確認して業者に発注した。届いた教材を生徒に配付して製作を始めたところ、製作時の教員の説明と説明書の記述とが食い違い、生徒からの質問が相次いだ。その原因を調べてみてわかったことは、前年度と同じ教材を扱ったので、何もかもすべて同じだという教員の思いこみから、届いた教材の中味の点検や製作前の試作を省いた点にあったのである。そのため、説明書内の設計図の一部が前年度とは変更になっていたのを見落としてしまっていたという失敗事例である。

　加えて、キット教材が販売終了になると入手が困難となり、授業計画を見直すことになる。これは、授業が教材に左右されることを意味する。教材に依存してしまうと、自立して授業することができない。本来は、教育の実際の場で創意と工夫が発揮された授業が理想である。そこに、教師としての成長がある。キット教材なしでは授業できないようにならないよう

に注意したい。

3·2 キット教材隆盛の背景

　木材加工学習で取り上げられた教材を振り返ってみると、技術・家庭科発足当初から多くの教師が実践し、教科書にも多く取り上げられていた、いわゆる典型教材として本立て・本箱や折りたたみ腰掛があげられる。かなりの教員はこうした教材を参考にしながら授業実践に取り組んでいた。その後の学習指導要領の改訂で授業時数が減らされ、その関係で教科書に取り上げられる教材にも変化が生まれた。この頃からキット教材に頼る教員が増えてきたようである。その背景には授業時数の削減があるのは疑いの余地はないと考えてよい。ここで、キット教材が多く使われるようになった要因を探ってみると、主なものは次のようになる。

◇**授業時数の削減**　授業時数の削減に伴い、それまで2時間連続で組まれていた授業が1時間単位での授業になるような時間割の組み方をする学校が多くなり[5]、授業の中で作業にあてられる実質的な時間が少なくなるという事態が生じてしまった。製作実習の授業の中味は、材料・工具類の準備、製作作業、材料・工具類の後片づけと清掃であるが、2時間連続、1時間の授業のどちらでも準備と片づけ・清掃に要する時間は変わらない。加えて、2時間連続の授業では間に10分間の休み時間が必ず設定されているのがふつうで、この休み時間中も作業を継続している場合がほとんどである。そうすると、1時

---

[5]　履修内容が男女で異なっていた頃は、2クラス合併で2時間連続の授業になるような時間割の組み方をし、授業は男女別に分かれ、男子には技術科の教員が、女子には家庭科の教員が、それぞれ2時間の授業を行っていた。履修内容に男女の差異がなくなってからは、2クラス合併で2時間連続の授業になるように時間割を組んでもらうところまでは同じだが、授業はクラスごとに技術科の内容と家庭科の内容を1時間ずつ交替で行うという方法の学校が多くなった。この時間割の組み方だと、今までどおりの調理実習の時間確保がしやすいと、家庭科の教員には好評であった。しかし、学校規模などでこのような時間割の組み方ができない場合には、1クラス単位で1時間の授業を組んでもらうしかなく、技術科、家庭科のどちらの教員にも不評であった。

間の授業では、2時間連続の授業に比べ、準備や片づけ・清掃の回数が多くなり、作業時間からみると無駄が多くなると言える。以上のことから、製作自体にそれほど時間をかけなくて済む、手軽な教材としてキット教材が重宝されるようになったとみることができる。

◇**創意と工夫を促すキット教材の開発**　1977年改訂の学習指導要領より観点別学習状況の評価が導入され、4観点ある評価項目の中の一つとして「創意・工夫」が盛り込まれた。その次の1989年の学習指導要領の改訂で、この観点別学習状況の評価が重視されることになった。こうした評価方法の変更によって、教員・生徒双方の意識に変化が生じた結果、キット教材の中味に変化が現れると同時に、キット教材の使用が加速したと見ることができる。キット教材を利用して作品作りに取り組むと、それまでは同じものができあがっていた。それが、使用材料は同じでも、複数の製作例の中から生徒に選ばせたり、条件つきの自由設計にして生徒の創意と工夫を促すようにしたりと、キット教材そのものにも変化が生じた。

◇**専任教員の削減**　少子化に伴う学級数減と学習指導要領の改訂による授業時数削減の影響とが相まって、専任教員の配置のない学校が増加し、非常勤講師や免許外教科担任による授業が多くなった。その結果として、次のようなことが起こる。非常勤講師は、短時間で子どもの実態をつかんで指導計画を立てたり教材を決めたりする必要がある。免許外教科担任は、免許外の教科の指導に自信のないことが多く、必然的に教科書会社作成の指導書に頼ることになり、教科書べったりの授業にならざるを得ない。こうしたことから、手軽に実習できる教材を求めることになって、キット教材の利用が進んだ。

3·3　キット教材を利用した実践

キット教材には頼らずに手づくり教材を使って授業を進めていくという

教員もいるが、多くの教員は何らかの形でキット教材の世話になっていると思われる。キット教材を使う場合でも、そのまま使う場合もあれば、そこにそれぞれの教員なりの独自の工夫を加えたものを使わせる場合もある。ここでは、自前で準備した材料とキット教材を組み合わせて製作を行った実践を紹介する。教材は教科書に実習例として取り上げられている、ごくふつうの折りたたみ腰掛である。

　折りたたみ腰掛の製作を行った後藤直は[11]、座布は教材業者のキット教材用の製品を利用し、その他の角材などの材料は自前でそろえたものを使った。後藤は「一言で言えば、この教材を通じて教師の思いを伝えたかったからだ」と、その理由を述べている。もう少し詳しく説明すると「この製作では、地元産の木材の利用と地元産業の活性化・環境保全についての学習とを結びつけるとともに、地元で盛んな繊維産業と関連づけて、地元で生産された布を座布として使う。つまり、地元で生産された材料だけを使って腰掛を製作することを計画した。なぜこのようなことを考えたのかというと、ものづくりと環境の学習を結びつけ、さらに、学習の中で郷土への理解を扱いたいというねらいがあったからである」とのことである。

　実際に製作を進めてみると、座布を打ちつけた平びょうのところから布が裂けて切れてしまう事態が発生した。教科書の該当箇所の記述は「座布は厚地の綿布……端を 20 mm 折り、ミシンで縫う」[12]となっていた。この記述どおりに作業しないと失敗することがわかり、これは教員の手には負えないと判断し、キット製品の座布に切り替え、その後の製作を続行して、無事、完成にこぎつけた。この実践を振り返り、後藤は次のように述懐している。

　授業を行う教師の願いが製作活動を通じて伝わるのが、自主教材の良さだと言える。そもそも、教材研究には時間がかかるゆえ、時間にゆとりがない場合にはキット教材の活用も視野に入れておく必要が

ある。一方、キット製品は完成度を高めるためにさまざまな工夫や配慮がなされている。製作途中で万が一うまくいかないことが生じたら、材料や部品の取り替えなど、教材業者が対応してもくれる。教科書に掲載されているような実習例でも、指導のノウハウを教師が持ち合わせていないと、授業はうまくいかない。また、完成度の高いものづくりの実現のためには、優れた実践を追試する方法もある。その意味で、よい実践は多くの教員で共有したい。

3·4　キット教材を生かすための工夫

　授業のねらいに合致するならば、使用教材検討の際の選択肢の一つにキット教材を加え、積極的な利用を検討してもよい。ただし、キット教材を安易に利用すると、単に作っておしまいとなりやすい。何かを作らせておけば、授業が成り立つという考えから、ただ何となくキット教材を使わせるということがあってはならない。教員の裁量で、キット教材の特徴をよくわきまえたうえで使わせたい。

　キット教材の積極的利用派とも言える居川幸三は「キット教材は積極的に利用すればよい。ただし、利用する際に気を付けるべき点がいくつかある」として、次のような注意を喚起している[13]。

◇ **安価でシンプル**　できるだけ安価なもので、教員の手が加えやすいシンプルなものを選ぶべし。ノコギリびきの練習材のような付属品が教材としてついていたとしても、それは使わない。その場合は、教材の製作とは切り離し、別の機会に別の教材を使って学習させるほうがよい。

◇ **説明書は参考資料でしかない**　教材付属の「製作の手引（説明書）」はあくまでも参考資料として扱うべし。完璧な手引などというものはないと思い、手引を見ながら製作を進めても、生徒は必ずつまず

くものだと考えて、指導・対応することが大切である。

◇**キット教材で浮いた時間の有効活用を**　そのまま使わずに自分なりの工夫をどこかに加えたうえで使うべし。キット教材を使うことで、教員の材料調達の負担が減り、教員は、その分、生徒の理解度・作品の完成度を高めるための準備に精力を注げばよい。

◇**失敗対策の重要性**　キット教材に限らず、どの教材を使っても、作品は最後まで完成させるべし。教材は予備の材料を必ず確保しておき、失敗した生徒に対して、ていねいな個別指導を行い、完成の喜びを味わわせるようにする。

　居川は、キット教材に望むこととして、次のようなことを述べている。「多忙化が増すばかりの教師にとって、キット教材はありがたい存在である。だからといって、教師が工夫する余地がないほど何から何までそろったようなキット教材はありがた迷惑である。これでは、生徒はプラモデルを作るような感覚で製作に取り組んでしまう。また、高度な機能や見た目のかっこよさは必要ない。付加価値のついたものではなく、できるだけシンプルなものが望ましい。生徒は失敗するものと心得て、教材開発に臨んでほしい。付加価値は必要に応じて教師がつけていくものである」。また、「授業計画の流れの中に安易にキット教材を組み込むのではなく、自分の教材観に合わせた授業を展開し、それに見合う教材（キット教材も含め）を選択すべきではないか」とも述べている。

　キット教材を採用するからには、使ったうえでの改善点等を積極的に教材業者に伝えることも必要であろう。それがキット教材をよくすることにつながる。

❹　木材加工における製作学習

4·1　木材加工の製作で何をねらうか

　社会状況の変化に伴い、子どもの生活体験の希薄化が顕著になり、それに呼応して子どもの不器用さや腰を据えてものごとに取り組もうとする姿勢の欠如が目立っている。加えて、教員の多忙化の増大など、学校現場の悪条件に改善の兆しはなかなか見られない。それでも何とか、まともな技術教育・家庭科教育を子どもたちに受けさせてやりたいという、技術・家庭科担当教員の切なる願いがある。それをかなえるには完成作品のできばえを飛躍的によくすることも必要である。そうすれば、子どもの満足度は増す。

　では、作品の完成度を高めるためにどうするか。「技術教室」にその答え（方法）が二つ紹介されている[14]。「一つは製作者（つまり、子ども）の腕を上げることで、もう一つは技能的に難しい部分の機械加工を増やすことだ」と。さらに、「機械による仕上げを教師がすべてやるのは大変なので、可能な限りきれいで見栄えのよい材料を購入するのがよい」とも記されている。

　前述の「技術教室」では、前節で扱ったキット教材が取り上げられている。材料はプレーナー仕上げの施された集成材で、女子生徒が好んで使いそうな箱に仕上がる。蓋を開けると、蓋の裏側に鏡が貼りつけられるようになっていて、見た目がきれいゆえ、完成品を大事に使おうという気になる。

　次項では、完成度を高めるために、製作者の腕を上げる方法をとった実践を取り上げる。

4·2　失敗してもやり直しのきく教材に取り組む実践

　加工学習では何をねらうか。この問いかけに対する一つの答えが「今の
子どもたちは、ノコギリを使うにしてもハサミを使うにしても、不器用で
上手に使える子どもは少ない。それらの子どもたちに、一つひとつ道具を
上手に使えるようにしてやること、しかもその作業の中に含まれる法則を
つかませ、生きた知識として定着させてやることは、日常の授業の中では
最も重要なことである。それを積みあげることにより、子どもたちの技術
に対する関心を高め、知的興味を引出し、学習や生活に対する自信を深め、
やがては生きる力につながる学力にまで高めることができるのである」と
いう向山玉雄の言葉である [15]。

　別の見方もできる。それを主張しているのが、これから実践を紹介す
る安田喜正である [16]。安田は「加工学習では、材料の特性や道具の機能な
どを考えながら、先を見通して段取りを組んでいく力を身につけさせたい。
そのため、順を追って複数の教材に取り組ませるなかでねらいの達成を
めざしている」と、加工学習のねらいを述べている。さらに、「そうは言
うものの、実際には、製作時間や材料に制約があることと、きれいに完成
させたいと教師が思うあまり、方法やコツを教えすぎてしまい、結果とし
てねらいの達成ができなかった。そのため、『作品はきれいに仕上がった
が、少しもおもしろくなかった』という生徒のつぶやきも聞かれた。そこ
で、材料費があまりかからず、途中で失敗してもやり直しがきき、自分で
考えて技能を高めていける教材を選び、木材以外の材料も使うことでもの
づくりの経験の幅が広がることを目途として、授業計画を立ててみた」と
述べている。

　木材加工全体の学習の流れとしては、竹材加工、練習教材による加工、
製図学習、本製作という順で授業を進める。竹材加工では箸作りに、練習
教材としては鉛筆削り箱の製作に、本製作としてはフロッピーケース作り

図5-9 鉛筆削り箱

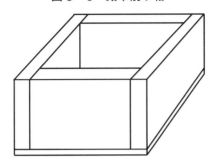

にそれぞれ取り組ませているが、ここでは練習教材にあたる「鉛筆削り箱製作」の実践を紹介する。この鉛筆削り箱の製作では、集成材などではなく、木目のある板材を使う。授業の流れはおよそ次のようなものである。

　図5-9のような、蓋のない箱の完成見本を提示し、作るのは鉛筆をナイフで削ったときの削り屑を入れる箱であることを教員側から伝える。この時点では、完成作品をその後の製図学習で使うことだけを知らせる。使用材料に関する学習をごく簡単に済ませた後、木取りのしかたについて考えさせる。木材の繊維方向による強さの違いを無視した木取りのしかたを考える生徒が必ずいるので、目の前で実験してみせ、その誤りをわからせる。さらに、ノコギリやカンナによる切りしろ・削りしろを取る必要性についても言及する。その後、用意した見本の板材を使い、ノコギリびき・カンナがけ・釘打ちなどの「師範」と説明をしながら、15分ほどで箱を一つ完成させてしまう。「師範」の間、"技は盗むもの"だから、教員の一挙手一投足に神経を集中して見守るよう、繰り返して注意を喚起する。

　教員による演示後、生徒は作業に入ったが、ノコギリで切り間違えたり、カンナで削り過ぎてしまう生徒や、板材を割ってしまった生徒に対しては、部品を交換してけがき作業からやり直すようにさせた。これができるのも、図5-9のように小さなものだからである。作業の速い生徒は2個目の製作に挑戦していた。箱づくり、それも小さい箱を正確な形に仕上げるのは

かなりむずかしいため、最後の仕上げだけはベルトサンダーの使用を認めた。したがって、作品の完成度はぐんと上がった。最後に、この鉛筆削り箱は図をかく学習の際の立体モデルとして活用することを伝え、この部分の学習を終える。

　「道具を使った経験の乏しい子どもを前に、最初は、ナイフを使って竹を削り、箸に仕立てる活動に取り組ませる。ここでは、道具や機械を使う際には常に一定の緊張感を持って作業しなければならないということを身につけさせることも大事だからである。製図学習では、一つの課題に取り組む時間に制限時間を設けている。これも図をかくという作業には一定の緊張感が必要だと考えるからである。製図学習の後は、鉛筆削り箱を製作した残りの材料を使い、蓋つきの箱を作る。ここでは、その前の製作で学んだ材料の特性に関する知識も活用して作るように仕向け、より精度を高めるために機械加工も取り入れるようにしている」と安田は述べている。このように、段階を踏んだ学習展開は現代っ子の特性にも合っているのではないだろうか。

5 木材加工の教材開発の過程

　毎年、年度はじめになると、教材業者から膨大な量の教材カタログが教員のもとへ届けられる。その中の一冊を開くと、「よくもまあこれだけの数の教材があるなあ」と感心するほどである。そして、多くの教員は、自分の学校の実情などを勘案しながら、カタログの中から一つないし複数をその年の教材として選ぶ。

　ところが、「目の前の子どもたちの状況を見たとき、今まで取り扱った教材ではどうもしっくり来ない。カタログにはない、何か別の教材はないものか」という思いを抱いた教員のなかには、教材開発に乗り出す者も現れる。しかし、いざ教材づくりに着手しようとすると、さまざまな問題が出てくる。日常の教育活動の合間に取り組まざるを得ないため、時間的な制約が大きい。また、すぐに使える教材ができあがるという保証はどこにもなく、新教材がいつ完成するか見通せない。教材開発にはこうした悩みが常につきまとう。このような困難を乗り越えて新教材にたどり着くことができたとき、そこには教師のたゆまぬ情熱と子どもの変容に対する強い願いが感じられる。

　では、ある教員が新たな教材を完成させたとき、その教材開発のヒントをどこに求めたのであろうか。また、何が開発のきっかけだったのだろうか。ある教師の言うには、地域のサークル活動の集まりの中で取り上げられた教材について、実技講習を受けたことに触発されたからだという。別の教師は、産教連主催の全国研究大会の教材教具発表会や実技コーナーで手ほどきを受けた教材の改良版を考えているところだという。こうした点も含め、苦心の末に生み出された教材を次に紹介する。

5·1 木製テープカッターの製作

引出し付き小函から始まる教材開発の流れ

図 5-10 に示す木製テープカッターは、今や教材としての確固たる存在感を示しており、また、多くの教員によって製作実践がなされている。そのルーツを探っていくと、野本勇の考案とされる文具整理箱にたどり着く。では、野本はどのような経緯で教材としての文具整理箱に行き着いたのか。話は、さらに引出し付き小函にまで遡る[17]。

子どもを取り巻く生活環境の変化が、木材加工の学習にも悪影響を及ぼしているのではないかと考えた野本は、全員一律の指定教材と自由製作教材の長所・短所を再検討し、完成後に持ち帰ってもらえる教材として「引出し付き小函」を取り上げることを決める。しかし、この小函の引出し部分に蓋を付けただけの箱を作り上げた生徒が現れたことをきっかけに、それをメイン教材にした。この教材は生徒にも好評であった。

その後、この引出し付き小函の製作を取り止め、蓋がスライドできるようにした小函に変更する。この小函（図 5-11）の製作には、釘を一切使わず、木工用接着剤のみで接合するようになっている。

野本は、引出し付きの箱の製作を最初に考えて実践したが、それより作るのが簡単な引出し部分のみの箱の製作に行き着いた。このタイプの箱には道具箱や部品整理箱などもある。この箱作りは、教材としての木製の筆箱あるいは箸箱の製作へとつながる。

文具整理箱の教材化へ向けて

野本は生徒の反応を見つつ、さまざまな教材を取り上げて実践していた。前項でも触れたが、テープカッターの製作実践を思いついたのは「これまでの学習では、完成品を持ち帰らない生徒が相当数いて、単に物を作らせるだけの加工学習になっていたのではないかとの反省から、その打開策を

図 5 – 10　テープカッター（市販品）

図 5 – 11　蓋がスライドできるようにした小函

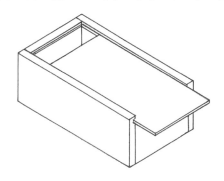

検討していた、何か手頃な教材はないかと探していたところ、たまたま木製テープカッターが目に止まり、教材化に取り組んでみた次第である」という趣旨を野本自身が説明している[18]。

　ところで、テープカッターの元となった文具整理箱について、野本は「いつの時代でも、生きていくうえでものを作ることは必要だと考えているが、現在ではものがどのようにしてできているかがわかりにくくなってしまったし、完成品を購入したほうが手っ取り早い。実際に作ることで学べることも多いはずだが、授業時間数の削減で複数の教材を取り上げることはできなくなった。そこで、一つの教材に多くの学習要素を盛り込んだものを考えるようになった」という趣旨を述べている[19]。

そこで、野本は、ものを作るにはさまざまの部品が必要で、製作手順も大事だということを意識させるべく、設計から始まる取り組みを重要視することにした。その設計の手順は以下のようである。

1. 目的をはっきりさせる　→　デザインを決める
2. 大きさを決める　　　　→　ゆとりが必要なことを考えさせる
3. 図に表す　　　　　　　→　形や大きさを正しく表す
4. 材料の強さを考える　　→　材料の強度から材料の厚さを考えさせる
5. 接合方法を決める　　　→　部材の組み合わせ方を考えさせる
6. 製作するための図を描く→　製作手順や製作のしやすさを考える

教材として何を選ぶかは大切で、前記の 1 ～ 6 を満たし、かつ比較的簡単に製作できる教材として「本立て」がぴったりだと野本は考えていたが、加工精度を考えることなしに完成できてしまう点などを考えあわせると、この教材だけでは加工技術を修得したことにはならないとも考えていた。しかし、他の教材を併用するだけの時間的な余裕はなかった。引出し付きの製品を木工関係のとある雑誌の中に見つけたのはそんなときだった。野本は「これはいける」と思い、いよいよ教材化へ向けて動き出すことになる。

5·2　文具整理箱が変じてテープカッターへ

野本は、教材開発の際に気を付けるべき大事な点として事前の試作をあげている。試作することで、間違えやすい箇所や難しいところがわかり、失敗をなくすための対策や工夫が行えるからである。野本は、大事な点をもう一つ指摘している。それは、機能上問題のない部分で工夫できるような箇所を設けることである。製作に必要な事柄をすべて教員側で決めてしまうと、生徒のやる気を削ぐことになるので、工夫できる部分を入れておくことによって、製作に対する生徒の取り組み方が大きく変わってくるからである。

前述の雑誌に掲載されていた文具箱の試作からわかったことは、幅の異なる２種類の板材さえ用意すれば、縦びきの必要がなく、横びきだけで済むことであった。さらに、接合方法を改良するとともに、のこぎりびきの失敗ができるだけ目立たなくなるように工夫を加えた。こうして教材としての文具箱が完成する。

　しかし、実際に授業に取り入れてみると、机上に置くには少し大き過ぎ、生徒にはやや不人気だったので、一回り小さくすることにした。それによって引出し部分の加工精度が上がり、生徒の失敗も減った。また、全体が重くなるよう、おもりを入れることにした。こうして筆立て・小物を収納する引出し・テープカッター台を一つにまとめた、教材としての「文具整理箱」が誕生した。

　野本は「この文具整理箱は一見するとかなり難しそうに見えるが、一つひとつの部品は同じ幅の材料から切り出すため、見た目ほどの難しさはない。また、保護者の評判もよいが、改良すべき点がまだまだある。例えば、引出しが小さくて使い途が限られてしまうこと、テープをカットする刃の部分がうまく自作できない点などである」などと述べている。

木製テープカッターの誕生とその教材内容

　教材としての文具整理箱から始まり、教材の改良と授業実践を繰り返しながら、筆立てや小物収納用の引出しを経て、その機能を備えたテープカッターへとたどり着いた。「テープカッター」の誕生である。その後、この教材を使った授業の実践報告を東京サークルの定例研究会や産教連主催の全国研究大会などで行うなかで、指摘された問題点に修正を加え、後述のような形に落ち着いた。野本は教材化を振り返り「少しでも製作後に使ってもらえるような作品」「実習では、工具類をふんだんに使わせたい」との強い思いから、この教材を選定している。さらに、「多少の失敗があっても、修正が利くような設計」「失敗しても使用上差し支えのない作品ができあがり、達成感・満足感を味わえる」と述懐している[20]。

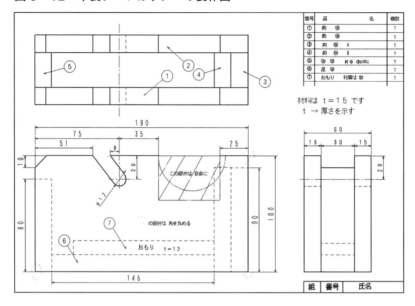

図 5 - 12　木製テープカッターの製作図

現在の形の「木製テープカッター製作」の概略を以下に紹介する[21]。

　材料としては、木目のよさと加工しやすさを勘案すると、ヒノキなどが適しているが、建築用のパイン材でもよく、節があってもさしつかえない。製作図を図 5-12 に示す。

　材料の幅は大きく分けて 2 種類あればよいことが図 5-13 からわかる。テープホルダーは、側板と同じ材料から 70×70 の板を取る。その他の留意事項としては、テープホルダーが入る穴は卓上ボール盤を用いて加工する。切り取った材料①および②（側板）は組み立ててから仕上がり寸法まで削ったほうがきれいかつ正確に仕上がる、テープホルダーが入る側板部分のけがきの際の加工寸法と向きに注意するという点がある。木取りがすべて済むと図 5-13 のようになる。

　部品加工が済んだ後、木工用接着剤を用いて、部品③, ④, ⑤, ⑥を部品①に接着すると図 5-14 (a) のようになる。加工がうまくいかなかった箇

図5-13 テープカッター各部品

図5-14 木製テープカッターの組立

 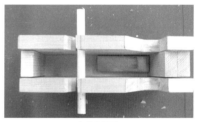

(a) 正面   (b) 平面

所があっても、接着剤が乾いてから、はみ出した部分を木工ヤスリで削れ
ばよい。片側がある程度乾いたら部品②を接合する。組立が終わったら、
準備したおもり用の鉄材（幅25 mm、厚さ10 mm、長さ120 mm程度）
を底部に接着剤で固定すると図5-14(b)のようになる。その後、木工ヤス
リと紙ヤスリで磨き、水性ニスを用いて塗装する。木材の木肌を強調した
い場合には、ニスの代わりに蜜蝋などのワックスで磨くとよい。

　塗装後の乾燥を待っている間にテープホルダーを製作する。図5-15(a)
に示すように、ホルダー部品の中心に直径10 mmの穴をあけ、中心か
ら36 mmの位置で角を切り落とす。ホルダー中心部に市販の丸棒（直径
10 mm、長さ60〜70 mmのメラミン製）を通して図5-15(b)のように

図5-15　ホルダー用部品の製作

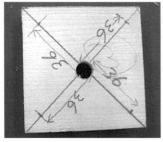

(a) 部品のけがき　　　　　　　(b) テープを装着

できればよい。最後に、テープ購入時に同封されているカッター刃を両面テープで貼りつければテープカッターの完成である。

その後のテープカッターの製作実践の広がり

　この木製テープカッターは、その後も進化を遂げている。ホルダー部分を自由設計にさせた実践、図5-16(a) のように通常のセロハンテープ用ばかりでなく、同じホルダーにセロハンテープ2本が入れられるようにした実践もある。その応用として図5-16(b) のように、幅広タイプのガムテープ用テープカッターもある。ガムテープ用カッターの構造は、図5-16(c) のように、テープホルダーが2段になっている。このように木製テープカッターの製作実践は、バリエーションが広がっている。

図5-16　木製テープカッターの多彩な作品

(a) セロハンテープ用　　(b) ガムテープ用　　(c) 二段式テープホルダー

❻ こだわりや思いを込めた教材

　ある教材を使って授業をしたとき、子どもの反応がすこぶるよかったので、次年度もその教材を続けて使いたいという気持ちを抱いた教員は多いと思われる。また、苦心の末に考えついた教材だから、何回か続けて取り上げてみたいと思う教材がどの教員にもあることは確かである。こうした教材を「こだわりの教材」と呼ぶことにすると、どの教員にもその「こだわり教材」が一つや二つはある。そのような教材の例として箸を取り上げてみる。関連して、箸を入れる箸箱の製作についても触れる。

　こだわりの教材として、なぜ箸を取り上げるのか。それは、教材づくりのヒントが隠されているからである。箸づくりについては、安田喜正の報告がある[22]。これは竹を使った箸作りの実践である。「作業経験の乏しい子どもには、説明は後回しでよいから、とにかく作らせることが大切だ。それには、ナイフ一つあれば製作でき、短い作業時間でも全員完成可能な箸作りが向いているとのことから、木材加工学習の最初に挑戦させてみた」と安田は述べている。

6·1　箸の教材化とそこから学ぶもの

　そば打ち体験を始めた向山玉雄は、そばを食べる中学生の姿を見て「今の日本では、どこでどんな形で箸について学んでいるのか。学校教育の中のどこで箸のことを学習するようになっているのか。教科書には箸に関する記述があるのか」などという疑問を抱いたことが教材化のきっかけだったと述べている[23]。一方、箸作りのキットがすでに存在していて[*6]、授業

---

*6　「江戸木箸」と呼ばれる箸で、塗り箸ではなく、木目の美しさを生かすものである。材料には紫檀や桂などが多く使われている。

で作った手打ちうどんを自分の作った箸で食べるという実践がなされていた。

　中学生に対する箸作りの実践を知った向山は、箸の教材化に自信を持ち、産教連主催の第50次全国研究大会（2001年、東京都渋谷区で開催）において箸の教材化の問題提起をするとともに、同大会の実技コーナーで参加者に製作してもらった。その反響は大きく、箸作りの実践が一気に広まるきっかけとなった。

　向山は、箸の教材化にあたり、市販の箸がどのような作られ方をしているかを調べて、小中学生にも製作可能かを確かめ、文献で既往の研究の有無を確認し、箸に関する資料収集を進めた。準備が整った段階で教材化に取りかかった。以下に示す向山の教材化の手順は、箸以外の製作物の教材化にも当てはまる。

1. 製作方法を決め、それに合わせてわかりやすいマニュアルを作り、実際に製作し修正を加える。
2. 材料の入手方法や費用を調べるとともに、学校にある道具・機械で製作可能かを検討する。
3. 学習内容を決めて、テキスト（教科書）を執筆する。
4. 材料・加工用の道具・製作過程に関する映像を収めたビデオを制作する。

　向山は、実物・製作マニュアル・テキストを新しい教材開発の3点セットと名づけ、さらに映像を収めたビデオ・教師用の教材研究書を加えて5点セットと呼んでいる。これらをそろえることで教材開発が完了と考えている。あとは授業実践による検証でセット内容の修正と改良を繰り返し、教材の完成度を高めていくことが大事だと向山は述べている。

　次項で箸作りの具体的な実践例を紹介する。

6·2 箸と箸箱の製作 (1)

　向山玉雄の箸の教材化に触発された教師は多く、その一人である新村彰英の箸作りの実践を紹介する[24]。

　前項で取り上げられた箸作りでは、材料の箸はすでに四角錐状になっていて、それを数種類の紙ヤスリを使い分け、表面の仕上げをするものだった。これに対して、新村は一般的な角材を加工して箸に仕上げたいと考えた。断面が 15 mm 角で、長さが 230 mm の角材を用意して、カンナで削る方法で製作することにしたのである。カンナで削るには材料をしっかり固定する必要がある。しかし、材料が細すぎてうまく固定できない。そこで、材料固定用のジグを自作することにし、一膳分の箸が同時に削れるジグを完成させた。新村は、このジグを万力に固定し、箸作りの作業を効率化した。なお、現在は、図 5-17 のように便利なジグがある[25]。新村は、はじめは箸の材料として杉・松・アガチスなどを使っていたが、その後は校庭の樹木の枝の剪定で出たモチ・榎・柳・イチョウなどを使うことにも挑戦している。

図 5 – 17　箸作り用ジグ

図 5 - 18 完成した手作り箸

　新村は、図5-18 に示す教材としての箸には、次のように優れた点があると報告している。

- 生徒の身近に存在し、製作意欲が高い。
- 製作後は、毎日、製作した実感を伴いながら使用できる。
- 短時間で製作できる。
- できあがった作品は小物でかさばらない。
- カンナがけの成果を試す最初の作品として有効である。
- この製作を通じて木材の各部名称や特徴を理解できる。
- 材料費が廉価（ただ同然）なので、失敗しても再挑戦が可能である。
- 材料はリサイクル可能である。
- 箸の持つ文化・歴史・地域性などの幅広い学習と結合できる。
- 箸は道具であり、使うことによって手のはたらきや巧緻性を高められ、正しく箸を持つ意識を再認識できる。

　この箸作りの実践後しばらくして、伊豆七島の一つの利島の学校へ異動した新村は、島特産の椿材を使った箸箱作りにも挑戦している[26]。

6·3 箸と箸箱の製作 (2)

　箸・箸箱作りの実践をもう一つ紹介する。小川恵の実践は、まず自分に

あった使いやすい長さの箸を作り、作った箸を入れる箸箱を製作するというものである[27]。

　小川の箸作りの特徴は、前項の新村の場合とは異なり、布ヤスリを使って材料をただひたすら研磨することで成形するという、単純な手作業の繰り返しである。「素材の手触りや木のぬくもり、磨くと光沢が出る点など、素材そのものの特性を感じとってもらうことをめざした。作業方法などの説明はあまり必要ないため、作業中に個別指導できるのが、この教材の魅力である」と小川は述べ、手作業についての意義を明らかにしている。

　箸箱作りは、トリマーと糸ノコ盤をふんだんに使って材料のケヤキ材を加工する。小川は「工作機械を使うため、規格に近い仕上がりに加工できる。この箸箱で言えば、蓋と本体のスライドのはめ合い部が肝要である。部品一つひとつを正確に加工し、蓋がすっと入ったときのうれしさは何とも言えないはずで、この感触を味わわせたかった。また、ジグを使うことで、安全で容易にかつ正確に材料の加工ができることをわかってほしかった」とも述べている。さらに、「一つひとつの工程を経るごとに完成に近づくことが目に見えてわかるし、おそるおそる機械加工に取り組んでいた生徒が、達成感を感じとった表情に変わる姿が多く見られた。そのためか、技術室に作品を置き去りにするような生徒はほとんどいなかった」とも述べている。

参考文献

1) 近藤孝志，こだわりの製図・木材加工，技術教室，No. 489, pp. 4-7 (1993)

2) 文部省編，中学校技術・家庭指導資料 指導計画の作成と学習指導の工夫，p. 21 (1991), 開隆堂出版

3) 文献 2) の p. 22

4) 居川幸三，間伐材を使う授業と評価，技術教室，No. 656, pp. 22-27 (2007)

5) 下田和実，初めての木工学習は丸太切断から，技術教室，No. 663, pp. 10-17 (2007)

6) 池上正道，下駄作りの意味を考える，技術教室，No. 419, pp. 38-45 (1987)

7) 向山玉雄，下駄を教える，技術教室，No. 338, pp. 37-48 (1980)

8) 足立　止，楽しいぞ下駄つくり，技術教室，No. 561, pp. 48-55 (1999)

9) 藤木　勝，檜ブロックを磨いて変わる子どもたち，技術教室，No. 588, pp. 22-29 (2001)

10) 藤木　勝，家族との交流から生まれるペン立て，技術教室，No. 608, pp. 34-39 (2003)

11) 後藤　直，キット教材からも発展できる自主教材，技術教室，No. 638, pp. 4-9 (2005)

12) 文部省検定済教科書 技術・家庭 上，pp. 46 (1990), 開隆堂出版

13) 居川幸三，キット教材に思いを込める，技術教室，No. 624, pp. 4-7 (2004)

14) 下田和実，完成度を高める木工加工，技術教室，No. 455, pp. 22-27 (1990)

15) 向山玉雄「よくわかる技術・家庭科の授業」(1981), p. 2, 民衆社

16) 安田喜正，安くて速くできる箱作り，技術教室，No. 495, pp. 13-19 (1993)

17) 野本　勇，小函の製作，技術教室，No. 445, pp. 46-51 (1989)

18) 野本　勇，全国大会報告，産教連通信，No. 217, pp. 2-6 (2017)

19) 野本　勇，生活機能にあふれる文具整理箱，技術教室，No. 602, pp. 36-41 (2002)

20) 東京サークル5月定例研究会報告，産教連通信，No. 185, pp. 12-13 (2012)

21) 亀山俊平，全国大会報告，技術教室，No. 688, pp. 18-21 (2009)

22) 文献 16) の pp. 14-15

23) 向山玉雄・榎本桂子，箸の教材化と実践の可能性，技術教室，No. 600, pp. 36-41 (2002)

24) 新村彰英，箸を作る，技術教室，No. 597, pp. 44-49 (2002)

25）野本　勇，全国大会報告，産教連通信，No. 217, pp. 6（2017）
26）新村彰英，利島といえば椿，技術教室，No. 645, pp. 4-9（2006）
27）小川　恵，「箸と箸箱」製作の魅力，技術教室，No. 667, pp. 52-53（2008）

第6章

金属加工の授業

◇◇◇◇◇◇◇◇◇

金属の性質を生かした
ものづくり

１ 「金属加工」学習の意義

　現在、さまざまな金属（鋼、ステンレス、アルミニウム、黄銅など）が利用されているが、ビルや橋梁など大きな構造物は鋼に支えられている。電気製品では、電気部品の接続・配線用銅線をはじめ、多くの金属が使われている。将来も金属の重要性は失われないだろう。ほとんどの道具や機械も主要部は鋼か、その合金である。ちょっと歴史をふり返ってみると、アンデス文明（インカ帝国）は、スペイン人の侵入（鉄の文明）に負けたと言われる。それは、1532年のことである。いま使用される鋼が不自由なく使用できるようになったのは、このわずか150年ほどのことである。長く遡っても数百年ということになる。

　鉄の文明以前に使用された金属は、地表にあって偶然発見された砂金や自然銅である。これらは、大きな火を焚いた跡に融けて塊になっていたものを、石器で叩いたり伸ばしたりしたところ装飾品や道具として利用できることを知ったものと考えられる。だが、銅器は軟らかく（銅鏡などはできたが）道具や武器としては機能を発揮できなかった。やがて錫を混ぜると硬く丈夫になることを知って青銅器ができた[*1]。この銅および青銅の時代が非常に長いのである。

　この時代には既に、現代につながる金属加工の基本的な技術が蓄積されている。すなわち火力（熱）で金属の性質を変えることができるということである。具体的には、叩いて伸ばしたり成形したりする鍛造の技術、もっと高温にして融かして形あるものを一体として作る鋳造技術などであ

---

*1　遺跡の発掘によって、紀元前1600年頃から中国 殷の国において青銅器が盛んに用いられていたこと、殷につづく周の時代紀元前1000年頃書かれた「周礼考工記」には、銅と錫の組み合わせによって種々の用途のもの作られていたことがわかったという[1]。
　　一方では、青銅と鉄の製造技術が全く異質であるから、すなわち銅と錫の合金を作る技術は半溶融状態の鉄を作るより難しかったことから、青銅器が鉄器よりも先に作られたのだと決めるのは、誤りであるという鉄冶金学者の説もある[2]。

る。残念ながら鉄鉱石は地球上に豊富にあるものの、石ころ同様で発見されにくく、1500℃以上の高温を得る技術が無かったため利用されなかった。それでも山の斜面に風袋を置き（火吹き竹のように）自然風をまとめて送り込むことで温度を上げ、できた溶岩状の塊から小片を得るという利用はあったと考えられている（野だたらという）。こうして、近代産業の発展の基となった金属材料は、鉄であり鋼である。鉄はすべて酸化鉄（鉄鉱石でも砂鉄でも）状態で発見されるから、還元して鋼を作る工程（過程）が重要となる。溶鉱炉（高炉）はその象徴でもある。鋼が旋盤（機械の親玉、機械を作る機械）に使われたこと、これが実用的な蒸気機関の完成を導いたことは「機械」領域で述べるが、鋼の優位性はそればかりでない。

　技術教育では、さまざまな金属材料が使用される。上に述べたような金属の利用と人間の歴史のような学習ばかりでなく、小中高校生にふさわしい科学と技術（金属の諸性質と加工方法）を無理なく学ぶことが大切である。どんなことが学習できるのか、時間と設備次第であるが、それらのいくつかは実践報告例として掲載した。ここで例を挙げるとすれば、第一に、使用する道具や機械は、ほとんどが鋼（あるいはその合金）で作られているということである。第二に、鋼（硬鋼）は加熱と冷却の操作方法（焼入れ、焼戻し、焼鈍し）によって更に硬くなったり、軟らかくなって加工しやすくなる。また粘り強くなって折れにくくもなる。例えば、鋼を工具鋼でできたノコ歯、バイトやカッターで切削することもできる。第三に、加熱すると材料が軟らかくなる性質は、棒材を曲げ加工するときに活かせる技である。第四として、今では熱湯で融ける金属も手軽に入手できるから、先人の行った鋳造の体験もできる。そして、太い黄銅棒を切って削って磨くという僅か三つの基本工程（ペンスタンドの製作）の中にも、材料や道具の特徴およびその発展の歴史に遡る学習要素が含まれている。

❷　目標を変えた「金属加工」領域での実践へ

　「金属加工」領域をふり返ると「ちりとり（薄板金）・文鎮（棒材）」を中心にした生活に役立つ "もの作り" の時代は長く続いた。1958年告示の学習指導要領と1969年告示の学習指導要領の内容に変化はない。この間に、産業教育研究連盟では次のような内容の要望書を文部省に提出している[3]。

1. 「生活に必要な技術」を中心に考えているこの教科の目標を改め、生産技術の基本を教える方向で構成すべきである。

2. この教科に性別による差を持ち込まないようにし、男女共通に学習できるように配慮すべきである。

3. 技術教育の水準を低下させる恐れのある記述を改め、科学に裏付けられた技術の内容を系統的に教える方向で、内容の精選を図るべきである。

   (a) 「小型旋盤の指導を欠くことができる」という規定は、旋盤が技術の発達の上で果たした役割から考えても納得できない。

   (b) 「木材加工」における板材→角材の発展や、「金属加工」における板金→棒材の発展など、なんら教育的意味がない。

   (c) 各領域に取り入れられた消費的知識は、大人の生活そのままを子どもの生活に押し付けたものであり、技術教育の質を低下させるものである。

4. 内容を示す事項に、教材や指導法までも規定している部分が各所に見受けられるが、これらは教師が自由に選択できるようにすべきである。

   (a) 女子向きの各領域に示されている実習例は削除すべきである。

   (b) 各領域の学年配当をはずし、学校によって自由に定めるようにす

べきである。

5.安全についての配慮をさらに徹底するとともに、技術・家庭科の授
　業が安全に実施できるような教育条件の改善を行う必要がある。

　この要望書の趣旨は、表現の違いは多少あれども 1977 年告示の学習指
導要領に対しても一貫して貫かれている。一方、産業教育研究連盟の会報
「産教連通信」ほか雑誌「技術教育」(国土社発行)や「技術教室」(民衆
社、後に農文協発行)には、産業教育研究連盟の主張・要望書に沿う、自
由で多彩な実践が繰り広げられていった。以下は、金属加工領域において
押さえておきたい基本的な技術用語と基礎的概念である。

③ 「金属加工」領域の技術用語と概念

　木材加工の用語は、日常生活に使われるものもあるが、金属加工では日常生活ではあまり使われない専門の用語が多い。道具だけでなく、材料の名前は聞いたことはあるが、その具体的な特徴を説明できる人は少ない。用語の本質的理解があれば、金属加工の現象を説明でき、その原理を理解することで生徒の興味を引き出すことが可能となる。冶金学の技術用語を理解することは、金属加工の概念形成と不可分である。

鋼　普段、私たちが「鉄」とか「鉄の棒」と呼んでいるが、鉄（iron）と鋼（steel）には明確に違う意味がある。自然のままで人間の手の加えられていないものを「鉄」という。例えば、鋳鉄は溶かして自然に凝固したので、鉄である。錬鉄、砂鉄、鉄鉱石なども同様である。人間が鉄に鍛造、圧延などの手を加えたり、合金化したものを「鋼」という。「鋼」は人間が作ったものなので、自然界に「鋼」は存在しない。純粋の鉄は化学記号でFeと表記されるが、鉄が一般的な材料としては使用されることはない。だから日常的に目にする「てつ」は「鋼」に相当する。屋根材として使われるカラー鉄板（トタン板）と呼ばれる製品は塗装された鋼板である。

炭素鋼　製鉄所で鉄鉱石とコークスと石灰石を原料として溶鉱炉（高炉）から産出される鋼には、必ず炭素Cが含まれている。炭素Cが含まれる量を調整して性質の異なる鋼を作る。これが炭素鋼であり、炭素を含む合金とも言える。砂鉄と木炭を原料として「フイゴ」で送風し高熱を維持し続けて鋼を取り出した日本古来の製鉄方法は「たたら製鉄」という。砂鉄は、岩石中の磁鉄鉱が風化などの過程で母岩から遊離して川底などに堆積したものである。

硬鋼　一般的にCの含有量が0.3〜2.1wt％くらいまでのものが実用的な硬鋼である[*2]。はさみ、ナイフ、ペンチなど道具類の多くはこの材料で作られている。太さ0.3 mmくらいの「ピアノ線」（硬鋼で作られた線材）をトーチランプの火炎で熱すると、炭素分が線香花火のようにパチパチ燃えて飛び散ることで、軟鋼との違いを確かめることができる。

軟鋼　一般的にCの含有量が0.02％〜0.3 wt％くらいの鋼材である。ふだん使用する針金や釘の材料はこの軟鋼である。軟らかく曲げやすい。Cの含有量が低くマルテンサイト変態しないので、焼きが入りにくくなる。

弾性・塑性　ゴムボールのように弾む性質、つまり外部から力を加えて変形させても元の形に戻る性質のことを弾性といい、その変形の仕方を弾性変形という。これに対して、粘土や餅は外部から強い力を加えると変形し完全には元の形に戻らない（永久変形）。このような性質を塑性といい、その変形の仕方を塑性変形という。一般に、金属製品は小さい変形では弾性域にあるが、それを越えると塑性変形するようになる。

展性・延性　ハンマーなどで針金を繰り返し叩いていると、潰れて幅が拡がりつつ長く延びてくる。このように横に拡がり縦にも延びる性質をそれぞれ展性・延性という。つきたての餅からのし餅を作ることができるのはこのような性質があるからである。俗に言う鉄板（鋼板）も金属のこの性質を活かして作られたものである。

加工硬化　たたいたり曲げたりして変形させた（塑性変形）部分は、変形させる前よりも硬くなっている。このように塑性加工に伴って硬くなることを加工硬化という。アルミニウム製のジュース缶の上部と底部の強く曲げられた部分は側面よりも遙かに硬くなって

[*2]　wt％は重量比による％である。材料の比率を表すのに、体積比率 vol％、モル比率 mol％なども使われる。

いる。針金をたたいて潰してみると硬くなっていて曲げにくいことで加工硬化を確かめることができる。その変形した部分に触れてみると発熱していることもわかる。

金属疲労　日航ジャンボ機が修理ミスによる金属疲労が原因で墜落したと報じられていることを記憶している人も多いだろう。金属部品の集合体ともいえる航空機も鉄道の車台も弾性の範囲内といえども、絶えず外部から繰り返しの力が働くと微小なすべり変形が蓄積されている。何十万回と繰り返し同じような状態に置かれると金属も疲れて、き裂が発生・進展して壊れることがある。この現象で破断した部分を顕微鏡で調べると断面にき裂進展による縞模様が観察される[*3]。この危険を避けるために耐用年数と負荷（安全率）が決められている。

鍛造　塑性加工の一方法で、たたいて材料を必要な形に変形させることである。釘をハンマーでたたいて形を変えペーパーナイフを作ることがあるが、真っ赤に加熱しておくと軟らかくなっているので形を変えやすい（熱間鍛造）。単に形を変えるために行うばかりでなく材料内部に含まれる不純物を減らし組織を均質化するために行う。日本刀やエンジンのクランク軸など強度と耐久性を要求される機械部品は、この鍛造によって作られることが多い。

鋳造　融けた金属を鋳型と呼ばれる型に流し込み、さまざまな製品や部品を作る方法である。古墳から発見される銅鏡や剣、銅鐸などは比較的低温で融ける金属（青銅）を材料にして鋳造されたものである。水道の蛇口（カラン）も鋳造製品である。歯科治療でも「型をとる」というが、これは鋳型（その原型）を作っているのである。今では、家庭のガスコンロでも簡単に融ける金属（低融点合金）が、入手できるので、この方法で簡単なアクセサリー類を製作するこ

---

*3　破壊とは一つの物が二つに分離する過程であり、そこには、き裂の発生と進展がある。疲労き裂の進展により破面に繰り返し負荷の跡が残る。その縞模様をトライエーションという。

とができる。

旋削　漢字の「旋」には「回転する」意味がある。強引な読みである
が「まわしけずり」と読めば、どんな加工方法なのかわかりやすい。
例えば、リンゴの皮を剥く時、ナイフは一定の角度でリンゴにあ
てがいリンゴを回転させている。これと同じように旋盤という工
作機械でバイトと呼ばれる刃物を使用して金属材料を回転させな
がら削ることを旋削という。丸く加工するものならば、バイトの
形を工夫することによって「こけし」のような形も簡単に加工で
きる。いわば「旋盤」は機械を作る機械と言われるほど重要な汎
用工作機械である。轆轤は木工用旋盤に発展したが、金属加工用
の旋盤も同様である。

低融点合金　電気部品の接続に「ハンダ付け」が多用される。この「ハ
ンダ」という金属は、2つの異なる金属（錫と鉛）を一定の割合
で融かし混ぜ合わせたもので、200℃前後の温度で融け、逆に冷え
ると固まる。環境問題から最近では鉛を含まない無鉛ハンダが使
用される。このように複数の異種の金属を溶融させてつくった合
金で、かつ低温度で融ける金属を低融点合金という。冷えて固まっ
たときの硬さはさまざまなので、温度と硬さは用途に応じて決め
ることとなる。熱湯で融ける金属も販売されている。一例として
70℃で融ける低融点合金は、やり直しが簡単にできるので製品の
試作に便利である。パイプにあらかじめ低融点合金を流し込んで、
パイプを曲げる。その後、熱湯をかけてパイプ内部の低融点合金
を溶かし出す。これはパイプを潰さないように曲げるときに利用
できる。

熱処理　硬鋼は、熱の加え方・冷やし方で性質を変えることができる。
軟鋼に比べて硬鋼は元来硬いが、高温に加熱して水や油の中で急
冷すると、さらに硬くすることができる（マルテンサイト変態）。
この方法を焼入れという。このほかに重要な熱処理には焼鈍し、

焼戻しという方法がある。高温に加熱してそのままゆっくり冷やす（冷えるのを待つ）と材料は、軟らかくなり（塑性）加工しやすい。この処理を焼鈍しという。焼入れの程度によっては硬くなりすぎ脆くなってしまうので、焼入れ済みの材料を再び200℃程度（火炎から離して赤くならない程度に加熱する）に加熱して自然に空冷する。これを焼戻しという。家庭のガスコンロと太さ0.3 mm くらいのピアノ線や、ゼムクリップや洗濯ばさみのバネなどを使って容易に実験可能である。

4 キーホルダーを作る

4·1 キーホルダーの概要と製作の意義

　ここで製作するキーホルダーは図6-1 (a) および (b) に示したように、観光地の土産物店で販売されているものと同様な仕組みであり、三つの部分で構成されている[4,5]。まずD形をした部分は、長さ 120 mm 前後の黄銅丸棒の片側におねじを切って、D形に曲げたものである。二つ目は、このおねじ部分にぴったりはまるように、六角（または黄銅丸棒）に穴を開け、めねじを切った部分である。この二つの部品を組み合わせ、滑らかにおねじとめねじがかみ合うように調整すると本体が完成する。黄銅棒の曲げ加工（塑性加工）では、加工硬化という金属特有の性質を、そしてねじを切ることで機械の重要部品であるねじの仕組みや世界共通の規格（ISO）を学ぶことができる。このめねじを作るときに旋盤を使うことができれば、機械を作る機械（機械の母であり父である。近代産業社会の発展の礎を築いた）とも称される、その偉大さを体験することができる。小物の飾り部品は、金属板を切って削って磨いてもよいが、ここでは、鋳造という大仏

図 6-1　鋳造による飾り部品付きキーホルダー

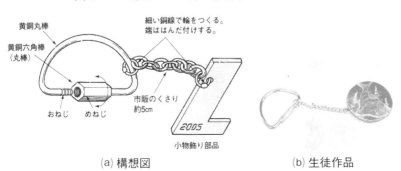

(a) 構想図　　　　　　　　　　(b) 生徒作品

を作ったのと同じ方法を用いて好きなデザインで製作する。あとは市販の鎖や紐を使って本体と飾りを接続して磨くことで、世界に一つしかないオリジナルなキーホルダーの完成である。

4・2　製作の手順と工具や機械の使い方

ダイスによるおねじの製作

太さ 3 mm の黄銅棒を長さ 120 mm 前後にペンチを使って切断する。ペンチで切るときはかなり力が必要なので、「てこの原理」について説明して、ペンチのいちばん奥の部分（要に近い部分）で材料をしっかり挟み切ることを指導する。切り取った材料の両端はギザギザしているため、そのままでは、きれいなおねじを切ることができない。切り口は金工やすりで面取りするか単純に丸く削っておく。つぎにダイス（規格 M3 × 0.5）を使って、万力に固定した黄銅棒の片側におねじを切る。ねじは世界共通の基準に基づいて作られているので、ここで作ったおねじに、市販されている同じ規格寸法のめねじ（ナット）をねじ込むことができる。ねじの仕組みや各部の名称は図 6-2 のとおり決まっている。

「M3」はメートル法に基づいたねじ、つまりメートルねじを意味する M である。数字の 3 は、おねじの場合は外径が 3 mm を表している。「0.5」は隣り合ったねじ山の距離を表している。山と山の距離が 0.5 mm であること、これをピッチという[4]。同じ外径寸法のねじであってもピッチが異なると入らない。1 回転すればピッチの寸法分だけ進むか戻るかする[5]。

ダイスは、図 6-3 のような専用ハンドルに取り付けて使う。ダイスには

---

[4]　マイクロメーターという精密な測定具は、このねじの仕組みに基づいている。

[5]　ガス管や水道管は管用ねじといわれ、ピッチ寸法は同じであるが、ねじの径にテーパー（勾配）があるので、ねじると徐々に締め付けられ、ガス漏れや水漏れを減らすようにしている。

図 6 – 2　ねじ各部の名称

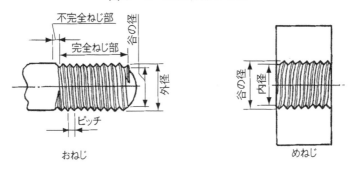

おねじ　　　　　　　　　　　　めねじ

図 6 – 3　ダイスの取り付け

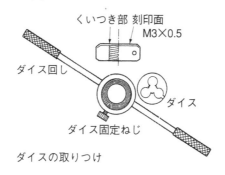

ダイスの取りつけ

表面と裏面があるので、刻印（M3×0.5）面が見えるようにハンドルに取り付ける。この取り付けに際しては、ダイスの表裏の見きわめと使い方が重要である。刻印がある面には「食いつき部」といって、面取りされた材料が食い込みやすいように入り口部分の直径を少し大きくしてある。したがって図6-4のように刻印面を必ず材料側に合わせるとともに、ハンドルを回すときは材料に押さえつけながら、水平にぐらつかないように時計回りに回すのがコツである。90度回したら45度戻すようにして回すと滑らかなねじができる。

図6-4　ダイスの断面

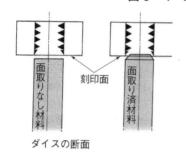

面取りなし材料
刻印面
面取り済材料

ダイスの断面

ハンドルを回してねじを切る

旋盤を使っためねじの製作

　六角黄銅棒（または丸い黄銅棒）を約20 mmの長さに、金ノコ（弓ノコともいう）を使って切る。この後の作業は「旋盤」を使用する。はじめに、切断面のギザギザを削り取るために両端を「端面削り」によって側面と直角の平面を仕上げる。仕上がりの長さ寸法が18〜20 mmなら支障ない。つぎにめねじを切るための穴を開ける必要がある。この作業以降は、つぎの手順による（図6-5参照）。

1. **センタードリル作業**：ドリルで穴開けするとき、中心がずれないようにするために小さな凹みを作る作業。
2. **2.7 mm下穴開け作業**：ドリルでトンネル状に貫通させる。
3. **3.1 mm穴開け作業**：下穴開けをした部分を再び、ドリルでめねじを切る部分として3 mmを残して少し大きなあなを開ける。貫通しないようにドリルに目印のテープなどを巻いておくとよい。
4. 残っている長さ3 mm部分にM3×0.5タップでめねじを切る。タップは3本1組になっているが、ここでは先タップだけ使って10 mmほど入れれば必要な長さのめねじを切ることができる。

図 6‑5　めねじの製作と寸法

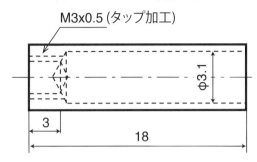

M3x0.5 (タップ加工)

Φ3.1

3

18

本体の組み立て

　図6-6を参考にしながら作業を進める。まず、一端におねじを切った3
mm 黄銅棒の両端15 mm くらいの位置を直角に曲げる。形は自由である
が、例えば三角形やD環状に全体を曲げ、最初に直角に曲げた部分の両
端の中心軸が一致するように調整する。ねじ山をペンチで潰さないように
注意する。曲げすぎた部分を無理に戻そうとすると加工硬化現象を起こし
ているので折れることがある。だが心配は要らない。やり直しも学習であ
る。つぎに、めねじ部品を、3.1 mm の穴があいているほうから押し込む。
　再度、ねじ部の間隔が3～5 mm 程度で、おねじとめねじの中心が真っ

図 6‑6　キーホルダーの組み立て順序

ペンチ
ペンチ

ペンチの幅に
合わせて

ペンチ

注意　曲げた部分を戻す
と加工硬化で折れる.
一気に手際よく曲げる

直角に曲げる

A B

A・Bの軸を一致させる

約8 mm

約15 mm

Φ3.1 (大きな穴) の方
から押し込む

または

約3～5 mmになるように
丸棒の曲げ具合を調整する

直ぐ向かい合うように調整する。調整がじょうずにできるとおねじとめねじは滑らかにかみあう。これで本体の組立完了である。

卓上ボール盤を使っためねじの製作

図6-7のように、垂直に固定するスタンドがあれば、旋盤が無くても卓上ボール盤や電気ドリルでめねじを作ることができる[6]。そのための必要品と手順は次のようになる。

1. 厚さ5 mm程のアルミ製の万力口金（市販品、400円くらい）を一組用意する。これにはマグネットが付いているのでボール盤万力からずれにくい。

2. 図6-8のように、ボール盤万力に口金をセットし一度締める。口金の密着した中心部に適度な大きさの丸穴を開ける（角棒の場合でも六角棒の場合でも最大径よりも少し小さく）。加工材料はこの穴に入れることができるので、万力を締めつければ垂直に固定される。切り口は予め金工やすりで削って平面にしておき、センターポンチを打っておく。この方法で2.7 mmのめねじの下穴も3.1 mmの穴も開けることができる。

図6‐7　ボール盤万力へ材料を固定する方法

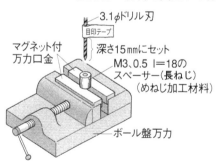

ボール盤と万力口金、めねじ部品と
ドリルの刃

図6-8　電気ドリルで雌ねじ部品の中心に穴をあける

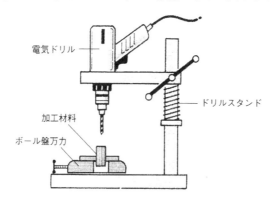

電気ドリル

ドリルスタンド

加工材料

ボール盤万力

　図6-7でスペーサー（長ねじ）と表記されている部品は、プリント基板のはんだ付け面の凹凸を避けてケースなどに固定するために使われることの多いねじである。長さはさまざまあるが18〜20 mmのものが使いやすい。六角形や丸形のものが販売されている。予め長ねじ（めねじの加工済みのもの）を使えばタップによるめねじを切る作業は省略できる。

4·3　鋳造でキーホルダーの飾り部品を作る

　鋳造で製作した飾り部品は、ペンダントやストラップに利用するとよい。身の回りにある金属を融かすことは簡単にできることではないが、いまでは家庭用ガスコンロや熱湯で融ける低融点合金が入手できる[6]。ここで行う体験は、材料は異なるが遺跡から発掘される銅剣や銅鐸の鋳造技術の理解につながる。気に入った作品ができあがるまでやり直しも可能である。ここでは二つの方法を紹介する。

---

[6]　例としてUアロイ70（70℃プラスマイナス2度で融解する）という商品がある。株式会社 平野清左衛門商店、〒101-0047 東京都千代田区内神田1-5-2、Tel. 03-3292-0811、Fax. 03-3294-9336で時価にて購入できる。美術教材を扱っている「美術出版サービスセンター」Tel. 03-5947-6101、Fax. 03-3867-3701からはピュータインゴットメタル（商品名）が厚ボール紙や説明書などのセットで購入できる。

◇Aタイプ — ボール紙を使う鋳型と鋳造 [4]

1. 細かな凝ったデザインにしない。丸みのあるものがよい。ボール紙（できれば表面の滑らかな厚紙が良い）の厚さは2～3 mmくらい。なかったら貼り合わせて厚くする。デザインする範囲は、低融合金の量との関係で縦も横も5 cm以内がよい。融けた金属（湯）を流し込む湯口、溜まった空気を逃がすための空気抜きの位置も書く。幅2 cmくらいの大きさに湯口をつくったほうが注ぎやすいし、空気も抜けやすい。

2. カッターナイフを使って、切り口の断面の角度はデザインした図柄のあるほうに向くようにして滑らかに切り抜く。図6-9に示すように、湯口と空気抜きの部分も同様に切り抜く。これは固まった金属を取り出しやすくするためである。

3. 切り抜きのできた型を滑らかな台紙（画用紙）にしっかり貼る。これで鋳型の外周りの形ができあがる。ここではまだ飾りに凹凸がないので、表裏が平らで表現に乏しい。

図6-9　ボール紙を使う鋳型

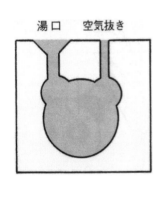

(a) 図柄を描き切り抜く

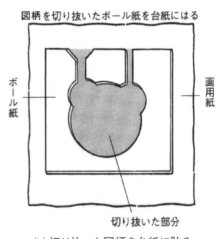

(b) 切り抜いた図柄を台紙に貼る

凹凸のあるデザインの鋳型を考えよう

1. 前項の3で作った鋳型のデザイン部分に、さらに画用紙を貼ったり切り抜き部分を作る。要点は図6-10 (a) および (b) のようにする。すなわち1枚の紙を貼れば、できあがりは紙一枚分凹んでできあがる（4-1部分）。また、切り抜きのある1枚の紙を貼れば、できあがりは紙1枚分の凹凸ができあがる（4-2部分）。

2. しっかり乾燥させて鋳型が完成する。

3. 図6-11 に示すように、ボール紙と画用紙で湯口部分の注ぎ口（鋳型の蓋）を作る。

図6-10　凹凸のあるデザインの鋳型

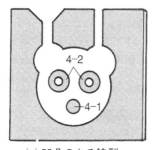

(a) 凹凸のある鋳型

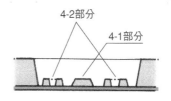

目・口などの凹凸をつける方法

(b) 凹凸のある鋳型の断面

図6-11　注ぎ口を作る

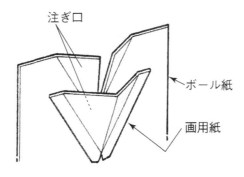

注ぎ口

ボール紙

画用紙

鋳型の使い方から仕上げまで

鋳型の使い方から仕上げまでの鋳造の方法は以下のようになる。

1. 図6-12のように、製作した鋳型に注ぎ口（蓋）の表と裏に補助板（ベニヤ板厚さ5mmくらい）をあてがい、クリップやガムテープなどで隙間ができないようにしっかり止める。つぎに、注ぎ口・空気抜きを上にして立てて（倒れないように煉瓦などで押さえる）、融けた金属（湯という）を注ぎ口の口元まで、とぎれないように少しずつゆっくり流し込む。湯が飛び散ると危険なので決してのぞき込まないことは重要な注意点である。

2. 約1分ほどして金属が冷え固まったら鋳型の蓋をはずし、作品を取り出す。鋳型の裏から少しずつ押し出すようにすると取り出しやすい。最も不安にかられ、かつ期待にあふれる場面である。

3. つながっている湯道部分や空気抜き部分は、金ノコなどで切り取り、とがっている切り口や外周部のザラザラな部分は、紙ヤスリや金工ヤスリを使って滑らかに削る。最後に研磨剤で磨き、片隅にチェー

図6-12　鋳型の使い方

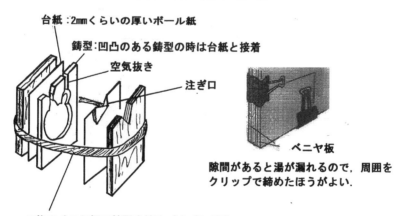

台紙：2mmくらいの厚いボール紙

鋳型：凹凸のある鋳型の時は台紙と接着

空気抜き

注ぎ口

ベニヤ板

隙間があると湯が漏れるので，周囲をクリップで締めたほうがよい．

2枚のベニヤ板で鋳型を挟みゴムバンドやクリップで締める

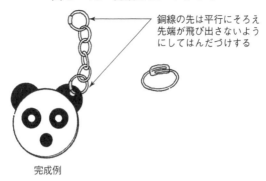

図6-13　完成したペンダント

銅線の先は平行にそろえ
先端が飛び出さないよう
にしてはんだづけする

完成例

ンをつなぐための穴をあける。これでキーホルダーの飾り部品とし
て、あるいはきれいな長めのチェーンをつないでペンダントの完成
である（図6-13）。

◇Bタイプ — 紙粘土による鋳型と鋳造（開放型）[7]

1. これ以上簡単な鋳造は無いといえるほどの簡便な方法である。そして、
   厚めのキーホルダーを作ることができる。手順は、図6-14のように
   紙粘土をしっかり練って、瓶や缶などを押し付けて直径3cmくらい、
   深さ5mmくらいの窪みを作る。そこに模様を描いたり人気のキャ
   ラクターものを押しつけて凹凸を作る。これを十分に乾燥させると
   鋳型の完成である。湿気は禁物なので1日以上乾燥させたほうがよい。

2. お玉に低融合金を入れガスコンロで融かす。融ける様子と色の変化
   をしっかり観察する。融け始めるとすぐに湯のように変化する。そ
   して少し金色がかってきたら火から遠ざけ、紙粘土で作った鋳型に
   ゆっくり注ぐ。融けてからいつまでも熱していると酸化して表面が
   黒くなり、カスばかり増えるので注意が必要である。カスはスプー
   ンなどで取り除いて使う。

3. 湯のようになっている所に、細い針金で作った輪を差し込めば、固
   まったときに鎖や紐を通す部分になる。十分冷えて固まったら、ひっ

図 6 - 14　紙粘土の鋳型

ここに鋳込んで，板で押さえる.

底にボタンなどの型を押す
と，その模様ができあがる.

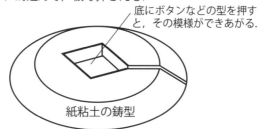

紙粘土の鋳型

くり返して、飾りを取り出す。納得できなかったら何度でも挑戦できる。あまり細かな模様は作ることはできないが、名前のイニシャル程度の模様は十分作ることができる。

4·4　最後の仕上げで見違えるような作品に

◇**飾り部品をつなぐ**　キーホルダー本体が完成すると、何かアクセサリーを付けたくなる。市販のくさりを使って小物鋳造作品をつなぐ方法を紹介したが、飾り紐を編んで手持ちの小物をつけてもよい。飾りの小物が金属でなければ、木工で使うきりで穴を開けることができる。アクリル板を切ったり削ったりして作ることもできる。磨き込んだ小枝をつなぐと雰囲気も大きく変わる。

◇**手ざわりを良く**　キーホルダー本体は、特にめねじ部品は旋盤で加工しているため、正確にできているが、角ばっていて手ざわりが良くない。端面削りをした部分を、小さな組やすりなどを使って、わずかに「面取り」することで改善される。飾りに作った小物鋳造作品も細部まで細かなヤスリで削り磨くことで美術工芸品に劣らぬものに変化する。

◇**黄金のキーホルダーに**　本体はさびにくい黄銅で作ったが[*7]、時間とともに黒っぽくくすんでくるので、ピカール（商品名）という研磨剤をぼろ布に少量つけて磨くとよい。黄金のキーホルダーに変身する。練り歯磨きも効果的である。

[*7]　黄銅は5円硬貨に使われており、銅と錫の合金である。銅と錫の成分比で七三黄銅、六四黄銅などと呼ばれる。黄銅をバーナーで加熱すると錫が気化して銅の成分が増して銅の色に近くなる。生徒たちに合金の話の導入として利用できる。

5 鉄を作る「たたら製鉄」の実践

たたら製鉄の実践は技術・家庭科の週当たりの履修時間が各学年で3時間または2〜3時間確保されていたときに行われている。「技術教室」に掲載されている実践報告を読むと、たたらの実験操業は、地域・住民・教育委員会・たたら操業経験者の協力を得て実施できたとはいえ、極めて難しいことが伝わってくる。しかも、その実体験から得られるものは、その質の深さは他に比較できないもので、簡単には再現できないきわめて貴重な実践である。

5·1　地域に根ざすたたら製鉄学習

川上壮（当時、島根県横田町横田中学校）は、たたら製鉄についての学習を技術の授業に取り入れて3年目であり、その概要は「技術教室」にも報告されている[8]。この報告には、横田町とたたら製鉄の歴史、「ミニたたら体験学習」の写真、参考資料などが豊富に記されている。このたたら製鉄を教材化するのはとても難しく、実際うまく行えていないのが現実である。川上は「活動をふり返り問題点を洗い出し、何かよいヒントをいただけたらと期待している」と述べている。一方、夏休みに「日刀保たたら」[*8]と横田町の協力により、2日間「ミニたたら体験学習」を行っている。この内容は1日目にたたら炉の築炉と鉱山の見学を行い、2日目に操業、2〜3kgの「けら」を得ている。そして、たたら製鉄の魅力について、次のように語っている。

---

*8　「日刀保たたら」は島根県奥出雲にある。日刀保（にっとうほ）とは日本美術刀剣保存協会の略称で、戦後一度途絶えた日本刀の材料、技術保存を目的に昭和52年に復活した。

「たたら」は工場生産というより、むしろ生き物を育て生み出すと
言った方がぴったり合います。ケラ出しは、まるで胎児の出産シーン
を見ているようです。「たたら製鉄」ほど製品のできあがる場面が感
動的な工業製品はないのではないでしょうか。それは工業製品という
よりむしろ、魚の養殖に近いかもしれません。しかし「たたら製鉄」
には食料生産以上に人間の魂が込められているように思います。そこ
には効率の良い成長を促す配合材料はありません。ましてや抗生物質
などまったくありません。砂鉄と炭と炎、そして人間の魂。炉の息づ
かい……、まるで生き物です。

5・2　子どもたちと挑むたたら製鉄

矢嶋修一は、技術教育の意義について以下のように述べている[9]。

　技術の進歩とそれに伴う社会の変化は、私たちに技術のあり方につ
いて考えざるを得ない状況をもたらしている。技術教育においては技
術の発展の歴史を知ることや、技術が社会の要請や努力の積み重ねに
よって発展することの学習を行う。そのなかで、子どもたちに技術の
本質を理解させ、技術に対する興味をおこさせ、学習を楽しいものに
することができるのではないか。

さらに、たたら製鉄に挑戦するきっかけについては、次のように述べて
いる。

体調を崩し休職、復帰した私は、産教連の全国研究大会（1978年、箕面市）に参加した。体力を確かめ、仕事への自信をつけたいとの思いからであった。そこで見た日本鉄鋼協会によるたたら製鉄の復元記録映画「和鋼風土記」に大きな感動を覚えた。吹雪の中で砂鉄を採る鉄穴師[*9]、玉鋼を作るために「けら」（たたら製鉄でできた粗鋼）を池に入れた瞬間、立ち上がる湯煙。「万歳」の歓声がわき起こる……「鉄はつくれるのだ」「子どもたちと鉄をつくろう」と思った。

◇ 具体的な目標

1. 加工学習や材料の正しい理解に裏打ちされて、本来の目的が達成できる。そのなかで、材料そのものを自らつくり出す学習ができるならば、材料に対してさらに深く理解することができる。

2. 鉄作りをとおして、技術に対する見方を豊かにすることができる。

3. 人間がいかに自然に働きかけ、必要なものを手にいれることができるか、鉄作りをとおして考えることができる。

4. ものの生産と環境との関わりに気づき、環境を守ることを考える契機にすることができる。

◇ たたら製鉄の経過

第1回　たたらとの出会いから15年後（1994年）、科学雑誌に紹介されていた七輪とペール缶2個を組み合わせた簡単な炉で実験を行った。砂鉄や木炭を装入する時間と量、そんな基本的なこともわからないなかでの取り組みで、4時間余りの実験でできた「けら」は、真っ黒な炭のようなものであった。

[*9]　鉄穴師とは、鉄穴流しの作業する人である。鉄穴流しとは、砂鉄の採集方法で、砂鉄を多く含む風化した大理石などの岩石を川や水路の流れで破砕させ、土砂と分離し、順次、池にためて比重差によって砂鉄を取り出す方法である。江戸時代の山陰地方で大規模に行われていた。

第2回　耐火レンガで炉をつくり、内側に粘土を貼り付け、フイゴも自作して実験に臨んだが、粘土が激しくはじけたため、実験を中止した。

第3回　砂鉄は有明海で採取、炉に貼り付ける粘土も選択して使用し、さらに荒尾市の刀匠・松永源六郎の協力を得ての取り組みであったが、またもや粘土がはじけて飛び散った。実験は何とか最後までできたが、結果は失敗に終わった。課題はまたも粘土の「質」であった。製鉄は失敗したものの、自分たちで集めた砂鉄と木炭、そして自分たちで築いた炉での実験は、子どもたちに何か大きな「心の財産」を残したようである。「実験は失敗したけど、鉄がつくれるなんてすごい」「鉄作りがいかに大切なことかがわかった」「みんな一生懸命やったよ」「きっと今度は成功するさ」……

　子どもたちが残した感想には、製鉄には失敗したけど、何か大きなものが心に残っていることがうかがえ、うまくできてもできなくても、一生懸命取り組めば、何か子どもたちに伝わるもがあるはずだという、確信みたいなものを感じた。それが、今日までたたら製鉄にこだわり続けている理由の一つである。

第4回　子どもたちの協力を得て春休みに実験を行った。粘土は登り窯に使用しているものを使い、送風機を3台に増やした（最大風量は66 m³/min）。できた鉄は海綿状のものであった。ようやく「けら」らしいものができたのは第5回以降であった。この時の実験装置を図6-15 (a) に示す。その翌年、大津北中では2回目（通算6回目）を実施した。その様子を図6-15 (b) に示す。その後も中学校での実験は13回まで続いた。13回のたたら実験操業のうち、9回は大津北中学校で行った。また、2007年には地域で製鉄に取り組んだ。早朝に火入れをし、約9時間をかけてたたら製鉄を行った。この実験には、図6-16 (a) のように多々良地区住民のほとんどが参加し、地域の歴史と地名の由来について認識することかで

図6-15　たたら製鉄の実験操業

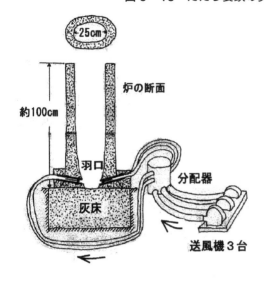

(a) 製鉄炉・送風機・分配器

第5回 1999年12月（大津町立大津北中学校）
炉材は八代で採取した粘土を使用。送風機から分配器へ65 mmの集塵機用パイプで送風。そこから35 mmビニールパイプを介して一定圧力にして羽口（左右2カ所、合計4カ所）へ送風した。灰床は80 × 80 cm、深さ30 cm。地下からの湿気を防ぐために木材を10数回燃やして作った。

(b) 2000年11月24日　第2回たたら炉による鉄作り（通算6回）
大津北中学校技術室横。
砂鉄装入の場面、中央左は、刀匠・松永源六郎、右側の生徒は砂鉄・木炭の装入を記録している。

　きた[*10]。また、実験と並行して、たたら製鉄や技術そのものについて考えるために、各地の遺跡や施設などを見学したりして、私自身学習を深めていった。

　図6-16 (b) は、8回分の「けら」をならべたものである。第7回

─────────────
*10 小学5年生の国語の教材に扱われている「鉄、千年のいのち」（白鷹幸伯著）に関連して、5年生を対象にたたら製鉄についての授業も行った。

図6-16　実験操業の様子と得られた「けら」

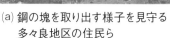

(a) 鋼の塊を取り出す様子を見守る 多々良地区の住民ら
大津町、2007年。
写真提供：熊本日日新聞社

(b) 実験操業で得られた「けら」

　　目の「けら」が最も大きく、それは刀匠松永源六郎宅（荒尾市）に展示されている。

第5回　ほぼ安定して「けら」ができるようになったので、次の学習計画が確立した。

　　第1次　映画「もののけ姫」を見て、製鉄の方法を予想しよう。

　　第2次　たたら製鉄について調べ、製鉄の方法を知ろう。

　　第3次　映画「和鋼風土記」を見て、たたら製鉄の方法を確認しよう。

　　第4次　砂鉄の分離の方法を考え、また木炭を切る方法を考え準備しよう。

　　第5次　たたら炉のつくり方を知り、中釜と上釜をつくろう。

　　第6次　実験の結果と気づいたこと、説明などをまとめよう。

◇有明海での砂鉄採取と学習会　2年生の春休みから製鉄の準備にとりかかる。砂鉄の採取場所は荒尾市の有明海である。学校から車で1時間半。希望者を中心に参加させるが、同僚に手伝ってもらうこともあった（年に3, 4回実施する）。現地に着いたら、砂鉄が堆積したところを探す。磁石を手に砂鉄を集める。舞い上がるように砂鉄がくっついてくる。しかし、天気がよくない時や海が荒れた後で

は、砂鉄をほとんど採取できないときもある。逆に、磁石を使わなくても手ですくえるほど大量に堆積しているときもある。砂鉄採取は、子どもたちが最も活き活き活動するときである。この機会を利用して刀匠・松永源六郎宅（荒尾市）での学習も行う。たたら製鉄についてはもちろん、日本の伝統技術や人生について学ぶことになる。ここで学んだことは、参加した子どもたちから、「技術だより」や掲示板などをとおして他の子どもたちへ伝えられる。

◇**製鉄の準備にとりかかる**　事前学習が終わったら実験の準備に取り組む。作業は各学級とも班で分担する。砂鉄を分離する班、炭を切る班、炉床や炉作りの粘土を準備する班（後に製鉄時の記録班と写真班）に分かれて作業を進める。砂鉄の分離は、教室にビニールシートを広げて行う。事前学習で、日本古来の砂鉄採取法を学んでいるが、ここでは永久磁石を使って分離する。子どもたちは、いろいろ工夫しながら砂鉄を集める。しかし、授業時間だけでは 100 kg の砂鉄を分離することはできない。昼休み、放課後にボランティアを募る。一方、木炭の準備（炭切り）も大変である。同じ大きさにしたいのだが作業時間が長くなると、大きくなったり小さくなったりし、鼻の穴までまっ黒になる。湿気を嫌うたたら製鉄では、炉床作りには特に気を使う。薪を焚いてつぶす作業を何度も繰り返し、炉床が粉炭でいっぱいになるまで続ける。製鉄炉作りのうち、元釜作りは刀匠・松永源六郎の協力で行なうが、中釜と上釜を子どもたちと私で作る。炉が傾いたり、変形したりと完成まで苦労がつきまとう。その後、自然乾燥や図 6-17 のように薪を焚いての強制乾燥を行い、実験前日まで乾燥とひび割れの補修を続ける。

◇**いよいよ鉄作りの本番**　約 2 ヵ月間の事前学習と製鉄炉の準備ができるといよいよ製鉄である。11 月下旬から 12 月上旬にかけて行うが、まだ薄暗い 6 時半に登校、松永源六郎ら協力者の来校を待って火入れをする。木炭を装入し送風機のスイッチを入れて強制乾燥と

図 6 – 17　たたら炉の強制乾燥

同時に炉の温度を上げる。2 校時まで協力者と私で実験を行い、炉の温度が十分上昇し軌道に乗った 3 校時から、子どもたちが学級別に製鉄に取り組む。松永さんの説明の後、各班に分かれて仕事をする。砂鉄係は、砂鉄を計量して炉に装入する。はじめ 800 g、その後 1 kg を準備する。装入の順番を待っている子の表情は真剣である。砂鉄が 1 ヵ所にかたよらないように入れること、火傷に注意することなどの説明を受けて、炉頂までつめられた木炭がガサッと下がったときが砂鉄を装入するタイミングである。

　木炭係は、自作の「板しんどり」という道具を使って木炭を装入する。立ち上がる炎に気を使う。記録係は、砂鉄や木炭の装入量と時間、ノロ出しなどの作業の記録をする。写真係は、みんなの作業の様子をカメラに納める（後に展示する）。

　16 時に砂鉄装入停止。送風のみを行う。16 時 30 分、帰りの会が終わるのを待って、炉を解体し「けら」を取り出す。子どもたちは、期待と不安が入り交じった表情で炉の解体を見つめている。炉壁が崩れ、火の粉がパッと上がると「ワー」と歓声があがる。

　やがて、まっ赤に焼けた木炭の下から、オレンジ色の塊が現われる。

「けら」である。それをとりだして水をかける。「ジュー」と音がして蒸気がたちこめ、一時は周囲が見えなくなるが、やがて黒い塊が見えてくる。

5·3　子どもたちは、たたら製鉄から何を学んだか

　ここまでの報告は、勤務校が変わるなか13回に及ぶたたら製鉄実践の総集編のためにかなり圧縮されている。初期の炉から「けら」がほぼ安定して得られるまでの経過などは「技術教室」に詳しい[10]。子どもたちの活動やお世話になった人たちのことなどは、「技術教室」に掲載されている[11]。たとえば、事前学習で松永さん宅を訪問し、伝統技術や刀鍛冶の話を聞いたりするのだが、「刀を造っているところをぜひ見たい」という子どもたちには、刀づくりの実演を見学させていただいている。このような裏付けのもと、子どもたちの学びについては、「刀匠になりたいと決心し、勤めを辞めた翌日から、ある刀匠のもとに通ったという松永さんの生き方、そして、刀匠としての松永さんのその後の活動ぶりにも、参加した子どもたちは、いたく感じるものがあるようです。その証拠に、自分も刀鍛冶をしたい、松永さんのような生き方はいい」とかなり具体的に述べられている[11]。

　また、第3回操業時のときに「実験は失敗したけど、鉄がつくれるなんてすごい」「鉄づくりがいかに大切なことかわかった」「みんな一生懸命やったよ」「きっと今度は成功するさ」など、子どもたちの残した感想には製鉄には失敗したけど、何か大きなものが心に残っていることがうかがえ、「うまくできてもできなくても、一生懸命取り組めば、何か子どもたちに伝わるものがあるはずだという、確信みたいなものを感じました。それが、今日までたたら製鉄にこだわり続けている理由のひとつです」と勇気づけられる一言を述べている。つぎに生徒の感想文を引用しておく[11]。

感想文

● 今まで鉄の作り方なんて知らなかった。多々良という地区（大津町の）に製鉄所跡が残っているけど、ずっと何をしてきたのかもわからなかったし、見にも行かなかった。でも学習したから見に行きたい。古代から行われてきた鉄づくりには、少し興味がある。日本でしかできなかったことだから、鉄づくりを盛んにしようとした人々、でもそれは森や木が奪われていく、何でもしようとして、必ず何かを破壊していくから作ることは難しいことだと思った。　　　　（K子）

● 去年の2年生が鉄をつくったということを聞いて、私たちも早くつくりたいと思っていた。夏休みに砂鉄採りに行ったり、夏休みの手伝いもできるだけすすんでやるようにした。自分たちの手で鉄がつくれるということを、すごいと思ったし、先生がここまでくるのに、どんなに苦労したかを考えると、自然とやる気が出てきた。たたら製鉄については、昔から独自の方法でつくられ、その性質がいいということ、砂鉄を採るのに苦労も工夫もしたことなどを学んだけど、実際にやってみて学ぶことも多かった。私は、去年技術係だったけど、今年になれば、もっとたくさんの仕事もできたのにと、ちょっとおしかった。1時間という短い時間だったけど、自分のできることをちゃんとがんばった。　　　　（I子）

● 私は、たたら製鉄でいちばんすごいと思ったのは、「技術」です。粘土で作るということにしても、空気を送って化学反応でとり出すことにしても、とても頭のいいやり方だなあと思いました。学校でやっていただいたときも、松永さんたちの動き一つひとつに興味がわき、見ているだけでとても楽しかったです。その中で、いちばん興味をもったのは、松永さんが、炉の横に粘土をくっつけていたときです。「何で粘土をくっつけているんですか」と聞いたら、空気を送っていると、空気口に砂鉄がくっついて空気が出なくなるのだそうです。だから、上の方にそうじする穴が必要で、その穴をふさいでいた木

が燃えたから、代わりに粘土を詰めたそうです。松永さんの説明を聞くたびに、また新しい疑問が出てきます。そんな疑問に、一つひとつわかりやすく教えて下さいました。　　　　　　　　　　（F子）

報告の終わりに

　たたら製鉄は環境負荷のたいへん大きな産業であった。子どもたちは砂鉄を採取するため、99％の土砂は下流へ流したこと。その結果、土砂が田を埋め、農民と砂鉄業者の争いへと発展したこと。そこで双方が話し合って採取の時期を決めたことなど、人が知恵を出し合うことの大切さや今につながる環境問題も学習している。

6 アルミ板でマイスプーンを作る

6·1 スプーン製作を行う意義

　なぜ、スプーン製作を行うのか。これには大別して二つの意義が考えられる。まず金属を加工することによって技術的教養として金属特有の性質や特徴を学ぶことができる。この目標に到達するためには、学習環境や条件を考慮した上で、学習の主体が中学生であることに配慮する必要がある。これに関わることを整理してみると、まず、スプーンは私たちの生活に身近な食器である。また、生徒が喜んで使えるような製作品である。その製作過程では自分の工夫を生かすことができる。さらに、易から難への発展も可能であり、完成度の高い製作を期待できる。もちろん、複数の加工と処理を経るなかで、金属としては比較的軟らかい1枚のアルミニウム板がハンマーで叩く（鍛造）ことによって硬くなる加工硬化、塑性変形・展延性を学ぶことができる。逆に、加熱することで軟化して加工しやすくなる焼鈍しの性質を体験的に学習できるのである。

　一方、このスプーン製作には、生徒の生活している地域の産業に目を向けさせるという重要なねらいがある。「金属加工産業のまち 燕」には、平面の銅板を立体的に仕上げる伝統工芸品である図6-18に示される鎚起銅器[*11]がある。鎚起銅器で培われた金属加工の技能は、やがて西洋のスプーンの製造に生かされたのである。今から100年以上も前の明治時代に西洋からスプーンがもたらされ、金属工芸職人によって手探りでその製法が生み出され今日に至る。その技法を学び伝えてきた先人の生業を忘れることはできない。「金属加工産業のまち 燕」は、その日本の代表的産地であ

[*11] 銅板を金鎚で打ち起こして成形して鍋や薬缶などを作る手法である。

図6‑18　鎚起銅器

（写真提供：燕市産業史料館）

図6‑19　完成したマイスプーン

る。この工芸手法にヒントを得て、1枚の小さなアルミ板からスプーンに挑戦する授業を紹介する。ここでは図6-19に示すように、最も加工しやすく自分のアイデアを生かしやすいアルミニウム使った場合を紹介しているが、市販品に近いスプーンの製作方法も応用・発展の項に挙げておく。

6·2　製作工程と道具

デザイン決定と材料の切断

　厚さが2〜3mmのアルミ板を準備して、スプーン1本分として120×30mmの大きさに切断する。アルミ板はホームセンターや金物店で入

図6−20 スプーンのデザイン

スプーンのデザインの例

皿の直径　30mm
柄の長さ　120mm
柄の幅　7mm（細いところ）10mm（太いところ）

手できるが、市販品の大きさはさまざまであるので（板厚2〜3 mmで、100 × 300 mmくらいのものが多い）、材料取りのしやすい大きさを選ぶ。切断してもらえる場合もあるが、自分で切る場合は、直線部だけなので金ノコ（押して切る）を使って切る。これに図6-20を参考にして皿の部分は丸形に、柄の部分は細くなりすぎないように注意して、細めの油性ペンでデザインを描く。

　アルミ板は軟らかくて傷が付きやすいので、デザイン部分を切る時は、ボール紙やボロ布をあててC形クランプや万力に固定する。油性ペンで描いた線の外側をスパイラルソー（刃がらせん状に作られている糸ノコ）で切断する。図6-21のように固定すると、切断する線を見ながら切るこ

図6−21　アルミ板からスプーンの外形を切り抜く

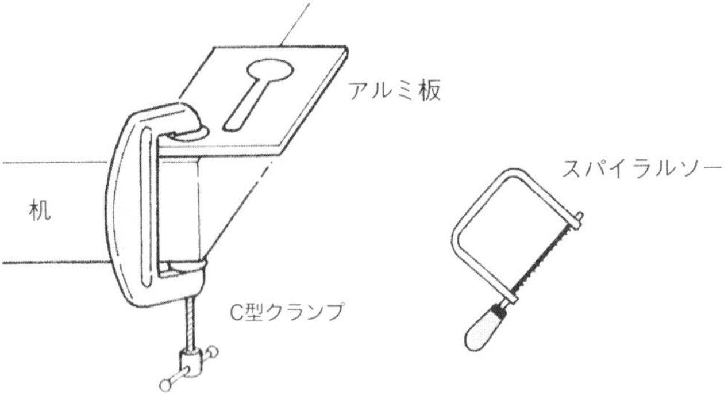

アルミ板

机

C型クランプ

スパイラルソー

とができる。直線部は金ノコで支障ないがスパイラルソーは、刃が平らな糸のこと違って金属板のカーブを切りやすい。次の工程で削って形を整えるので、ここでの切断はスプーンの外形にぴったりに切る必要はない。金ノコ、糸ノコ、スパイラルソーのどれを使う場合でも、軽く押すように、左右にぶれないようにして切るのがコツである。

外形部のヤスリがけと成形

　削る面が図 6-22 のように水平になるように万力に固定し、金工用の平ヤスリを斜め前方に押し出す（斜進法という）ように動かして削る。削る面を万力の口金部分から出し過ぎるとアルミ板がビリビリ振動して削りにくいので注意する。案外失敗しやすいのが、スプーンの皿と柄のつながっている細い部分（首）のヤスリがけである。皿の部分をヤスリがけしているつもりでも、ヤスリの側面がスプーンの柄の部分に触れて削ってしまうことがある。これを防ぐためには、図 6-22 のように平ヤスリの側面はヤスリ目がついている面とついていない面があるので、ついていない面で削るように気をつける。ヤスリの目の有無にも意味があることがわかる。ヤスリ目はアルミの削り滓（切粉）が詰まってしっかり削れないことがあるので、ワイヤーブラシをギザギザの目に沿うように動かして滓を取り除く

図 6 - 22　上手なヤスリがけ

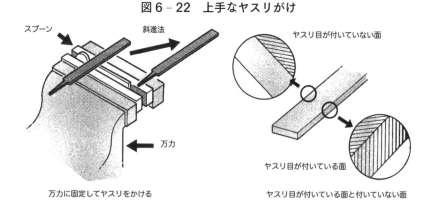

とよい。

皿の部分の成形とヤスリがけ

1枚のスプーン形にしたアルミ板を皿の部分を凹ませることによって、いよいよ本格的なスプーン形に成形するので、この作業は一番の醍醐味を感じるところである。ハンマーでたたいて外力を加えると塑性変形という変形が生じ、その変形した部分は加工硬化という現象が起こって硬く丈夫になる。硬くなると成形しにくくなるから加熱して軟らかくし再びハンマーでたたいて成形する。この作業の連続である。まさしく金属の諸性質を身近に体験できるのである。火を使うので火傷にはくれぐれも注意しよう。

つぎは具体的な作業方法である。まず皿の部分をガスコンロでちょっと色が黒ずんでくるくらいまで加熱する。ペンチで柄の部分をしっかり挟み、杉板[12]を下にしてハンマーの球状の面でたたく。ハンマーの球状部分に傷があると材料面にそのまま傷を付けてしまうので、球状部分は滑らかに研磨しておくことが大切である。図 6-23 に示すように、杉板を下にしてたたいていると熱で杉板が焼けてスプーンの皿の曲面のようなくぼみができる。この杉板にできる自然なカーブを利用して成形する。一度に強くたたかずに、少しずつ大きくなるくぼみから皿部分がずれないようコツコツ根気強くたたくのがコツである。皿の部分はたたかれることによって、伸び拡がって（展延性）変形して油性ペンで描いた形と異なってくるが、できるだけデザインを維持するようにたたき方を工夫する。皿の縁まわりの変形は成形が終了したら平ヤスリで削って整える。

---

[12] 杉板または杉間伐材：杉のように軟らかい木材のほうが皿の形（くぼみ）ができやすいので作業に適している。大きめの厚い板が安定して使いやすい。間伐材なら小口面（彫刻刀でくぼみを彫っておくとよい）を利用すると立てて使用できる。

図 6 - 23　ハンマーでたたいて成形

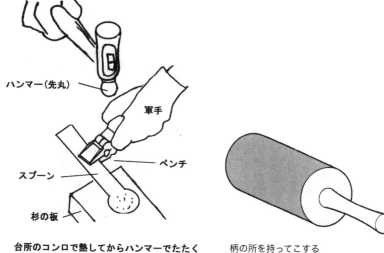

ハンマー(先丸)

軍手

ペンチ

スプーン

杉の板

台所のコンロで熱してからハンマーでたたく

(a) きれいに曲面を打ち出す

柄の所を持ってこする

(b) 軸付き砥石

表面の傷を削り取ること・磨くこと

　平らな板の傷を削り取るのと違うのでちょっとしたコツが必要である。まず凸面の傷を取るには、目の細かな平ヤスリで削る。万力に凸面が出るように固定して 30 mm 幅くらいの帯状にした目の荒い布ヤスリで削ってもよい[13]。皿状に凹んだ部分は平ヤスリでは無理だから、これは丹念に布ヤスリや耐水ペーパー（100 番）で指を使って削る。あるいは丸い棒にやすりを巻き付けて削る。ホームセンターなどで、図 6-23 (b) に示すような卓上ボール盤用の軸付砥石が入手できればずっと楽に作業ができる。表面の凹凸を削り取ることできたら、研磨工程に入る。これば耐水ペーパー

---

[13] 紙ヤスリ、布ヤスリ、耐水ペーパーの種類がある。紙ヤスリは木材などの軟らかいものに向いている。また、紙の強度がないので折れると破れやすい。布ヤスリは硬い炭化ケイ素の砥粒を用いているので、金属の研磨に適している。布のため曲げにも強く使い勝手がよく長持ちする。耐水ペーパーも炭化ケイ素の砥粒を用いているので、研磨力が大きい。耐水ペーパーは、水に強いので平板に固定して湿式研磨に向いている。金属の組織観察などの鏡面仕上げに使われる。

が適している。はじめは 200 番の耐水ペーパーに少量の水をつけて表面を磨く。一様な感じに研磨できたらさらに細かな耐水ペーパー（番数が大きくなる）で磨く。同様な作業を繰り返し 1000 番の耐水ペーパーで磨く。最後は水気や汚れなどを乾いた布できれいに拭き取る。最終仕上げには、金属研磨剤を少し柔らかな木綿の布につけてピカピカになるまで磨いて完成する。金属研磨剤はつけすぎるといつまでも黒みがかった汚れが取れないので、布のきれいな部分で拭き取るようにして磨く。スプーンは必ず中性洗剤で洗って使用する。

応用・発展

作りやすさを優先しアルミ板で加工したが、強度が少々不足で堅いものを食べるのに苦労するときがある。ここでちょっと工夫してみよう。スプーンの皿部分につながる柄の元部分は、アルミ板の地金のままであるから軟らかい。この部分に外力を加えて、断面の形を少し山形にする。幅が 7 mm 程度の部分は曲げにくいから図 6-24 のように万力に 3 mm 程度挟み木片をあててハンマーで打って曲げる。断面形が変わることと加工硬化の相乗効果によって柄のふらつきは解消する。

図 6 - 24　柄の強化方法

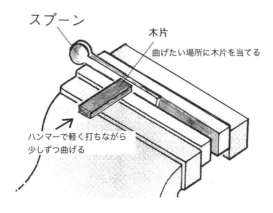

スプーン

木片
曲げたい場所に木片を当てる

ハンマーで軽く打ちながら
少しずつ曲げる

図6-25 製作したスプーンの例

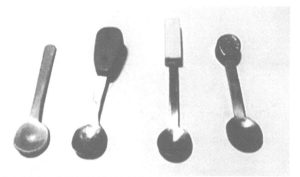

左から順に、1)柄の飾りを何も付けないタイプ、2)樫木（チーク材）を貼り合わせるタイプ（ダボを入れて接着）、3)プラスチックの柄を付けるタイプ（商品名：プラキャスト）、4)錫で鋳造した柄を付けるタイプ

　材料としてステンレス鋼板、スプーン1本分150×30×2 mm（厚さ1 mmは容易に入手できる）を業者に特注する。基本的な加工方法はアルミの場合と同じであるが、必要な工具が若干増える。切断にはケガキ針と弓ノコ・タガネ（スパイラルソーでも可能）が必要となる。硬い材料なので切削油（機械油）をつけながらの作業となる。柄の部分の加工処理（仕上げ）に選択の幅を持たせることで製作の意欲もさらに湧いてくる。図6-25に4種類のタイプのスプーンを紹介する。この詳細な実践報告は、「技術教室」に報告されている[12]。

　同様な実践を新村彰英も行っているが、その特徴は「火を使わないでハンマーで成形する部分をまず圧延すること」と「スプーン頭部の鉢（皿）の成形に自作のプレス型を使用して、万力で少しずつ締める」手法である。そして図6-26に示すような「握り当盤」（にぎりとうばん）という特殊な工具も使用している。「握り当盤」とは、キノコのように半円形をした頭の部分と手で握る部分からなり、半円形をした頭の部分で材料をたたいて傷を除去するときに用いるものである。この詳細な実践報告は「技術教室」に報告されている[13]。

図6‑26　握り当盤を使った傷の除去

(a) 握り当盤（坊主型）

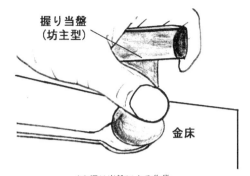

(b) 握り当盤による作業

7 黄銅棒からペンスタンドやペーパーウェイトを作る

　ペンチで針金を切ることはあっても、丸太のように太い黄銅の金属棒を輪切りにして、それをピカピカに磨き、図6-27 (a) に示すペンスタンド[14]や (b) のペーパーウェイトに加工するという経験は滅多にできることではない。このペンスタンドやペーパーウェイトの製作は極めてシンプルであり、つぎにあげるような優れた特徴がある。

- 太い金属棒を輪切りにするというダイナミックな加工であること
- それに続く加工作業はけっして難しいことはなく失敗を恐れずにできること
- 「特有の金属光沢がある」という金属の特徴を目に見える形で実感できること
- 製作工程は施設・設備の実態や生徒の実態を考慮して調節できること
- 金属加工専用の道具や機械を使うことによって技術の発展過程も学ぶこと

図6 - 27　黄銅棒を使った作品

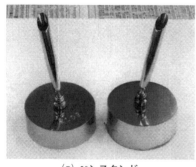

(a) ペンスタンド

(b) ペーパーウェイト

7·1　製作品の概要

　ペンスタンドの場合は、素材として黄銅（銅と亜鉛の合金）丸棒の直径60 mm の使用を基本とするが 50 ～ 40 mm でも支障ない。ペーパーウェイトの場合は直径 20 mm を用意する。輪切りにするときの厚みはペンスタンドの場合は 25 mm くらいで切る。ペーパーウェイトの場合は 15 mm くらいのものを複数個棒材から切り出す。個数は作りたいデザインで変化する。図 6-27 (b) では、2 個使用の最も簡素なデザインである。要は、太い黄銅の棒材を輪切りにして磨きあげペンホルダーにするタイプと細めの棒材を複数個輪切りにして磨きあげ、それを連結してペーパーウェイトにするタイプが基本になる。

7·2　製作工程と道具・機械

材料の切断

　まず材料を輪切りにするには、棒材の周囲に傷をつけないようにするため、廃材やボロ布を当てて万力に材料を固定する。弓ノコ（金ノコ）には専用の「ノコ刃」を弓状のフレームに取り付けて使用する。この取り付け方法は、押したときに切れるように取り付けることと、ノコ刃の先端部の形が木材用とは大きく異なっていることが指導のポイントになる[14]。加工に使う道具（弓ノコ、ヤスリ）は身体全体を使って押すようにして切る、削るという動作が基本である。道具の柄もその動作を前提にして取り付けられている。弓ノコの刃は折れやすいので左右にブレないように動作はゆっくり確実に押すようにして、ノコ刃全体を使って切る。

　ペンホルダーにする場合は、材料の厚さは 25 mm くらいで切るが、切

---

[14] 横引きと異なり、切削用ノコ歯（縦引きと同じ）は、摩擦を少なくするために左右にウェービングしている。

り口が斜めに切れてしまうことがある。本来はけがき線を引いて（代わりに紙テープを巻いてもよい）その線に沿って切るのだが、仮に斜めになってしまってもデザインと考えれば全く支障は無い。ペーパーウェイトの場合も同様である。

切断面を「削る」「磨く」[20)]

弓ノコによる切断面は、ノコ刃の動いた跡が残っている。図6-28に示すように、全体が平面ならばそのまま60番くらいの布ヤスリを平らな工作机の上に置いて、材料を押し付けるように前後に動かしながら削っていく。切り口がひどく凸凹している場合は、金工用の鉄工ヤスリ（平ヤスリ）で削るとよい。

つぎに、100番の布ヤスリを使用して、60番の布ヤスリの傷に対して直角方向に布ヤスリの削り跡が無くなるまで磨く。その後同様にして180番、240番の布ヤスリで磨く。次第に平らになり光沢がでてくるのがわかる。最終段階では、できるだけ平らな（厚い鉄板がお勧め）台に耐水ペーパーを置き少量の水をつけて磨く。400番、800番、1000番と番数の大きな耐水ペーパーを使うにしたがって光沢の違いがはっきりしてくる。とにかく、ヤスリの「すり傷」が無くなるまで向きを変えながら徹底的に磨く。根気のいる作業であるが、最も努力の成果が見える作業である。

図6-28　切断面の削り方

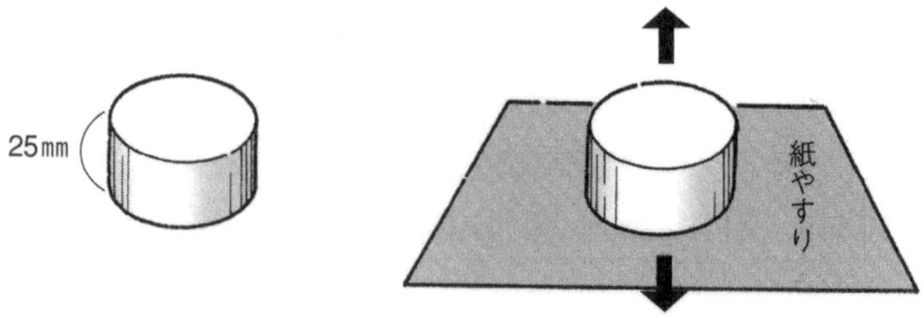

25mm

紙やすり

押し付けるように前後に動かして削る

ペンホルダーの取り付け

　おもり本体部分に穴をあける作業が必要である。そのためにはドリル刃の先端部がずれないように予めセンターポンチを使って小さな凹みを作っておく。センターポンチは頻繁に使うものではないので長さ 50 mm くらいの先端をとがらせた釘でも代用できる。卓上ボール盤（または電気ドリル）を使ってペンホルダーを取り付けるための下穴をあける。ペンホルダーに外径 3 mm のねじ（おねじ）がついているものならば直径 2.6 〜 2.7 mm の下穴をドリル刃の先端が突き抜けるまであける。つぎにタップとタップハンドルを使用して、ねじ（めねじ）を切ってペンホルダーを取り付ける。ペンホルダーはホームセンターや教材会社で入手可能である。ただし、ペンホルダーの脚部のねじ外径にはいくつか種類がある（外径 3 mm のねじとは限らない）ので予め確認しておき、対応したタップを用意する。

　タップの使用は次のように行う。タップは図 6-29 のように 3 本 1 組になっていて先端部の形（くいつき部）の形が少しずつ異なっている[15]。先が一番細くなっている先タップをハンドルに取り付けてめねじを切る。タップは折れやすいので、時計回りに 1 回転したら 1/2 〜 1/4 回転くらい戻すことを繰り返して切り進める。中タップ、上げタップと順に交換しながら切り進める。世界共通のねじ（ISO ねじ）を作ることができる。この「ねじを作る」体験は、（整備や部品交換など）取り外しが予測される箇所に使われる重要な締結用機械要素であることを知ることにつながる。

---

[15] タップをよく見ると #1、#2、#3 の刻印があり、それぞれ食いつき部の長い順に 1 番タップ、2 番タップ、3 番タップとなっている。特に、小径のタップは折れやすいので、無理に回さないようにする。#1 → #2 → #3 → #1 とサイクルを組みながらタップを立てるとよい。無理なトルクを掛けると折れる。その原因は、タップが穴に真っ直ぐに立っていないことが多い。それを事前に生徒に説明しておくとよい。

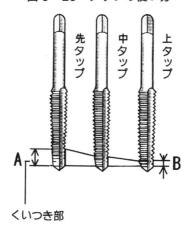

図 6 - 29　タップの使い方

先タップを使ってねじを切る。タップの種類によって先端部の
刃先部分が細くなっている（くいつき部が A → B と短くなる）。

ペーパーウェイトの連結

　直径 60 mm の黄銅棒を使用すればペンホルダーの取り付けを行わず
におもり部分だけで、十分ペーパーウェイトの機能は保持されるが、20
mm の小径黄銅棒をおもりとして使う場合は、3 mm の黄銅棒を切ったも
のを把手として連結するところに作業の容易さがあり時間の短縮化ができ
る。直径 20 mm という太さは旋盤に直に固定もできるし、連結個数を変
えることで生徒の創意を活かすことができる。つぎに細い黄銅の棒材（把
手）を使って連結する方法を述べる。

　磨いた材料の上面に、直径 3 mm の連結棒（把手）をハンダ付けする
ために直径 3.2 mm の穴を、下まで突き抜けないように深さ 10 mm く
らいあける。直径 3 mm の黄銅棒をデザインに応じて適当な長さに切り、
両端部は直角に曲げてその先端部は面取り（丸く削っておくだけでよい）
しておく。つぎに連結棒に糸ハンダを一回転巻き付けて穴に入れる。その
際、糸ハンダは開けてある穴部分に接して被うように押さえておく。トー
チランプで接続部分を加熱すれば、ハンダがきれいに穴に溶け込み接合は

完了する。

仕上げ

　簡素なペンスタンド、簡素なペーパーウェイトであるが、価値ある作品とするには最後の仕上げが肝心である。商品名として「ピカール」という金属みがき剤が販売されている。これを少量木綿のぼろ布につけて徹底的に研磨する。一旦黒っぽく汚れが付き見苦しくなるが布のきれいな部分を使いながらみがき続ける。きれいに汚れを拭き取るとみごとな黄金色に輝く。底面には両面テープを使ってフェルトを貼ると完成である。

旋盤の使用も計画に入れよう

　弓ノコによる切断面の凹凸は、上下2面に残る。手作業でヤスリの「すり傷」が無くなるまで向きを変えながら徹底的に磨くことは、努力の成果（労働の成果、学習の成果）が目に見える良さがある。だが、中学校技術科向けの旋盤が1台でもあれば、上下のどちらか1面だけでも旋盤を使って端面削りを行うと、旋盤という工作機械の素晴らしさや威力を体験することができる。材料の太さによっては連動チャックのツメの付け替えが必要ではあるが、旋削そのものは30秒もあれば見事にできてしまう。片面は手作業で仕上げ、残り1面は端面削りを行う方法を取り入れれば、上下2面を手作業で行うよりも遙かに効率がよい。生徒用の机に載るミニ旋盤は廉価で十分活用できる。余裕があれば面取り作業も中心部への穴あけ作業も簡単にできる。

8 「村の鍛冶屋」、小説を導入として生かす

　ものを作ることを核とした学習をする技術科といえども、作ることにかかわる技術的内容と背景にある人や時代も大切である[*16]。

　私は、金属の学習のはじめを「村の鍛冶屋」のプリント配布から行う。きっかけは、研究会仲間の平野幸司が技術科の授業で、文部省唱歌「村の鍛冶屋」を紹介しているという。この一言は、私に大きな刺激を与えた。というのは、堅苦しい印象を与える「金属加工」の授業を何とかやわらかく、ふくらみのあるものにしていきたいと日頃、考えていたからである[15]。歌を知らない教員も増えているが、こんなに学習内容の豊富な歌は他にないのではないか、歌詞の内容や変遷に関わって生活臭の漂う話をすると、生徒の背筋がのびてくる。

8·1　歌をきっかけにおこなう導入的な実験例

　次の実験例は教員の示範であったり、生徒各自の実習であったり、グループ実験であったりして、どれも金属に関わる関心や意欲を高めるのに有効である。いくつかを選択して実施できる。

延性と加工硬化　釘や針金を金床の上でガンガンたたく。この実演で、金属のさまざまな性質を学習することができる。たたけば拡がり延びる展延性、たたいたところが熱く硬くなる加工硬化など。

[*16] ここで紹介する鍛冶屋（およびその風景）のほかにも、金属加工場面が登場する文学作品は豊富である。次はそれらの例である。
　長崎源之助「トンネル山の子どもたち」(1982)、梶山俊夫画、偕成社。
　ディッケンズ「大いなる遺産」山西英一訳、新潮文庫。
　ヘルマン・ヘッセ「車輪の下」(1994)、実吉捷郎訳、岩波文庫。
　三浦綾子「夕あり朝あり」(1999)、新潮文庫。クリーニングの「白洋舎」創業者五十嵐健治の生涯を著したもの。文体は健治をして回想風に語らせている。

村の鍛冶屋 （作詞者・作曲者 不詳）

1. 暫時も止まずに　槌打つ響
   飛び散る火の花　はしる湯玉
   鞴の風さへ　息をもつがず
   仕事に精出す　村の鍛冶屋

2. あるじは名高き　いっこく老爺
   早起き早寝の　病知らず。
   鉄より堅しと　ほこれる腕に
   勝りて堅きは　彼がこころ

3. 刀はうたねど　大鎌小鎌
   馬鍬に作鍬　鋤よ鉈よ
   平和のうち物　休まずうちて
   日毎に戦う　懶惰の敵と

4. かせぐにおいつく　貧乏なくて
   名物鍛冶屋は　日々に繁昌。
   あたりに類なき　仕事のほまれ
   槌うつ響に　まして高し

火花試験と金属組成　針金や釘などの比較的軟らかい金属の場合、グラインダーで削ると長い竹箒のような火花を散らすが、弓ノコなどの刃物や工具に使われる硬い硬鋼では炭素分が多い（重量比 0.3 ％位〜）ので、含まれている炭素（炭）が燃えはじけて線香花火のようにパチパチと短い火花を散らすことがわかる。

焼入れ・焼鈍し　ピアノ線や折れた弓ノコ刃を使って、ガストーチで真っ赤に焼く。冷却の方法と熱の加え方でいっそう硬くなったり軟らかくなったり、同じ材料でありながら性質が変化することがわかる。なかなか折れなかったピアノ線が焼入れするとシャープペンの芯を折るようにぽろぽろ折れてしまう。この辺の展開は教員の演示や間の取り方、ことわざの利用次第でおもしろくなる。ピアノ線の

ように小さなものでは「はしる湯玉」の感覚をつかむことはなかなか難しいが、少し大きめの弓ノコの刃を使ったりすれば、アイロンの底面に水をかけたときのように、湯の玉が飛び散る。水のかけ方で湯の玉がツーッと走るようにも見える。

溶融と酸化　太さ 0.3 mm 程度のピアノ線ならば、ガストーチの炎で焼いていると、線香花火のように短い火花を飛ばしながら、融けた鉄が火玉となり、重さでポトンと落ちる。まさしく、線の続く限り真っ昼間からピアノ線で花火をすることができる。いつまでもやりたくなる実験である。

高温軟化　太さ 0.3 mm 程度のピアノ線でも、そのままでは弾性がつよく簡単にコイル状に巻くことはできない。ところが、トーチで焼きながらペンチで曲げていくとまるでスパゲッティのように（これは生徒の表現だった）丸めることができる。自在に変化させることができるのである。まさに「鉄は熱いうちに打て！」である。

8·2 「村の鍛冶屋」の歌詞は改変されていた

　現在、一般的な歌集に掲載される歌詞は、平易な表現の 2 番までである。一方、先に紹介した歌詞は原曲の「村の鍛冶屋」である。原曲は大正元年12 月に刊行された「尋常小学唱歌 (4)」[16]に掲載されている。現在のものと歌詞の大きく変わっている部分が興味深い。

　この変化は「初等科音楽 (2)」（昭和 17 年 3 月 31 日刊行）国民学校初等科第 4 学年用から現れた。まずそれは、子どもに難しい文語体を口語体に変えるなどしたことである。

暫時もやまずに　　　　　　→　しばしも休まず
あるじは名高きいっこく老爺　→　あるじは名高いいっこく者よ
鉄より堅しとほこれる腕に　　→　鉄より堅いとじまんの腕で
勝りて堅きは彼がこころ　　　→　打ちだす刃物に心こもる

このように原曲と今の歌詞には大きな変化があるが、実際はこの歌詞の変化ばかりではなかった。政治体制が極めて大きな影響を及ぼしていた。山住正己『日本教育小史』[17]および山住正己『子どもの歌を語る』[18]によると、国民学校時代になって、刀は打たないで鎌や鋤など「平和の打物」を打っているということをうたった3番以降の歌詞は、時代にそぐわない、歌ってはいけないとのことで、ばっさりと削られてしまった。そのうえ「打ち出す刃物に心こもる」と、歌詞も危なく変更されたのである。また、「いっこく老爺」→「いっこくものよ」を経て、1947年に「働き者」という易しい表現に改訂されたとのことである。

　さらに「村の鍛冶屋」は、歌詞の変更だけでなく全く意図せぬ方向に使用された歴史がある。1941（昭和16）年の勅令「国民学校令」（小学校令の改正：昭和16年3月1日）では、第4条に履修教科が定められた。初等科では国民科（内訳は修身、国語、国史および地理）、理数科、体錬科および芸能科（内訳は音楽、習字、図画および工作）である。続いて小学校令施行規則の改正（文部省令 昭和16年3月14日）によって芸能科音楽では第14条に「学校行事及団体的行動トノ関連ニ留意スベシ」と規定された。これを受けて国民学校体錬科教授要項ニ関スル件」（昭和17年9月29日）では、教授上の注意として「音楽遊戯ニ於テハ歌曲ノ理念ヲ十分ナラシメ音楽ト体錬ト一体ノ指導ヲ為スベシ」との項目が記され、体操及遊戯競技の内容として、音楽遊戯では初等科第4学年までの各学年で使用する曲目が指定された。第4学年では3曲指定され「村の鍛冶屋」は「機械」「きたえる足」とともに「女児ノミノ教材ナリ」となっている[19]。

⑨ 熱湯で金属を溶かす授業

　これは教育実習生（大学 3 年生）が、実習を含む授業を行ったときの授業展開の様子、教員と生徒のやりとりの様子を、実習をふり返って本人が再現・記録したものである[20]。指導時間数の極端に削減された現在でも、面白い、不思議な金属が存在することを技術的教養として、どこかで紹介しておくには最適な事例である。その他に形状記憶合金の授業展開も考えられる。形状記憶合金は、風呂の湯温で変化するものもあり、インターネット等でも入手できる。ここに掲載した実験は、教員の話術や間の取り方などが生きる導入的な授業を創りやすい。

　◇**初めての授業**　生まれて初めての授業である。なぜか挨拶の時、口元が震えているのがわかる。40 人の生徒たちの前でこれから自分が先生となって授業をするのである。指導案どおりに進めればいい授業ができると思いながら、初めての授業が始まった。初めに代表的な金属の名前や用途を例に挙げながら指導したのであるが、その後の展開の様子を以下に述べる。

　◇**「低融合金 U アロイ」での展開部分**[*17]

　　T　このほかにも、おもしろい金属があるので真ん中に集まりなさい。棒状の低融合金とボウル、授業の途中で沸かしたお湯を用意。この金属の棒、硬いでしょう？（生徒に手渡す）

　　　　「ボキッ」…「あー!!」「折っちゃった！」（生徒が寄ってくる）

　　　　（予想外の展開でパニック!!）なんで折っちゃうんだよ……

　　P　先生、本当は折れるとは思わなかったんでしょう？（生徒に見抜

＊17 U アロイは、以下から購入した。ここから各種金属材料を時価にて購入できる。
株式会社 平野清左衛門商店、〒 101-0047 東京都千代田区内神田 1-5-2、Tel. 03-3292-0811、Fax. 03-3294-9336。

かれた）

T　まあね。でも折れるということは硬いということだな。折れた片
　　方をボウルに入れて、お湯を注ぐと、みんな見ててね。

P　「あっ」融けてる！ すげえ！ おもしろい！ きれい！（みんなボ
　　ウルをのぞき込む）先生やらせてよ！

T　やけどしないようにな。じゃ残りの片方でお湯をかき混ぜてごらん。

P　融けてるよ！ 融けてる、融けてる。

T　お湯って、何度だっけ？

P　100度！（授業のはじめより返事が早くなってきた）

T　そう、でも注いで少しさめてるから80度から90度ぐらいかな。
　　この金属は低融合金といってだいたい80度ぐらいで融ける金属
　　なんだ。

P　（ボウルを見ている生徒から）あっ、固まった。

T　どれ、もう固まったかな。（円形に固まった合金を取り出す）。ほ
　　ら、こんなに硬くなっちゃったよ。これ曲げようとしてみな。

P　おっ。かてえ！ 絶対まがんないよ。

T　この金属は、みんなの命を守っているんだけども何に使われてい
　　ると思う？（なかなか出てこない）デパートなんかの天井によく
　　あるけど。ダイハードっていう映画で主役がライターで……知ら
　　ない？

P　先生、古いよ！ この前テレビでやってたあれかな？ 水の出るやつ。

T　そう！ あれはスプリンクラーというもので、火事になると栓が融
　　けて水が噴き出す仕組みになっています。その栓に使われている
　　のが、この低融合金だよ。

　P　あ、なるほどね！ へえーすごいんだね。

　この場面では、棒状の低融合金を生徒が折ってしまうという予測して
いなかったことが起こってしまった。私の表情は一変し、生徒たちもそれ
に気がついたのであろう。しかし、「ボキッ」と折れたことで生徒たちに

「硬い」ということが身をもって感じられたのではないだろうか。ちょっとした教師の失敗が、生徒たちを盛り上げたのである。この出来事で、私の緊張はほぐれ生徒たちも進んで発言してくれるようになり、はじめて気持ちが通じ合った。

　　◇「加工硬化、展延性」での展開部分
　　T　針金をこうやってくねくね曲げるとどうなるかな？
　　P　折れる。
　　T　ペンチがないときとか、よくそうやって折るよね。じゃ、みんなもやってみよう。（18番線を適当に配る）
　　P　（好きなように曲げている）なんか熱くない？　あちっ‼　先生これ、やけどするよ。
　　T　大丈夫だよ、誰が早く折れるかな？
　　P　先生、折れた！　わぁ、硬くなっている。
　　T　そう、みんな折れた部分を曲げようとしてみなさい。元の硬さより硬くなっているのがわかるよね。
　　　　（加工硬化を利用した強度を増すための折り曲げや塑性をここで説明する）
　　　　ここで、生徒たちは針金がやけどするほど熱くなることを身をもって経験している。ある生徒は、発熱した部分を友だちの手にそっと当ててびっくりさせたりして遊んでいる。
　　T　では、次に行きます。今の針金の折れたところと反対側の一端をこうやってたたいてみると……（金敷の上に乗せハンマーでたたく）
　　P　あ、のびてる。おもしろい。
　　T　じゃ、みんなもやってみよう。（好きなようにたたいている）
　　T　たたいた所をさわってみな。熱くなって、硬いよね。たたいて延びたり、ひろがる性質を展延性と言うんだよ。
　　P　先生、紙ちょうだい。
　　T　何に使うの？

P　誰が一番早く切れるか勝負するんだよ。

T　面白そうだね。いいよこれ使って。

P　俺のほうが切れるよ！　おっ、○○のよく切れるな。

T　（指導案に無い展開だったが、あまりにも生徒が楽しそうなので）じゃ、みんなで誰が一番早く切れるかコンテストをしよう。気に入らない人は新しい針金で作り直してもいいから。

P　（生徒たちが、自分たちでルールを決め紙を重ねて誰が何枚切れるかということでコンテストがはじまった）

T　チャイムがなったから終わりにします!!

P　（たたく音と、生徒は夢中で声が聞こえない）

T　終わり!!　やめてくれ！（今までにない大きな声）

P　先生、もう終わりなの？　次もやろうよ。

T　次の時間は他にやることがあるから。やりたい人は放課後きてもいいよ。

　ここでの目的は、ただ針金をたたかせて加工硬化と展延性を体験させることであったのだが、ある生徒のペーパーナイフ対決から、クラス全体を巻き込んで、誰が一番早く切れるかのコンテストにまで発展した。

参考文献

1) 桶谷繁雄「金属と人間の歴史」(1965)，ブルーバックス B-42，pp. 20-21，講談社

2) 中澤護人「鋼の時代」(1964)，pp. 16-18，岩波新書，岩波書店

3) 鈴木寿雄「技術科教育史」(2009)，p. 114，開隆堂

4) 鋳造でパンダのペンダントをつくる，「イラスト版子どもの技術 子どもとマスターするもの作り 25 のわざとこつ」産業教育研究連盟編，監修 金子政彦・沼口　博，pp. 102-105 (2005)，合同出版

5) 藤木　勝，誰でも学べる金属加工 — キーホルダーの製作と鋳造，技術教室，No 482，pp. 4-7 (1992)

6) 下田和実，真鍮の丸棒でキーホルダーをつくる，「イラスト版子どもの技術 子どもとマスターするもの作り 25 のわざとこつ」産業教育研究連盟編，監修 金子政彦・沼口　博，pp. 98-101 (2005)，合同出版

7) 産業教育研究連盟編集「中学技術の授業 — 今すぐできる 69 のアイデア教材と授業展開（実践資料 12 か月）」(1990)，pp. 43，民衆社

8) 川上　壮，地域に根ざしたたたら製鉄学習，技術教室，No. 518，pp. 58-63 (1995)

9) 矢嶋修一，子どもたちと挑むたたら製鉄，技術教室，No. 684，pp. 4-11 (2009)

10) 矢嶋修一，「たたら製鉄」で「鉄」をつくる — 刀匠と中学生が鉄づくりに挑む，技術教室，No. 585，pp. 16-21 (2001)

11) 矢嶋修一，本物の「たたら製鉄」に挑む —「鉄」をつくって学ぶ子どもたち，技術教室，No. 588，pp. 4-13 (2001)

12) 後藤　直，ダイナミックな加工を味わえるスプーン製作，技術教室，No. 530，pp. 28-33 (1996)

13) 新村彰英，スプーンを製作して使ってみる，技術教室，No. 527，pp. 40-45 (1996)

14) 下田和実，道具使いの妙味が味わえるペンスタンド — 金属加工は技術のかたまり，技術教室，No. 554，pp. 48-53 (1998)

15) 藤木　勝，キット教材はタネと考えて，技術教室，No. 624，pp. 48-51 (2004)

16) 堀内敬三・井上武士編「日本唱歌集」(1988)，p. 192，岩波文庫，岩波書店

17) 山住正己「日本教育小史」(1987)，p. 131，岩波新書，岩波書店

18) 山住正己「子どもの歌を語る」(1994)，p. 180，岩波新書，岩波書店

19) 岩井正浩 編「資料 日本音楽教育小史」(1978)，pp. 217-221，青葉図書

20) 佐々木敏治，初めて感じた手応えのある授業 — 教育実地研究での実践，技術教室，No. 560，pp. 46-53 (1999)

第7章

機械の授業

◇◇◇◇◇◇◇◇◇

力学の視点を生かした
技術と教材

1 「機械」領域の盛衰と課題

「技術・家庭」の学習内容として「機械」領域が独立して存在していたのは、1989（平成元）年改訂の学習指導要領が実施されていた 2001（平成 13）年度までである。それ以後の学習指導要領では、1998（平成 10）年改訂の学習指導要領により A「技術とものづくり」に、2008（平成 20）年改訂の学習指導要領では B「エネルギー変換に関する技術」のなかに、吸収されてしまって痕跡もとどめないような状態になった。男子に「機械」「電気」、女子に「家庭機械」「家庭電気」という独立した領域が設定されていた時代とは大きな違いである。

男女別ではあったが「技術・家庭」が週 3 時間あるいは男女一領域の相互乗り入れが行われ、男女共学が目指されていた時代は、産業教育研究連盟主催の夏の全国研究大会で多くの実践・研究報告がなされていた。「機械」領域の指導内容については、自転車・ミシン・機構に関わる多くの課題を抱えていたため、それに関わる指摘がある。

佐藤禎一は、70 年代には「本物に迫る機械学習を」というキャッチフレーズで機械学習の実践研究が盛んとなっていたことを念頭に置きつつ、「中学校の技術・家庭科の教科書からは、自転車・ミシンに関する内容が学習指導要領改訂のたびに減少している。当然、授業でも影が薄れる一方である。「機械」の学習と言えば「動く模型」の全盛時代となっているが、それは紙のオモチャだったり、田宮模型のキット品であったりすることが多い。ミシンは、と言えばその操作法が主となり、熱がこもると言えば織り機、染色という具合である。もう、「自転車・ミシンの学習はサヨーナラ」となるのであろうか。（中略）子どもたちの「機械」についての認識をどう高めるか、技術・家庭科の教材としてその内容と指導法がまだ不十分であることは今までもしばしば指摘されている。加えて、今回の教課審

答申で「機械」領域が「必修領域」からはずされている状況下では、今後「機械」の学習が一層弱められる恐れがある。」と指摘している[1]。

さらに、つぎのように述べている。

「子どもたちに対する社会の要求がはっきりしていた頃、昭和30年代に校庭でホンダのモーターバイクの運転を正課の一部に取り入れた学校もあった[*1]。そして、「職業・家庭」の時代は印刷機「てきん」[*2]が教場の一隅に立っていたり、それから30年、その間大手を振ってまかり通って来たのは不思議かな、自転車・ミシン・エンジンである。しかし、こうした「動く」実用教材に対する教師側の苦労は並大抵のものではなかった。「機械要素」「機構学」「材料」「機械製図」「力学」そうしたカテゴリの教育的意義づけに何年も時間をかけて討議がたたかわされたが、学習指導要領の相次ぐ改訂によって、それも昔の栄光の時代となった。（中略）昭和37から45年頃にかけて、機械学習は技術教育の花形の観を呈していた。その力は技術史の教材化の検討とあいまって「道具から機械へ」という路線を明確に描き出し、「技術教育とは何か」という本質に迫っていくエネルギーとなって行った」[3]

一方、小池一清は、1962年の武蔵野大会をふり返って次のように記している[4]。

||||||||||||||||||||||||||||||||||||||||||||||||||||||||||||||||||||||||||||||||||||||||||||||||

1958年（昭和33年）告示の学習指導要領の第2学年の機械の項では「自転車、裁縫ミシン、農業機械などを整備するのに必要な技術の基礎的事項を、取り上げる機械に即して指導するとともに、機械の材料や要素は、取り上げる機械と関連させて重点的に指導する」と示されていた。そのため当時どの教科書も機械学習といえば、自転車、ミ

---

*1　本田技研工業は1961（昭和36）年に、バイクに対する理解と普及を願い、全国の中学校・高校15,453校に、ホンダ・スーパーカブを寄贈している[2]。

*2　「てきん」は手動式の平圧印刷機の名称で、主に名刺やハガキなど小さい版の印刷に用いられた。

シンをとりあげ、その学習形態は分解・組立を取り入れた整備学習に重点が置かれたものになっていた。これに対し私は、機械学習のねらいは、特定の機械にしか通用しない発展性の無い機械学習であってはならないと考えた。

||||||||||||||||||||||||||||||||||||||||||||||||||||||||||||||||||||||||||||||||||||||||||||||||||||||||||||||||||||||||||

　小池の「機械＝整備学習」では発展性がないとする視点は注目に値する。小池は、機械は必ず動く部分を持っている。作業をする部分を持っている（中略）。子どもはそこに大きな関心を持っている。道具による手作業から仕掛けによる作業方法への発展を具体的事例をいくつか示しながら学ばせることが必要であるとの考えのもと[5]、やがて、中古ミシンを解体し、機構部を板の上に組み、外部から目で見て各部品の動きがわかる大型教具を11台製作し、授業で活用するに至っている[*3]。産教連が、この視点をさらに深め、ガリレオからニュートンにいたる科学の発展と同じように、運動の本質である「力」に気が付けば、今日の技術教育は変わっていたはずである。

　前後して、第36次技術教育・家庭科教育全国研究大会の「機械」分科会のまとめとして、「問題提起1」3年生の原動機学習　小池一清（東京）、「問題提起2」流体力学を教材に取り入れよう　鈴木賢治（新潟大学）、「問題提起3」スチレン飛行機の実践は機械教育においてどのような意義があるか　小柳和喜雄（新潟大学生）、「問題提起4」原動機学習と蒸気機関の指導　小島勇（埼玉）らの概要が報告された。さらに、討論の末尾には、機械1、機械2の整備にこだわった内容構成は改められて良いのではないか、指導内容のあり方は再検討され新しい機械学習の内容構成と学習展開が研究されるべき時期が来ていると結論されている[8]。

---

*3　他に、牧村高男は「縫合の原理を理解させることはなかなか困難なことである」として、木製の大型教具を製作し写真と詳細な図面で報告している[6]。杉原博子は、2本の糸（上糸と下糸）を使って「手縫いでミシン針を使ってミシン縫いをしてみる」授業を組み入れ、ミシンが布を縫う仕組みを可能な限り機構模型を使いながら行っている[7]。

2 学習指導要領改訂による機械学習の形骸化

　前節の「機械」領域の盛衰と課題では、機械領域の指導内容や取り扱いに多くの課題があったことと、産業教育研究連盟として目指すべき方向（小池一清のまとめなど）が示されていたことを述べた。

　学習指導要領を比較してみると、目標と内容が最も充実していた期間は、1958 年告示（1962 〜 71 年度実施）から 1969 年告示（1972 〜 80 年度実施）の 20 年間といえる。以後は、直接的には 1977 年告示の学習指導要領（1981-92 年度実施）に伴う教科指導の時間数減が最大の要因となって技術科教育の本質的変化が生じた。

　教員の立場で見ると、当時は 1 学級 45 人定員（実際は 45 〜 50 人）のもとで*4、難しい内容を如何にわかりやすく教えるか、指導方法や教具や実習内容に日夜努力していた時期である。1977 年告示の学習指導要領が実施されると、削減される指導時間数と指導内容の摺り合わせに苦慮する時期となる。

2・1　目標の変化 ― 技術科教育における重大な変化

　つぎは、国立教育政策研究所の学習指導要領データベースを基に読み取った本質的な変化の概略を整理したものである。基本とするデータベースは、1958 年 [9]、1969 年 [10]、1977 年 [11] 告示の学習指導要領である。

　「生活に必要な（基礎的）技術を習得する」という記述は、3 回の学習指導要領改訂の中でも一貫している。ただし 2017（平成 29）年告示 2021 年度実施の学習指導要領から消失した。

---

*4　標準法制定直前の各県の基準の平均は 1 学級 60 人、これが定数改善計画第 1 次（昭和 34-38）によって 1 学級 50 人となり、第 2 次（昭和 39-43）では 45 人となった。

1958（昭和33）年告示1962-71年度実施の学習指導要領にある「近代技術に関する理解」や「近代技術に対する自信」、1969（昭和44）年告示1972-80年度実施の学習指導要領にある「科学的な根拠を理解させる」や「技術を実際に活用する能力」は、1977（昭和52）年告示1981-92年度実施の学習指導要領になると、最も重要な視点にも拘らず消失した。戦後間もない復興期（1958年告示）に発足した「技術・家庭科」として、近代技術に関する理解を深め自信を持って進もうと意識するのは、真っ当な目標と思われる。そして次の1969年告示の学習指導要領で、これをさらに具体的にして「科学的な根拠を理解し実際に活用する能力を身につけよう」というのは技術教育の重視と深化であろう。また、高度経済成長時代の反映と考えられる。

2·2　指導内容や取り扱い事項の変化

1958年告示の学習指導要領のもと、自転車、裁縫ミシン、農業機械、モーターバイクやスクーターが未だ十分に普及せず貴重品である時代、学校でそれらを教材として整備したり部品交換したりする学習を指導するということは社会的な要求とみて一理ある。しかし、1教室に60名の生徒（学級定数標準法の制定前）がいる中、教室は狭いし圧倒的に教具不足であり、専用工具も整わない厳しさがあった。指導する教員も不足していた。

一方では、14歳になって「許可証」を交付してもらうと、モーターバイクやスクーター（原動機付き自転車）の運転ができ街中を乗りまわすことができた時代である。取り扱い事項として「車両の操縦技術を主目的にした指導を避けるとともに、交通法規に十分留意し、事故の防止に努める」とも記述されている。日常的に原動機付き自転車に触れ、実際をよく知っていた新聞配達少年には、必要な配慮であった。この点、現実の社会的経済的背景を考慮した学習指導要領である。

1969年告示の学習指導要領のもと、第2学年で動く模型または生活用

品の設計と製作が登場した。第3学年では「内燃機関の整備を通してエネルギー変換と利用について理解させ、機械を適切に活用する能力を伸ばす」である。この時は、機関本体の分解はもちろん気化器、点火装置、潤滑装置、冷却装置などの付属装置の点検整備まで行うようになっていて、歴代の学習指導要領の中で、最も過剰なほど充実していた。「機械の題材として車両を取り上げる場合は、運転技術の指導は行わないものとする」と前回の留意事項に相当する文言が禁止事項に変化した。指導時間数も週3時間（男女別で技術3時間、家庭3時間）あり、かなり微細な内容が科学的根拠を大切にして指導できた時代である。これらの指導を担当する教員は理論学習と教具の工夫や開発を行って力をつけていった。

　1977年告示の学習指導要領のもと、技術・家庭科は、「相互乗り入れ」という一定の成果はあった一方で、技術と家庭それぞれの指導時間数は減少の一途をたどる。「相互乗り入れ」および「男女共学」に関わっての問題点は、多々指摘されている[*5]。

　第2学年の機械1では、「簡単な機構模型又は動く模型の設計と製作」に変わり、表記は「模型」となって現実の機械から遠ざかった。「簡単な機構模型や動く模型の設計と製作」とうたったところで、「簡単な」とはとても言えない現実があって、それらは実践報告の中で折々語られている。

　第3学年の機械2でも「目的に応じた機関本体の分解と組立ができること」となって目的に応じた部分的な指導へと変質していく。当然、教科書でも科学的な根拠や技術を実際に活用する場面の記述は少なくなっていく。機械1との関連で機械2を履修しないこともできた。

---

*5　技術・家庭の教科の発足や相互乗り入れについては、第1章も参照するとよい。

③ 機械学習の意義

　洞窟に描かれた壁画などから推測されることであるが、人類は動物と違って、火を使い、道具を作り、言語を持って共同生活を営んできた。狩猟生活から農耕生活に移行すると石や動物の骨によって作られていた道具も変化する。ここには、外界の敵から逃れたい、肉体労働を軽減したいという人類の願いが根底にある。農耕生活に入って石器時代から金属器時代に変わっていくのと並行して、材料はもちろん仕組みも工夫され長寿命で効率も上がっていった。道具から器械へそして機械へと発展していったのである。

　四肢の延長とみなされる道具が機械に進歩するためには、仕組みがあり、その仕組みを支える部分が必要である。もちろん道具に筋力を与えて仕事をしたと同じく、エネルギーを受け取る部分があり、一定の決められた働きをする部分が必要である。機械学習では、この力学の原則を押さえる必要がある。また、機械の発達は産業社会の発展に大きく寄与し、産業革命において旋盤と中ぐり盤の果たした役割は絶大である。シリンダーとピストンを真円に削り蒸気漏れを減らすには必須の機械だったのである。これが無ければ蒸気機関は完成しなかった。旋盤は機械を作る機械、機械の生みの親とも言えるものである。そしてまた動力革命と言われるほど、蒸気機関の実用化が果たした役割は大きい。風車や水車などの自然の力に頼らざるを得なかった動力源が、いつでもどこでも制限なく使えるようになったのである。このようにして 18 世紀にはいって産業革命が起きたが、それは金属加工技術の進歩も相まってできたことでもある。科学や技術の発展を歴史的に見ると、関連する分野の発達がかみ合いながら進歩している。一個人の発見でそれが成し遂げられることはない[*6]。

反面、影の部分も生じたことを見逃してはならない。特に熱エネルギー利用の幕開けとなった蒸気機関の実用化以後は「持つ者」「持たざる者」の階層分化が起こった。文学作品としては、ドーディの『風車小屋だより』は読者対象も広く社会構造の変化を考える好著であろう。ハーディの『テス』は機械（持つ者）に酷使される労働者（持たざる者）が描かれている。学習指導要領は学習内容と範囲を規定しているが、文学作品もどこかで取り入れることで機械学習の一翼を担うこともできよう。

　本誌に掲載された実践報告の一つひとつは、学習指導要領によって箍をはめられるのでもなく、「機械」としての原理・原則を網羅しているわけでもなく、教員それぞれの課題意識に立脚して重点的な扱いをしている。生徒にいちばん身近な機械（自転車）に重点をおいたもの、さまざまな機構に重点をおいたもの、動力の伝達と力学に重点をおいたもの、動力機械（エネルギーの発生とその利用）の進歩に重点をおいたものなどである。一方で日々の学習活動を成り立たせるために、教育環境や条件と生徒の発達段階を踏まえて、教員のちょっとした、しかし大切な視点や工夫を凝らした実践も報告されている。このように、手から道具へそして道具から機械へと発展してきた機械技術の一つひとつを確認しながら学ぶこと、そして二つ目には、旋盤や動力機関の発達史など背景において学ぶこと、この学習ができるのは「機械」領域である。逆に、もし機械学習が無かったとしたら、過去・現在・未来は歴史から消えることであろう。

　機械領域に限らず、技術科の学習で取り扱える教材の数は時数の制約もあり限られている。技術では、1領域で一つ、二つの教材しか扱えない。小学校から高校まである教科とは異なり、機械の学問体系を網羅することはできない。ゆえに、一つの授業実践は機械のある面を取り扱うことにならざるを得ない。ゆえに、ちりも積もれば山となるのごとく、たくさんの

---

*6　例えば、レントゲンによるX線の発見では、電池技術が発達して高電圧が徐々に可能となり、その一方で真空技術も発達してきた。これらの技術的な準備が、陰極線の研究を刺激して、X線の発生に至っている。また、オランダでのレンズの技術が発達して望遠鏡が発明され、それがガリレオの天体観測を刺激し、地動説の確立に向かっている。

教材と実践で機械を描くしかない。一つの実践は一筆に過ぎないが、どんな名画もそれらの一筆から成り立っている。

4 機構に関わる授業実践

4・1 厚紙で作るミシン機構模型

　津沢豊志は、ほとんど実物と同じ機構で構成された、ハンドルを回せば動く機構模型を教具として製作している。しかも生徒が製作実習できるように改良して学習に役立てている。その粘り強い教具を作り続けた道のりについて「ひとりよがりの実践だったかもしれないが、20余年にわたり実践してきた。きっかけは、当時の教育事情と教科書内容が高度であったこと、高校入試は全教科の時代であったし、わかるように教えねばならない。ところが、ミシンのしくみをわからせるのは相当骨であるとみた」と述べている [12]。津沢は、小池一清の「作る機械学習の意義」を読むことで強く刺激を受け、考えが明確になったとも述べている [13]。本表題の「厚紙で作るミシン機構模型」は、数多い津沢の報告のうち、最も明確に寸法などの製作方法が記載されていたものである [14]。

　「教材・教具の研究 — 厚紙で作るミシン機構模型」は、ミシンを観察し、その機構を分析して、それを平面的に模型化する実践である。材料は無料に等しく、道具も身近かにあるもので間に合うし、普通教室での授業が可能である。所要時間は事情によって、延ばすことも縮めることも可能である。興味のある方は一度参考にして実践されたい。材料は事務室にある白表紙という厚紙とハトメである。模型のハトメは、容易に回転できるように緩くとめる。図7-1の右側のてんびんカム機構は、③のカム溝板を上下させると⑥のてんびんが揺動運動する。図7-1の左側は、ミシンの回転を生み出す揺動板を模擬したクランク・レバー機構である[*7]。製作手順を次

---

*7　4つの回転部分で締結された機構を四節リンク機構といい、2つの腕節が回転可能か否かにより、ダブル・クランク機構、クランク・レバー機構、ダブル・レバー機構（またはダ

図7−1　ミシンの模型 A-1 の機構

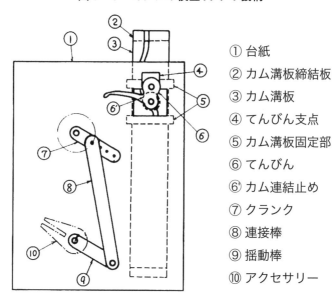

① 台紙
② カム溝板締結板
③ カム溝板
④ てんびん支点
⑤ カム溝板固定部
⑥ てんびん
⑥´カム連結止め
⑦ クランク
⑧ 連接棒
⑨ 揺動棒
⑩ アクセサリー

てんびんカム機構（右）とクランク・レバー機構（左）

に記す。

1. 白表紙を半分に切る。半裁した片方は台紙①となり、残り半分は部品用となる。台紙は図7-2 (a) のように右上に窓をくりぬき、ハトメ穴を2カ所あけておく。

2. 部品用の紙から幅35 mm のカム溝板を切りだす（長さは台紙の縦の長さに等しい）。図7-2 (b) のように角度を記入し（完成後てんびんの運動を測定しグラフをかくため）曲線をかく。この曲線は任意でもよいが、一応ミシンのてんびん運動グラフの曲線に合わせたほうがよいと思う。留意点として、山や谷が鋭くならないことと、坂が急傾斜にならないことである。

3. 曲線に従って切り離し、両端に②の幅15 mm、長さ42 mm の板を

プルロッカ機構）と呼ばれる。クランク・レバー機構では、入力回転運動に対する従動節の揺動運動、中間節の運動あるいは中間節曲線が利用される。

図7-2　台紙とカム溝板の製図

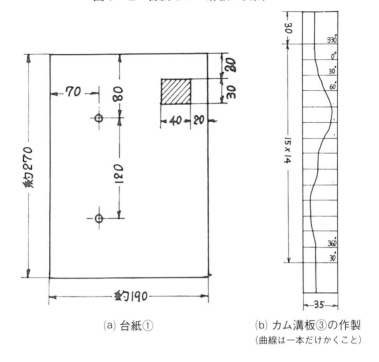

(a) 台紙①　　　　　　(b) カム溝板③の作製
　　　　　　　　　　　　　(曲線は一本だけかくこと)

接着すれば、幅約6〜7 mm に広がった溝ができあがる。なお、④⑤⑦⑧⑨の部品はすべて幅15 mm である。

4. このカム溝板を台紙の裏に置き、窓の上下端に⑤の案内を接着する（図7-3 参照）。

5. てんびん⑥を作り（ハトメ穴とハトメ穴の間隔を20 mm とし、他の部分の寸法や形は任意とする）、4. にハトメで留める。

6. てんびんを連結した④を台紙に接着した後、てんびんコロにあたる所とカム溝にハトメを通し、裏から⑥のカム連結止めを当て、かしめる（以上5、6の項は図7-4 参照）。

図7-1 の⑦のクランクの長さは4段階に切り換えられるようになっており、最長のときは回転しなくなるが、残り3段階がクランク・レバー機構の動きをする。すなわちリンクの長さの相互関係と、クランク・レバー機

図 7 - 3　ミシン模型 A -2 のリンク機構

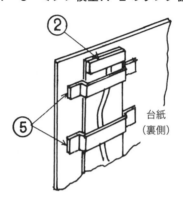

図 7 - 4　組立 — 側面図

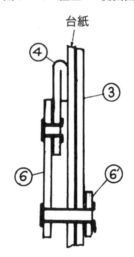

構の成立条件や運動量の変化を学習する。

 1. リンクはすべて幅 15 mm とし、⑦はクランク軸中心から最初のクランクピン穴（直径 2 mm くらいでよい）まで 20 mm、2 番目から 4 番目までは各 10 mm 間隔とする。⑧の連接棒はハトメ穴からハトメ穴まで 130 mm とする（クランクと連結するところは直径 2 mm の

278

穴でよい）。⑨の揺動棒はハトメ穴からハトメ穴まで 50 mm とする。

2. ⑧と⑨をハトメで連結し、台紙に⑨および⑦をとめる。完成すれば、クランクピンのそれぞれの穴にロッドの穴を重ねて、鉛筆などの先を差し込み回転させてみる。時間があれば、付属物⑩などを考え、付けさせてもよいと思う。見本として、クランク⑦の先に飛んでいる虫を、レバー⑨の左の支点を延長してその先に魚を付けたものを作ってみた。クランクを回転させると、水中から魚が飛び出し、飛んでくる虫に食いつくわけである。ただし、クランクが最小の長さのときはとどかないが、3 番目の長さでようやく食いつくことができる。なお、完成したら好みの色で着色すれば楽しい作品になる。

4·2　自転車の授業実践

　機械学習の中に「自転車の分解・組み立て」が位置づけられていた頃、谷正好は「自転車屋さんの真似ごとに終わるものであってはならない」と述べている[15]。整備学習に偏った指導からの脱却が論じられていた頃である。田端七郎は「機械要素や機械材料を各論的に教えるような授業ほど生徒を退屈させるものはない。彼らが日常的に通学に、またレジャーに使用している身近な自転車は絶好の教材と考えている。自転車は裁縫ミシンに比較すると機械要素的にはその内容にとても及ばないが、機械学習として得るところははるかに多いことを確認している。自転車通学の生徒がかなりいるためか、自転車の授業にはいつも意欲的な態度が見られる」と報告している[16]。教材とする自転車の不足は、中古自転車や廃棄物を保護者などの協力でカバーしている。分解・組立をする部分は、前ハブ（軸と軸受けの指導）、ペダル（左ねじと右ねじ、角柱とペダルゴムのしくみ）、ハンガー部（ピンと止めナットの指導）、ブレーキ（レバー装置とバネ及び摩擦について指導、安全指導の観点からスピードと制動距離にも力点を置く）である。ギヤ比と速度の関係は、自分の自転車について走行性能グラ

フを作らせて指導していることに大きな特徴がある。つぎは報告の主要部分である。

自転車のしくみ

ここでは自転車の歴史的な変遷に軽く触れ、現在普及している自転車を用途別に分類する。構造は基本的に同じであることを把握させておき、次の内容に触れる。

1. 自転車の各部の名称を知る。ノートに自転車を図示させて、これに各部の名称を記入させ、宿題とする。日常利用していながら正確な名称を案外知っていない。

2. 機械としての構成部分を理解させる。

   (a) 動力を受け入れる部分（ペダル）

   (b) 受けた動力を他へ伝える伝達部（後車輪まで）[8]

   (c) 仕事をする部分（駆動の後車輪と制動のブレーキ）

   (d) 各部分を固定して支える構造（フレーム）

3. 自転車に必要な条件を理解させる。

   (a) 軽くて丈夫である（中空パイプと三角フレーム）

   (b) 力のむだと損失が少ないこと（ギヤ比と鋼球）

   (c) 安全性が高いこと（ブレーキやサドルの高さなど）

   (d) 軽快な乗り心地であること（タイヤ、サドル）

伝達のしくみ

ここではペダルから後車輪までの伝達経路を理解させ、さらに速度と力の変化に重点をおいている。

1. 動力伝達経路で思考を要するフリーホィール[9] この機構の必要性は普通の自転車と競争自転車を比較させたり、乗り易さを考えさせたり

---

[8] 単位時間当たりの仕事量を動力という。動力を伝えることを伝達という。

[9] フリーホィールは、ラチェット機構などにより、ペダルの逆転時に空回りする機構である。

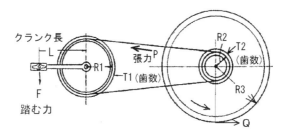

図7-5　ギヤ比と駆動力の関係を求めるための図

すると気づいてくる。また、動力伝達が一方向であることも理解できる。

2. ギヤ比にかかわる速度と駆動力の関係

自転車のおもしろさは、まさにこのギヤ比（歯車比）にある[*10]。しかし、ここでむずかしい理論をふりまわすと生徒がついて来ない。生徒は日常の生活体験から、ギヤ比が小なら速度は遅いが力が強い（大きい）こと、ギヤ比が大なら速度は速いが力が弱い（小さい）ことを知っている。この事実からギヤ比は駆動力に反比することもわかり、また速度にも変化を与えることがはっきりしてくる。念のため図と式で説明すると次のようになる。

図7-5から、ペダルの踏む力をF、クランク長L、大ギヤの半径$R1$、チェーンの張力Pとすると、クランクの回転力（トルク）のつり合いから、$F \cdot L = R1 \cdot P$より

$$P = \frac{F \cdot L}{R1} \qquad \qquad [7.1]$$

---

*10 正しい用語は「歯車」、英語でgearと記すことからギアとも言われる。ギア比は歯車比といい、歯車比は両歯車の基礎円の直径比と同じである。歯車で最も大切なことは、歯車がかみ合うことである。そのためには、両方の歯が同じ大きさでなければならない。歯の大きさは、直径Dを歯数Zで割ったモジュールm（$= D/Z$）と言う規格で表す。また、歯がかみ合うときに熱を持たずに動力を静かに伝達するために、歯形は摩擦なく転がりながら接触するように設計されている。

後車輪が地面に接して前進させようとする力を Q とすれば、後車輪の回転力は、

$$Q \cdot R3 = P \cdot R2 \tag{7.2}$$

式〔7.1〕と〔7.2〕から

$$Q = \frac{F \cdot L}{R3} \cdot \frac{1}{\text{ギヤ比}} \tag{7.3}$$

で求められる。

　また、回転数については、ギヤ比 $R1 / R2$ の関係から

$$\text{後車輪の回転数} = \text{ペダルの回転数} \cdot \frac{R1}{R2} \tag{7.4}$$

が成り立つので、これから次のような問題を出している。

問 1　クランクの長さ 165 mm、大ギヤの半径 97 mm、小ギヤの半径 32 mm、後輪の半径 325 mm、ペダルにかかる力を 10 kgf としたら後輪にはたらく力 Q はおよそ何 kgf か。（走行抵抗は考えない）

問 2　後車輪のタイヤの外径 650 mm、大ギヤの歯数 44、小ギヤの歯数 22 の場合、ペダルを毎分 50 回踏んだとしたら時速何 km の速度で走れるか。また、逆に時速 12 km で走るにはペダルを毎分何回踏まねばならないか。

　これらをもとに自分の自転車について、図 7-6 の走行性能グラフを作らせている。さらに、次のような問題も作成している。

問 3　表 7-1 に示すスポーツ車の後車輪の直径を 650 mm とする。ペダルを毎分 50 回転で踏めば、各ギヤに対して時速何 km で走れるか？

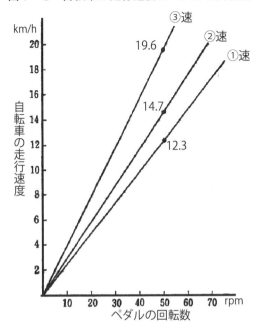

図7‐6　自転車の走行速度とペダルの回転数

表7‐1　スポーツ車の歯車

大ギヤ	小ギヤ	ギヤ比	速度 km/h
48	① 24	2.0	
	② 20	2.4	
	③ 15	3.2	

4·3　機構模型の製作

リンク装置を学習の基本に

　機械学習は、教師が教え込む授業になりがちである。生徒が学習に積極的に参加する授業を目ざして、機構を作る点に重点を置いて実践した[17]。産教連編集「機械の学習」(1) を使って授業を進めた。「リンク装置」を学

図7-7　機構模型の例

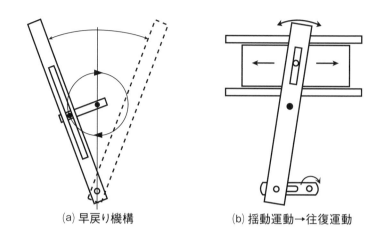

(a) 早戻り機構　　　　　　(b) 揺動運動→往復運動

習の中心にして、ベニヤ板上にボール紙で作ったリンクを画鋲でとめて、リンク装置を作らせた。「クランク・レバー機構」「ダブル・レバー機構」「スライダ・クランク機構」の他に、図7-7 (a) のような「早戻り機構」も作らせる。これはスライダ・クランクの一種であるが、ピストンとシリンダのように、ただ単に回転運動と往復運動の関係だけではなく、溝の中をクランクピンが動くことにより、いろいろな形の運動を作り出せるようになる。

　図7-7 (b) のように揺動運動を往復運動に変えるためには、リンクに穴をあけ、木ねじをピンとして使用しただけでは、ピンの僅かの上下運動のために、スライダーが滑らかに動かなくなる。この場合、リンクに穴をあけるのではなく、短い溝状に穴をあけておけば、スムーズにスライダーが動くことを生徒に容易に気づかせることができる。完成した生徒の作品を調べると、動きが滑らかな作品は、溝状に穴をあけたものが多く、この「早戻り機構」は生徒に作品を完成させるためにも、欠くことのできない機構である。

製作の見本をもとに改良させる

産教連編集の「機械の学習」(1) の発展学習（機構模型の製作）を作らせてから、それを改良する形で、動くおもちゃを作らせたこともあったが、時間がかかるので省略した。そのかわり、教員の作った機構模型を見せ、これを改良して動くおもちゃにした「サル」を見本として提示した。製作の条件として、材料は、ベニヤ板、細い角材、トタン板、針金（太、中、細の三種類）ビス・ナット、木ねじ、くぎ、などは、必要なだけいくらでも使ってよい。木は要求すれば、必要な形に丸のこ盤で切って渡す。工具、機械は、今までに学習したものなら自由に使ってよいことにした。なお、1学期に、ハンマーを作らせている。

生徒の実態と思考パターン

はじめに、セクションペーパーで設計図を書かせた。頭に描いた作品を図にすることが、生徒にとって大変困難な様子である。木工、金工の製作品とくらべ、立体的で、カーブが多く、部品の重なりを図に描き表わすことがほとんど不可能であった。設計図ができるまで材料を渡さないと宣言したが、5時間ぐらいかかっても図が描ける生徒が少なかった。中には、図に描けないために、何を作るのかも決めかねている生徒もいて、完全な設計図ができなくとも製作に入らせた。生徒の思考のパターンには二つある。一つは製作する形をはじめから決め、どの部分を動くようにするかも決めてから、各部品を作り、部品を動くようにリンクでつないでいく。もう一つは、リンクしかけを少しずつ、次々とつけ足して、その部分に自分なりの意味あいを持たせる。前者は、おもちゃとしての形にできあがり、後者は、しかけだけの組み合わせとして完成し、しかけの動きの複雑さを追究する形となる。

機構の学習では、部品加工の過程で失敗したり、完成できなかったりする。これらの生徒のつまづきについて考察してみたい。

◇**クランク軸**　直径 1.3 mm ほどの針金で作るのだが、生徒にとって、ペンチ、ヤットコでくわえて折り曲げるのはかなり困難である。加える力（握力）が弱いために、直角に曲がらず、クランクピン、クランク腕の部分が曲がった状態のクランク軸ができてしまう、90°より小さく曲げて、少し戻すようにするといくらか良くなる。とくに、クランク腕を短く作ると折り曲げが特に困難で、腕の長さが長くなってしまう。このため、運動範囲が大きくなり、滑らかな動きを作るのが難しくなる。

◇**軸受け作り**　クランク軸が正しく作れないから、軸受に複雑な力が加わり、軸受けが動いてしまう。トタン板を厚めにすると、切ったり、曲げたりが困難になり、軸受部分を山形か、溝形にして補強させた。

◇**部材の連結**　トタン板で作ったリンクと針金を連結する場合は、針金の先にトタン板の小片をはんだづけさせ、穴をあけ、ビスを用いてネジで連結させた。ネジは運動中に緩むので位置が決定したらはんだで固定した。部材を 1〜2 cm はなして結合させるのにも、長さ 2〜3 cm のビスにナットを数枚間に入れて座金の代用にした（ネジは M3 を使用）。ベニヤ板とベニヤ板の直角接合には、細い角材を介して接合する。生徒の部材の接合方法は各種多様で全く独創的である。この部材の接合方法を考えさせるだけでも、材料の性質、工作法などを自主的に考え、解決する学習になり、技術教育の根幹の学習ともいえる。

◇**しかけの製作**　生徒にとって作図から運動範囲を予想することは、時間もかかり、思考上からも困難である。とにかく、板を切って、穴をあけ、ネジで止め、動かしてみる。自分の期待した通りに動かなかったら、穴の位置を変えたり、ネジの位置を変えたり、部材の長さを変えたり、全くの試行錯誤的な製作となる。

　失敗のため、何回も作り直し、材料もかなり無駄になった。できあがった作品は、他人から見ると、たいして苦労して作ったように見えないが、

図 7 - 8　生徒の作品「かめ」の機構

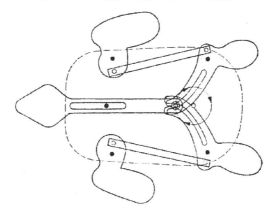

本人は悪戦苦闘してできた作品である。最後に生徒の作品の紹介をしてみたい（写真は実体が見えないので省略）。例えば、作品「ひよこ誕生」は、ハンドルをまわすと、卵が割れてひよこが下から上がってくる。クランク軸、2組のてこクランクとスライダー1つからできている。作品「ディストロイヤー」は、頭と両手が動く。これは教員製作見本を改良したものである。作品「はえ」は、ハンドルをまわすと、羽と舌が動く。目玉も動かしたかったのだが、難しくてあきらめてしまった。作品「かめ」は、背中のハンドルをまわすと、前足2本、後足2本、頭が同時に動く。動きも割合に滑らかであった。甲らの下にしかけが入ってしまい写真（省略）では全く見えないが、かなり複雑である。下面から見た略図を図7-8に紹介しておく。

4·4　力学（流体）に視点をあてた実践

　第36次技術教育・家庭科教育全国研究大会（1987年、大阪）での「機械」分科会では[11]、機械の整備にこだわった内容構成は改められてよいの

---

*11 本章の 268 ページに、その「機械」分科会のまとめについて記述されている。

ではないか、指導内容のあり方は再検討され新しい機械学習の内容構成と学習展開が研究されるべき時期が来ているとまとめられている[8]。この大会と前後して斬新な提案と実践が報告されている。

機械学習に力学の視点を

これまでの機構学を中心とした機械学習に対して、鈴木賢治は「機構模型で機械学習は可能か ― 力学の視点を重視しよう」[18]の中で、何とか機械学習をより良いものにしようと努力する教員の成果を十分に認めつつ「機械は正確に動く部分をもつことが重要である。機構学の他に多種多様な機構・要素の選択や経験も必要である。また、機構そのものも油圧ブレーキのごとくシンプルにして高性能化している。だが子どもたちには非常に難しい。楽しかったことだけしか残らない機械学習では意味を持たない」と問題点を指摘し、力学の視点をもった教材が必要であると述べ、一例としてスチレン飛行機を作る実践を提案している。スチレン飛行機ならば、学習内容から抜け落ちている力学と流体に関する教材化が可能であるとのことである。これを実践したのが土田敏の「流体力学を取り入れた飛行機作り」である。詳細は「技術教室」[19]に掲載されている。内藤達彦は「流体を取り入れた機構学習」[20]の中で、カムやリンク装置、歯車などが主体だった機構学習に力学および流体の視点を組み込んだ実践をしている。つぎはその報告である。

「機械」の捉え方

「機械とは何ですか」という問いに、生徒は多様な答えを返してくる。また、「機械という言葉を説明して下さい」という問いに、多くの考え方がでてきても当然である。なぜなら、機械の定義づけも人によってさまざまな捉え方がある。社会科学、自然科学の立場によってもさまざまに変わってこよう。また、ここで、一つの定義づけを生徒に教え込んだとしても「機械」の学習をしたことにはならない。生徒自らが、機械の定義

を明確にしていくことこそが「機械」の学習であると考えた。生徒にとって「機械」という言葉のイメージは複雑なもの、スイッチを入れると自動的に動くもの、何らかのエネルギーを必要とするもの等である。また、生徒に「機械」を具体的に挙げさせると、テレビやコンピュータなどの従来、機械とは思いつかないものを挙げている。しかし、これは現代の工業製品が、機械的部分と電気的部分を併せ持っていることに他ならない。つまり、テレビの中にも機械的部分＝力学的部分が含まれているのである。しかし、生徒は、力学的な視点からは「機械」を見てはいないのである。そこで、この実践では「機械」の定義を一つひとつ紐解きながら、力学的な視点から「機械」を考えさせるようにした。

流体から力を考える

◇**パスカルの原理と教具**　流体を用いて断面積の差から、力の変換を行うということをパスカルの原理（図7-9）から説明し、生徒に機械の中に力が働いていることを実感できるように試みた。てこやその他の機構よりパスカルの原理のほうがよりねらいが明確にできると考えたからである。1年生の理科におけるパスカルの原理[*12]の実験では、断面積があまり大きくない注射器を使用している。おそらくこれは形状が大きくなればなるほど摩擦や液体の粘性等が大きく影響し、計算値と測定値との間にずれが生じるためであろう。実例として、クラッチや油圧器なども紹介している。しかし、本実践では、もっとダイナミックに圧力・力を生徒に実感させたいという考えか

[*12]「平成3年より理科では「パスカルの原理」は削除される」と内藤原稿（技術教室）には記述されていたが、正確に表記すると、1989（平成元）年告示（1993年度〜2001年度実施）の学習指導要領では、理科では「アルキメデスの原理はとりあげないこと」と記されていることを言っているのではないか。圧力と浮力の指導としてパスカルの原理も一体となるものであるから、多分同時にパスカルの原理の指導も取り上げなくなったと解釈したのだろう。ただし（1993年度〜2001年度実施）は完全実施の年度であるから、理科1学年のこととして考えれば平成3年度より削除されるというのは間違っていない。遡って調べてみると、1958年告示（1962年度〜1971年度実施）の学習指導要領では、「水の圧力」の単元に「b. パスカルの原理とこれの水圧器への応用を理解する」と記されている。

図7‐9　パスカルの原理 [21)]

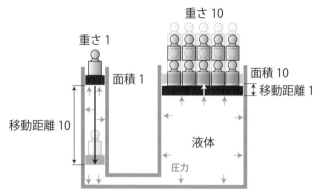

重さ1

重さ10

面積1

面積10

移動距離1

移動距離10

液体

圧力

密閉した容器の液体では圧力が均一に働く。容器の液体の1点に加圧すると、すべての点が加圧される。面積比が1：10であれば10倍の力が生まれる。

ら、図7-10に示す教具を使用した。

　この実験装置は、200 cc と 50 cc の浣腸器をシリコンチューブ（ゴム管より膨長しないもの）でつないだものである。50 cc の浣腸器の方に 500 g のおもりを、逆さにした 200 cc（この浣腸器の下に秤量 4 kg の台ばかりを置いた。測定値は約 2.2 kg を示し計算と同じ値の大きな力がでてくることを実感させることができた。この実験から、わずかな力を入力すると、その力が流体を伝わり、大きな力となって表れることがわかる。この力を利用することで機械として有効な仕事が可能となる。また、力学での仕事の捉え方を考えさせ、「機械が動く＝仕事をする」ことについて理解できる。つまり、力×距離＝仕事が、機械を動かしていることをこの実験から捉えさせようと試みた。

◇**油圧システムと仕事**　力学的に仕事は「力×距離」で表される。機械は、この関係を保ち動いている。機構模型の製作では、これだけを明確にしようとすると幾何学の学習に陥りやすい。しかし、これは生徒にとって難解であり、理解をともなわない。そこで、現代の

図 7 - 10 　パスカルの原理を学ぶ教具

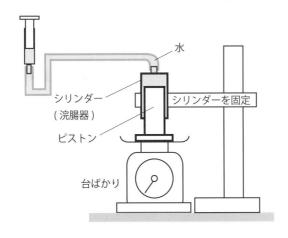

図 7 - 11 　油圧を利用した動きの伝達 [22)]

　機械に一般的に使用されている油圧システム（図7-11）を使って、仕事の原理を捉えさせた。

　生徒に図7-11に類似した図を見せて、パワーショベルのバケットがどのような仕組みで作動するかを予想させてみた。大きく分類すると３つのタイプに分かれた。アームを使っていることはわかるが、どのような仕組みで動くかわからないグループ、ワイヤーで引くという考え方のグループなど人間の筋肉の動きから捉えたものがほとんどであった。油圧を使用しているという考え方はごくわずかであっ

た。このアクチュエータ（作動装置）によって圧力が生まれ、この圧力が流体を通して伝わり、リンク機構（両てこ機構）で機械的な仕事になる。この様子を教員側で用意した図 7-11 のモデルを観察させた。また、生徒は「機械」の学習は殆ど未習状態にあるので、先に機構を独立して教え込むのではなく、実物（パワーショベル）を観察し、模型製作を行うことによって「力が伝わり運動が変換される」ことが理解できることを期待した。

◇**流体を使用したモデル**　図 7-12 のモデルは、浣腸器 50 cc と 20 cc をつなぎあわせてある。バケット部分に 500 g のおもりを 4 つ載せ、20 cc の浣腸器には 2 kg のおもりを載せて作動させた（検証を参照）。生徒は、これだけのもので、ここまでの仕事をするとは思わなかったらしく、一様に驚きを示した。ここでは、ピストンの直線運動が両てこ機構によって動きが変換されている様子も観察でき、流体を使うことの優位性も生徒にとって理解しやすいのでないかと考えられる。

◇**バケット機構模型の製作**　生徒には図 7-12 のモデルを観察させた後、板材やねじ類および注射器 20 cc と 5 cc を使って製作させた。はじめに各部構成部を支持するための外形（外箱など）部分を何の目的も伝えずに作らせ、仕事の学習が終了した段階で浣腸器などを使った機構模型の製作に取りかかった。この製作が、ここでの学習のまとめとするために、製作にかかわる指導はいっさい行わずに生徒に自由に取り組ませた。（製作の様子とバケット機構の組立図は省略）

◇**成果**　「機械とは何ですか」という問いで始まった学習であったが、生徒は少なからず「機械」というものについて、単に機構模型を作って確かめる学習だけでは捉えることのできなかった力学的な視点から「機械」をみることができた。これは、生徒が「機械」の本質にアプローチしたことに他ならない。また油圧システムの模型製作部分では、既習事項であるパスカルの原理を実感できたと考える。これは、現代の生産技術を生徒自らが実感したこととも言える。現代

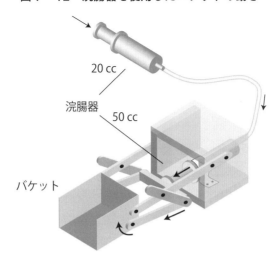

図7 - 12　浣腸器を使用したバケットの動き

20 cc

浣腸器

50 cc

バケット

　の生活の中で生産にかかわることが少なくなってきている現状から
思えば、生徒にとって大きな経験になったと考える。

　このように技術の授業において、生徒が現代の生産技術にかか
わっていくことの必要性もこの実践で見えてきた。「機械」の学習で
は、力学的な視点から学習を進め、同じ視点から「機械」をみるこ
と、そして流体を学習場面に取り入れることによって、機構の学習も、
より理解しやすいものになったと考えられる。

　しかしながら、問題が無かったわけではない。「機械」の定義を考
える場合に具体的なもの（パワーショベル）に固執したことで、力
学的な性質がもう一歩明確にすることができなかった。現代では「機
械」と「電気」という一線が引きにくいということを考慮すべきで
あった。逆に現代の中でこれらを区別しにくいという事実に気づか
ないまでも、生徒自体が「機械」と「電気」を区別しにくい生活に
埋もれているのではないかと思われる。「機械」におけるエネルギー
の変換と運動の変換、力の伝わりといった概念が不明確で、生徒に

表7-2 油圧による力の計算と検証

例	シリンダA					シリンダB				
	断面積 cm^2	長さ cm	体積 cc	力 gf	圧力 gf/cm^2	断面積 cm^2	長さ cm	体積 cc	圧力 gf/cm^2	力 gf
1	1	5	5	50	50	2	5	10	50	100
2	2	10	20	50	25	4	10	40	25	100
3	3.14	16	50.2	500	159	13.4	15	201	159	2131
4	3	7	21	2000	667	3.14	16	50.2	667	2094

とって理解しにくい部分もあったと考える。

◇**検証結果** 実践報告では浣腸器の大きさが容積しか記述されていなかったので、表7-2 にのように容積に相応の断面積と長さを仮設定して計算した。シリンダー A はピストンを押す役割を持つ浣腸器、シリンダー B はそれに繋がってピストンが押される浣腸器である。

　検証例3は50（50.2）cc の浣腸器に 500 gf のおもりを載せたら200（201）cc の浣腸器に断面積の比に応じた力 2134 gf が発生したことを示している。そしてもし 50（50.2）cc の浣腸器のピストンが 5 cm 押し込められたら、200（201）cc の浣腸器のピストンは 5 cm×（3.14/13.4）= 1.17 cm だけ動くことになる。

　同様に、検証例4の場合、20（21）cc の浣腸器のピストンに 2 kgf の重さを載せたとき、50（50.2）cc の浣腸器は 2093 gf の力を受けたことになる。したがって 500 gf のおもり 4 個をショベルに載せておいても動かすことができる。そして 20（21）cc の浣腸器のピストンが 2 kgf のおもりによって 5 cm 押し込められたら 50（50.2）cc の浣腸器のピストンは 5 cm×（3/3.14）= 4.77 cm 動くことになる。この運動（動き）と力によってショベルは持ち上げられる（仕事をする）。

5 熱機関の授業実践

5·1 ベビーエレファントの開発

「ベビーエレファント」は、大宮精工が教材として製作・出荷していたが、やがて山崎教育システム（東京都東村山市）扱いとなった。時間数減、販売台数減や製造元の変更等もあり、2010年以降は製造されていない。山崎教育システムには、品質管理面で尽力していただいた。この件については「技術教室」に記されている[23]。以下の内容は、参考文献[23-26]を整理したものである。

ミニゴールドスチームカーとの出会い

1986年、神奈川県の鶴巻温泉でひらかれた産業教育研究連盟の全国研究大会で、池上正道がトップマン（当時は岡田金属）が販売している「ミニゴールドスチームカー」の生徒作品を運転して見せてくれた。そして、池上のいう「熱エネルギーの動力への変換」を歴史学習と結びつけて指導することの意義も十分納得できるものであった。だが、中学生の製作技能や学校の施設・設備状況を考えると、製作題材としてかなり難点があることも指摘されていた。それは、一言で言えば「精度を要する金属加工部分が多いことと簡単には動かない」ということであった。この問題は「指導のねらい」をどこにおくのかで、教材としての評価は異なってくるものである。つまり、簡単には動かないものを動くようにするために、どこをどのように修正するのかを考えさせ実際に加工させる。指導者は不具合を見きわめ、最終的には全員分を走らせることができる技量をもつこと、これが可能で最重要視するならば、魅力ある優れた製作題材である。

それまでの実践に疑問を

　藤木のそれまでの機械領域の指導といえば、さまざまな機構を厚紙で作って動きを確かめることと、4サイクル、2サイクルエンジンの基本動作を説明し、現物で確認、その後は、だいたい教科書に沿って、軽重をつけながら、最後には、汎用エンジンを生徒の前で完全に分解し、再組立を行うという機械整備学習だった。もちろん、混合気の燃焼実験（製作した実験装置は、石膏で作ったピストンが三階の屋上近くまで飛ぶ）や、気化器（内径 30 mm の太いビニールチューブで作ったものと、ブロアーの付いた古い電気掃除機を使う）の実験などはできるだけ大きく作った教具でダイナミックに行った。また点火装置の火花発生の原理と実験などを取り入れながら指導していたが、いま少し物足りなさを痛感していた。つきつめれば、自動車教習所の構造に関わる簡単な講義に少し付け加えたようなエンジン整備学習ではいけないはず、と感じていたときである。もちろん、学習事項の一つひとつが技術的に重要なものであり、それは現在でも同じであるが、今から思うと、「つまらないながらも聞いていてくれた生徒」に救われたようなものといえる。少し前から教材として市販されていた、空気で動かすアクリル製の首振りエンジンを扱ったこともあったが、それは機構学習で終わった。それが、一転して外燃機関「熱エネルギーの動力への変換」中心の学習に移っていった。

「動力革命は蒸気機関から始まった」に教えられた

　動力源を水車や風車のような自然力に頼っていた時代は長い。それぞれ長短はあるが、人の意図のままに使用することのできる動力機関が求められていたのであり、そこに登場したのが18世紀の蒸気機関であった。これが産業社会におおきな影響を与え、あらゆる産業や技術発展の基礎となった。

　義務教育として考えると、大切なことはこの部分にあるのではないか。内燃機関の細々したことよりも、時代を大きく変えた蒸気機関を「熱エネ

ルギーの動力への変換」（火を燃やせば熱を発生する --- お湯が沸き蒸気が発生する --- これが動力に変わる）と有効利用の学習、これこそがいま必要な学習となる。しかもそれが、他の領域と同様に、一人一台製作することで「エネルギー変換」は実感をともなった学習にすることができる。これが本音であった。

「ベビーエレファント」の開発

　全国研究大会後、すぐにミニゴールドスチームカーを2セット購入し夏休み中に試作を始めた。作業は慎重に進めたが1台は最も重要なエンジン部品であるシリンダーとピストンの加工に失敗してしまった。仕方なく黄銅の角棒と丸棒から削りだして（旋盤使用）部品製作から始めて完成した。この二つの部品は精度が要求され難しいと言われていたところである。確かに加工技術の学習にはなるが、中学生にはとても難しすぎる。試作した「ミニゴールドスチームカー」の納入先であったイーダ教材（飯田一雄）と、改良すべき部分をやりとりするうちに、新しく開発することになった。藤木が作った部品も採用するなど数回の試作を重ねた結果、最終的にはすべての部品製作は下町の機械部品加工業 大宮精工（当時）が担当した。1987年12月に製品化された蒸気機関車「ベビーエレファント」の名付け親は飯田一雄である。

　開発のねらいは、ミニゴールドスチームカーには教員が製作しても難しい加工があった（金属加工技術も大きな学習要素となっていた）から、方向転換を図り、男女に関係なく誰でも完成できて必ず走ることをめざした。蒸気のエネルギーを動力として取り出し、本物の機械が動くことを実感として掴むことを重視したから、失敗が致命的になるような部品加工を極力減らした。

　◇**改善に努めた主要部**　「ミニゴールドスチームカー」試作時の失敗が出発点となった改良・開発である。

　　まず第一は、シリンダー支持棒を取り付けるために垂直にタップ

図7-13 シリンダの改良

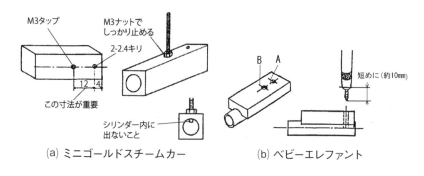

（a）ミニゴールドスチームカー

（b）ベビーエレファント

　立てをしなければならないが、図7-13 (a) に示すように、この下穴
の位置を決めるのが大変難しい。また蒸気の吸排気口も規定の位置
に開けることがきわめて難しい。そこで、図7-13 (b) に示すように、
支持棒の取り付け位置Bは、雌ねじを切って加工済みとした。また、
吸排気口の位置Aは、下穴を開けて半加工済みとした。生徒は、こ
の位置にドリルの刃を一致させて開けることで失敗しなくなった。

　第二は、所定の位置に、連接棒に対してクランクピンを通す穴を
正確に角度90度を保って開けることがきわめて難しい（図7-14）。
そこで、連接棒末端部を平面に加工し、穴開け加工済みとした。

図7-14　ピストン下端部は加工済みに

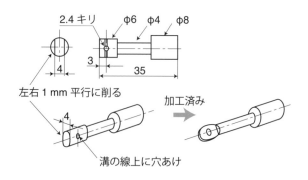

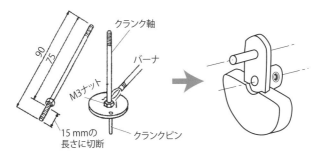

図 7 - 15　クランクと釣り合いおもりの一体化

　第三に、クランク軸とクランクピンを平行に、かつ釣り合いおもり
（バランスウェイト）の役割を果たす小さな円盤（直径 12 mm 程度）
に垂直に固定することが難しい。M3 ナットで固く締めてもねじの特
性上、どうしても垂直にはならず、ハンダ付けのときには熱で穴が
膨張し緩くなってしまう（図 7-15）。この部分は鋳造で精度を保つよ
うにした。釣り合いおもりの形と重量の適正化を図り運転中の振動
をなくした（図 7-15 右側）。

　この釣り合いおもり（バランスウェイト）の製作では苦労したが、
理論と実際がピタッと一致したことで一番印象に残っている。実際
は次のように行った。

　1 枚の薄い円盤を使ったはずみ車、1 円玉を付けたような何ともお
かしな釣り合いおもり、エンジンの仕組みが何も考慮されていない
蒸気機関車の原型が大宮精工から持ち込まれた。まず慣性力を効果
的に利用するためはずみ車の直径は小さく重くして、それは鋳造す
ることにした。釣り合いおもりは、蒸気圧やピストンの重さなどと
バランスをとる必要がある。バランスが悪いとエンジンが振動する。
蒸気機関車にコンプレッサーで一定圧力の空気を送って運転すると、
メチャメチャな振動を発生した。中学校の教科書に書いてあったと
おり「釣り合いおもりはエンジンの振動を抑える働きをする」。原因

ははっきりしていたのである。

　さて、どうしたものか。細いピアノ線で蒸気機関車を空間に吊し、コンプレッサーで、ボイラーから発生する蒸気圧と同じ程度の空気を送りながら、様々な形と重さの釣り合いおもりを取り付け運転した。具体的には基本形の釣り合いおもりに、小さく切った黄銅片を位置を変えたり数を変えたりしながら両面テープで貼り付けて実験した。黄銅板を切ったり削ったり貼ったりの連続のなか、空間でいつも右に振れるもの、逆に左に振れるものが生まれた。振動が収まっても床を走らせると大きく右回りに走ってしまうもの、逆に左回りに走ってしまうものもできてしまった。試行錯誤の末、ある時ピタッと振動が止まり直進した。それが型取りされ鋳造されて現在の釣り合いおもりとなっている。

　第四は伝達である。ミニゴールドスチームカーでは、エンジンの回転はゴムベルトで車輪に取り付けられたベルト車に伝えられていた。ゴムの劣化も激しいこと、ロスも大きいので歯車による動力伝達とした。玩具に使用されていたギヤボックスの流用だが減速比が大きくよく走るようになった。これで、車の変速機の指導もできるようになった。

初めての実践

　これなら何とかいけそうだというキットがビニール袋入りで届いたのが12月に入ってからであった。今年度は、とにかく新開発のエンジンで機械領域の指導を考えていたので、多少の遅れは覚悟していたが、3年生の残り時数をみると最後までいけるかどうか心配であった。全部で11時間しかないのである。

　そこで、技術選択の生徒（20名）に1〜2時間分先行して、製作実習の指導をして問題点の把握に努めた。そのあとで大切な注意点など必要事項をプリントし、男子全員の授業に備えた。技術選択の生徒は、そこで

図7−16　完成したベビーエレファント

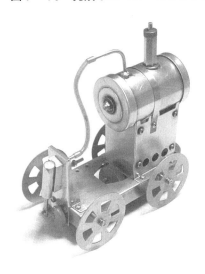

は自分の製作はしない、または最小限にとどめて自分のグループの生徒の
リーダー役をすることとした[*13]。なお、二学期の最後には、技術選択の生
徒を1〜2名含んだグループ編成をしておいた。

　この方法で、とにかく時間がないので、毎時間必死に製作するだけで
あったが、正味8時間で全員が図7-16に示すベビーエレファントを完成
し、蒸気でエンジンが回転し、機関車が走ることが確認できた。チョー
ク半分大の固形燃料で5〜8分間、廊下を端から端まで走ったものも多
く確認できた。10台くらいをいっせいに運転すると、なかなか壮観であ
り、時間の過ぎるものを忘れるほどであった。

先行実践があった

　「ミニゴールドスチームカー」を試作して失敗したことが「ベビーエレ

[*13] 1977年改定の学習指導要領では、第3学年に選択教科が35時間開設された。教科は音楽、
　　美術、保健体育、技術・家庭の4教科。必修の技術・家庭の時間は各学年2, 2, 3時間で
　　あった。3年生は希望により4教科の中から好きな教科を選択して履修した。

ファント」の開発につながったことは前述した。その一方で当時は、以下に列挙したような、手作り蒸気機関と技術史に関わる実践が豊富にあることは全く頭になかった。私の場合は、エンジン部単体としてはほとんど完成されていたものに手を加えた程度のものであるが、それでも誰が作っても動くためにどうするかということで4ヵ月間は頭がいっぱいであった。ところが、その10年前から、ゼロからスタートして実践していた先輩が数多くいたことになる。以下のレポートには、蒸気エンジンの製作について貴重な報告が述べられている。

◇年表 ─ 熱機関の教材開発と授業実践

1975年　小池一清，クラブ活動による蒸気エンジンの製作，技術教育，No. 270, pp. 35-39 (1975)。すべり弁を取り入れたピントン往復型の蒸気エンジン製作の記録。

高橋豪一，エンジン学習と教具，技術教育，No. 270, pp. 14-18 (1975)。科学教材社発売の首振りエンジンを蒸気で動かす教具を紹介。

1977年　三吉幸人，原動撥の歴史を学ぶ教材の視覚化 ─ スチーム蒸気機関製作記，技術教育，No. 297, pp. 23-25 (1977)。

加藤庄八，原動機（蒸気磯関）を取り入れた機械学習 ─ 2年生男女共学，技術教育，No. 297, pp. 20-22 (1977)。首振りエンジン部品は業者加工、それを動力源に車や船や犬が動くように生徒に試行させた。船と犬は動くようになったが、車は動かなかった。

1979年　宮崎洋明，原動機の歴史をどう授業に取り入れるか ─ 原動機の学習テキストから，技術教室，No. 324, pp. 9-15 (1979)。熱から動力を得る各種実験とワットの蒸気機関までのテキスト紹介。

1980年　伊藤征夫，首振りエンジンの製作 ─ 時間削減を乗り越えて，技術教室，No. 333, pp. 37-45 (1980)。金属加工と機械を融合、生徒に首振りエンジンを素材から加工させ組み立てる授業をしている。詳細な図面付き。

水木勲，首振りエンジンの模型製作 — 創造力と実践力を，技術教室，No. 336，pp. 34-38（1980）。

1981 年　谷中貫之，融合題材としての首振り機関の製作学習，技術教室，No. 351，pp. 21-30（1981）。最初は個人で製作、やがて広島サークルでの製作に、それが発展して岡田金属の製品に発展したことを述べている。小池一清氏製作の実物を借用して製作した三吉幸人も広島サークルに加わっている。

1982 年　宮崎洋明，首振エンジン教材化への道，技術教室，No. 360，pp. 17-24（1982）。

1983 年　渡辺誠一，ミニ蒸気機関車製作の魅力，技術教室，No. 367，pp. 6-12（1983）。SL はキング オブ ホビーとうたい、ミニ SL 製作に魅せられた自伝記。製作教材の開発ではないが、人の乗る SL を自作している。

1987 年　宮崎洋明，「ミニゴールドスチームカー」のチューンナップ，技術教室，No. 414，pp. 12-18（1987）。

1992 年　小池一清，模型蒸気機関の自作と授業 — 18 年前の研究動向をふり返って，技術教室，No. 475，pp. 30-33（1992）。

1992 年　亀山俊平，蒸気自動車で機械を身近に — ゼロヨン・耐久レースを取り入れて，技術教室，No. 475，pp. 62-65（1992）。男女生徒の感想文を含めて魅力が語られている。

2001 年　村橋広一，走行距離レースで人気抜群！ ベビーエレファント，技術教室，No. 586，pp. 16-23（2001）。

5·2　ニューコメンの蒸気ポンプ装置を使った実験

1997 年 11 月 7 日、東京学芸大学附属大泉中学校[*14] で研究協議会が行

---

*14 現在は東京学芸大学附属国際中等教育学校

われた[27]。その技術科の公開授業では、ベビーエレファントの製作を取り上げた[*15]。以下は、2時間続きの1時間目（ただし、ここに掲載するのは蒸気ポンプを作動させる部分に絞る）をビデオテープから起こした記録である。見聞記録者は平野幸司である。ボイラーの製作では、蒸気漏れに注意して作ることに力を入れていることはもちろんのこと、読物資料も提示することによって、技術（動力）の歴史が社会構造の変化をもたらしていること、そして、そのなかを生き抜く民衆の心情をも考えさせるように取り組んでいる[28]。

　見本のベビーエレファントを走らせた後、動力の伝達機構をベビーエレファントの下部から観察させ説明する。また、首振りエンジン部分は小指の先ほどの大きさであるので、蒸気力によってピストンおよびシリンダー・クランクの動きなどが滑らかな回転力に変化する仕組みを大きな機構模型で説明する。いったん座席に戻るよう指示して、参考資料を配布する。

S：生徒、T：教員

S　また、物語がある。

T　そう、1年、2年の時もあった。これで3回目になるね。どうして物語か……ということになるけれど、世界を変えた蒸気機関は、それまでの動力源であった水車や風車と違って、悪魔と呼ばれるように、いつでも民衆に歓迎されたわけではない。その様子が「風車小屋だより」の中によく著されているからなんです。それからもうひとつ「悪魔が走る」は、できあがった機関車の運転を雨の降るクリスマスの晩に明日まで待ち切れずに試運転する時の喜びと街の人々の驚きを描いたものです。先生のエレファントが初めて走ったときもうれしかったけれど、巨大な鉄の塊が火の

---

*15「動力の歴史」に必ず登場するニューコメンの蒸気ポンプを実動模型として再現、それを使って、蒸気エネルギーとその利用に関心を持たせることが重要であるとのことであった。

粉をまき散らしながら走ったなんて、大変な驚きだったのでしょうね。

T 物語資料は時間のある時ゆっくり読んでおきなさい。

T エレファントは蒸気の少しの圧力でピストンを押し動かし、蒸気を振りまきながら動いたのだけれど、こんどは少し考え方の違う実験をします。

（生徒をガスコンロのある場所に集合させる）

T ここに大きなビール缶がある。この授業のために捨てないでとっておいたもの、まだビールの臭いがする。これを集めるのは結構大変なの。

（参観者から協力しますとの声）

（配布資料を見せながら）　昔、王様の前で蒸気が水を汲み上げる力を持っていることを実験して見せた人がいました。パパン、セーバリ、ニューコメンなどがそうですが、その再現をします。

（ここでビール缶にお湯を少し入れ、ガスコンロにかけ沸騰して蒸気がビール缶を満たした頃、火を止め缶に蓋をする。すぐに冷えビール缶が凹み始めるが、即座に汲みおいたバケツの水をかける。ビール缶はバリバリ音をたててクシャクシャに潰れる）

S オーッ、

S オーイ、オイ

（もう、完全にまいった、びっくりしたといった感じで友達同士ワイワイ言っている）

S もう一回暖めたらふくらむ？

S 凹んだとき穴があいちゃったから無理だよ。

S 穴から水を吸い込んじゃっているもの。

T そうだね、しかし試しに暖めてみようか。

S オー、やってみよう。（期待している声）

（しばらく暖めてみるが、やはり穴が空き、蒸気がもれるので膨ら

む気配はない。しかし、缶の様子をじっと見ている様子がみえる）

T　やっぱり、穴があいてしまったのでもう膨らんでこないな。どうしてビール缶は、こんなに（潰れた缶を手にとって見せながら）潰れてしまったのかな。

T　今度は潰れないようにしておいて、（また注射器を取り出して）これに蒸気を入れていけば、この注射器のピストンは上昇するはずだよね。冷やせば下がる。ところで水は蒸気になった時は何倍くらいの体積になる？

S　？？？

T　1600倍くらいになるの。さっきビール缶が潰れたのは、膨脹した蒸気で満たされた缶が急に冷やされて、缶内の蒸気が凝縮し、真空になって大気の圧力に押された結果です。だからシリンダーが潰れないようにしておけば、注射器のピストンは下がるはずだね。

T　ということで理屈は簡単なのだが、今日初めてやる別の実験がある。中学校ではたぶん初めてだ。さっき渡した資料のニューコメンの蒸気ポンプの図を見なさい。人が近くに立っているがその何倍も大きい。このようなものが実際に鉱山から湧き出る水の排水に使われたのです。この仕組みをそっくり真似て作った装置がある。（図7-17の実験装置を提示すると感嘆の声があがる）これは廃物を利用して作ったもので、なかなか動きが微妙で、……ま、やってみよう。

〈ボイラーに（ベビーエレファントのボイラーを流用）お湯を入れ、蒸気が勢いよく発生するのを待つ。蒸気が噴出してきたら、コックを開いて蒸気をシリンダーへ導く〉

T　さあ、ピストンが上昇するかな。

T　ちょっと、待って、なにしろ18世紀初期の再現だから。

　　（生徒は静かにじーっと見ている）

S　あっ、上がり始めた！　おーっ！（拍手、歓声）

図7-17　自作したニューコメンの蒸気ポンプ実験装置

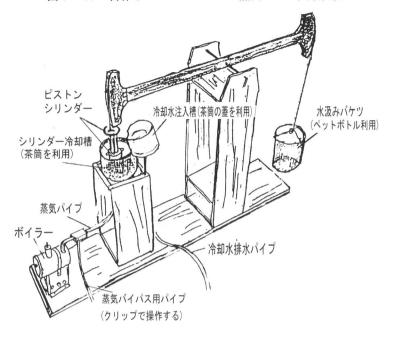

T　ああ、上がり始めたね。よし、限度一杯上昇するとピストンがシ
　　リンダーから抜けてしまうから、ここで蒸気を止める（ここで止
　　めないと図7-18に示すように、ピストンが抜け蒸気が漏れる）。

T　今度は、シリンダーを冷やすために水をかけるよ。ピストンが下
　　がればしめたもの。
　　〈シリンダー周りを被っている茶筒に水を入れる。茶筒には排水
　　パイプがつながっているので、注いだ水は垂れ流し状態であるこ
　　とを説明し、水を注ぐ〉

S　あっ、下がってる！　ほんとだ。（拍手、歓声）

T　よし、成功。こんどまた蒸気を入れるよ。上がるはずだよね。

S　あっ、また上がり始めた！　おーっ！（拍手、歓声）

T　というように、シリンダーの中をピストンが上がったり下がった

図 7 – 18　ピストンが上がりすぎて蒸気漏れを起こしている場面

りした時、反対側にとりつけたバケツが上下して水を汲み上げる
んだ。

（あ、そうか、あれバケツかという声が聞こえる）

このように蒸気ポンプが初めに実用化されたのだが、まだ欠点が
いっぱいあって、これらをワットが改良して回転できるような蒸
気機関にしたのです。「ワット驚く蒸気機関」になったの（生徒
の笑い）。

⑥ ポンポン蒸気船作り

6·1 なぜポンポン蒸気船か

　自転車の仕組み、動くおもちゃに象徴される機構の学習、熱機関の仕組みと製作は機械学習の大きな柱となってきた。しかし、熱を利用して動力を取り出すことを簡単に具体化した教材は、なかなか現れていなかった。その中で、ポンポン蒸気船は簡単に製作でき、実際に火力を用いて船を動かすことができる。まさに、ポンポン蒸気船は、機械学習の教材としての魅力を持っている。

　白銀一則は、ポンポン蒸気船について、つぎのように語っている[29]。

||||||||||||||||||||||||||||||||||||||||||||||||||||||||||||||||||||||||||||||||||||||||||||||||||||||||||||||||||||||||||||||||||||||||||||||||||||||

　ポンポン蒸気船といえば、金属箔でできた薄いボイラーにパイプを通して水を注入し、ロウソクの火でボイラーをあぶってやると、やがて快い音をたてながら水面を滑る小さな玩具の船を想い浮べる人もいることだろう（図7-19）。昔はよく夜店などで売られていたということだが、私には記憶がない。けれども数年前、さる玩具店で目にしたときは、なつかしさにも似た気分がわいて思わず買い求めた程だったから、多分わたしが子どもの頃、どこかで見かけたことがあったに違いない。その時、手に入れたポンポン蒸気船の船体はプラスチック製で、それとパイプのついたボイラーにロウソクとがセットになっていて、500円くらいだったように思う。その当時、3年生のエンジン学習のなかで、蒸気を利用したエンジンの歴史に触れはじめていた私にとって、ポンポン蒸気船の教材化には、単なるノスタルジーとはどこか違った動機があった。

　例えば、空の牛乳びんに蒸気を入れ、びんの口を下にして水槽に入れると、びんの中の水位は水槽の水位を超えてぐんぐんと上がってゆ

図7‑19　懐かしのポンポン蒸気船（ブリキ製）

く。また空の石油カンに少量の水を入れ、加熱し、やがてカン内が蒸気で充たされたころ、カンに蓋をして水をかけ冷却してみると、カンは音をたててつぶれてゆく。あるいは、蒸気をアルミ箔で造った羽根車にぶつけて回転させてみる。— といった実験を取り入れて、ニューコメンやワットのエンジンの原理を教えながらも、こんな程度でいいのかなといった空虚さみたいなものがあって、そんな私の心の空洞にふいっと飛びこんできたのが、たまたまポンポン蒸気船だった、とでも言ったら当たるだろうか。

||||||||||||||||||||||||||||||||||||||||||||||||||||||||||||||||||||||||||||||||||||||||||||||||||||||||

　その船の構造は、図7-20 に示す通り至って簡単なものである。ボイラーAにパイプBが2本付いていて、それが船尾から突き出ている。船出の前に、AとBにストローで水をいっぱい入れておいて、Cのロウソクに火をつけてやると船は走り出す。それだけの仕掛けなのだが、その動作の原理についていえば、わたしがみた限りではポンポン船に関する唯一の研究であると思われる酒井高男の説明は、大変魅力に満ちたものだった[16]。ボ

---

[16] ポンポン蒸気船については、次の書籍に詳しく書かれている。酒井高男著「おもちゃの科学 — 手作りで知る新しい世界」(1977) 講談社。

図 7 - 20　ポンポン蒸気船の構造

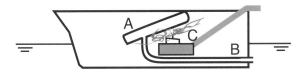

イラーＡがロウソクの炎Ｃで加熱され、容器内の水が沸騰し、その蒸気の高圧でパイプＢから水が噴流となり吐き出され、推力が得られる。その反動で、減圧して水が逆流すると膨張した蒸気が冷やされ収縮し水がボイラー内に入ってくる。これが繰り返され脈動してポンポン蒸気船は進んで行く。

6・2　進水式

　市販されているポンポン蒸気船のボイラーは、薄い上に伝熱面積が広いので、熱効率は羨ましいほどよい。白銀は酒井高男に倣って、パイプ巻きのボイラーをつくって船体に取り付け走らせてみたが、市販のものにはかなわなかった。スピードがまるで違うのである。こうなっては、市販のものを真似てみることにした。こうして、子どもたちとポンポン蒸気船作りに取りかかったが、なにせやみくも作りゆえ、船体の材料は生徒持ち、ボイラーの素材は生徒が１年生の時の板金加工でとっておいたトタン板の切れ端、内径３mmの銅パイプだけをあてがわれた。とにかく作ってみないことにははじまらないのである。

　みんなが注視する中で、Ｍ君が口に水を含み、船尾から突き出た噴出孔から水が飛び出たのを確めると船体を水面に浮かべる。彼の船体は台所用洗剤の容器である。ちなみに、生徒たちが家から持ち出してきた船体の素材といえば、アルミの製氷器、アルマイトの弁当箱、発泡スチロール、バルサ、それにＭ君が発案した中性洗剤の容器といったところである。

ことに中性洗剤の容器は、生徒たちの間にひとつのブームさえ引き起こした程だった。軽いということと、なによりもその安易さが受けたのだろう。

　さて、生徒が仏壇からかすめてきたというロウソクに火をつけ、ボイラーの裏側が煤ばみだしたころ、船は突如走り出した。子どもたちから歓声が起こる。船は次第にスピードを増して行くが、市販のもの程ではない。しかもあの快い音はない。静かなのである。多分トタン板では、ボイラー内の圧力の変化に応じた振動がうまくできないのだろう。しばらくして、異様な音とともにボイラーの継ぎ目のところのハンダが融け始め、やがてそこから蒸気が噴き出してくる。船のスピードは急激に落ちてゆく……わずか数分足らずの進水式であった。

6·3　奮闘記は続く

ポンポン蒸気船作りの1年目は、つぎのような課題を残したといえる。

1. パイプを曲げてボイラーを作った酒井高男氏の方法をもう一度見直し、それをさらに発展させることはできないものか。
2. スピードは、ボイラーだけの機能で得られるわけではない。船体の研究もともなわせて進めていかなくてはなるまい。
3. 市販されているポンポン蒸気船は、なんといっても軽い。それに対抗するには今のところ火力で勝負するしかない。そのためには船体を金属製にするのが一番いい。しかも、金属板は、子どもたちが自由に船体を設計するのに都合がいいだろう。

　このように、白銀一則は、機械学習と金属加工（薄板金加工）の教材としてポンポン蒸気船を試作し、1年目の実践と課題を記している。その後の奮闘記は、「ポンポン蒸気船づくりその後 ― 子どもの現像を求めて」に記されている[30]。そこには、班編成による子どもたちの活動は、船体の形はどうするか、ボイラーパイプの丸め回数はどうするか、丸めるときの形はどんな形が良いのか、そのエンジンを船体に取り付ける向きをどうす

るか、蒸気噴出孔の向きはどうするか、その長さはどのくらいが良いのか、など遊びのような生徒もいる中、てんやわんやの騒ぎだったことが、独特の「語り」で述べられている。

先に挙げた白銀一則の実践は、1970年代の頃で技術・家庭科（男子向き）の学習時間数が各学年3時間あったときのものである。この実践を引き継いだ一つとして居川幸三の「時間を節約できるケント紙製ポンポン船」[31) がある。居川幸三は、実践の意図を

‖‖

これまで機械領域では、エネルギー変換の学習として、ポンポン蒸気船をつくらせていたのだが、船体を銅板や黄銅板で組み立てるのには、金属加工の技術をいくつも指導する必要があり、時間もたくさんかかった。しかし、エネルギー変換を教える教材としては、このエンジンは簡単に作ることができ、原理もわかりやすい教材なので、なんとか今後も使えないかと考えている。そこで思い出したのが以前、産教連で提起された、「紙でつくるポンポン船」である。短時間でできあがり、失敗をおそれず、みんなが楽しめるよい教材である。もちろん、走行原理は一見簡単そうであるが、その内容は侮れない。指導時間数の目安は5時間ほどであるが、どのようにすれば最高の走りが得られるかという課題の追究には限りないものがある。

‖‖

と述べ、つぎのように具体的な実践を記している。

6·4　船体作り

ケント紙（B5の大きさ）、アルミテープ（のり付き）、水性塗料。図7-21に示す船の展開図をケント紙に印刷する。製作は、展開図の紙を切って折り曲げ、速乾ボンドで貼り合わせるだけなので、30分もあれば組み立て

図7-21 船の展開図

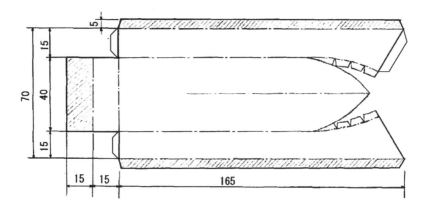

られる。できあがったものから順に塗装をしていく。塗装は、見映えをよくするだけでなく、防水のために絶対必要なものである。また塗膜によって、ケント紙も丈夫になる。塗料は油性を使いたいのだが、水性でも十分である。

作業のポイントを以下に示す。

1. 折り曲げるところは、定規などを当てるときれいで確実に曲げられる。
2. 図中の斜線部位は補強部分なので、切り取らないでていねいに折り曲げ、速乾ボンドで貼り付ける。
3. 隙間が空いていると浸水するので、ボンドを薄く塗っておくとよい。
4. アルミテープは防火用で、船体の内側横だけでなく後側にも貼っておく。

6·5　エンジン部の加工

焼きなましをした銅パイプ（径3 mm×300 mm）[17]、耐熱性ボンドを

---

[17] 焼きなますと加工硬化を除去でき、柔らかくなるので曲げ加工し易い。

図7‒22　ケント紙で作るポンポン蒸気船のエンジン部分の構造

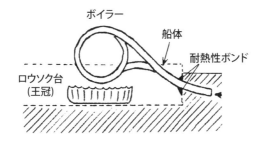

用意する。エンジンは銅パイプによるボイラーである。パイプの加工は、
細マジックにパイプを2〜3回巻き付ければできあがり。蒸気の吹き出
し部分の長さは切りそろえ、ボイラー部分の形を整えておく。先端の穴も
きれいに磨いておく必要がある。組立はすぐに終わるので、もう一度ポン
ポン船の動くしくみをふりかえり、エンジン（パイプ）を船体にどのよう
に取り付けたらよいか考えさせたい。ボイラーの形や、取りつけ位置の微
妙な差で、完成度は大きく違ってくる。

　組立は、船尾にキリで穴をあけ、ボイラーを取り付ける。パイプの周り
は水が入らないように、耐熱性のボンドで固め、図7-22のように王冠を
はさんで動かないように固定しておく。

7 熱機関の導入実験と授業

　授業の導入方法はさまざまである。しかも大変重要である。内燃機関の学習ではこれまで次のような導入的な実験があった。例えば 100 円ライターの圧電装置とフィルムケースを使って混合気に点火爆発させる実験[32]、太い透明のビニールチューブの側面に細いチューブを繋ぎ、それを水を張ったバケツに入れ、太いチューブの一端からブロアーで風を送って霧化させる気化器の実験[33]、乾電池とスイッチを使って変圧器に繋がっている 100 V 用のネオンランプを瞬時点灯させる、つまり高電圧発生の仕組みを理解させる実験[34] などは多くの教員が実践していた。だが、これらの実験は一定の効果はあるが、意外と一過性で終わり単元全体にわたって興味関心を持続させるとはいいがたい。その他に、熱機関の授業導入実践報告[35,36]がある*18。そんななか、つぎの熊谷穣重の体験談[38]には引き込まれる。

7·1　体験談を授業の導入に生かす

　床に穴があくほどのポンコツスバル（スバルサンバー 360 cc）を手に入れた熊谷穣重は、それを再生し 2 年ほど走り回っていた。ある研究会の帰路、いきなりスピードが落ちた。トンネル内での停車は極めて危険なので JAF に連絡した。到着するなり JAF のお兄さんは様子を聞くと「ああパンクだ」と一声言ったかと思うと、プラグをはずし、ドライバーの先を入れてみて「これはすぐ直りません。牽引します」と言って、インターまで牽引してくれた。車はそこに置き電車で帰宅した。インターまで車を

---

*18 熊谷達也「山背郷」[37]には、小説ではあるがディーゼルエンジンの前身といえる「焼玉エンジン」の構造と始動方法が推測できる描写があり参考になる。

受け取りに来て修理してくれた修理屋さんは言う。「このピストンは貴重なものだから大切にしなさいよ!」「最近の車は優秀でピストンが焼けて穴があくというようなことはない」と。車を買うより高くついた修理代だったが妙に納得できたという。これがピストンの話につながる。

彼らが急に顔をこっちに向けた

「パンクと言うのはね……」とちょっとした講釈をして、ピストンを掲げて見せた。誰も振り向かない。がっくり!! ところが、「ほらここに穴があいているんだ!（図7-23）その時突然、立ち歩いていた者も、おしゃべりをしていた者も一瞬静かになって顔をこちらに向けた。なぜ彼らが急に顔をこっちに向けるのだろうか？ 後を向いていても、人と話をしていても、気持や心はこちらを向いているのだということがわかる。

「先生、なぜ穴があいているんだい!」「なぜだか考えてみな」「ドリルであけたのかな」「いやちがうよ」「ハンマーで打ったんだ」「いやちがう」いよいよ奇怪なことになってきた。そこで私ももったいぶって、おもむろに解明すべく授業に入ろうと思ったが、またそっぽを向かれるのが関の山だ、今日の1時間は無駄になってもと思い、なぜピストンの頭部に穴があいたのかの話をした。生徒たちはみんなこっちを向いている。何となく

図7-23 穴のあいたピストン

今までの生徒ではないように思えた。こんな経験談のどこがおもしろいのだろうか。半分先生の自慢話みたいなものが興味あるんだなぁ、と感じた。

　つぎの時間、別のクラスの生徒から、「穴のあいたピストンの話してくれよー」と授業のはじめに要求があった。前のクラスの生徒が話したんだろう。「それじゃするかー」というわけで、同じ話を二度してしまった。ピストンの話を聞いた生徒に「わかったかなー？」と問うと、うーん。ため息だけだったが、生徒の顔にほのぼのとした明るさが見えて来た時、この1時間は無駄ではなかったと思った。

7·2　体験談で基本理解への関心が高まる

　このような話でも生徒はしっかり覚えていて、技術室に来ると穴のあいたピストンやクラッチ板をじっくり見るようになった。こんな話をしなければ「ただ穴のあいたピストン」や「すり減ったクラッチ板」だけで終わったものを、私のつたない体験談を通して、内燃機関の性能、役割、材質の重要性などへの関心や理解がより一層深まった。

　授業を進めている私自身、ああおもしろくないなぁと思う時がある。生徒は50分授業の中でどんなにか退屈だろうと考えることがある。しかし、前述のような話をしてやると、生徒の目は生き生きと感じとってくれる。教科書どおりでは乗ってこない子どもたちなのである。やはりこれが本当の姿なのだろうとつくづく感じる。授業に来ない生徒もいる。呼びに行くと「今日何やるの、わからないから行きたくない」とか「おもしろくないんだもん」などと言う。その当人が家ではポケットバイクを乗りまわしている。技術的にもエンジンのベテランである。学校の授業がばからしいのか。手を焼く生徒が多くなっている。こんな生徒も時たま、よくやる時もあるし、話に乗ってくる時もある。そうした時、こちらが手を抜いたりすると、すぐにわかってしまう。「先生、手を抜かずにしっかりやってくれよなー」と言われたことがあった。

参考文献

1) 佐藤禎一，古いワインを新しい皮袋に ― どうなる自転車・ミシンの学習，技術教室，No. 430, pp. 38-42 (1988)

2) 小林謙一編纂「スーパーカブの軌跡 ― 世界を駆けるロングセラー 1952 - 2018」(2018)，p. 169, 三樹書房

3) 佐藤禎一，「機械学習」の典型教材をさぐる ― 私の典型教材（その2），技術教室，No. 396, pp. 30-36 (1985)

4) 小池一清，産教連への出会いと機械学習の自主編成，技術教室，No. 445, pp. 14-17 (1989)

5) 小池一清，男女が共に学ぶ機械学習 ― その内容と展開，技術教室，No. 396, pp. 37-40 (1985)

6) 牧村高男，ミシン縫合原理説明具の製作，技術教育，No. 139, pp. 58-61 (1964)

7) 杉原博子，ミシン操作の学習で機械を学ぶ，技術教室，No. 388, pp. 16-21 (1984)

8) 小池一清，基本事項の再検討 わかる楽しい学習展開を，技術教室，No. 424, pp. 15-18 (1987)

9) 学習指導要領 1958（昭和 33）年告示 1962-71 年度実施
https://www.nier.go.jp/guideline/s33j/chap2-8.htm

10) 学習指導要領 1969（昭和 44）年告示 1972-80 年度実施
https://www.nier.go.jp/guideline/s44j/chap2-8.htm

11) 学習指導要領 1977（昭和 52）年告示 1981-92 年度実施
https://www.nier.go.jp/guideline/s52j/chap2-8.htm

12) 津沢豊志，動く模型の 30 年，技術教室，No. 445, pp. 32-34 (1989)

13) 津沢豊志，機械の製作学習に対する一考察 ― ミシンを模型化する製作学習について，技術教育，No. 239, pp. 31-33 (1972)

14) 津沢豊志，教材・教具の研究 ― 厚紙で作るミシン機構模型 (I)，技術教室，No. 317, pp. 71-72 (1978)

15) 谷 正好，機械学習 ― 自転車（男子向き），技術教育，No. 82, pp. 23-27 (1959)

16) 田端七郎，自転車の授業実践，技術教育，No. 262, pp. 28-31 (1974)

17) 本間政彦，機構模型の製作，技術教育，No. 278, pp. 21-22 (1975)

18) 鈴木賢治，機構模型で機械学習は可能か ― 力学の視点を重視しよう，技術教室，No. 396, pp. 4-9 (1985)

19) 土田 敏，流体力学を取り入れた飛行機作り，技術教室，No. 409, pp. 51-55 (1986)

20) 内藤達彦，流体を取り入れた機構学習，技術教室，No. 461, pp. 46-52 (1990)

21) 武藤 徹, 三浦基弘編「数える・はかる・単位の事典」(2017), p. 170, 東京堂出版

22) 新しい技術・家庭(技術分野), p. 113, 東京書籍 (2012 年) に資料として掲載されている

23) 藤木 勝, エネルギー変換の明確なベビーエレファント号, 技術教室, No. 700, pp. 28-31 (2010)

24) 藤木 勝, 新しいスチームエンジンの開発, 技術教室, No. 430, pp. 10-15 (1988)

25) 藤木 勝, 蒸気自動車にかかわる実践と問題点, 技術教室, No. 444, pp. 35-39 (1989)

26) 藤木 勝, 教材の価値を探る, 技術教室, No. 473, pp. 12-18 (1991)

27) 技術教室編集部, ワット驚く蒸気機関づくり — 公開授業再現記, 技術教室, No. 548, pp. 46-52 (1998)

28) 藤木 勝, エネルギー変換の学習ならやはり蒸気だ, 技術教室, No. 611, pp. 42-45 (2003)

29) 白銀一則, ポンポン蒸気船づくり, 技術教室, No. 339, pp. 60-65, (1980)

30) 白銀一則, ポンポン蒸気船づくりその後 — 子どもの現像を求めて, 技術教室, No. 343, pp. 88-94 (1981)

31) 居川幸三, 時間を節約できるケント紙製ポンポン船, 技術教室, No. 586, pp. 10-15 (2001)

32) 足立 止, すぐに使える教材・教具 (33) フィルムケース銃, 技術教室, No. 413, pp. 94-95 (1986)

33) 藤木 勝, すぐに使える教材・教具 (31) 気化器の原理, 技術教室, No. 411, pp. 94-95 (1986)

34) 平井 屯, 点火装置の教具製作, 技術教育, No. 203, pp. 14-16 (1969) 製作した実用的点火装置教具の実験結果が記されている。従来型の点火装置教具の紹介もある。

35) 牧島高男, ガソリン機関の気化器をどう教えるか, 技術教育, No. 227, pp. 17-23 (1971)

36) 保泉信二, 燃料をどう教えたか — 生活とのかかわりを求めて, 技術教育, No. 235, pp. 9-12 (1972)

37) 熊谷達也「山背郷」(2004), 集英社文庫

38) 熊谷穣重, あたまに穴があいたピストン — ポンコツ車体験を導入に生かして, 技術教室, No. 351, pp. 15-20 (1981)

第8章

電気の授業

◇◇◇◇◇◇◇◇◇

電気現象の理解を
大切にした教材

1 電気を知る

1・1 電気学習の現状

　電気に関する領域は、1998（平成10）年告示、2002（平成14）年施行の学習指導要領により、技術分野「A技術とものづくり」の中に押し込まれた。これにより、それまで独立して設定されていたA木材加工、B電気、C金属加工、D機械、E栽培の領域が一つになり、「(5) エネルギーの変換を利用した製作品の設計・製作について、次の事項を指導する。ア) エネルギーの変換方法や力の伝達の仕組みを知り、それらを利用した製作品の設計ができること、イ) 製作品の組立て・調整や、電気回路の配線・点検ができること」と表記された。これは、あまりにも安易な機械と電気の統合である。その結果、ロボコンの実践が数多く取り組まれるようになった。本来は、電気の性質と法則を理解しながら、電気回路を作ったり、利用する技術を学ぶことが重視されるべきである。

　以前は、「電気」の授業というだけで興味を持ち、中学校の教科書レベルでは足りず、もっと難しい学習を追い求めたい生徒が何人かいて、目を輝かせていた。しかし、電気製品があふれ、かつ高度化している現在では、電気そのものには興味が湧かず、いかに楽しく使えるかに興味が移っている。

　その原因の一つは、授業時数が少なくなり、教える内容が簡略化され、生徒が興味を持ち「もっと学習を深めていきたい」と感じる前に授業が終わってしまうことにある。確かに、教える内容は簡単になり、学習内容の奥深さがなくなった。学ぶことの奥深さを、教師はもっと意識して授業に取り組んでいかなければならない。難しいことを避けて通りたいと思う気持ちは、誰でも持っているものである。しかし、難しいと感じることをひ

とたび理解できると、授業が楽しくて仕方がない。そういうのが学問の奥深さではなかろうか。授業時数の減少で電気に関する理論的な学習を生徒が理解できるまで指導できなくなった原因に時間数の減少が最も影響している。

どのように学習内容が変わったとしても、電気を利用するからには、次のことを学ばなければならない[1]。

(1) 電気を効率的かつ安全な使い方を考えることができる。そのためには、
- ◉回路図が読めて書けること
  - ▪ 電流が回路のどこをどのように流れるのかがわかる
  - ▪ 回路の中での各部品のはたらきがわかる
  - ▪ 回路図と実際の回路とが結びつけられる
- ◉正しく電圧や電流を測定できる
  - ▪ 回路計をはじめとする測定器具を適切に使用できる
  - ▪ 公式や法則を使って測定結果を処理・判断できる
- ◉電気の特徴（直流・交流）を理解できる

(2) 必要な工具を使って確実な作業ができる
- ◉電気器具の簡単な修理ができる
  - ▪ 電気工具を適切に用いることができる
  - ▪ 部品を接合するためのハンダ付けが的確にできる

(3) 半導体の性質を知り、適切に用いることができる
- ◉ダイオードからIC[*1]まで働きがわかる

(4) 電気エネルギーと環境について知る

これらを学ぶことで電気について、少しは系統的な知識を身に付けることができる。部品の名前や構造がわかり、組立に習熟するまでになることは理想的である。一方、その部品の仕組みや回路の原理や法則を身に付けていなかったとしても、電気工作で身につけた能力は貴重な教育的意義を

---

*1　IC（integrated circuit）は、集積回路とも言われ、半導体や配線のパターンを積層して、複雑な機能を持つ回路を言う。モジュール化され、特定の機能を持つように作られている。

持つ。なぜならば、技術が発達して高度な技術が社会生活に浸透するほど、国民は実生活の背景に隠れた電気技術に疎くなる。技術教育において電気工作で学んだことは、電気を扱うための重要な技術的素養を与えるはずである。

1・2 電気をどう教えるか

電気についての知識がない児童でも、TV ゲームをはじめとしてスマホを自由に扱う時代で、何不自由なく生活している世の中になっている。このような現代においても、ひとたび災害が発生すれば、スマホの電源は切れ使いものにならない。暗い夜を過ごすはめになる。ゆえに、電気とは何かについて知る必要がある。電気エネルギーについて身近な題材に触れて仕組みを知り、技術的なことを知ることが大切である。

理科でも電気学習は難しいとされるので、技術では日常生活に密着した中から電気を学ばせていき、少しずつ理論的な内容に入って行くのがよい。電気は目に見えないので、生徒が理解しやすいよう、光や熱や動力など電気を目に見える形にした教具をできるだけ活用し、授業に臨むようにするのがよい[2]。

授業は導入が重要である。特に、電気理論の授業では座学形式になりがちである。少し言い過ぎと思うが、内容が理解できない生徒にとって、それは難しく興味のない退屈な授業でしかない。少しでも興味を持たせるためにも、まず導入段階で電気の様々な現象を提示し、電気とは何かについて興味を持たせることが大きなポイントになる。

1・3 簡単な電気回路をまず作らせる

電気学習の最初は、何から始めるのがよいか？　今まで、「電気と現在の生活」「電気の歴史」といった話から入っていくパターンが多かったが、

図 8-1　電気回路展開板

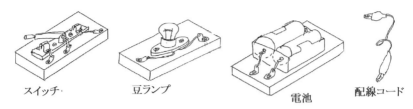

スイッチ　　　　豆ランプ　　　　　　電池　　　配線コード

　それでは、生徒もなかなか食いついてくれない。そこでいきなり、普通の
裸の豆球1個、エナメル線1本（15 cm 程度）、単2乾電池1個、小さな
紙ヤスリ1枚を生徒全員に配り、次の課題を出した。

　　T　「いま君たちは、真暗闇の洞窟に迷い込んでしまいました。持ち
　　　　物は、今配ったものしかありません。このままでは飢え死にです。
　　　　早く、明りをつけて脱出してください。さあ、誰が一番最初に豆
　　　　球をつけることができるでしょうか。制限時間は5分!」

　こんな簡単なことは、すぐできると思ったのだが、5分で10人程度で
ある。このあと、豆球の構造（スケッチさせる）、エナメル線とは、電流
の通り道（回路）、乾電池のつなぎ方（直列と並列）という基本的な知識
（というより小学校、理科の復習）を確認するだけである。

◇**電気回路展開板で遊ぶ**　乾電池、豆球、ブザー、切り替えスイッチ
　を板にとり付け、ミノ虫クリップ付きコードで配線をするのに、図
　8-1 に示す電気回路展開板を数多く用意し、最低でも2人に1つの
　展開板を用意する。そして、ほぼ1時間、実習させる（遊ばせる?）。
　ただし、正しく回路が組めるには個人差がかなりあり、個別指導が
　大切である。また、早くできる生徒に対する対策も必要になる。例
　えば、階段の三路スイッチを利用した回路などを考えさせるなどの
　工夫をする。

1・4　簡単な回路の配線

電気回路展開板、みの虫クリップ付コードを利用して、次の回路を配線させる。

課題1　スイッチで豆球を点滅

課題2　スイッチ1、スイッチ2どちらでも豆球を点滅できる回路

課題3　スイッチ1、スイッチ2両方をONにしないと豆球が点灯しない回路

課題4　切り替えスイッチを使い、豆球1と豆球2を交互に点滅できる回路

ある程度回路ができたら、課題1の回路が日常生活のなかのどこに使われているかを生徒とともに考えてみる。途中でヒントを与えるなどして、課題1の解答（図8-2左端）の回路図になることを導き出して、課題2に移る。課題1の回路図と同じものが教科書に載っていることに気づいた生徒がいれば、全員に知らせる。もし、だれも気づかなければ、教師側から教科書に載っていることを紹介する。

課題4まで終わった生徒に、図8-3の階段にあるような2カ所で自由に電灯を点けたり消したりできる回路図を考えさせるが、ヒントなしでは難しいようである。切り替えスイッチを2つ組み合わせて回路を作るというヒントを出しても、独力で正しい回路図にたどり着くのはごく少数の生徒だけである。

ある程度の答えが出たところで、用意してある電気回路展開板で、課題の回路がどのようなものかを生徒の目の前で実際に実演してみせる。黒板の前にやってきて、教具を自分の手でさわって確かめる生徒や教室の外へ出て廊下のスイッチが切り替えスイッチ（三路スイッチと呼んでいる）なのかどうかを確認に行く生徒がいる。電気学習の導入として最適である[3]。

その後、電気部品をいくつか組み合わせることで、目的の回路ができる

図 8 - 2　回路問題解答

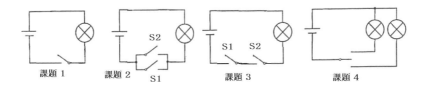

課題 1　　　課題 2　　　課題 3　　　課題 4

図 8 - 3　階段回路（三路スイッチ）

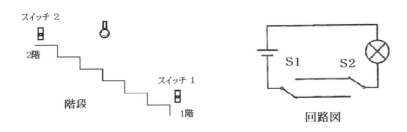

ことを理解したら、今後の電気学習のために回路定数にも触れる必要がある。

課題 1 の回路で次のような部分に分け考えさせる。

電源　電流を流す源となる（電圧・電流）

負荷　電源からエネルギーの供給を受けて、別のエネルギーに変換する（抵抗）

導線　電流を通す部分（電線）

電力　電気回路で単位時間に消費される電気エネルギーの量

電圧（V）×電流（A）で表す。単位はワット（W）

しかし、理科でも習っているはずのオームの法則に触れるが、生徒は途端に難しさを感じるようである。これは、学習した形式的原理と実際の現象が統一されていない、真の認識となっていないことが原因である。そこで、理論的アプローチするのではなく、目の前で現象をよく知ることが必

要である。簡単な回路を作り、スライダックなどを用いて電圧を変化させて電球の明るさの違いを見せる。そのとき、電圧・電流（テスターなどでチェック）を測定することも大切になる。

　最後に、部品や導線のつながり方を図に表したものを配線図（回路図）といい、実物をシンボル化した記号を用いて書くことも学ぶ。

❷ 発電・送電

2·1 電気の種類

電気にはどんな種類があるかと質問すると、交流、直流、プラス、マイナス、静電気、摩擦電気などと答える。それらはどう違うのかと投げかけると答えが返ってこない。理科の授業である程度習っていると見えて、直流はどんな電流か質問すると、乾電池やバッテリーのような電気で図8-4の左のように一定の電圧を持って一定時間連続して同じ方向に流れることは理解している[4]。

このような反応が起こる原因は明確である。言葉を知るだけの学習が大半を占めているからである。言葉の中にある意味、概念をしっかり理解しないまま育っていることに気が付く。言葉は知っているが説明できない状態のまま学習が進んでおり、それは大学生のレベルになってもそのままである。大学の授業でも「言葉は知っていますが、わかりません」という返事は日常茶飯事である。

これは、表面的理解だけで済ませてきた教育の結果である。このような教育を改善することが、いま大切になっているのではないだろうか。言葉だけでなく、その内面の理解を中心に据えた授業や評価が必要である。そ

図 8 − 4　直流・交流の波形

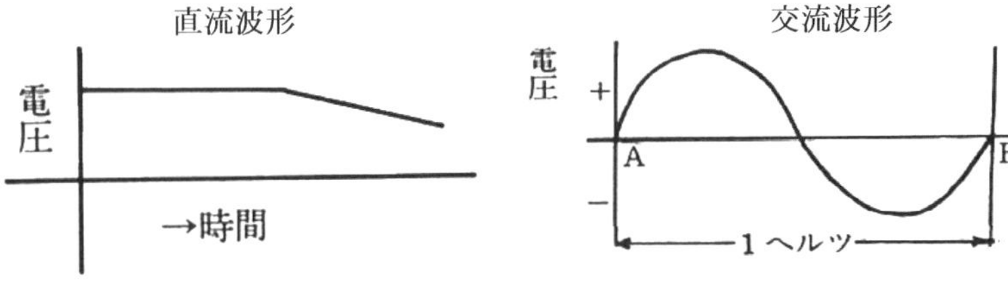

のためには、「興味・関心・態度」の観点別評価ではなく、「できる」ことを大切にすべきである。

2·2　電気を作る

　電気は難しいと思っていたものが、意外に身近にあることがわかったとき、生徒たちは電気に興味を持つようになる。そこで、電気を割合と簡単に手作りできる教材として、電池作りがある。バケツの中に水を入れ、塩（薄い塩酸の方がよい）を少し入れて電解液を作りワニ口クリップの先端に銅板とアルミ板を咥えさせて、それぞれの板（電極板）を水に入れ、テスターの直流（DC）0.5 mA の端子に接続する[*2]。針が動くので電気が発生したことがわかる[5]。

　メーターの針が微妙に動く程度では理解しにくい。もう少し発電量が多いのが、図 8-5 (a) に示す備長炭の電池である。備長炭は、紀州藩と呼ばれていた頃から盛んに作られていたもので、一般的な炭より高密度で硬い。備長炭電池の製作に必要な材料は、備長炭・ティッシュペーパー・アルミホイル・食塩水である。作り方を次に示す。

①ティッシュペーパー数枚を食塩水に浸す（水に浸したティッシュペーパーに食塩をふりかけてもよい）。

②備長炭の両端が少しでるようにして、①のティッシュペーパーを巻き付ける。

③ティッシュペーパーの上にアルミホイルを巻き付ける。この時、アルミホイルと備長炭が接触しないようにする。

④備長炭とアルミホイルの端に、ミノムシクリップ付きリード線を挟んで完成する。

---

*2　銅板につながるワニ口クリップを ＋の端子に、アルミニウム板につながるワニ口クリップを −の端子に接続する。銅よりもイオン化傾向の大きいアルミニウムが Al^{3+} のイオンとなって溶け出し、−極から電子 e が導線に流れる。

図 8 - 5　備長炭電池とメロディ IC 回路

(a) 備長炭乾電池

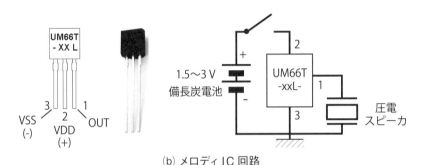

(b) メロディ IC 回路

　備長炭が正極（プラスまたは＋）、アルミホイルは負極（マイナスまたは−）になる。また、一般的な炭は密度が少ないので、電気抵抗が大きく電池の材料としては適さない。備長炭は樫を原料としており、密度が高いので電気抵抗が小さく[3]、電池作りにも最適である。

　備長炭電池ができたら、図 8-5 (b) に示すメロディ IC 回路の電池の位置に備長炭電池を接続して音を出してみよう[4]。また、低電力の LED ならば十分に光るので、電気が起きていることがわかる[5]。長時間備長炭電池

---

*3　木材の密度は、樫 0.9 g/cm^3、欅 0.7 g/cm^3、檜 0.4 g/cm^3、杉 0.4 g/cm^3、0.3 g/cm^3 である。

*4　メロディー IC は、UM66T や UM88T など 3 本足の構成と役割は同じである。規格の xxL の xx は数字を表しており、xx の番号によりメロディが決まる。

*5　起電力が小さくてメロディーや LED が光らないのであれば、備長炭を直接につなぐ方法も考えられる。

を使い続けると、アルミホイルに穴があき、ぼろぼろになる。生徒に「電池が減るってこのことかな」と話すと、なんとなく納得してくれる[6]。

2·3　電力を作ろう

　備長炭電池は化学反応を利用したもので、大きなものを動かすには力不足である。ボルタの電池などができてから、電気に関する研究はずいぶん進んだが、電気をエネルギーとして大量に利用するために、もっと別の方法で電力を作る必要が生じた。つまり、運動エネルギーなどの他のエネルギーから電力へ変換が必要になる。電気の発生には、電磁誘導を用いた発電機の出現まで待たなければならい。技術史の観点から、今日までの発送電システムの発達について学習する授業の進め方も役に立つ。

　発電機はコイルと磁石から電気を得ることができる。まず、図8-6の実験により、電流が流れると磁力が生じることを理解する必要がある。フレミングの右手の法則を確認するためには、電気ブランコ図8-7の実験をすると良い。馬蹄形（馬のひづめ）磁石を図のようにおいて、エナメル線をコイル状にし、上からつるしたものである。この両端に1.5 Vの乾電池をつなぐとコイルは力を受ける。それは右手の法則のようにAの方向に力を受け、＋と−を逆にするとBのように力を受ける。また電池のかわりに検流計（小さな電流でも反応するメータ）を入れAの方向に手で動かしてみると、（アからイ）の方向に電流が流れたことがわかり、Bの方向に動かしてみると、（イからア）の方向に電流が流れたことがわかる[7]。

　発電機のもとになる原理を発見したのはファラデーである。彼はエルステッドが発見した磁気作用をもとに、電流で磁石を作ることができるならば逆に磁石から電流を取り出すことができるのではないかと考えた。1831年、磁界の中で導線が磁力線を切るように動かしさえすれば、電流が発生するという電磁誘導の法則を発見し、今日の電磁気学の基礎を作った。

図8−6　電磁誘導

電磁石の製作

製作　5cmのクギに60cmのエナメル線
　　　をまいて、1.5Vの乾電池を接
　　　続し電磁石になることをたしか
　　　めてみよう。
　　　磁石には磁力線・磁界がある。

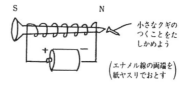

電　磁　石　　　　　　永久磁石　　　　　　　　　　磁力線

（NからSに磁力線がでる）

発電の原理　　磁力線を導体が切ると導体の中に電流が流れる

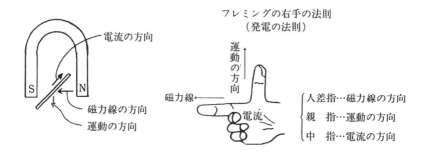

フレミングの右手の法則
（発電の法則）

人差指…磁力線の方向
親　指…運動の方向
中　指…電流の方向

図8−7　電気ブランコ

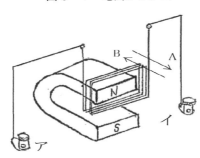

2·4 交流発電機の原理

　実際の発電機は、図8-8のように永久磁石の中にあるコイルを回転させると、コイルが磁力線を切って運動をする。このときにコイルに電流が流れる（右手の法則）。その場合、回転子のコイルが位置aのときは磁力線と平行になるだけで切ることにならないので電流が流れない。次に回転して位置bになったときは磁力線を切るので電流が発生する。回転により、磁力線の切り方がちがうので角度により起電力が大きくなったり小さくなったりする。図のようなsin関数の交流波形ができる[8]。

　以上のような内容で発電の仕組み、原理、製作を行った。所々難しい箇所があったが、かえって、そこがわからないからもっとよく説明してくださいとか、永久磁石はどうして作るのかとか、sinとは何かなど、質問ぜめにあって四苦八苦したことを憶えている。

　交流とは一定時間の間に＋になったり−になったり、電流の流れる向きが変わるので、1秒間にそれが何回あるかをヘルツ（Hz）といい、関東地方では1秒間にこの波が50あるので50 Hzという。富士川から西の方では60 Hzの交流を使用している。この波形を表示するものとしてオシロスコープがある。　50 Hzを見せた次に、100 Hzを見せると1定間隙の間にできる波の数が倍になることがわかる。また、はじめ10 Vの電圧

図 8 − 8　交流の発電

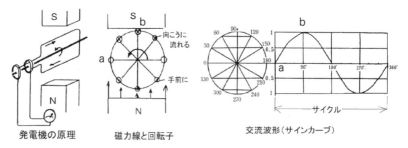

発電機の原理　　　磁力線と回転子　　　交流波形（サインカーブ）

を提示し、次にスライダックの電圧を 20 V に上げると、波形の振幅が倍になっていることに気がつく。よって、電圧が高くなるということは波の高さが変ることを目で見て理解できる。

2·5　交流を理解させる教具の自作と活用

　交流は「単に時間とともに電流の向きが変わる」と説明してもピンと来ない。まず、電気の流れ（電流）を水の流れに例えて考えさせる。しばしば直流電気の学習で、高い水槽から水を流し、高さは電圧、流れる水量は電流、途中の水車は負荷に例えて説明している[9]。

　図8-9を板書し、途中に取りつけられた水車を回転させる（仕事をしている）ことで話を進める。一例を示すと、閉じた水路の一部に、回転水車（負荷）構造の簡単な往復ポンプ（電源）にする。そして、このポンプを他の動力（水車などの他のエネルギー）で動かす。回転している水車の力で、クランク装置を通して閉じた中の往復ポンプを動かす。ポンプのピストンが 1 → 2 → 3 の方向に動くと、左側の配管の水が上（↑）の方向に動き、途中に入れてある水車が左回転する。その回転により「仕事」をす

図8‑9　水の流れを用いた交流電源の説明

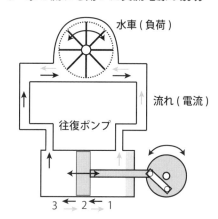

図 8 - 10　交流波形（電流で表した例）

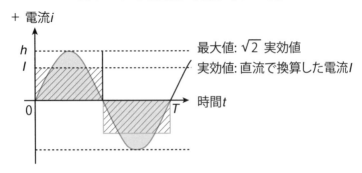

ることになる。ポンプは今度は 3 → 2 → 1 の方向に動き、右側の配管の
水が上（↑）の方向に動いて、水車は右回転に変わる。回転することによ
り、やはり「仕事」をする。水の圧力が「電圧」、水の流量が「電流」に
相当するので、太い配管で速く流れれば、電流は大きくなる。ピストンの
移動方向によって、水の流れの方向が変化する。このような電源が交流で
あり、ポンプが止まれば、水の流れ（電流）が止まるので、交流の電源は
貯めることができないことを理解させる。

　目に見えない電気の挙動を想像し、理解するのは生徒にとって容易では
ない。その理解を助ける方法の一つがアナロジー（類似性）を利用して説
明する手法である。前述では、水の流れの挙動を電気の流れに例えて理解
を促した。同様な例として、キルヒホフの法則[6]でも、水の流れを電流に
例えて説明できる。

　次に、交流の波形を図 8-10 のように書いて、最大値と実効値について
説明する。特に実効値は交流電圧・電流を示している値なので大切である。
変圧器などを用いて電源装置を作ると、想定より高い電圧になるのも最大
値があるからである。しかし、あまり深く立ち入ると生徒は難しさを感じ、
電気への興味を失うので交流電源の値は実効値を用いていることを示す程

---

[6]　ロシア生まれの物理学者、グスタブ・キルヒホフが 1845 年に発見した「任意の節点にお
　　いて流れ込む電流の和と流れ出る電流の和の大きさは等しい」をキルヒホフの法則という。

度でよい。例えば、交流 100 V は、実効値が 100 V に相当し、最大電圧
は 141 V になることを意味している。

　しかしながら、教える側の教員は実効値の意味を理解しておくと、深み
のある説明ができる。交流の電圧 $v(t)$ および電流 $i(t)$ は

$$v(t) = h\sin\omega t \,, \quad i(t) = h\sin\omega t \tag{8.1}$$

で定義される。ただし、ω , t は振動数と時間である。抵抗を R としオー
ムの法則から、電力 $W(t)$ は

$$W(t) = vi = Ri^2 = Rh^2 \sin^2 \omega t \tag{8.2}$$

で表せる。これを周期 T で積分して 1 周期分のエネルギー（仕事）E を
求めると、

$$E = \int_0^T Rh^2 \sin^2 \omega t \,\mathrm{d}t = Rh^2 \int_0^T \sin^2 \omega t \,\mathrm{d}t$$

$$= Rh^2 \int_0^T \frac{1-\cos 2\omega t}{2}\mathrm{d}t = \frac{Rh^2}{2} \left[t - \frac{1}{2\omega}\sin 2\omega t \right]_0^T = \frac{Rh^2}{2}\, T$$

となり、これを直流の電圧 V と電流 I の 1 周期 T のエネルギーで換算すると、

$$\frac{Rh^2}{2}\, T = V I T = R I^2 T \tag{8.3}$$

の関係が得られる。実効値電流は、直流で換算した電流 I を意味しているの
で、交流電流の高さ h （振幅）は

$$h = \sqrt{2}\, I \tag{8.4}$$

となる。実効電圧 V と交流電圧の高さ h も同様の関係になる。

2·6 交流電源を目で見てみよう

ある程度、交流とは何か考えさせたところで、目に見えるようにするために、ファンクションジェネレータやオシロスコープを準備するとよい[10]。

(1) **超低周波発振器**

交流電流の流れをゆっくりするためには、周波数を 0.5 Hz（1 Hz 程度の発振機なら安く手に入る）ぐらいまで下げられる発振器と、それを増幅するアンプが必要である。市販品には高価な物もあるが、発振機のキット（ファンクションジェネレータキット）を購入し、自作するとよい。

(2) **デジタルオシロスコープ**

USB オシロスコープを PC に接続すると、入力電圧を PC のディスプレーで表示できる。その波形をプロジェクターで提示することができる。また、波形を比較するには、2 現像オシロスコープがよい[*7]。

(3) **交流表示器**

図 8-11 の交流表示器は、ダイオードと電球を組み合わせたものと、発光ダイオードを組み合わせたものを示している。図 8-11 の電球を用いているものは、小学校から見慣れている電球なので身近に感じるようである。図右の LED を用いる場合、高輝度の LED では目に悪いので、低輝度の LED を並列に接続し、できる限り平面発光にするようにする。

(4) **スピーカー**

スピーカーのコーンの動きを見せたいので、30 cm 以上の大きいものが適している。

---

*7 2 現象オシロスコープは、画面に 2 つの波形を表示でき、2 つの波形を比較ことができる機能を持つオシロスコープである。

図 8 - 11　低周波発振器による実験

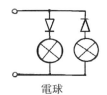

電球

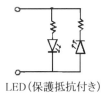

LED（保護抵抗付き）

◇**実験 1**　超低周波発振器に (3) 交流表示器を接続して、50 Hz 程度か
ら 1 Hz まで周波数を下げていくと電球（または LED）が交互に発
光するので電流の流れる方向が変わっているのがわかる。この教具
の仕組みは、2 つの豆球にダイオードをそれぞれ逆に直列につなぎ、
交流を入力すると半サイクルごとに交互に点滅する。乾電池のよう
な直流を入力すると、ダイオードによってどちらか一方しか点かな
いので、交流は電流の向きが周期的に変わることが理解できる。ダ
イオードを入れずにつなぐと明るさが増減するので電流が流れない
ときがあることがわかる。また、周波数の違いで点滅する早さが違
うので、周波数の概念もわかる。20 Hz 以上になると、ちらつきは
あるが点滅がわからない。

◇**実験 2**　(4) の 30 cm 程度のスピーカに乾電池をつなぐと、端子に加
わる極性によって、コーン紙が前に出るか、後へ引っこむかするの
を確認できる。次に超低周波発振器の 1 Hz 前後の交流を入力すると、
コーン紙はたいへんゆっくりと前後に動く。このことからも、直流
と交流の違いが理解でき。周波数を上げていくと、30 Hz 程度から
スピーカの振動が今度は音になって聞こえる。15 kHz 以上になると、
大人には聞こえないが、生徒にはうるさく聞こえるようで盛り上が
る[8]。また、交流が音に変化するという驚きが、生徒たちに興味を引

---

[8]　人間の聴覚が働く領域、可聴域は 20 Hz ～ 15 kHz 程度である。

き起こすようである。

2·7　交流の優れた性質

　交流電源の極性が、時間とともに変わることが理解できると、その次に学ぶべき重要な事項は、電流の変化が電磁場の変化を引き起こす電磁誘導である。それを利用して電圧を変えるのが、図8-12に示す変圧器（トランス）である。

　直流を1次側につないでも、2次側に一瞬電圧が出るが、その後は何の変化も見られない。しかし、交流では電流が時間とともに変化するので、1次側のコイルの電流が変化し、1次側で作られる磁束も変化する。磁束の変化により電圧が作られるので、図8-12の2次コイル側の磁束が変化して、2次コイル側にも電圧が発生する。当然ながら、エネルギーは保存されるので、電力（＝電圧×電流）は1次側でも2次側でも等しくなる。

　電磁誘導は、電気を支配する重要な法則である。磁場と電場には相互作用があり、その変化により電流や電圧が変化する。この概念を教えても、生徒が理解できるとは限らない。しかし、変圧器の実験をはじめ、磁場と電場の実験、フレミングの左手の法則、電動機など、小学校から高校の間にたくさんの実験を重ねてようやく本質の理解にたどり着くのである。確かに効率はよくないが、子どもたちの理解、認識の筋道は、人類の認識過程と同じである。そこを忘れて、文言だけ、結論だけを憶える教育方法が

図8-12　変圧器

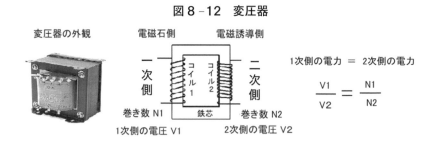

変圧器の外観

電磁石側　　　電磁誘導側

一次側　コイル1　コイル2　二次側

巻き数 N1　　鉄芯　　巻き数 N2
1次側の電圧 V1　　2次側の電圧 V2

1次側の電力　＝　2次側の電力

$$\frac{V1}{V2} = \frac{N1}{N2}$$

横行した結果、学力が低下し理科離れが起きている。

2·8　高圧送電を実験で教える

　子どもたちが、少しずつ理解を進めて行くには、変圧器だけでは不充分となる。変圧器についての授業をしていると、よく次のように質問される。生徒「じゃあ、トランスを使えばいっくらでも電圧を上げられるんやね」私「そうや」生徒「そんなら家にトランスつけて電圧びゅっと上げて使ったら電気代めっちゃ得するやん」。この生徒は、変圧器の働きをきちんと理解できていない。しかし、変圧器の働きのすばらしさに心をひかれている。電圧を好きなだけ上げられたら電気代を得するのではないか、という疑問は、次に、1 次側と 2 次側では電力は不変という大切な理屈へと発展するはずである[*9]。

送電の仕組みを教える授業

　授業で送電の仕組みを教えることを実生活や身の回りの事例で示すことが大切である。送電の仕組みを教える次の授業は、その典型例である [11]。

T 「君らの家の近くの電柱の上に灰色に塗った箱みたいなものがついとるやろ、あれ何や？」

S 「トランス」

T 「そうやな、ところであのトランスはどういう役目をしとるのや」

S 「電圧を下げる」

T 「そうやな、あのトランスは柱上変圧器というて、変電所から送られてきた 6600 V とか 3300 V とかの電圧を、家庭用の 100 V とか動力用の 220 V とかに下げる役目をしとるんやな。発電所で

[*9]　実際は、鉄心のケイ素鋼板の中ではヒステリシスによる鉄損が生じる。ゆえに、周波数が大きくなると鉄損が生じる。また、コイルの電流が大きいと銅損が生じる。変圧器や電動機では、これらの損失がすべて熱となって失われ、変換効率を損なう結果となる。

発電された電気は、まずトランスで 275000 V というような高い電圧に上げられて、送電線で送られていくんや。いくつかの変電所でしまいには 6600 V とか 3300 V まで下げられて家の近くまで来るんや。ところで、何でこんなにややこしいことをして、電圧を上げたり下げたりせんならんのや？　発電所から家まではじめから 100 V で送って来たらあかんのか」

　変圧器の仕組みと働きを学習した次の時間からは、おおよそこのような導入で送配電の仕組みの学習に入る。ここでは「電圧を高くして送るほど損失が少なくなること」「電圧を上げたり下げたりするため、変圧器が重要な役割を果していること、そのためには交流で送電する必要があること」などを教えたいと思う。そして経済的な側面から電力移送の問題を考えることができるようにさせたいと思う。

2·9　黒板の数式だけでは理解できない

　なぜはじめから 100 V で送電しないのか、なぜ危険を冒して高電圧で送らねばならないのか、この課題を解決するために、それまでは理科で学習した数式を使って説明していた。

　　T　「君ら理科で勉強したと思うけど、電力というのはどういう式で
　　　　あらわされるんやった？」

　　S　「 電流×電圧 」

　　T　「うん、そうやったな」と以下を板書して

$$P\,[\mathrm{W}] = I\,[\mathrm{A}] \times E\,[\mathrm{V}]$$
$$電力 = 電流 \times 電圧$$

　　T　「例えば同じ電力を送る場合、電流 I を大きくして電圧 E を小さ
　　　　くすることもできるし、電流 I を小さくして電圧 E を大きくして

送ることもできる。ところで何百 km にもなる送電線では、いくら線が太いというてもその抵抗はばかにならん。送電線に電流が流れると、この抵抗のために電力の一部が熱になって電力を損するんや。抵抗で熱になって消費される電力はどんな式であらわされるんやったかな」[*10]

S 「理科で1J ≒ 0.24 cal と習ったから、t 秒間の熱量は $0.24 \times I \times E \times t$」

T 「うん、発生する熱量はそういう式やったな。抵抗 R で消費される電力は」以下を板書

$$P\,[\mathrm{W}] = I \times I\,[\mathrm{A}] \times R\,[\Omega]$$

T 「この式が出てきたわけは、$P = I \times E$ の E に、$E = IR$ を代入したんやったな。これから考えると抵抗 R が同じなら、同じ電力を送るとき、電流 I は大きい方が得か、小さい方が得か」

S 「小さい方が得」

T 「それでは、次のような場合を考えてみよう」

◇**問題** ある工場へ 100 kW の電力を送るとき、送電線の抵抗が 5 Ω とすると、次の場合、送電線で熱となって失われる電力はそれぞれどれだけか。電圧はどちらも工場側での電圧とする。

a) 1000 V で送電する場合

b) 10000 V で送電する場合

a)の場合、電流は 100 A、損失は $100^2\,[\mathrm{A}] \times 5\,[\Omega] = 50000\,[\mathrm{W}]$ = 50［kW］、b)の場合電流は 10 A、損失は 0.5 kW で済む。なんと a) の場合、電力の半分が損失となって失われる。

このような例をあげて数式で納得させていた。果してテストをしてみる

[*10] 送電線を太くすると、長い鉄塔では、その重量による張力で送電線は切れてしまう。銅は抵抗が小さいが重いために送電に使えない。また、重い送電線は鉄塔の負担が大きく地震にも弱い。長距離送電用高圧ケーブルでは、アルミニウム合金の導線と張力を負担する高張力鋼の二重構造になっている。

と、計算の答は合っている。しかし、「なぜ高電圧で送電するのか」と文章で問うと、「高い電圧で送らないと途中でなくなってしまうから」とか、「高い電圧で送らないとたくさん送れないから」などの答が多く、送電線内での損失について明確な解答をしたものは少なかった。それに、数式が苦手の生徒にとってはこの授業はどうも楽しくなさそうであった。

◇**目で見てわかる送・配電の仕組みを**　数式にたよらないで送電の仕組みを教えるにはどうしたらよいか。思いついたのが、図8-13のような実験だった。

電源にはスライダックを用い、これを発電所または変電所に見立てる。送電線にあたるものとして、ビニール線の芯線1本（直径0.18 mmくらい）を板に打ちつけた釘にくくりつける。トランスは、1次側100 V、2次側12 V、5 Aくらいのものでテレビ受像機の廃品を利用した。負荷として500 Wの電熱線を数cmに切って使用した。

T 「こないだやったことで、なんで送電するときには電圧を高くして送るか、ということなんやが、あんまりみんなようわからんようなので、今日は実験をして確かめてみたいと思う。みんな前へ出て来い」と言って実験をはじめる。

T 「これが変電所、これが電線、これが家の近くのトランス。これが君らの家や工場と考える。まず電圧を高くして送り、家の近くでトランスで下げて使うときをやってみよう」

図8-13のように接続してスライダックで100 Vくらいにして通電するとニクロム線が赤くなってくる。

S 「あっ、赤なって来た」

T 「今の状態が普通に行われとる送電の仕方やな。（電圧を測りながら）。ここで（スライダックで）100 V、電線の端では95 V、少し電圧が下がっとるな。トランスの二次側では12 V。さあ、こんどはこのトランスをはずして、はじめから12 Vで送ったらどうやろな」

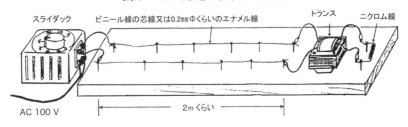

図8-13 送電の仕組みの実験

スライダック　　ビニール線の芯線又は0.2mmΦくらいのエナメル線　　　トランス　　ニクロム線

AC 100 V

2mくらい

S 「……」

　トランスをはずし細い銅線とニクロム線を接続

T 「さあいくぞ」（といってスライダックのつまみを12Vくらいま
　でまわしてみるが、ニクロム線はいっこうに熱くならない）やっ
　ぱり赤ならんな」

S 「もっと電圧上げてみたら」

T 「よし」

　スライダックのつまみをどんどんまわしていくがニクロム線は赤
　くならない。そのかわり送電線に見たてた銅線がのびて垂れ下
　がって来た。スライダックを60V近くまであげていくとようや
　くニクロム線が熱くなってきた。しかし、銅線も真赤になってい
　て紙切れをあてると焦げだした。

S 「わあ、ほんとやなあ」

T 「今の状態やと電力のほとんどが送電線の中で熱になってむだに
　なっとるということやな」

　電圧を計ってみるとスライダックのところでは60Vあるが、ニ
　クロム線のところは数Vしかない。

　全ての生徒が納得してくれた。もちろん数式での学習があったから、よ
けいに納得しやすかったのだろうと思うが、この実験なしに送電の仕組み
を教えることはむずかしいと思う。電流や電圧の持つ意味や変圧器が何を

しているのかを、実際にいろいろなことを試してしっかり認識できる。このようなことを経ずに、学力を育むことはできない。そのような時間と機会を奪ってきた指導要領を変えることが必要である。

③ テーブルタップの製作

　家庭にある交流電源は便利なもので、家にある電化製品はほとんどがコンセントから電源を得ている。壁のコンセントから直接家電製品にコードをつないで用いるのが普通だが、家電製品では近くにコンセントがなく困ることがある。そこで便利なのが、テーブルタップ（延長コード）である。組み立てるだけなら、2〜3回の授業で十分完成するシンプルな教材だが、さまざまな方向へ発展できるすばらしさがある。ホームセンターなどに多種多様なテーブルタップが展示されており、省エネ指向の高まりでスイッチつきが主流である[12]。

3·1　コンセントとプラグ

　図8-14にコンセントとプラグを示す。ふだん気にもしないことの1つに、図8-14の写真 (b) のロック式の下のコンセントには、穴の長さに違いがある。テーブルタップでは、穴の長さが同じものが多い。

　コンセント穴の大きさの違いだが、配線の活線側と死線側を表している。活線側は、触るとビリビリ感じる側で電力が負荷されている。死線側

図 8 - 14　コンセントとプラグ

(a) コンセントの裏側

(b) ロック式

(c) プラグ

は、接地されアース、GND ともいわれ、0 V の基準になる。コンセント
の２つのスリット状の差し込み穴の長さに違いがある。活線のスリットは
短く、死線のスリットは長い。テスターなどの測定器具（電源装置）では、
よく黒色はマイナス側になっているが、交流では活線側になる。そして白
色が死線側になる。壁のコンセントの配線箇所にWと書かれている側に白
色の線をつなぐ。この白線側とコンセントの長い穴を一致させなければな
らない。

　さらに、プラグの先端に穴が開いているが、その理由はどこにも書いて
ない。テーブルタップの学習をはじめる前に、プラグ先端の穴の働きから
はじめている。この穴は、抜け止め用のロック穴で、普通のコンセントで
はロックが弱くわかりにくいが、コンセント穴が円弧になっているタイプ
は、ロック機構があるので、その意味がわかる。コードが簡単に抜けては
困る時のコンセントは、ロックタイプになる。

　授業は、２時間続きの前半を講義・後半を実習にし、テーブルタップに
関する講義をしながら作業を進めるとよい。週１コマの技術の時間では、
実験を含めた講義と作業に工夫する必要がある。

3・2　組み立ての手順は

　部品数が少ないのでそれぞれ材料を購入しても良いが、値段的にはキッ
トを購入してもそれほど変わらない。キット教材を購入して、付属の説
明書通りに、ビニル被覆をはぎ取り、芯線の数を数えるところからはじめ
る。はぎ取り方は、自宅でプラグの修理などを行うことを考えて、ニッパ
とカッターを用意し生徒に選択させている。ニッパは簡単に使えそうだが、
コツがある。カッターは、手のひらの上で豆腐を切る要領で、カッターの
刃を押して被覆を切るように説明している。包丁を肉を切るときのように
手のひらの上で引いて切ると、手のひらが切れてしまう。同様に芯線も細
く簡単に切れるので、割合と難しいが、自宅にある工具を考えて、カッ

ターの使用もよいのではないかと考えている。

　使用したコードは断面積が 1.25 mm² で芯線数は 50 本になっているが、被覆をはがしたときに芯線を切り落としてしまったのか、数えさせると 43 本とか 45 本との返答もある。とりあえずは、47 本以上を合格としている。芯線数を数えることで、断面積と芯線数の関係がより理解できるのではないかと思っている。並行して、単線・より線の特徴を学習する。単線は硬いので壁の中の配線に適している。より線はハムスターやウサギでもかみ切ってしまうが、線径 1.6 〜 2.0 mm では、ねずみにかみ切られることはない。より線は、曲げ剛性が小さく曲がりやすいので、机やテーブルなどに沿わせることができる。普通のビニルコードの芯線径は 0.18 mm である。カールコードなどのしなやかに曲がるビニルコードの芯線径は 0.12 mm でさらに細くなる。生徒に触らせて、その細さを実感してもらっている。

3·3　結線方法は

　各電工メーカーの結線方法は。図 8-15 の左に示すように以前の教科書の記述と同じである。筆者も同じ方法で指導している。電気屋さんは、以前の教科書とも違う方法で取りつけていたので紹介する。図 8-15 の右の

図 8 –15　結線方法

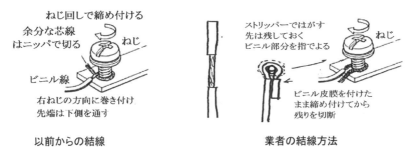

以前からの結線　　　　　　　　　　　　　業者の結線方法

図 8 – 16　電気コードねじ止めの説明用教具

ねじをはずしたところ　　　　左巻きの場合　　　　　　右巻き

ようにコードストリッパで被覆をずらす。次に、ネジに被覆の端をつけた
まま1回まきネジを締めてから、余分なコードを切断する。また、プラグ
などにコードを右向きに巻きつけるが、図8-16の説明用教具を作ってお
くと、左巻きに取りつける生徒は少数になる。コードの代わりに綿ロープ
を使用し、コードがスムーズに動くようにカラーベニヤなどの表面が滑り
やすい板が良い。ネジ代わりの木製ネジは100円ショップなどで入手で
きる。1回作っておくと、いろいろな機会に使えて便利である。

　締めつけ力が弱いと接地面積が小さく、接地抵抗が大きくなり、狭いと
ころに大きな電流が流れ、熱や火花を発生させ、火災の発生源になる。そ
れを実際に見せるために、授業では、プラグコードの先端にワニ口クリッ
プを取り付け、とがったくぎなどを挟み、アルミホイルに接触させると、
スパークと大きな音ともにアルミホイルに穴が開き、熱でアルミがとける
ことを確認できる。万が一のために、ブレーカーが落ちないように電熱器
などの負荷を直列につないでおく。

専用工具でパワーアップ

　多くの家庭には専用道具（コードストリッパなど）はないので、ニッパ、
ペンチやドライバーだけでもコードの交換ができるようになってほしいこ
とから、一度は専用道具は使わずに結線させるようにしている。

図8-17　圧着ペンチ模型

拡大圧着ペンチ

ワイヤーストリッパ

拡大圧着端子

　電気用品安全法の法律により、電気工作物は安全に使用できるように、また製造物責任法に対応してより安全に使用できるように、コードの端末を圧着処理することが望ましい。圧着端子を扱うには、コードストリッパと圧着ペンチなどの専用工具が必要になる。作業のミスをなくすため、図8-17に拡大した模型を使って使い方を示す教具の例を示した。

　図8-17の真ん中のコードストリッパは、ゲージを合わせておけば、握るだけで被覆がはぎ取れ、たいへん便利な道具である。電線の結線作業については不慣れな生徒も多いので、段ボールなどで拡大模型を作り、それで説明すると間違いが激減する。これまで多くの教師が教具を発案している。その一例として、図8-17左側の圧着端子をつぶす拡大圧着ペンチの教具は亀山俊平のアイデアであり、図8-17右側の拡大圧着端子は宮川廣のアイデアを取り入れている。

　いまの生徒たちは、機械や電気製品を扱う経験そのものが少ないので、ペンチ、ニッパ、ドライバーなどの工具も同様に使用経験が少ない。使い方について何も説明しないでも知っていると考えるのは間違いである。道具の名前、使い方も教えてはじめて授業やもの作りがうまく行く。専用工具については、その使い方や便利さも教えることは有益である。工具の持ち方や扱い方を見ていると、道具を手に持ってものを作る人間からずいぶん離れて生活している現実を垣間見ることになる。仕事の数だけ、工具が

あることも大切な学習ではないだろうか。

3·4　中間スイッチをつけよう

　現在の電化製品はスイッチを切っても、リモコンスイッチを入れたらすぐに起動するように、電気回路の一部を常時働かせている。たとえば、テレビはオフの状態でも LED が点灯していたり、給湯器、電話およびプリンターでは液晶パネルが常時表示されている。これらは、いわゆる待機電力である。余分な電力を少しでも減らしたいと思ったら、電源コードをコンセントから抜くしかない[11]。この待機電力を学習し、余分な電力を減らすことを理解したならば、いちいちプラグをコンセントから抜くことよりも、テーブルタップの途中にスイッチを取り付けるのが便利である。テーブルタップの改造には、コードストリッパや圧着端子の取りつけは、一度経験しているので素早くできる。

　待機電力のほかに、許容電力の実験は亀山俊平のチャイム用のコードで作ったテーブルタップで体感できる。ほこりなどがプラグに付着して起こるトラッキング火災なども、実験で提示することができる。テーブルタップはシンプルな教材だが、指導者のアレンジでたくさんのことが指導できる。

---

*11　便座の保温消費電力量が 55 W とすると、55×24 時間×30 日＝ 39.6 kWh、年間で 475 kWh、1 kWh 当たり 23 円で換算すると 10925 円 / 年の費用となる。例えば、55 W の便座が国内に 3000 万台あると仮定すると、常時 165 万 kW の消費電力になる。これは、80 万 kW の原子力発電 2 基に相当する。「塵も積もれば山となる」である。

4 電気工作基礎

4·1 ハンダ付けは重要な技能

　電気工作で、ハンダ付けの果たす役割はとても大きい。ハンダ付けは、ハンダによって金属を継ぎ合わすことである。ハンダ付けにより接合した金属と金属の間に導電性を確保できるため、電子部品・電線・プリント基板・端子・コネクタなどの配線部品を接合し、電気回路を形成する用途で使われる。ハンダ付けがうまくできなければ、完成してもまず作動は難しい。たった1箇所のハンダ付け不良のために完成作品が使いものにならない。製作した生徒の満足感は得られず、それまでの電気学習が無駄になってしまうというのは、少し言い過ぎだろうか。ハンダ付けが美しい仕上がりであれば、しっかりと部品と基板が接合され、導通が得られ、短絡もない。ハンダ付けが汚い場合は、断線や短絡も多いものである。ハンダ付け技術については、製作の前に時間を取り習熟をかねて練習が大切になる。このように電気領域の製作においては、ハンダ付けは重要な技能である。ハンダ付け不良を無くすには、ハンダについてよく知ることおよびハンダ付けのコツの習得が欠かせない。

　ハンダの種類については、久保昭光の実践にまとめらられている[13]。よく使われているハンダの多くは、錫と鉛から作られている。その中でも錫63%、鉛が37%含まれているハンダは共晶ハンダと言われ、最も低い温度（約183℃）で溶け、非常に使い勝手のよいハンダである。作業しやすいため、古くから電気製品に多く使われてきた。

　ハンダは成分含有量によって用途が分かれ、錫60%のハンダは主にプリント基板用に使用され、50%のハンダは一般の電気用として結線や端子のハンダ付けに使用されている。

電気工作に使うハンダは、直径 1.2 mm あるいは 1.6 mm の糸ハンダで、中心部にフラックスの入ったヤニ入りがよく使われている[*12]。

4·2　ハンダ付けの原理とコツ

ハンダは、接合しようとする母材を融かさずに溶融したハンダが、母材金属に拡散することにより、金属と金属を接合する技術である。その手順を図 8-18 に示す[14]。

　1. ヤニ（フラックス）の作用により、表面の酸化膜が除去される。

　2. 加熱により錫の原子が動きやすくなり、銅に拡散することで接合する。

　3. 合金ができて、ハンダ付けが完了する。

初めてハンダ付けする人は、なかなかうまくできない。いわゆる下手な人のハンダ付け作業を見ていると、共通した特徴があることに気がつく。ハンダごてのこて先に溶けたハンダをのせて、ハンダ付け箇所にこて先を移動させてハンダ付けするのである。これではフラックスが熱で気化して逃げて行ってしまい、うまくハンダが付くはずがない。なかなか付かないので、こて先を一生懸命動かして、ハンダを塗りたくることになる。これでは、いつまでたってもハンダ付けは終わらない。そこで、ハンダ付けのコツを伝授する。図 8-18 のように、「部品の端子を温める」「十分に温まったらハンダをのせる」「ハンダが固まるまで動かさない」この 3 つである。

母材がこてで温められてはじめて、溶融したハンダの原子が母材に拡散するので、濡れ性がよくなり、図 8-19 の左のように、ハンダは母材に接するように浸みる。逆に、母材の温度が低いと、溶融ハンダの原子は母材に拡散できないので、濡れ性が悪くなり撥水され、ハンダは図 8-19 の右

[*12] フラックスとは松ヤニを蒸留して取り出したロジンをフラックス（ヤニ）の主成分として使用している。 金属表面は空気中の酸素により酸化しているので、酸化膜（絶縁膜）ができ、ハンダ付けができない。そのため、酸化膜を取り除く役目をするのがフラックスである。

図 8‑18　ハンダ付けのコツ

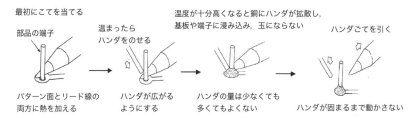

最初にこてを当てる

部品の端子

パターン面とリード線の
両方に熱を加える

温まったら
ハンダをのせる

ハンダが広がる
ようにする

温度が十分高くなると銅にハンダが拡散し，
基板や端子に浸み込み，玉にならない

ハンダの量は少なくても
多くてもよくない

ハンダごてを引く

ハンダが固まるまで動かさない

図 8‑19　ハンダ付けの注意点

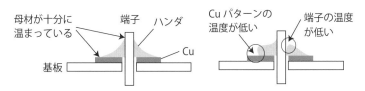

母材が十分に
温まっている

端子　ハンダ

基板

Cu

Cu パターンの
温度が低い

端子の温度
が低い

母材が温まるとハンダの原子が拡散して濡れがよくなる。母材が
低温では拡散しないので、ハンダははじかれて玉になる。

のように水玉になってしまう。要は温度不足が原因で玉になり、ハンダが
付かないケースが多い。温度が上がると原子の拡散が起き、あたかも角砂
糖に水が浸みるように、ハンダが母材に吸い付く。この「高温になると原
子の拡散が起きる」という原理を生徒に教えると、ハンダ付けがうまくな
る。ただし、温度を上げ過ぎると IC などの部品を壊してしまうので、高
温過ぎてもよくない。

　原理が理解できれば、失敗は目に見えて減るのである。上手にハンダ付
けができない生徒に対して、目の前でやってみせると、「何であんなにう
まくいくんだ」というように、目を丸くして見ている。1 つの作品ができ
あがる頃には、生徒のハンダ付け技術は上達している。

4·3　ハンダごての管理

　使用しているこて先が、ハンダをはじいたり、ノリが悪くなったり、ハンダが溶けにくくなっていないだろうか？　その原因は「酸化膜」である。この酸化膜を取り除けば、また快適な作業が復活できる。そこで次の方法で酸化膜を除去する[15]。

- 目の細かいサンドペーパーでこて先の酸化膜を取り除く。
- こて先にハンダを巻き付け、電源プラグをコンセントに差し込む。
- ハンダが溶け始めたら、さらにハンダを先端に塗りつける。
- 余分なハンダは、こて先クリーナーで取り除き修復完了。

　ハンダごてが整備されていないと、回路のハンダ付けがうまくできない。授業の前に、こて先を整えておくことが肝要である。曲がってしまったこて先、ヒーターが断線しているハンダごて、ビニールなどを溶かしていたずらしたこて先もある。このようなハンダごてを整備するには、授業前では間に合わない。生徒が使用するたくさんのハンダごてを管理するには、使用後に点検して整えておくことが大切である。これが、他の教科にはない技術・家庭の仕事の仕方である。

4·4　ハンダ付けの練習

　用途によりハンダごての寸法や種類がある。電気回路のハンダ付けに使用するのは、セラミックハンダごてがよい。熱回復力がよく、ヒーター抵抗は温度に対して変化するので、使用中の電力は 22 W 型で 15 W 前後になり省エネになる。こて先は、ニクロムハンダごてのようにビスがないので、こて先が抜け落ちることがない。何よりも絶縁性が良いので、漏れ電流などで電気部品（特に半導体）を壊すことが少ない。

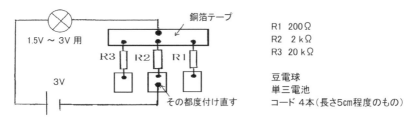

図 8 - 20　ハンダ付け例

R1　200 Ω
R2　2 kΩ
R3　20 kΩ

豆電球
単三電池
コード 4本（長さ5cm程度のもの）

図 8 - 21　ハンダ付け練習基板の配線回路と部品一覧

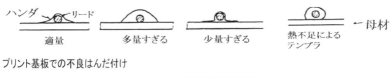

プリント基板での不良はんだ付け

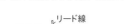

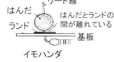

1. 作業の目的

　　ハンダ付けの練習を行うとともに、豆電球の光の強さ（消費電力）の違いから抵抗器の特性を学ぶ。

2. 作業の内容

　　作業に必要な道具を用いて、図 8-20 のような回路を作成し、抵抗器の抵抗値の違いによって豆電球の明かりの変化を観察する。

　注意する点は、ハンダ付けした結果が図 8-21 のイモハンダにならないようにすることと、抵抗器の抵抗値の大小よって豆電球の光り方（明るさ）が違うことを観察する。

　◇**鉛フリーハンダ**　数年前から、一部の電気製品においては、鉛が人体に有害であるという観点から、フリーハンダ（鉛が含まれていな

いハンダ）が使用されている*13。　鉛フリーハンダでハンダ付けする
場合、次の問題点があり、特に初心者には取り扱いが難しい。

- 融点が高いため、作業効率が悪い。
- 濡れ性が悪い。
- こて先に酸化物が付着しやすい（こて先温度を高く設定しがちに
  なるため）。

4·5　電気工作でハンダごて以外に必要な工具

「きれいで確実なはんだ付けのために」（技術教室、2005 年 10 月号）
のタイトルで、ハンダごての整備や方法がまとめられている[16]。ハンダ付
けの作業で用意しておくと重宝するのは、次のワイヤーストリッパとハン
ダ吸取器である。

◇**ワイヤーストリッパ**　電線を切断したり、被覆電線の被覆を剥がす
　ときに使いる。コードの被覆を簡単にむくことができる道具で、ス
　トリップの長さを一定にできる（2 ～ 20 mm の範囲に調整できる）。

◇**ハンダ吸取器**　ハンダ吸取ポンプとも言い、ハンダ吸取線と同じよ
　うにハンダを除去したいときに用いる。電動で吸い取るタイプと手
　動で吸い取るタイプがある。使い方は、先端の棒を押して引っ掛け、
　それを解除することでバネの力を利用して真空を起こし、ハンダを
　吸い取る。吸い取られたハンダは本体の中に溜まるので時々、分解
　して除去する。先端は、ハンダごてと接触して溶解するので時期を
　見て交換する。電動タイプは高価だが、一度に多くのハンダが吸い
　取れるので教師用にあると良い。

---

*13 ヨーロッパの主な国が参加する欧州連合（EU）および中国では、2006 年 7 月 1 日より、
　　いくつかの例外を除き、販売される電器製品には鉛を使うことを禁止されている。日本や
　　アメリカにおいては、法律で使用を規制されていないが、企業や業界ごとに自主規制をし
　　ている。

5 回路設計を取り入れた簡易テスターの製作

5·1 回路定数をはかる

　電気を教えるのは一口でいえば難しい。何故なら目に見えないし、動きもない。それなのに不用意に触れば感電もする。しかし、電気はあらゆるところで用いられている。電気エネルギーを目に見える形にするには、光や動きのある機械エネルギーなどの回転運動に変えるのがわかりやすい。電気があるか否かの定性的な学習では電気エネルギーとして取り扱うのには不十分である。また、安全に電気エネルギーを用いるために、例えば40 Wの明るさが欲しいとか、20 Wでもよいとか、手元にある乾電池が使えるかを知りたいなど、電気を定量的に学習することも必要である[17]。

　電気回路が簡単で実用的なものを設計段階から製作することも大事になる。電気回路を設計するには、電圧・電流・抵抗などの言葉の理解でなく、オームの法則を理解する必要がある。電気学習ではテスターを用いて電流・電圧・抵抗を計測させている。そこで、計測器であるテスター（主に電圧測定）を作りながら、理科で習ったオームの法則の復習をかねて、回路学習を教材化した。そもそもテスターは、直流電流計、電圧を測定するための倍率器、電流を測定するための分流器、交流を測定するための整流器、抵抗を測定するための乾電池などを使用し、回路スイッチなどを用いた一つの電流計で、直流電圧・電流、交流電圧、抵抗が測れるようにした測定器具である。

5·2　テスターの回路図設計・製作

　テスターは一つの電流計（または電圧計）に種々の電気部品を取り付け

図 8-22 テスター回路の設計

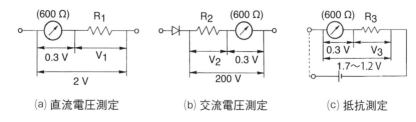

(a) 直流電圧測定　　　　(b) 交流電圧測定　　　　(c) 抵抗測定

て、低電圧から高電圧測定（直流と交流）、抵抗値測定、電流測定（直流）を測定する回路の集合体から成立っている。一つの機能について詳しく説明し、それ以外は自分で考えさせ（回路計算をさせる）、少しでも自分で回路を設計し学習する場面が多くなるようにした。テスターを作るに当たっては、機能が多すぎると興味をなくすので、電流測定は普段あまり使わないので省き、最も使用頻度の多い電圧測定を中心として組み立てることにした。おまけに導通試験にも使えるように抵抗計を付けた。

◇**電圧計の設計**　図 8-22 (a) の電圧計（内部抵抗 600 Ω）を用いて、2 V までの電圧を測定できるようにするにはどうしたらよいか。

600 Ω で 0.3 V なので、電流 I（$= V/R$）は 0.5 mA となる。

$$V_1 = 2.0 - 0.3 = 1.7 \,[\mathrm{V}] \qquad [8.5]$$

0.5 mA の電流が抵抗 R_1 のところを流れているとすると

$$R_1 = \frac{V_1}{I} = \frac{1.7}{0.5 \times 10^{-3}} = 3.4 \,[\mathrm{k\Omega}] \qquad [8.6]$$

ゆえに、3.4 kΩ の抵抗を R_1 に接続すれば、直流 2 V を測定できる。同じように直流で 20 V まで測定できるようにするには、上記の式に2 V の代わりに 20 V で計算すると、39.4 kΩ の抵抗を用いれば良い

ことになる。20 V まで測定できれば、ラジオやアンプの製作などに利用できる。

◇**交流電圧の測定** 図 8-22 (b) のような回路を利用して交流 200 V のとき 0.3 V であった。交流をそのまま測定できないので、ダイオードを利用して直流に変換している。抵抗 R_2 はいくらか。

前問と同様に 0.5 mA の電流 I が流れている。最大値電圧で考えると

$$(R_3+600)\,I = 200\sqrt{2}\,[\text{V}] \qquad \text{(8.7)}$$

から

$$R_3 = \frac{200\sqrt{2}-600\,I}{I} = \frac{200\sqrt{2}-0.3}{0.5\times10^{-3}} = 565\,[\text{k}\Omega] \qquad \text{(8.8)}$$

が得られる。

◇**抵抗の測定** 図 8-22 (c) のように電圧計を用いて抵抗を測定したい。どうしたらよいか。

図 8-22 (c) の左の 2 つの端子がテスターのピンに相当し、そのピンを短絡させてメータが最大値になったときが、抵抗 0 Ω になるように、R_3 を「可変抵抗＋保護抵抗」で構成すればよい。

以上の直流電圧計、交流電圧計および抵抗計の測定回路を切替スイッチを用いて切替えられるようにして、一つの電圧計にまとめると、図 8-23 のテスターになる。

5·3　簡易テスターの製作

いよいよ部品を配布して、その形状をスケッチさせる。これは、図記号・実物・名称の 3 つが互いに結びつくようにすることと、部品をよく観

図 8 - 23　テスター回路図と基板

1~3 の回路をまとめたもの

紙基板の上に銅箔テープを貼る

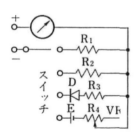

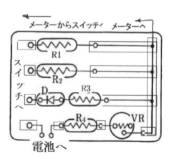

部品 一覧

R1　3.3 kΩ
R2　39.4 kΩ
R3　560 kΩ
R4　1.8 kΩ
VR　2.2 kΩ
D　200V 1A
電池 1.5 V
切り替えスイッチ
メーター　0.3V
内部抵抗 600Ω

察させて部品に慣れさせることがねらいである。スケッチが終った頃を見
はからって、配布した部品の特徴（極性の有無・実装上の注意事項など）
を説明する。ここで、抵抗器のカラーコード表示についても触れる。

　各部品の配置例を図示して、回路図に基づいて実体配線図を書き加えさ
せる。実体配線図を考えるときに、電流の流れに沿って考えるとわかりや
すいことを教える。つまり、電源の＋（プラス）から流れ出た電気が、負
荷を通って電源の −（マイナス）へ戻る。その道筋をたどるように配線す
ると間違えないし、配線忘れもないことをしっかり教える。最後に、点
検・調整を行い、使用法を確認する。

　この簡易テスターの製作に限らず、電気工作での最大のポイントは、回
路図から実体配線図を作成するところと、各部品のハンダづけ作業のとこ
ろであろう。この２つのいずれかでもいい加減だと、完成はおぼつかない。
金子政彦の報告では [18]、テスター製作の詳細について記されている。その
他に、電気が苦手な教師が、どのようにして自信を付けてきたのかについ
て語られており参考になる。

6 半導体の利用

6·1 トランジスタの働き

　日常の電気製品には数多くの半導体が用いられており、基本的な知識や理解がなくても、身近な機器を操作している。いまや現代技術の進歩は、通信技術や情報技術などのコンピュータ・エレクトロニクス関連を中心にして、新素材の開発や従来の技術にエレクトロニクス技術を応用したオートメ化、バイオテクノロジーの進歩はめざましい。その機器の中心にはトランジスタ[*14]やLSIがたくさん使われている。トランジスタこそ、まさに現在のイノベーションのチャンピオンと言える。　1948年、アメリカで発明されたトランジスタは、いまのエレクトロニクス技術時代を築いた核であり、その後のIC、LSI、超LSI時代を築き、1個の部品としての機能が、数倍、数十倍と飛躍して、日進月歩の勢いである[19)]。

　トランジスタからはじまったIC、LSIの技術は、社会や産業の構造までも変革し、高度情報化社会が生まれている。この巨大な潮流に対して、技術教育の立場から、教育内容の編成をどう考えたらよいのだろうか。産教連では、今まで、教科編成の視点の1つとして、技術史の学習を重視してきた。それは、社会を急激に変えた時代の結節点となった技術史上の出来事を授業に取り入れることによって、技術と社会の関わりを理解させることは、きわめて重要であると考えてきたからである。産業革命期の蒸気機関や三相交流などは、技術の学習にとって欠かせないものとしてきた。この意味から考えるなら、トランジスタも、まさに社会を変革させた技術史上の発明品といえる。だからこそ、トランジスタを技術教育の中核的な

---

*14 トランジスタは、半導体を接合して増幅やスイッチングの作用をする素子である。

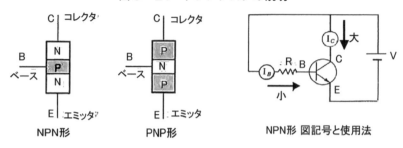

図 8 - 24　トランジスタの説明

NPN形　　　　　　　PNP形　　　　　NPN形 図記号と使用法

内容として大切にしたい。

　教科書に見るトランジスタの記述は、図8-24のように、「トランジスタ
は、P型とN型の半導体で構成され。ふつう、N-P-Nか、P-N-Pの接合
になっており、3つの電極（ベース・コレクタ・エミッタ）を持っている。
トランジスタの電極間では、PからNの方向に電流がよく流れる。ベー
スからコレクタに小さな電流が流れるとコレクタからエミッタに大きな電
流が流れる」の説明がされている。N型、P型の解説もなければ、半導体
の説明もない。なぜ3つの電極があるのか、N-P-Nに接合されているの
かについての学習内容が高度であるなら、やさしく記述する工夫をするか、
実験や学習資料を豊富に掲載するなどの工夫をすべきであろう。原理や特
性に深入りすることを回避しブラックボックス化することは、概念の理解
を問わないことになる。これでは教育になっていない。

　ダイオードの働きぐらいは教えたい。電気を通す「導体」と、電気を通
さない「絶縁体」があり、その中間の性質を持った物質を「半導体」とい
う。「その中間」というのは、例えば、電気を10 A流したら、必ず5 A
だけ通しますよということではなく、ふだんは電気を通さないけれど、光
を当てたり、熱を加えたり、不純物を入れると、電気を通すようになる[15]。
ダイオードはN型、P型を接合したもので[16]、接合するといっても接着剤

---

*15 不純物 とはホウ素、ヒ素、アンチモン、インジウム元素
*16 P型はホウ素やアルミニウムなど正電荷（positive）の元素を微量に含む。N型はリンや

図 8 - 25　半導体のモデル

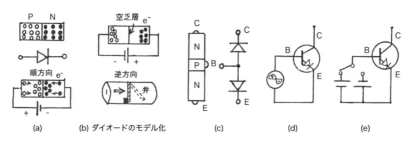

(a)　　　　(b) ダイオードのモデル化　　　　(c)　　　　(d)　　　　(e)

やハンダで接合するのでなく、接合面に他の物質は、まったくない状態である。

　生徒に説明するとき、まず、図 8-25 (a) を示して半導体の PN 接合がダイオードであることを説明する。そして、順方向・逆方向の関係は電子やホールと電源の＋、−との間に起る吸引・反発によって電子やホールが移動し、それが接続する条件に注目すればある程度、理解させることができる。なおホールについては＋の性質を持った電気として扱えば良い。直感的なモデルとして (b) 図のダイオードのモデル化を考えてみた。

6·2　トランジスタの構造

　トランジスタは PN 接合のサンドイッチなので、図 8-25 (c) になり、ベース・エミッタ間はダイオードとなる。実際のトランジスタもこれに等しく、ダイオードと同様な特性を持っている。交流信号とダイオードとの関係は図 8-25 (e) の方がより直観的に理解できる[20]。

　図 8-25 (b) ではモデルを使って説明したが、ダイオードやトランジスタの中に弁やフロートなど実在しないので、それをモデルにして学習を進め

　ヒ素などの負電荷（negative）の元素を微量に含む。図 8-25 (a) 順方向の場合、N 型から P 型へは、正（P 型）の方向に電子 e は移動し易く、電流が流れ易い。図 8-25 (b) 逆方向の電圧がかかると、両極に正と負の電子が集まってしまい、P 型と N 型の接合に正負の電子が無く（欠乏層）、電流が流れ難くなる。

るのはどうも気が進まないが、一方向に電流が流れるという説明は理解し易い。そう考えるとモデルの導入に当っては、多少なりとも理論的な部分に触れておき、それをわかり易くするために、このような考え方をするのだと説明しておく必要がある。理論的に説明するには、原子核や電子の動きや共有結合などが理解できないとわからない。電子の挙動をわかりやすく、説明することも、教員としてのトレーニングである。工夫をしながら場数を踏むと説明も上達する。

　ダイオードの性質を理解するには、ダイオードに電池と電球（またはLED）をつないで電池の＋・−を変えて見るとランプが点いたり点かなかったりするのででわかる。

　ダイオードを学習した後、トランジスタの学習に入るが、ここでは理論的なことより、銅箔テープを使って、いくつかの1石回路の製作をしながらトランジスタの基本を学ぶのがよい。

　例として、白銀一則の「タイマーを作ろう」の実践の回路図を図8-26(a)に示す。また、その実体配線図を図8-26(b)に示す。押しボタンスイッチを押すと、電池から電流が流れだし、抵抗を通してトランジスタ（2SC1815）のベースへ流れ込む。すると、コレクタ・エミッタ間が導通状態になるので、トランジスタ（2SC2001）のベースに電流が流れ込んでコレクタ・エミッタ間が導通状態になり、電池から電流が流れ出して（厳密にいうと、この表現はよくないと思う）、豆ランプが点灯する[21]。

　ところで、この仕組みで最も肝心なポイントは、押しボタンスイッチを一度押すだけで約100秒間（長すぎる、電池がもったいないという生徒もいる）、豆ランプが点灯し続けることである。そのために重要な役目を果たしているのが、電解コンデンサになる。押しボタンスイッチを押した瞬間、電池からコンデンサに電流が流れ、一瞬にして、コンデンサに電気をいっぱいため込む。そして、押しボタンスイッチから手を離したあとも、電解コンデンサが充電した電気を放電するので（つまりトランジスタのベースに流れることによって、引き続き C-E 間に電流が流れる）、コン

図 8 – 26 タイマー

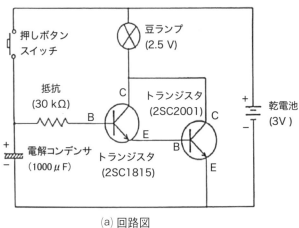

(a) 回路図

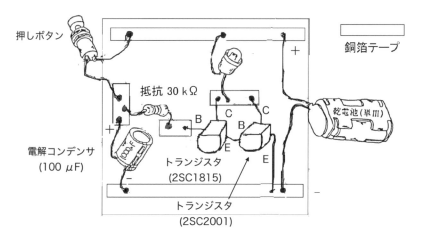

(b) 実体配線図

デンサ内の電気が無くなるまで、豆ランプは点灯し続ける[*17]。

　トランジスタが2個、直列に接続しているのは、ダーリントン接続といい、増幅率は2つのトランジスタの積になる。豆電球を点灯する程度の電流を流すときに便利な回路である。豆ランプの変わりに発光ダイオードを用いれば、流れる電流が少ないので、トランジスタは1個で十分である。

6·3　トランジスタを利用した増幅器

　トランジスタによる増幅（低周波増幅）は、基本的には図8-27 (a)のようになる。トランジスタはダイオードの組み合わせなので、基本的にプラス（＋）成分しか電流が流れない（増幅しない）。よって交流（音声周波数）を増幅するためには工夫する必要がある。また、トランジスタは小さな入力を大きな出力に変える増幅は得意だが、スピーカーを鳴らすほどの大きな電流（A）に増幅するのは難しい。1つのトランジスタでスピーカーを鳴らすほど増幅するのは不可能である。そこで、もう一つ1増幅回路を接続し、音を少し大きくする。トランジスタをいくつか用いて少しずつ流せる音声電流を大きくして、スピーカを鳴らすように回路を作る。2石程度でも、小さなスピーカーは鳴らせるので、手作りのGeラジオにつなげば十分に楽しめる。一例として、2石増幅器の回路図8-27 (b) に示す。基板は絶縁性の良いものを使用して、回路図に合わせて部品を配置し部品を繋ぐ線は銅箔テープなどを用いると手際よく作業できる。図8-27 (b) の2石増幅器の部品の詳細を表8-1に示す。

[*17] コンデンサは電極板の間に誘電体があるだけで、原理的には極性がないようにみえる。しかし、電極と電解質の電気化学的反応により、極性を間違うと破裂したり、絶縁が破壊することもある。そのため、コンデンサの端子には＋/－の極性があるので、注意しなければならない。コンデンサの極性を確認するために、＋/－や何らかの識別記号が必ず付けられている。その他、リードが短い方が　－、面取りされたエッジが＋のリード、などの識別もある。

図 8 - 27　IC を利用した増幅回路

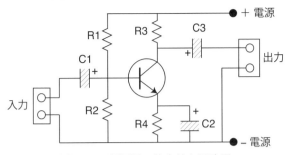

(a) 1 石の増幅器の基本的な回路図

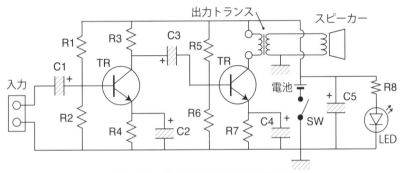

(b) 2 石の増幅器の実用的な回路図

表 8 - 1　2 石増幅器の部品一覧

抵抗器	規格	コンデンサ	容量	その他	備考
R1	22　kΩ	C1	10 μF	T	SD-32（低周波トランス）
R2	5.6 kΩ	C2	33 μF	電池	006P-9 V
R3	5.6 kΩ	C3	10 μF	SP	スピーカー 8Ω
R4	1 kΩ	C4	33 μF	LED	発光ダイオード（赤）
R5	6.8 kΩ	C5	100 μF	VR	可変抵抗器（入力の前に）
R6	5.6 kΩ			TR	2SC1815
R7	330　Ω				
R8	1 kΩ				

抵抗は 1/8 W 型、コンデンサは C5 は 16 V、その他は 6 V で良い。

6·4 IC を利用した増幅回路（アンプ）

　現代はまさにデジタルモバイルの時代で、多くの生徒が定期入れにでも収まるかのようなデジタルオーディオプレーヤーを愛用している。音楽再生ができる携帯ゲーム機もかなり普及している。とても便利で高機能・高音質であるが、通常のプレーヤーはイヤホンなどがないと音楽を楽しむことができない。イヤホンが苦手な人もいるし、複数の仲間で同じ音を楽しむことができない。そこで、スピーカーにつなげられるアンプの製作を考えた。市販されているものもたくさんあるが、そこは自作のおもしろさと音が出たときの感動は、ほかでは味わえないものがある。設計・製作にあたって、生徒の関心や意欲は大いに高まるが、今の授業時数では、回路学習に多くの時間を費すことはむずかしい。トランジスタを用いると最低でも2石以上必要で、音質や大きなスピーカーを鳴らせる実用レベルの電力増幅回路の設計には回路が複雑になり、理解にも製作にも相当の時間を要する。授業で取り扱うのはかなり無理がある[22]。

　小型のスピーカーを鳴らす程度の出力ならば、図8-28 の回路を見れば

図 8 - 28 IC を利用した増幅回路

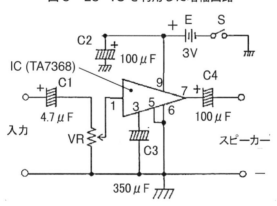

わかるように、小型の音響機器にも用いられている。小電力用のIC（例えばTA7368）を用いれば、部品数が少なくて済む。教材では、電力増幅用IC（規格を確認して用いる抵抗などの部品の数値を決めればよい）を活用し、実体配線図を設計・製作させた。しかし、ICの中身はブラックボックスになってしまう。このことを技術教育としてどのように捉えるべきかは、技術の発達と高度化に伴い常につきまとう問題である。

6·5　光ファイバ通信の実験

　アンプの製作だけでは電気の応用として不足感があるので、次のような実験をするとおもしろい。前述のICアンプよりもう少し出力の大きなIC（LM386D）を用いたアンプ（図8-29のICを用いたアンプ）を2個準備する。図8-27の回路との違いは、ICの前段にマイクロホンの小さな入力に対応するように1石のアンプをつないだところである。図中の※1印の極性の無いコンデンサ（10μF程度）は、ICの増幅率を高めるために入れてある。このコンデンサが無いと音が小さくなる。図8-30の追加回路を図8-29の各ポイントに接続することで、利用方法を変更することもできる。例えば、SW2を2側にし、入力（E, Bポイント）にラジオの

図8–29　小電力ICアンプを用いた通信回路

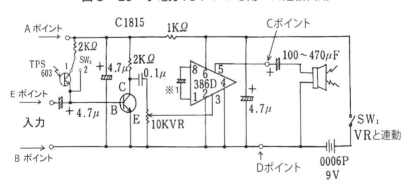

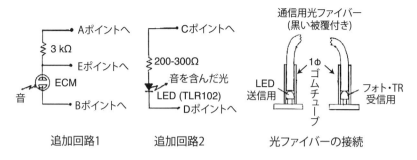

図 8 - 30　追加回路

追加回路1

| Aポイントへ
3 kΩ
ECM
音
Eポイントへ
Bポイントへ

追加回路2

Cポイントへ
200-300Ω
音を含んだ光
LED (TLR102)
Dポイントへ

光ファイバーの接続

通信用光ファイバー
(黒い被覆付き)
1φ
ゴムチューブ
LED
送信用
フォト・TR
受信用

イヤホン端子につなげば、普通のアンプとして使える。

　このアンプを2台を用いると、光通信の実験ができる。インターネットに用いられている光通信はデジタルだが、こちらはアナログによる通信になる。まず1台目はSW2を2側にし、追加回路1と追加回路2（スピーカーを取り外しても良いが音声を増幅しているか確認用にそのままでもよい）を取り付ける。2台目は、SW2を1側で追加回路は付けない。1台目のLEDと2台目のフォトトランジスタを近づけると1台目の信号（音声が）2台目のスピーカーから聞こえる。光通信でどの程度話しても大丈夫か実験する。次に光ファイバを1台目と2台目に取り付けると、先ほどと違って距離が伸ばせることがわかり、光ファイバーによる通信が可能になる。

　さらに、図8-31のようなトイレットペーパーの芯を45°に切りアルミ箔の光沢のある方を表にし、太陽光線を直接変調してやれば、空間通信も楽しめる。

　現在のところ、送信回路も受信回路も追加回路を除けばまったく同じ回路である。一方的な送・受信回路になっているので、「インターホン」とまでは言えないが、けっこう原理は楽しめる。完成後教室へもって行くと、生徒たちは電池の無くなるまで遊んでいる[23]。

　トランジスタやICが、いつまでもその中心に座っていることはなく、

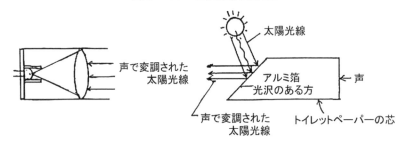

図 8 – 31　空間通信用装置

声で変調された
太陽光線

太陽光線

アルミ箔
光沢のある方

声

声で変調された
太陽光線

トイレットペーパーの芯

現に世の中の電化製品は超 LSI やパソコンによる制御がごく普通になっている。今日の教材においても、IC を用いたものがごく当たり前になってきている。特に、トランジスタや IC で電子のふるまいを教えることは、生徒たちの発達からいって少々無理がある。入力と出力の関係で中身はブラックボックスでもよいのではないだろうか。あと忘れていけないのが、生徒は小さな電池で大きなスピーカーをならしたがる。しかし、電源容量が小さいと、大きな音は出ないので、アンプの出力と電源の関係は重要である。科学的な想像力が働くようにするには、エネルギー保存の法則を身に付けている必要がある。

7 ICラジオの製作

7·1 ラジオ製作の意義

　実習教材として、ラジオキットを作らせている先生も多いと思う。今では、教材のラジオキットよりも性能や機能が優れた商品が、低価格で販売されている。また、スマホの普及でラジオそのものを必要と思わない生徒が多い。しかし、大きな災害の時やはり必要とされるのはラジオである。ラジオキットの内容は、昔のシンプルなものから生徒受けするタイプ（FM付・ライト付）へと変ってきている。これらの新しいものは、回路が改善されていて性能が上がっているが、回路全部を説明するのは無理がある。それでもラジオを取り上げる意義は、エレクトロニクスの発達は通信技術から始まったからである。そもそもラジオ（radio: 放射）とは、電線を用いないで電磁波を利用した通信方法（無線電話）のことであり、不特定多数に一度に情報を流す方式のことで、狭い意味で電波を受信する装置のことである。図 8-32 のように最低限、次の回路があればよい[24]。

図 8 - 32　ラジオのブロック図

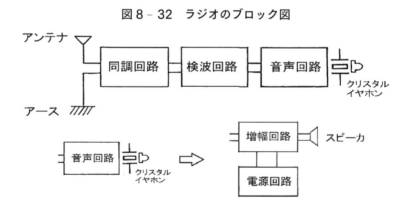

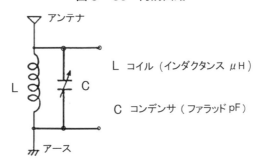

図 8 - 33　同調回路

アンテナ

L コイル（インダクタンス μH）

C コンデンサ（ファラッド pF）

L

C

アース

◇**同調回路**　図 8-33 に示すようにコイルとコンデンサの共振作用を利用して、希望する電波を選び出す。その時の周波数 f(Hz) は、次の式で表せる。

$$f = \frac{1}{2\pi\sqrt{LC}}　　　　　　〔8.9〕$$

ただし、L はコイルのインダクタンス、C はコンデンサ容量である。上式において一般的には、インダクタンスを一定にしてコンデンサの容量を変化（可変コンデンサを用いる）して、希望する周波数（放送局）を選んでいる。中波帯（550 〜 1600 kHz）、を希望する場合は、可変コンデンサ（バリコン）の容量は 10 〜 320 pF になるので、$250\,\mu$H のコイルを用いればよい。

◇**検波回路**　電波の中に含まれる信号を取り出す。ダイオード[18] とコンデンサからなる。普通のラジオは振幅変調だから電波の中に含まれる音声信号を図 8-34 のようにダイオードを用いて半波整流し、なおかつコンデンサを用いて高周波分を取り除いて音声信号を取り出す。

---

[18] ゲルマニウムダイオードを利用して整流するので、ゲルマニウムラジオといわれる。

図8-34 ダイオードによる検波回路

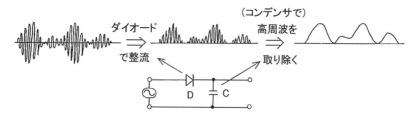

◇**音声回路** 電気信号（音声信号）を音に変える。クリスタルイヤホンなら小さな電力でも働く。

◇**増幅回路** 信号電力を大きくする。トランジスタやICを用いる。

◇**電源回路** 増幅回路に必要な電力を供給する。乾電池や電源装置を用いる。

　以上を説明した後、シンプルなラジオの製作に入る。図8-35 (a) に示すようなシンプルに組み合わせたものならば理解しやすく、興味をもって取り組んでくれる。音質・音量などは高性能とはいえないが、部品数も少なく、手作りでも聞こえるものができる。また生徒も中身が簡単なので、これで聞えた時の喜びは大きかったようである。良好に受信にするには、必ずアンテナを1 m以上張ることが必要である。図8-35 (b) は、フイルムケースにまとめた例を示している[25]。

　コイルの巻き方で同調する周波数がかなり変化するので、高周波発信機や実際の放送を聞いて調整する。

　バリコンは、2枚のトタン板（30×30 cm）で絶縁紙を挟んで重ねて代用できるので、コンデンサの原理の説明にもなる。原理を学習することを主にするとはいうものの、やはり、増幅回路なしで、かすかに聞こえるだけでは満足しない。電界強度の弱い地域では放送を受信することすら難しい。そのときは、図8-28などのICを使った増幅回路を追加することで対応できる（カード型ICラジオに発展）。

　フィルムケースのゲルマニウムラジオは、実体配線がやや複雑であり、

図 8 - 35 フィルムケース利用のゲルマニウムラジオ

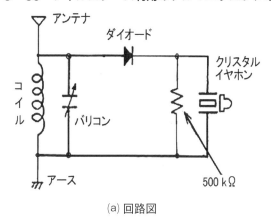

(a) 回路図

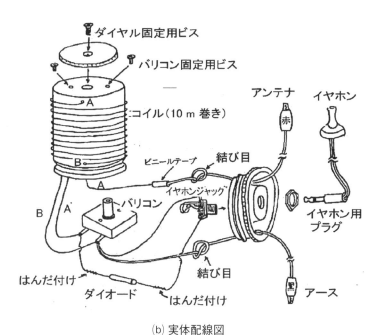

(b) 実体配線図

回路の製作に課題もあった。その回路図の理解を容易にしようと、紙に描いた回路図に銅箔を貼りつけて回路基板を作ったことから、次項に示すようなカード型 IC ラジオの登場となった。

7·2　カード型 IC ラジオの製作

　カード型 IC ラジオの作り方はいたって簡単である。しかし、それは電気回路についてのある程度理解ができ、部品についての知識が備わっている生徒が前提である。決められた場所へ決められた部品をはめ込んでいけば完成するキットと比べると、自分で考えなければならない部分が多いだけに、かえってむずかしいともいえる。IC（LA1050 ）ラジオの回路図を図 8-36 に示す。LA1050 は AM ラジオ用の 3 端子 IC で、小信号トランジスタ[*19] の中にバッファー回路、RF3 段と AM 検波回路を備えている。

◇**コイルの巻き枠・コイル巻き**　図 8-37 (a) および (b) に示すコイル巻き枠と基板を厚紙で用意する。図 8-37 (a) および (b) の厚紙の切り出す寸法は両者とも同じで、75 mm×65 mm である。厚紙で作成したコイル巻き枠に、直径 0.3 mm のポリウレタン線（エナメル線）を 10 m ほど枠の中心から外側に向かって、くもの巣状に巻いていく。

◇**増幅回路の基板・銅箔の貼りつけと部品のハンダ付け**　回路図を書いた厚紙に回路の線に沿って銅箔を貼りつける。銅箔が重なる所のハンダ付けを忘れないようにする。抵抗器、コンデンサと IC の電極の配置をしっかりと教えておく。回路図に部品を直接ハンダ付けするので、電気の通り道がよくわかりそうなものであるが、同一の銅箔の上ならば、どの位置に部品をハンダづけしようと回路図との関係は変わらないはずだが、そのことが生徒にはなかなか理解しにく

---

*19 トランジスタ（TR）を許容電力で分けると、小信号トランジスタとパワートランジスタに分類され、おおよそ 1 W 以上がパワートランジスタといわれる。LA1050 でなくても、インターネットで「三端子ラジオ IC」で検索すると同等品が見つかる。

図 8 - 36 IC を利用したラジオ

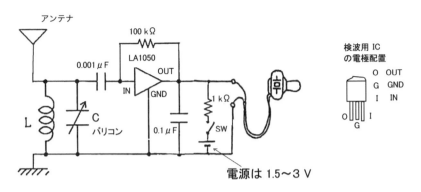

図 8 - 37 カード型 IC ラジオのコイルの巻き枠と回路

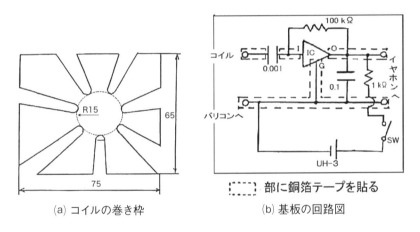

(a) コイルの巻き枠 　　　　　(b) 基板の回路図

いようである。

◇**バリコン・スイッチ・電池ボックス・イヤホンの取り付けと配線**

　これらの部品はハンダ付けに少々コツがいる。ポリウレタン線の被膜をしっかり剥がすこと、電池ボックスは熱を加えすぎるとポリエチレンがとけて接触不良を起こすことに注意するように指導することが大切である。一つの作業だけに心を奪われ、それ以外のことに

注意が向かないことがよくある[26]。

◇**完成**　電池を入れて試聴し、電池ボックスを両面テープで貼り付けると完成である（図8-38）。バリコンのつまみを取り付け、電池ボックスに電池を入れてスイッチを入れる。バリコンのつまみをゆっくり回して、かすかにでも放送が聞こえたときには感動である。鉄筋の入った校舎の室内では電波が弱くて聞きにくいので、窓際に寄ったりベランダに出たりして、しばらく思い思いに放送を楽しむ。

◇**ダイヤルへの目盛り入れ**　完成したときの達成感が、キットと手作り教材の大きな違いである。新聞の番組表を見て、いま聞いている放送がどの局のものであるかを調べさせる。番組表に出ている局の周波数とバリコンの回転角度との関係に気づく子どもがいれば大成功である。

◇**完成はしたけれど**　音が聞こえないという生徒がどうしても10人に2人くらいは出てしまう。主な故障を多い順に挙げてみると、

- 電池ボックスの接点の接触不良。これは、ハンダ付けのときに熱を加え過ぎて、ポリエチレンのケースが溶け、接点の金属の間に入り込むためと思われる。
- 銅箔の重なり部分のハンダ付け忘れ。
- 電池ボックスの＋と－の配線の間違い。
- ICの電極の取り付け間違い。
- 電池ボックス・スイッチの金属部と銅箔との接触によるショート。
- 抵抗器のつけ間違い。
- バリコンのハンダ付け不良。

となる。その他に、イヤホンの不良もあった。コイルを途中で逆方向に巻いていたという生徒がいて、原因を突き止めるのにたいへん時間がかかったが、このような事例は希である。

カード型ICラジオは、でき上がりはよくないし、性能も悪いのだが、それでもゲルマニウムラジオより実用的だし、単3電池1本でスイッチ

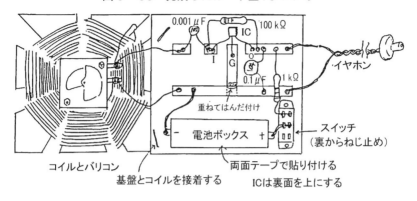

図8−38　完成したカード型ICラジオ

0.001μF　　　100kΩ

IC

I

G

0.1μF　1kΩ

イヤホン

重ねてはんだ付け

電池ボックス　＋

スイッチ
（裏からねじ止め）

コイルとバリコン

基盤とコイルを接着する

両面テープで貼り付ける

ICは裏面を上にする

を付けなくても１年以上鳴らすことができる。ラジオの原理を知るには、これで十分である。生徒の中には、同調回路の意味がよくわかり、コイルを巻き直したり、家に持ち帰り大きなアンテナを作って短波帯の海外放送を聞いて、次の日の朝一番に教師のところに来て、「どこの国の放送だがわからないけど海外放送が聞えた」「BBC放送が聞えた」「え、どうしてわかったの」と聞くと「家にある大きな短波ラジオでチャンネルを合せて聞いたから確かだよ」といって自慢しに来る生徒もいる。そのようなときに、この教材の良さがわかる。市販されているラジオキットに比べて、見劣りするが、何よりもブラックボックスにしないところがよい。

　人間の成長には、教師も生徒も努力が必要である。楽な授業・教材で生徒は育たない。苦労や努力なしに、生徒が成長する教育モデルはない。教員も生徒も無難にラジオを作るのか、いろいろなことを乗り越えてラジオを完成させるのかは、生徒の内面の発達に大きな差を生む。学ぶことや生産に対する認識の形成を重視すれば、手作り教材の陶冶価値は大きい。それと同時に、教師の力量と生徒の学ぶ意欲も試される。教材の善し悪しは、それ自身で決定されるものではなく、教師と生徒の力量と信頼関係も反映している。

参考文献

1) 向山玉雄，電気学習の系統化と子どもの認識，技術教室，No. 327, pp. 4 -6 (1979)

2) 小林利夫，電気の授業・私の演出，技術教室，No. 437, pp. 20-21 (1988)

3) 金子政彦，手作り教具で授業を変える，技術教室，No. 686, pp. 30-33 (2009)

4) 池田茂樹，教具の工夫で楽しく学ぶ回路学習，技術教室，No. 450, pp. 62 -64 (1990)

5) 熊谷穣重，電気の種類と性質，技術教室，No. 334, pp. 88-91 (1980)

6) 久保敏晴，蛍光灯が爆発，技術教室，No. 539, pp. 14-23 (1997)

7) 藤木　勝，エネルギー変換の基礎実験と教具，技術教室，No. 709, pp. 44 -51 (2011)

8) 熊谷穣重，発電をどのように教えたか，技術教室，No. 443, pp. 44-50 (1989)

9) 長沢郁夫，交流を理解させる教具の自作と活用，技術教室，No. 390, pp. 40-47 (1985)

10) 野本　勇，交流電源を学ぶ，技術教室，No. 683, pp. 44-49 (2009)

11) 安田喜正，高圧送電を実験で教える，技術教室，No. 354, pp. 15-20 (1982)

12) 下田和美，テーブルタップの魅力，技術教室，No. 673, pp. 30-35 (2008)

13) 久安昭光，はんだ付けのこつとはんだごての管理，技術教室，No. 649, pp. 26-33 (2006)

14) 金子政彦，ハンダづけを大切にする電気学習，技術教室，No. 446, pp. 16 -21 (1989)

15) 久保昭光，電気実習の基本はんだ付け，技術教室，No. 649, pp. 31-33 (2006)

16) 太洋電機産業株式会社，きれいで確実なはんだ付けのために，技術教室，No. 639, pp. 56-59 (2005)

17) 野本　勇，回路設計を取り入れた簡易テスタの製作，技術教室，No. 423, pp. 31-34 (1986)

18) 金子政彦，電気音痴が指導する電気工作，技術教室，No. 437, pp. 10-19 (1988)

19) 保泉信二，女子にもトランジスタの学習を，技術教室，No. 437, pp. 40- 42 (1988)

20) 古川明信，二石トランジスタ増幅器の設計 (2)，技術教室，No. 336, pp. 82-85 (1980)

21) 白銀一則，暗くなるまで待って，技術教室，No. 491, pp. 31-33 (1993)

22) 三浦泰典，自作教材・2 石インタホン・ラジオ，技術教室，No. 390, pp. 31-33（1985）
23) 足立　止，IC アンプを利用して — 光ファイバーインターホンと IC ラジオの製作，技術教室，No. 430, pp. 22-26（1988）
24) 野本　勇，IC を用いたラジオ製作 — キットに取り組む，技術教室，No. 450, pp. 52-57（1990）
25) 内野　勇，ラジオを作る，技術教室，No. 437, pp. 35-37（1988）
26) 安田喜正，安くてすぐに出来るカード型 IC ラジオ製作，技術教室，No. 503, pp. 16-18（1994）

第9章

情報の授業

◇◇◇◇◇◇◇◇◇

プログラム・制御から
情報の本質を求めて

❶ 技術科における情報学習の意義

　1989（平成元）年告示、1993（平成 5）年施行の学習指導要領より「情報基礎」がスタートして約 30 年が経過した。そもそも、産業界からの要望で「情報」がはじまった経緯があり、情報学習を技術教育で学ぶ意義について議論されないままスタートし、現在まで続いている。しかし、生産の現場では情報機器が欠かせないことからすると、技術教育も情報の学習とは深く関わらなくてはならない。そこで、どのように技術教育の中に情報学習を位置づけるかが急務である。

　情報は連続するアナログのデータを 0 と 1 に数値化したものを加工し、利用することで技術に活用でき、機器を使って計測したデータから文字などのデータを数値で置き換えることで加工して利用できる。また、プログラム・命令によってデータを加工し利用するための処理、繰り返し、分岐などを知ることを通して、データ処理の原理について知ることができる。技術教育では、情報をデータとしてコンピュータに入力から必要な処理が施されたデータを出力するところまで、全体を見渡すことができる。一連の処理が完結するまでを学ぶことは、他の教科にない視点である。

　次に、情報を利用することでどのように機械が発達してきたかを知ることも大切である。制御はコンピュータを使うことでより細かく複雑に機器を操作することができるよう進歩した。例えば、ひと昔前まで電気炊飯器では温度の管理に金属の熱膨張率の違いを利用したバイメタルによる制御が行われていたところを、センサーにより数値化されたデータを加熱時間、電力をマイコンチップでプログラムし制御することで、おいしいご飯が炊けるよう進歩してきた。今から 30 年以上前の技術科の授業は、バイメタルの仕組みは必須であったことを考えると、コンピュータがどのように制御しデータを活用しているか教えることは生産技術を理解する上で必要な

ことである。その実例として、この章では機器の制御について紹介する。

　他方、情報教育全体を中学校の技術・家庭科が担わなくてはならない状況が続いている。具体的には、1997年10月に示された「体系的な情報教育の実施に向けて（第1次報告）」で情報教育の目標として「情報活用の実践力」「情報の科学的な理解」「情報社会に参画する態度」が示された。そのすべてを技術科の授業で担うことになったのも、1998（平成10）年告示、2002（平成14）年施行の学習指導要領にその一因がある。技術教育における情報教育はそもそも「情報の科学的な理解」しかない。そういう状況下でも、産教連の全国の教師の工夫で技術教育にふさわしい情報教育の工夫ある実践が発表されてきた。「情報活用」に関しては、データーベースの構築をする授業や模型飛行機の設計、「情報の科学的な理解」では機械の制御、プログラミングの学習である。また、情報自体の理解も単なる知識の詰め込みに終わらず、子どもが興味をもち取り組める工夫なども紹介された。「情報モラル」では擬似コンピュータウイルスなどいろいろと工夫した実践などがある。それらを紹介することをとおして、いきいきと学べる「情報」の学習を考える一助にしたい。

1・1　コンピュータは教育に何をもたらしたか

　今では各家庭で携帯型端末が普及し、インターネット利用は当たり前の時代になった。しかし、情報教育が始まった約30年前は、コンピュータといえば便利なのはわかるが、実生活でどう使っていいかわからない機械であった。そして、コンピュータをどう教育現場で活用したらいいか、具体的なイメージを誰も持っていない中、いち早く活用の方向性についてわかりやすく論じたのが鈴木賢治の論文「コンピュータは教育に何をもたらしたか」である[1]。その後の情報教育を考える上での道標となるものであった。

　この論文は1986年に書かれているが、今この論文を読んでも内容が古くないと感じるのは、コンピュータに対する鈴木賢治の認識が本質を突い

ていたことの現れである。コンピュータのハードやソフトの進歩とコスト
の低下によって教育現場にも使用できる環境がそろってきた中で、鈴木は
次のように述べている。「教育現場に携わるものが、イニシアチブを取っ
て正しい導入のための努力をしないと、今日のコンピュータによるトラブ
ルの二の舞を演ずることになる。それには、コンピュータをよく知り、そ
の有効性を余すことなく引き出し、コンピュータを正しく使う力を教師自
身が身に付ける必要がある。コンピュータに追いかけられることや振り回
されないためにも早く準備しておかなければならない」

　本論文が出てから、コンピュータの性能は目を見張る進歩を遂げてきた。
それに対し、教師は常にコンピュータの進歩を追いかけるばかりで、教師
が正しく使いこなして生徒の力になる授業の実践・検証をする余裕もな
いまま、コンピュータがさらに進歩することが繰り返されてきた。しかし、
鈴木はコンピュータの進歩に振り回されるのでなく、本質を捉え次の見方
をしている。「それは、コンピュータの場合は演算する装置に命令（プロ
グラム）を与えなければ何もしてくれないからである。ここに一般の電気
製品とは違う際立った特徴がある。（中略）コンピュータの場合は、目的
を持ってそれを達成するために次々と命令を与えていくことが必要であり、
使用する人間の技量と能動的思考が必要である」

　当時と比べ、コンピュータは格段に使いやすくなった。特に、キーボー
ド入力から視覚的、感覚的な操作に進歩したことが大きい。しかし、コン
ピュータが何をする機器か使う側が何をねらうかによって変わってくるこ
とに関しては今も変わりがなく、結局のところただの機器であるから「使
用する人間の技量と能動的思考が必要」とされる点は昔も今も一緒である。
鈴木は、コンピュータを学校で利用する形態として、次の３つを挙げて
いる。

　　1. 職員室などの事務労働の軽減
　　2. コンピュータによる教育
　　3. コンピュータを教えかつ利用することを目的としたコンピュータ教育

その中で、鈴木は３つ目の利用が技術教育の面から見たコンピュータの教育と言えると述べている。そして、技術教育におけるコンピュータの位置付けに次の３つを挙げている。

1. コンピュータを使えるようにプログラミングを教えること
2. コンピュータのハードを教えること
3. コンピュータを利用して今までできなかった技術・工学計算の学習を行うこと

　そして、鈴木は１番目の課題を行うことが前提で、２番目の電子、情報としての技術の教育、そして３番目の技術・工学問題に対するコンピュータの活用として技術教育をより深めていくことができると提唱している。

　現在の技術教育でのコンピュータ活用を見ていると、技術・家庭科の授業時数が削減されていることもあり、コンピュータの初歩を体験することがやっとの状況でしかない。それは、中等教育での技術教育自体が工学の各分野の入り口を少し体験するだけで、強度計算やシミュレーションが必要とされる学習場面が持ちにくい。情報教育をしっかり位置づけるならば、時数を増やすことがなによりも必要である。時数をそのままにしておいて、学習指導要領に盛り込むだけの対応では、効果が無いどころか、学力低下を招くだけである。

　本論文が記されてからその後の技術革新によってコンピュータの利用が大きく変わってきている。例えば、タブレットに見られる携帯端末の登場、インターネットによる通信環境によるコンピュータの利用形態の多様化である。また、スマートフォンにより携帯型端末が幅広く普及し日常的に各家庭でコンピュータを利用できるようになったため、子どもたちのネットトラブルから情報モラルを扱う必要性が生じてきた。

　大きなハードの進歩に、教育でのコンピュータ利用も大きく揺れ動いているのが現状である。本論文で問いかけられた「コンピュータで何を教えるのか」は、結局、今でも明確な解答を見出すことができていない。「不易と流行」という言葉があるように、新しいものに取って代わられるもの

の中にも教育には流されてはならない大切な価値があることを忘れてはならない。コンピュータのあるべき方向性を考え直す参考として、この論文の締めくくりの言葉を示す。「コンピュータをただ導入しただけでは、教育できるものではない。しっかりとした数学や物理の基礎を抜きにしては教育しにくい面がでてくる。すなわち、自然科学を積極的に技術教育に取り入れることなしには無理が生じている。（中略）手先の器用さとアイデアだけでなく、技術にとって科学の成果の必然性をも授業で含めることができるなら、『こんなふうにして作っているのか』と、技術が単なる肉体労働だけでなく、知的な労働と肉体的な労働を有機的に結合した人類の成果であることを教えていけるのではないだろうか」

❷ 情報活用の実践

1989（平成元）年告示、1993（平成5）年施行の学習指導要領の「F 情報基礎」では「情報の活用」として具体的に「日本語ワードプロセッサ、データベース、表計算、図形処理などのソフトウェア」があげられていた。今では、データベースといえばインターネットを活用することに特化した感がある。しかし、データベースを実際に自分で作ってみると、情報をどのように構築し、検索をするための工夫があるか、科学的に理解する視点が出てくる。「技術教室」の実践を振り返る中でデータベースの取り組みの今日的な意味を考えたい。

2·1 データベースを実際に構築する授業

情報基礎の開始とともに、どこの学校にも統合型ソフトとよばれるソフトウエアが多くの学校で整備された。統合型ソフトは主にワードプロセッサー、表計算ソフト、図形処理ソフトウエアなどがひとまとめになっているソフトウエアである。統合型ソフトウエアの CUBE[*1] を使ってデータベース構築を課題とした実践に居川幸三の実践がある。

居川は「データベースのすすめ」と題して、次のように述べている[2)]。「いろいろな電気製品や機械でコンピュータが使われているといっても、我々はコンピュータをあまり意識することがありません。操作マニュアルによって自分に必要な情報を入力し、あとはコンピュータにまかせてしまえば、何でも思い通りのことをやってくれるのです。これに対してデータベースは、機械に向かうだけでコンピュータを意識しています。現代は情

---

*1 CUBE　鈴木教育ソフトのソフトウエア

図 9 - 1　生徒が作ったデータベースカードの例

項目名	DATA
番号	1
チーム名	鹿島アントラーズ
名前	アルシンド
ポジション	MF
年齢	26
身長	177
体重	78
出身地	ブラジル

（総カード数：32枚）

報化社会です。膨大な情報が社会に氾濫しています。その中から必要な情報だけを選び出すのは至難の技なのですが、データベースでは、それをいとも簡単に確実にやってくれます」

　以上のように、コンピュータが本来得意とするデータ処理の書き出し、検索を扱うことが情報活用を理解する上で大切だと判断して、簡単なデータベース構築を取り組んでいる（図9-1）。

　実践の意義として、次のように著者は述べている。「この授業をやってよかったことは、生徒が自主的に資料を探し、検索しやすいように自分で項目を設定し、データ作りをしたことです。データ入力に時間がかかり、カードの枚数が十分でなかったのは残念ですが、授業の終わりには発表会を行いました。自分がやっと作り上げたデータベースを誇らしげに報告する様子は素晴らしかったし、みんなも一生懸命聞き、真剣に批評をしあっていました」

　インターネットの Web 検索エンジンも世界的規模の巨大データベースであることを考えると、データベースがどのように作られているのを知ることは情報を理解する上で大切なことといえる。

BTRON を活用し授業実践

長沢郁夫の実践の特長は、BTRON を活用した実践にある[*2]。具体的には BTRON を実装した PanaCAL ET[*3] を使った実践である。これには、ハイパーテキスト機能[*4]やマルチメディアの環境を誰でも簡単な操作で実現できる特長がある。

長沢が産業教育研究連盟の全国研究大会で BTRON を紹介し、国産基本ソフトの素晴らしさについて熱く語る場面が印象的であった。では、どのようなねらいで実践をしていたのかを以下に紹介する[3]。

〰〰

　情報基礎では応用ソフトの使い方としてワープロ、図形、表計算、データベースソフトなどの使い方を取り上げる。しかし単なる使い方の指導に終わらず、情報処理とは何か、情報処理の大きな流れがつかめるような指導が必要であると考える。（中略）さらに、自ら学ぶ力を育てるには、自らの課題の選択と、追求的な取り組みのための意欲づけと、自己表現の場づくりが不可欠と考え、単元の展開に次の3つの工夫を凝らした（図9-2）。1）各自で持ち寄ったデータをもとに、データベースを作成し、処理してみたい情報を検索させ、学習への意欲づけを図る。2）情報を、表計算ソフトを使って、どのように加工していけば、自分の目的にあった解決が得られるかを判断する場を設定した。3）自分が処理し、発見した新しい情報を、集団の中で主体的に表現していかせる、発表の場を設ける。

〰〰

---

*2　BTRON（ビートロン、Business TRON）は、坂村健が提唱した TRON プロジェクトのビジネス局面を担当するサブプロジェクトの一つである。そこで策定されたオペレーティングシステム（OS）やキーボード、周辺機器のインタフェースの仕様など、おおむねパーソナルコンピュータ（パソコン）関連の内容を指す。（Wikipedia より）

*3　PanaCAL ET は松下電器製（現在のパナソニック）のパソコンである。

*4　ハイパーテキストコンピューターで、ある文書の一部から関連する他の文書を検索したり、その文書へ移動したりできる仕組み。直線的でないダイナミックな表現が可能（スーパー大辞林より）

図9-2 実践のねらいを表した相関図

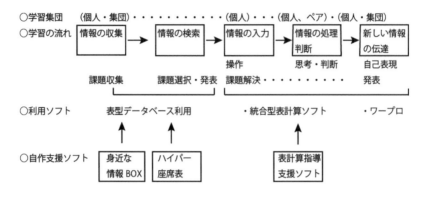

これらの指導をするために、長沢は⑴ 身近な情報BOX、⑵ ハイパー座席表、⑶ 表計算の使い方、の３つの自作支援ソフトを開発したと述べている。長沢は、開発した自作支援ソフトについて以下のように説明している。

⑴ 身近な情報BOX

　これは、表計算の実習に使う数値データをマトリックス上の表にまとめた、簡単なデータベースである。表の横の行は身近な情報ジャンルの区分、縦の列は情報の範囲を示している。この中には、現在、生徒および教師双方で入力した40あまりのデータが入っている。一つひとつのファイル（仮身）には、ETの表計算ソフトのデータ（実身）が収納されている。仮身のピクトグラムの部分をマウスでダブルクリックすることで各種のデータが呼び出され、必要な情報を印刷して自分のデータとすることができる（図9-3 (a)）。

⑵ ハイパー座席表

　このハイパー座席表は、生徒同士のテーマをお互い知るためや、自分の追求テーマや具体的な資料、さらにどのように解決していくかを

図 9-3 長沢が BTRON を利用して制作した自作支援ソフト

(a) 身近な情報 BOX

(b) ハイパー座席表

発表する支援のために作成した。ハイパーテキスト機能を使うことで、OHP よりもフレキシブルにプレゼンテーションすることが可能になった。また、情報基礎の場合、生徒とコンピュータとの1対1の対話になりがちであるが、発表の場を設け支援することで、この学習をお互いに共有化し、高め合う手助けともなる（図9-3(b)）。

　さらに、長沢は液晶プロジェクタを使って、コンピュータによるメディアを統合した形でのプレゼンテーションを使うところまで実践していることが述べられている。インターネットが普及していない時代、情報を入力するところから教師、生徒が手作りをした検索エンジンのシステムを自作したところが本論文の注目すべき点である。

　インターネットだと何でも情報が入ってくるので、生徒の思考が拡散してまとまらないが、見せたい情報だけをデータベースにすることで生徒が考えることに集中できるのが有効であると感じた。当時の性能の低いコンピュータで、これだけのことを快適に実現できる基本ソフト BTORN の優れた設計は、現在でも改めて評価されるものであると考える。

2·2 技術・家庭科の情報活用としての情報教育

コンピュータ教育の主たるねらいの一つに情報活用があげられる。いわゆる調べ学習の道具としてのコンピュータの活用である。技術教育、家庭科教育でも情報活用について盛んに実践をすすめてしかるべきであるが、「技術教室」を見てもあまり実践の数が多くない。その理由はやはり、授業時数が減らされたことが大きい。時数が減少しているのに 2017（平成29）告示、2021（令和3）年施行の学習指導要領では教える内容を増やしている。そのため、教える内容を詰め込まれ、子どもたちがじっくり自分で調べ学びに向かうような時間がとれないのが現状である。

そのような中でも、技術教育、家庭科教育の情報活用として取り組んでいる実践が「技術教室」にあるので紹介する。

2·3 インターネットを利用した調べ学習

川崎敏子による実践は、技術・家庭科の授業時数が減る以前の授業実践である[4]。インターネットの利用が学校現場でも整備され、授業時数にも余裕のあった頃の実践である。今の時代、同じことを取り組もうと思っても大変かもしれない。しかし、本来インターネットを活用した実践として取り組むことを考えた場合こういう授業がイメージされた。指導計画の概要部分を引用する。

第1時の魚料理に関するアンケート調査の後、第2時では、魚から作られる加工食品の試食を行った。（中略）教師は様々な加工食品を用意し、試食してもらった。（中略）その後、課題にせまるために、魚料理から連想されることを書いていくイメージマップ作りをした。（中

略）この後から、魚料理についてもっとくわしく知りたい、くわしく調べたいという気持ちや自分が調べたい方向性が出てきた。

　第3時から第6時では、生徒一人ひとりの「問い」を大切にし、様々な解決法が実際に行えるように支援をしていった。授業中、魚屋へ見学に行く生徒には、学年主任が引率についていってくれた。魚屋では、話を聞くだけでなく、いわしのさばきかたを教えてもらい、自分たちでさばいた魚をさげて意気揚々と帰ってきた。（中略）

　インターネットでの魚の情報を調べる生徒には、技術や他教科の先生が相談にのってくれた。（中略）魚の栄養を調べていく中で、もっと詳しく知りたいという生徒は、大学の食品学の先生の所へ伺いにいった。（中略）

　自分が調べたこと、体験したことを他に伝えることを通して学び合いができればと思う。（中略）第7時では情報交換会を設定した。

|||||||||||||||||||||||||||||||||||||||||||||||||||||||||||||||||||||||||||||||||||||||||||||||||||||||||||||||

　自分で課題を設定し、調べ学習と体験活動で考えをふくらましまとめたものを発表し、調理実習の計画と実習となっている。概要の引用のため省略した部分が多いが、より多くの体験ができるよう工夫したり、発表でコンピュータ機器を活用したり、子どもの意欲をもって学習活動を高められるよう取り組む姿がうかがえる。その中で、インターネットの利用について次のとおり述べている。

|||||||||||||||||||||||||||||||||||||||||||||||||||||||||||||||||||||||||||||||||||||||||||||||||||||||||||||||

　自然にインターネットが生徒たちの調べ学習の一手段となっている。各教科でインターネットを利用しだしたこともあり、また、総合的な学習の時間に1年生からインターネットに触れていることもあり、私より抵抗なく使いこなしている生徒が多いという現状である。（中略）インターネットが目的ではなく、学習を進めるための手段となり得るよう、生徒たちがうまく使いこなせるようになればすばらしいと思う。

|||||||||||||||||||||||||||||||||||||||||||||||||||||||||||||||||||||||||||||||||||||||||||||||||||||||||||||||

川崎も述べているように、情報教育としてのインターネットの活用は一つの教科に限定するのでなく、学校生活や授業を通して学ぶことが効果的である。今では、携帯端末の普及に伴い、子どもたちはより身近にコンピュータに接することができるように社会が変わってきた。しかし、本来情報を詳しく知ることで子どもたちの知に結びつくべきはずの情報教育が、しっかりと活用できていないと感じる。

2·4　コンピュータを使って模型飛行機を作る実践

　前述の情報活用の授業とは違うアプローチで情報の活用について考えた実践に、吉川裕之の模型飛行機を作る実践がある。吉川は情報活用について従来の一般的な考えとは違い、次の意見を持っている[5]。

　　技術には「技術としてのコンピュータの活用」も同時に求められるべきである。「技術としての」授業内容を展開するために、コンピュータを「技術のツール」として活用するという視点も持つべきではないか。限られた時数の中で、生徒に「ものづくりの中に活かされるコンピュータ」を実感させる題材として、山崎教育システム株式会社製の「翼（つばさ）」に取り組む実践を行なった。

　吉川の考えは、本来技術教育に必要な情報活用はインターネット等から情報を引っ張ってくるのでないとして、工学の専門教育や開発現場では当たり前である技術のツールとしてのコンピュータ活用を中学生の授業でも取り組んでみようとする実践である。技術のツールとしてこの「翼」がどのようなことができるか、吉川は次のように述べている。

　翼は、情報とコンピュータおよび製図の要素を含み、設計したものが形となることを、わずかな時間で体験することができるソフトである。CAD 的な要素と簡単なコンピュータデザイン、そして完成すれば「飛ぶ」という成果を見ることができ、従来の技術の授業で見られなかったインパクトを与えることができる。また、その中で特に私が重視したいのはフライトシミュレーションの段階である。従来の技術の授業では、手作業で試行錯誤して作っていたが、このソフトを利用することによって、コンピュータの中で条件を変え、効率的に条件を見つけものづくりすることができる。

　工学では研究開発に PDCA サイクルを用いて、よりよいものに迫るための手法がとられている。ところが、技術科の授業では設計から製作まではできても、その結果をフィードバックしてよりよいものの追究まで至らない。それを、模型飛行機のフライトをシミュレーションすることで時間短縮して取り組むことができると述べている。模型飛行機は産業教育研究連盟でも以前から提案されている優れた教材である[5]。

　より飛ぶ飛行機の追究が工学的なプロセスであると同時に、揚力、重力の釣り合いなど力学であり、つまりは機械の学習であるともいえる。吉川は生徒に飛行機の学習を進める際、科学的理論に基づいた機械学習であることを一切ふれず、次のとおり授業を導入している。これは大いに参考になった。

---

*5　模型飛行機は産業教育研究連盟でも以前から提案され、土田敏，流体力学を取り入れた飛行機作り，技術教室，No. 409, pp. 51-55 (1986) などがある。

コンピュータ室に生徒が集められ、「こんなん作んねんで！」と言いながら、準備しておいた様々なデザインの紙飛行機を、次から次へと飛ばし続ける。折り紙で作った紙飛行機とは安定感の一味違う飛行機に、生徒たちの歓声が上がる。そして時には飛ばないで墜落する飛行機を交える。笑いが起こる。（中略）新しく取り組む題材を魅力的に提示できるかどうか。それには教師自身がその題材の持つ意味をどのように解釈し、どのように引き出そうとするかによって大きな違いが生じる。題材に取り組む期間が長期であればなおのこと、導入となる１回目の授業が果たす役割は、非常に大きい。この「翼」の場合は、うまく作ることによって「飛ぶ」という特徴を前面に押し出した形を導入とすることによって、「動く」「光る」「音が出る」といった従来の電気・機械分野で見せてきた技術の題材を超え生徒の惹きつけに成功している。

　シミュレーションについては、図9-4の「フライトシミュレーション」というソフトを用いている。このソフトは飛行機のおもりの重さ、主翼の位置の設定で製作される飛行機のバランスを判定できるとのことである。

図9-4　フライトシミュレーション

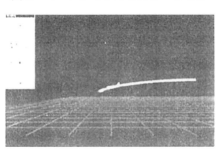

飛行機の力学は理論上学習することができるが、実際には風洞実験など
を行わないと目に見える形で現れない。大がかりな実験を行わなくてもシ
ミュレーションにより、力学を意識しながら模型飛行機を見ることができ
ると考えられる。そのあたり、吉川は次の通り述べている。

より作業を効率よく正確に進めるための勘やコツには、科学的な根
拠が存在することを技術の授業ではもっと伝えていくべきである。な
ぜ、安定して飛行するものと、そうでないものが出てくるのか。飛行
試験で試行錯誤を重ね、安定した飛行機が得られた裏にも、科学的な
原理が働いている。飛行機が飛ぶことを切り口に、その科学的な理解
を講義形式の授業でサポートした。

最後に、吉川はこの取り組みの価値について、次の通り述べている。

コンピュータを道具とし、ものづくりに活かすという点において
「自分で作ったものを手にとる」という営みは、技術の授業の中で持
つべき視点であり、この「翼」は現在のところ最も手軽にその効果を
期待できるソフトであると考えている。「技術としてのコンピュータ活
用」については、コンピュータが「可能性を秘めたツール」であると
いう認識に基づき、早急に取り組まなければならない課題である。2
本柱である「ものづくり」と「情報とコンピュータ」をそれぞれ正し
く見据え、リンクさせていくことが、今、非常に大切な取り組みであ
る。

この論文が書かれてから 15 年余り経過しているが、工学の専門教育、生産現場で当たり前のコンピュータ活用に関して、中学校段階での技術教育ではまだ進んでいるとはいえない。さらに、この「翼」は山崎教育システム㈱ から現在販売されていないため、同様の実践をするのは難しい状況である。本論文のようなコンピュータ活用こそ、本来、技術教育で求められるコンピュータ活用のあるべき姿であり、この視点を大切にしていかなければならない。

　産業教育研究連盟では、コンピュータ使用した制御は技術史を語る上でも重要な結節点であることから、大事な学習内容であると議論されていた。そういう中で、既存の制御教材として LEGO TC logo を使った実践がある。田中浩二は、LEGO TC logo の実践について、次のとおり述べている[6)]。「数年前から『情報基礎』の授業の中で、ロゴライター2を用いてプログラム作成を中心に学習させてきました。前任校で LEGO TC logo を購入することができ、それを用いての制御学習を試みました。」

　このように高額ではあったが、うまく学校予算がついたところでは制御学習を取り組むことをしていた。図9-5 に示すように、LEGO ブロックで形を作り、それをロゴライターでプログラミングし LEGO ブロックを動かすものである。中学生より前の年齢であっても、直感的に作品を作ることができることが特長であるといえる。田中は、実践の成果について「6人に1セットという状況でしたが、パソコンでコントロールできる（クレーンを動かすことができる）ということが、生徒にとってとても興味深

図9-5　LEGO TC logo の組み立てブロックで作ったクレーン

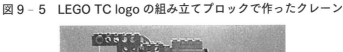

かったようです。今回このクレーンには、特定の部分の動作をさせただけでしたが、自由な動きをさせるとか、永久磁石の部分を電磁石にして、それをON-OFFさせるなど発展させられる」と述べている。

6人1セットという制限された活動の中、子ども達が興味を持ち学習活動に取り組んでいる様子がうかがえる。しかし、よい実践とわかりながらも、多くの学校で予算面の都合からこの教材に取り組むことができなかったことが大きな課題である。

3.1 「オートマ君」を使った授業実践

中学生向けで簡単にコンピュータを操作でき、しかも自作の教材である「オートマ君」はコンピュータでいかに制御の学習をするか考えられた教材である[7]。

当時のコンピュータのOS（基本ソフト）はMS-DOSが主流で、Windowsはあまり普及していなかった[*6]。キーボードによる文字入力が主流というコンピュータ環境の中で、コンピュータによる制御を教材化した村松浩幸の業績は大きい。村松は技術・家庭科の授業で行う制御の環境について、当時売り出されている教材は納得いくものがないと感想を持っており「本当に制御のような学習は中学校段階で可能なのでしょうか。中学生では無理だと言われる方もいます。結論から先にいえば、実践の結果、中学生でも使える簡易言語と専用の工具類を用いることで、従来難しいと考えられていた制御的な内容は、中学校の段階においても学習させる事が十分に可能であることが明らかになりました」と述べている。

中学生が分かりやすく学べるようにするために、自動化専用の簡易言語を村松が開発し、その簡易言語の名前が論文のタイトルにもなってい

[*6] マイクロコンピュータは、もっぱらBASICを利用していた。CP/MやMS-DOSのOS開発により、パーソナルコンピュータ（PC）で、多種のアプリケーションが利用できるようになった。

る「オートマ君」である。オートマ君について、村松は「オートマ君では、例えば「出力1 ON」とウィンドウから命令を選ぶだけで（ちょうどファミコンのような感じ）リレーをON、OFFできます。その他、操作も難しい日本語変換やキー操作も不要で楽に使いこなすことができます。また、オートマ君で使う5つの基本命令（出力、時間、カウンタ、飛べ、入力）もコンピュータがしていることを直感できるような形にしています。同時に、この命令で順次、分岐、反復という基本構造を表現できます。」と述べている。

　操作は、ブロック化された命令を積み重ねていくようになっている。今の制御学習でのプログラミングが、Scratch[7]などマウスでブロックを操作するものが主流であることを考えると、現在にも通じる実践であるといえる。ちなみに、オートマ君はその後も「技術教室」にたびたび紹介され[8]、Windows版およびMac版への対応とバージョンアップがされており、「オートマ君」を使った実践研究が長く積み重ねられてきたことが伺える。

　図9-6 (a) は、出力にパラレルポート（プリンタなどと接続する一昔前の規格）を使い外部機器と接続する仕組みとなっている。具体的には、モータ、CdS光センサーを接続して自動的に動く三輪車、光に反応して動く扇風機を村松は考えている。そして、リレーを用いて100 Vの電気製品の制御も視野に入れた取り組みであることが述べられている。

　実際の授業実践が紹介されており、生徒が作ったプログラムとして、三輪車をジグザグ運転させる次のプログラムが紹介されている（図9-6 (b) ）。

　村松は授業での生徒たちの様子について、生徒が実習に大変意欲的に取り組み、キー操作などでつまずくことなく、どんどん課題をこなしていく。

---

*7　ScratchはMITメディアラボが開発したプログラミング言語学習環境である。Scratchは、製作者の最優先事項を子どもたちが可能な限り簡単に学習するように作成できるため触覚的なプロセスを通した構築とテストが可能となっている。(Wikipediaより)

*8　「技術教室」にたびたび紹介された。例えば、大谷良光、ミニ扇風機の自動化の学習 ― 光センサーを利用した「分岐処理」の授業、技術教室、No. 498, pp. 36-41（1994）などがある。

図9-6　生徒が作った「オートマ君」

1: 出力 1 ON
2: 時間 3 秒
3: 出力 1 OFF
4: 出力 1 ON
5: 時間 3 秒
6: 出力 1 OFF
7: 飛べ 1 行へ

(a) プリンタポートを利用した入出力ボード　　(b) ジグザグ運転プログラム

自分のプログラムで実物が動くということが、生徒の興味を強く引きつけられる原因であると述べている。

　画面上でなく、実物が動くことの喜びが制御を学習することの価値であることを考えると、生徒たちの熱心に学ぶ姿が記述から読み取ることができる。また、当時コンピュータの普及率が10％台前半であることを考えると [8]、学校こそがコンピュータに触れる場であり、生徒たちにも新鮮な学びの場であったことが伺える。

今日的な視点から「オートマ君」実践を見ると

　先にも述べたように、教師により自作し開発した制御教材としての価値は大きい。その後、教材メーカーがいろいろな制御教材を開発し、発表している。しかし、業者による教材は生徒たちの実態にあわせ改良、工夫が難しい点で限界がある。やはり、生徒の実態から目標が設定され、目標を実現するための教材を教師が考えるプロセスこそ、生徒のためになる教材ではないか。そういう意味で、村松が開発した「オートマ君」こそ、本来教材としてあるべき姿である。今、コンピュータが発達し教材の開発環境も以前より整っている。生徒の実態にあわせ教材を開発していく姿勢は、

これからの私たちが授業実践に取り組む上で、現在でも学ぶ価値がある実践である。

3·2　Arduino を使った情報学習

なぜ Arduino を用いるか

2008（平成 20）年告示の学習指導要領から技術・家庭科の情報分野に「コンピュータによる計測、制御」が新たに加わった。本来、技術教育の中で行う情報学習はコンピュータ制御の学習である。情報は連続するアナログのデータを 0 と 1 に数値化したものを加工し、利用することで技術として活用することである。制御を学ぶことは、機械の中でどのように情報を利用し、加工しているか、全体を見通す視点を養う。

しかし、それがなかなかできなかったのは教材開発のハードルの高さと高額になる 2 点の問題があったためである。先述の村松実践のように 1 から教材開発を教師個人の力で行うには限界がある。また、何社かの教材業者がマイコンボードを使った制御教材商品を開発し販売しているが、マイコンボードは高額なため、制御教材商品も高額にならざるを得ない事情がある。そのため、多くの学校で高額な教材を備品購入して学習しなければならない。計測・制御は情報の教材として魅力と陶冶価値を持ちつつも、学習環境が整備されてない。その結果、教材会社をはじめ、教員においても意欲的な教材の研究と開発が進んでいない。

しかしながら海外では、2005 年頃から「Arduino プロジェクト」が北イタリアで始まっている[*9]。Arduino プロジェクトが進み、プログラム、開発環境も統合され、アクセサリーも豊富になってきた。現在では、Arduino も

---

*9　2003 年のエルナンド・バラガンの修士論文の「Wiring」の構想が最初と言われる。Wiring は、電子工学の知識がない初心者でもエレクトロニクスボードを扱い制御などができるソフトウエアである。それを活用して「Arduino プロジェクト」が立ち上がった。Arduino には OS が搭載されていないことが、OS が搭載されているワンボードマイコンとの違いである。

安価に手に入るようになっている。それを使い生徒たちが、制御教材を自作できるような実践をする時代に来ている。新村彰英はいち早く Arduino に注目し、お掃除ロボット制御教材を自作する授業に取り組んでいる。

　高価な教材を使った制御の学習は技術・家庭科の授業時数が少ないこともあり、興味を持って学習したとしても生徒は印象に残っていない。後藤直は、授業時間が少ないからこそ持ち帰りできる自作教材で学んだことを定着させることが大切であると考えた。自作教材は、学習に必要最低限の部品だけを揃えればよいので、製作費はかからない。そこで、Arduino を使った自主教材づくりに取り組んでいる新村の実践を参考にして、Arduino を使った制御の授業を考えた [9]。

　その授業実践について、次に紹介する。

３色 LED イルミネーションの授業実践

　Arduino とはマイコンチップに入出力ポートを備えたワンボードのマイコンである。パソコンを Arduino に接続しプログラムを入力・転送し、そのプログラムに従って Arduino で外部機器を制御する仕組みとなっている。Arduino の仕様はハードウエア、ソフトウエアとも公開されているため、オリジナルな Arduino は高額でも、Arduino 仕様に作られたマイコンボードは安価に購入できる。また、プログラムを作成するソフト Arduino IDE は無料で公開されており安価な教材製作をサポートしてくれる。

　Arduino の出力ポートからは５ V の電気信号がプログラムにしたがって出力される。出力ポートに LED を接続すれば、ライトを点灯することができ、出力ポートにモーターを接続すれば、機器を動かすことができる仕組みになっている。

　一方、制御対象を何にするかを検討し、中学生の興味を引きそうな安価な部品として３色 LED に決定した。３色 LED とは赤、青、緑それぞれの色を発色する LED を１つの部品にまとめたものである。部品の足は４本あり、共通のカソード、赤、青、緑のアノードがある。１つの部品の中に

図9-7 Arduinoに接続した3色LEDイルミネーション本体

3ヵ所で発色する場所があるため、本来であれば色と色を合成することはできない。しかし、部品に白いLEDキャップをつけることで色と色がベールに包まれ拡散して発色することが可能になる。PWM制御[*10]を使えば1つの色あたり255階調の色の発色が可能である。つまり、理論上は1440万色の色を合成することができる。

　出力ポートにつなげる制御対象は図9-7のとおり、3色LEDと抵抗をつなげたもので、簡単に自作することが可能である。後藤は7時間の授業で、4時間のアクチュエータ製作、3時間のプログラミングの授業計画を立てて取り組んだ。

　Arduino IDEを使ったプログラミングは図9-8のとおりC言語に似たプログラミングである。習得するのに少し時間がかかるが、生徒たちはきれいなイルミネーションにしたいという目標があるため意欲を持続することができる。点灯、消灯のプログラムから、PWM制御のしくみ、色の合

---

*10　PWM制御は pulse width modulation の頭文字をとったもので、パルス幅変調と訳される。ごく短い時間のうちにオンとオフを繰り返し切り替えながら、パルス幅を変化させ実効電力を制御する考え方である。その他に、パルスの幅が一定で、パルスの密度を変える変調方式などもある。

図9−8 3色LEDで7色をランダムに発光させるプログラム

```
////////7色をランダムに光らせるプログラム/////

int i,pin_number,j;          //変数iとpin_numbeとjの宣言

void setup() {
        for(i=9;i<=11;i++){          // iを変えて3回繰り返し:
            pinMode(i,OUTPUT);
        }                            //9〜11番ピンを出力に設定
    }

void loop() {
    pin_number = random (9,12);    //9〜11の乱数生成
    j=random(1,3);
        digitalWrite(pin_number,HIGH);    //LEDが光る
        digitalWrite(pin_number+j-1,HIGH); //LEDが光る
        digitalWrite(pin_number-j+1,HIGH); //LEDが光る
    delay(500);                        //処理を0.5秒待つ
        digitalWrite(pin_number+j,LOW);    //LEDが消える
        digitalWrite(pin_number+j-1,LOW);   //LEDが消える
        digitalWrite(pin_number-j+1,LOW);   //LEDが消える
    }
```

成のしくみを学び、最後に自分オリジナルなイルミネーションづくりをした。

成果と課題

　Arduinoを使った授業は、簡単な電気回路の教材でありながら、製作からプログラミングまですべてを取り組むことができる優れた教材である。プログラムによる計測と制御は、機器の構成について学習するだけでは不十分であり、実際にコンピュータから出される電気信号を使ってLEDを点灯する製作をとおして、はじめて実感することができる。自分でハンダ付けして回路の構成がわかるから、ハンダ付けした部品が発光することで、プログラムがどういう仕組みになっているか実感できる。そのように全体がわかり、プログラムの意味が理解できるようになる。

　次に、自分のものを製作することで意欲を高められることがわかった。

中学校最後の製作に位置づけ取り組んだ実践であった。製作費を安くするため、必要最低限の購入部品のためケースもなく、図9-7のようにきれいな仕上がりの教材ではない。しかし、生徒たちはよりきれいなイルミネーションに仕上げようとプログラムに取り組み、2割くらいの生徒は最後の授業が終わり卒業式直前まで、昼休みコンピュータ室に来てプログラムづくりをして教材を持ち帰った。そのような生徒の姿からも、この教材がもつ魅力を感じ取ることができた。

　製作の内容や授業の展開を変えれば、深い学習を実現できる可能性を秘めている。Arduino には部品（モジュール）の選択、組み合わせが豊富にあるので、それをどう構成するかが教材研究の課題になる。例えば、人感センサー*11 を取り付けるなどするといろいろと楽しめる。しかし、値段を廉価に抑えることとの折り合いを考えなければならない。また、生徒たちは色を合成させるイルミネーションへの興味が大きく、それを優先するとセンサーの取り組みが疎かになる。技術・家庭科（情報の技術）の指導内容に多くの時間を割けない現状もあり、何を優先すべきかいろいろ迷うところである。たくさん試して事例を討議することができれば、解決できるはずである。

3·3　情報の科学的理解をどう教えるか

　2017（平成 29）年告示、2021（令和 3）年施行の学習指導要領では「ア 情報の表現、記録、計算、通信の特性等の原理・法則と、情報のデジタル化や処理の自動化、システム化、情報セキュリティ等に関わる基礎的な技術の仕組み」について指導することが述べられている。そして、具体的に事細かく内容を規定している。実際、授業で教えようとする場合、生徒たちに内容を詰め込むことを強いることになり、興味を持たせ学習に取

---

*11 焦電型赤外線センサモジュール、周囲（室温）よりも温度の高い物体の移動があると反応して信号を変化させる。

り組ませることが難しい。しかし、現在では指導しなければならないことなので工夫しながら取り組む必要がある。そんな中、「技術教室」に情報を科学的理解させるための実践の工夫がいつくか紹介されている。

3·4　フローチャートを身近な課題から取り組む

諏佐誠はフローチャートを教えるのに、次のように工夫をしている[10]。

フローチャートを取り扱うにあたり、段階的な指導を行う必要があると感じ、まずは身近なフローチャートとして学習することにした。

例1　牛乳を買いにスーパーへ行き、A社とB社の牛乳のうち、安いほうを買って家に帰る。

例2　果物を買いにスーパーへ行く。リンゴかみかんのうち、安い方を買うことにする。ただし、スーパーが休みなら家に帰る。

まずは、身近な事柄をフローチャートにして、考え方（処理のしかた）を学び、条件判断でどのような言葉を入れるのが適切かを考えさせる。コンピュータやロボットがどのような動きをしているかという、第三者からの見方ではなく、自分の脳に例題を思い浮かべ、それをプログラム的に処理していく

日常の出来事を、コンピュータが処理する視点で細かく分析し、条件分岐、繰り返しがどのように組み合わさっているか考えることが述べられている。諏佐は、この指導を入れることで、細かいステップを踏み、正しいフローチャートの描き方を理解できるとしている。

フローチャートを教えても、プログラミング指導が受容できない生徒が多数見られる。このような生徒の特徴として、フローチャートを使わずコマンドを理解せずに、当てずっぽうでプログラムを作る傾向がある。エラーが起きず、言われた課題さえクリアーすればよいという姿勢で学習を

する生徒である。そのような生徒は、学校教育の中で物事を理解して課題を解決する経験に乏しい。概念形成がされないので、学年が進むにつれて、学力が伸びなくなる。そういう生徒でも、身近な事象をフローチャートで考えることで論理的にプログラムを考えていくように変わる可能性もある。

3·5　よくわかる楽しい授業のコツを伝える実践

　情報の科学的理解について、系統的に指導に取り組んでいる実践に野本勇の実践がある[11]。野本は中高一貫教育の私立中学校で教壇に立っていたことから、6年間を見通したカリュラムを考えて取り組んでいる。特に、高校の情報科の授業をねらいとして系統だった指導に中学校での指導を位置づけているのが特長である。

　野本は中学校の授業について、パソコンの取り扱いのスキルアップだけでよいか疑問に感じ「中学校での情報科の授業といっても、現実的には技術科の教員が担当するので、パソコン取り扱いのスキルアップだけでよいのか、疑問に思いました。また、高校の情報教育のためだけでなく、コンピュータとは何かをどこかで学習させる必要を感じ、授業時間数が7から8時間程度だったものを、生徒の学習状態を見て、8から10時間程度に増やし、高校の情報教育につながるように変えてきました」と述べている。

　学習指導要領には、指導内容が事細かく指定されおり、詰め込みしかないと考えると閉塞感が先に来てしまう。まず生徒たちに学習させる必要性を考えるところから教育内容をしぼっていく考え方は参考になる。具体的にどのような授業をするのか、野本は論文で次のように指摘している。

　◇**コンピュータの歴史**　まず、「電子計算機」の誕生の歴史から始める。コンピュータの技術革新が進展するにつれて、複雑な処理も実現できるようになり情報処理ツールとして普及し、身近に用いられるようになったことを説明する。基本的なソフトとしてMS-DOSが

普及することで、多彩なアプリケーションが利用できるようになる。さらに、マルチタスクやネットワークを取り入れながら、Windows、UNIX、Mac OS などのオペレーティングシステムへと進歩した。クロック周波数が高くなると消費電力が増大し、CPU の発熱の少ないインテルの CPU が多く用いられているようになってきた。

　このようにコンピュータの歴史をたどることは、コンピュータがどう発展してきたかを理解するのにわかりやすいアプローチである。

◇**コンピュータの操作**　キーボードやマウスに慣れてコンピュータの操作を身につける。近年は、タブレットやスマホの普及により、キーボードやマウスの操作を知らない生徒が増えている。

◇**必要な知識と仕組み**　コンピュータの処理で必要になる知識として、2 進数、ファイルサイズなどについて学習する。

　技術科としては、パソコンはどのようにして動いているのかを教えたい。そこで、「ハードウエア」と「ソフトウエア」が組み合わさって、はじめていろいろな機能を発揮することを、毎年、古いパソコン（実際に動くもの）を分解しながら（メモリーカードを外したり）、中身を見せている。

　コンピュータは入力装置、記憶装置、制御装置、演算装置、出力装置からなり、それぞれの装置間を電気信号が行き交いしていること、コンピュータ内で取り扱われるデータは電気信号で、電気がない 0 と電気がある 1 の 2 進数が用いられることを学習する。

　かつての技術・家庭科では、エンジン、自転車などといった機械を分解する授業が行われていた。生徒たちに聞くと、電気製品を自分で分解した経験は非常に乏しい。一昔前なら、電気製品に興味がある生徒が教室に一定数いて、自分の家で電気製品をばらすことにチャレンジしていたが、今はほとんど見当たらない。そう考えると、パソコンの分解を学校で行う教育的価値があるかもしれない。また、分解することで、パソコン内の装置がわかりやすくなる。

◇**情報理論の基礎と応用**　画像（文字）についても取り上げる。ビットやバイトの話をした後、ロジックパズルを作らせる。

　最も簡単な画像（白と黒で表現できる文字や絵）を表せるからである。これは、2進数（0と1）で表現していくので、データの大きさを計算できることと、パズルを2進数（実際には16進数に変換）で表わし、データとしてほかの人に伝えることができる。ここで、ルール（どこで区切るか）を用いて正しく相手に渡さないと元の絵に復元できなくなり、文字化けについて話題が広がる。ロジックパズルを使うことで画像を電子データで表すことの説明をしたり、またデータの明け渡しの区切り方を間違えたりすると、正しく画像を復元できないのが文字化けにつながることなど、身近な事例に触れる。

以上の野本の指導計画は、指導に小さな工夫をすることで、生徒の興味を引出すことの大切さを示している。

　近年、気がかりなことは、GIGAスクール構想により学校のPCがタブレット端末に交換され、これまでPCを利用した制御の学習が困難となるっている事例もある。学校の情報機器の環境に左右されない対策が必要である。

4 情報社会への参画について

　産業教育研究連盟では、技術教育としてコンピュータをどのように教えていくかの実践が中心であったため、情報モラルに関してはあまり実践の発表はなかった。それは、技術教育における情報モラルは単に上から押し付けられて学習指導要領に入った内容であるため、技術教育で扱う必然性が感じられないと会員が感じていたことが大きい。そういう中でも、産業教育連盟では技術教育としての情報モラルの試みをする実践もいくつかあった。例えば、教師自作のコンピュータウイルスを生徒に紹介し、生徒がコンピュータウイルスに感染する擬似体験から、ウイルスはプログラムであること、またプログラムゆえ疑わしいページに遭遇した時に感染を防ぐ対処法を学ぶ実践である [12]。

　しかし、現実に 1998（平成 10）年告示、2002（平成 14）年施行の学習指導要領から情報モラルを技術・家庭科の授業で行う記述が入って以降、改訂のたびに詳細に教える内容が記述されるようになっている。それに対して研究団体として何ら手立てを持つ必要があることが議論として上がっていた。実際、第 68 次技術教育・家庭科教育全国研究大会（東京・和光中学校、2019 年）の討論の中でも「どのように情報モラルを教えればいいか」という意見が参加者の中から声が上がっていた。その中で、情報モラルに関して的確に意見ができるよう見識を持つことの必要性について産業教育研究連盟に求められていることが明らかになった。

　モラルや態度については、議論の余地が大いにある。態度・姿勢を教育・評価することは、もっぱら形式やうわべを問うことになりがちである。その結果、情報についての本質的な理解は 2 次的なこととして扱われる。そもそも、しっかりした知識と理解が形成されて、自らモラルは備わってくるのである。モラルや態度は結果であり、形式を目標にしても意味がな

い。情報モラルにおいても同様のことが言える。

「情報モラル教育のあり方」から学ぶ

　情報モラル教育について、「技術教室」に発表された論文で技術教育の中で必要な見識とは何かを振り返ると、村田育也の論文が参考になる[13]。村田は情報モラルの必要性として、情報モラルに関わるそれまでにあったいくつかの事件について述べている。この論文は2009年に書かれているために、その時代に起きた事件を示しながら、情報モラルの必要性を訴えている。

||||||||||||||||||||||||||||||||||||||||||||||||||||||||||||||||||||||||||||||||||||||||||||||||||||||||||||||||||||||||||||||||||

　2007年7月、神戸市の高校3年生の男子生徒が同級生3人から凄惨ないじめを受けそれを苦に自殺した。いじめには学校裏サイトも使われていた。2008年5月、北九州市の高校1年生の女子生徒が、同級生のブログに「葬式出してやるけはよ死ね」などの書き込みを何度もされて自殺した。（中略）文部科学省が2008年1〜3月に行った調査によると、いわゆる「学校裏サイト」は全国で3万8260件あった。最近、学校名を書かなかったり、パスワードをかけたりする方法で、大人の目から逃れる学校裏サイトが増えた。その実数は、想像するだけでも恐ろしい。

||||||||||||||||||||||||||||||||||||||||||||||||||||||||||||||||||||||||||||||||||||||||||||||||||||||||||||||||||||||||||||||||||

　2007年には各家庭のパソコン普及率が70%に達し、2008年に携帯電話を進化させた iPhone[*12] が発売されるなど「スマートフォン」といわれる携帯型コンピュータ端末により、個人でのコンピュータ利用が急速に普

---

*12 iPhone は、Apple 社が発売したパソコン端末機能をもった携帯電話である。携帯電話でありながらオペレーティングシステム iOS を持つので、ユーザーがアプリケーションをダウンロードして使える。その他に Android をはじめ多様な携帯用の OS がある。

及した。それに伴う形で情報モラルにかかわる事件が多発するようになる。

　田村は、情報モラル教育の必要性について自動車運転に例えてわかりやすく説明している。

||||||||||||||||||||||||||||||||||||||||||||||||||||||||||||||||||||||||||||||||||||||||||||||||||||||||||||||||||

　　情報モラル教育は、ネットいじめなどのインターネット利用で生じるトラブルを防止する目的で行われる。そのためには、携帯電話やインターネットを使い始める前に、情報モラル教育をうけていなければならない。自動車を運転する前に、道路交通法などの知識と運転の技術を身につけるのと同じである。つまり、もし高校入学時に携帯電話を与えるなら、そのための情報モラル教育を中学卒業までに終えておく必要がある。実際はそうなっていないことが最も大きな問題であろう。

||||||||||||||||||||||||||||||||||||||||||||||||||||||||||||||||||||||||||||||||||||||||||||||||||||||||||||||||||

　この論文から10年が経過しているが、ますます情報端末の利用者が低年齢化しているのにも拘らず、きちんとした情報モラル教育の体系化は進んでいないことが問題を深刻にしている。つまり、情報モラルをどう教えるかのカリキュラムは各学校に委ねられているのが実態である。情報モラルの有効な学習がされていない学校も多い。それとは関係なしで、中学生にもインターネット利用が広まり、急速に生徒指導上のネットトラブルが増え、その事後処理に学校が追われている。

4・1　情報モラル教育の役割と限界

　情報モラル教育の指導内容について、村田育也は「コミュニケーション」「情報技術」「法律に関する内容」の3つの役割について述べている。それらは、単に知識として指導すればよいのではなく、次のような難しさがあると述べている[13]。携帯電話やインターネットに使い慣れた生徒

の中には「面と向かって言えないことでも、ネットなら書ける」と悪びれることなく口にする生徒もいる。これも情報メディアの特性の一つだが、「だから、そうして当然」と思っていたらとんでもないことが起きてしまう。だからこそ、何を書くかで一人ひとりの良識が問われることを理解させる必要がある。

そう捉えると「コミュニケーション」では、学校裏サイトに利用される匿名電子掲示板、SNS やコミュニケーション、プロフ[*13] の場で「ネット上のコミュニケーションが現実のものとどう違うかを理解したうえで、適切に言動できるようにならなければならない」と述べている。また、「情報技術」に関しては情報技術に関する知識を持っていないと、知らないうちに被害者になったり加害者になったりすることがあること、「法律に関する内容」については法律に関する知識を持っていないと知らないうちに違法行為に加担してしまうこと、などが挙げられている。このように、村田は情報モラルの内容が非常に広いことを指摘している。

そもそも、インターネットの社会は大人が作り出した大人のためのものだが、生徒も簡単にアクセスできる危険性がある。それに関して、村田は「情報モラル教育をして、このような大人向きのネット社会の中を、子ども一人で生きていきなさい！ と言えるだろうか。3 歳の子どもに情報モラル教育をすれば、携帯電話やインターネットを一人で使えるようになるだろうか」と疑問を呈している。

村田は、15 歳でもネット社会を一人で生きていくことは難しいとし、それが情報モラルの限界と述べている。その理由として、そもそも情報モラル教育は、成人したときに携帯電話やインターネットを一人で使いこなせるための知識と知恵と技能を身につけるために行うもので、それまでは周囲の大人の支援が必要と述べている。特に複雑な人間関係、すなわち相手との親しさの距離を理解してそれに適した言動をする力、他人の立場に

[*13] プロフィールサイトの略。自己紹介を決まった形式で書いて公開される。

立って考える力、ウソと冗談を区別する力、その場の空気を読む力などは、人との関わりを通じて年齢とともに身につけるもので、インターネット上では学ぶことがきわめて難しく、そのためトラブルが生じやすくなっていると述べている。さらに、携帯電話やインターネットは、嫌な相手を避け好きな相手とばかり接することができるので、利己的な振る舞いが許容される道具である。そこからは、まともな社会性は育たないと指摘している。

刑法では 14 歳未満は責任能力を問われず、民法では賠償責任を問われない。少年法では 18 歳未満を減刑の対象とし、各都道府県地方自治体が制定する青少年健全育成条例などでも保護対象をその年齢に定めている。14 歳以上 18 歳未満に年齢とともに法的責任能力が大きくなるが、処遇内容は少年個人の心身の発達、陶冶性、家庭環境に大きく影響され詳細にグラフ化できないと述べている。中学生の場合は保護者が責任を負うため、民事訴訟により保護者の監督責任が問われると述べている。

4·2　情報モラル教育のあり方

村田育也は、年齢による情報メディアの使わせ方スタンダードが必要であるとし、次のように述べている [13)]。

「インターネットの利用方法を、子どもの責任能力の発達に合わせて、『使わせない』『大人が付いて使わせる』『条件付きで使わせる』『一人で使わせる』の 4 段階に分けることを提案したい。私個人の意見としては、9 歳までは全く使わせない、14 歳までは大人が付いて使わせる、18 歳以上は一人で使わせる、と考えている。」これを、学校教育に当てはめると、図 9-9 のようになる。

情報モラル教育にとって必要なことは、

1. 教員と保護者が共通の理解を持って指導する。
2. 技術・家庭科で情報技術と法律に関する内容、道徳でコミュニケーションに関する内容ならびに、毎日の活動を通して事前事後の指導

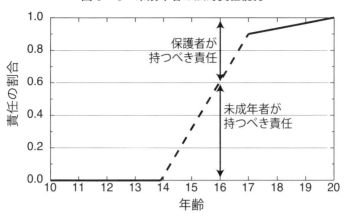

図 9 - 9　未成年者の法的責任能力

（縦軸）責任の割合
（横軸）年齢

保護者が
持つべき責任

未成年者が
持つべき責任

　の必要性。

3. 生徒指導上の問題が起きた時に証拠の保存、被害者のサポート、加
　害者の特定を必要な措置として講じる。

など本気で取り組む必要があると述べている。

5 プログラミングの授業実践

　情報教育について教師が模索していた頃、コンピュータといえば付属している BASIC 言語を使って自分でプログラムを作って教材にすることが主流であった。当時のコンピュータ雑誌といえば、自作の BASIC で書かれたプログラムが必ず掲載されるなど自分でプログラムを書くのが当たり前のこともあった。パソコン自体普及していないため、使えるソフトウエアがあまりなかったのが一番の理由であった。もちろん、作られたプログラムは現在にそのまま利用できるものではない。しかし、自主開発ソフトをみると、プログラムを作成した教師の情熱が伝わってくる。そして、現在の私たちにも学ぶべき点が多くある。

　そのあたりを清重明佳は次のとおり述べている[14]。

　　文部省は学習指導要領にある「情報を適切に活用する能力」をうたい文句にして、ハード・ソフトを配布した。ワープロソフト「一太郎」は、本当に技術・家庭科のためのソフトか、私は国語科に「どうぞ」と言いたい。図形ソフト「KIDFP」も、美術科に。（中略）私などは、技術・家庭科の学習指導要領の教育内容として理解できるのはプログラミングだけである。すなわち、技術・家庭科のための配布ソフトは現在ない。

コンピュータのどういう部分が技術教育として教える価値があるのかを判断したうえで取り組んでいることがうかがえる*14。この時代は「技術教

---

*14 1989（平成元）年告示、2003（平成 5）年施行の学習指導要領には「コンピュータの操作等を通して、その役割と機能について理解させ、情報を適切に活用する基礎的な能力を

室」にもたくさんのソフトウエアの活用方法について掲載された。しかし、プログラミングについて取り組んだ教師は「技術教育として価値あるものはプログラミングである」の信念で取り組んでいった。生徒たちも、プログラミングという未知のものへの知的好奇心もあって、熱心に取り組んでいる様子がうかがえる。

　しかし、残念なことに BASIC がすべて文字入力のプログラム言語であり、プログラムを作る人にとっても、使う人にとっても優しい環境ではなかった。清重が子どもたちに教えていたプログラムが、図 9-10 に示す「BASIC によるじゃんけんゲームのプログラム」である。

　取り組んでいることは乱数を使って実行するたびに結果が変わること、条件分岐によりこちらの入力によって結果が分岐することなど、プログラムの基本を教え、かつ生徒たちが興味を持ち取り組むことができる内容である。じゃんけんゲームは、いまの時代でも取り組まれている実践である。しかし、当時のコンピュータでは入力画面だけでなく、結果も半角カナ文字とユーザーに優しい環境ではなかった。この実践から四半世紀が過ぎたが、文部科学省は小学校段階からのプログラミング教育を目玉に学習指導要領を改訂した。もし、この時代に教師のプログラミングの研修の機会を保障し、子どもたちが学びやすいプログラム言語やツールの開発に真剣に取り組んでいたら、プログラミングの授業実践がもっと盛んになっていたし、教材や教育方法も掘り下げられ、今日のような状況とは大きく違っていたであろう。しかし、自主的なプログラミングを教える取り組みは、この後下火となる。それは、BASIC の環境を各メーカーがコンピュータに付属させるのを取りやめたことが大きい[15]。

　しかしながら、現在は国際規格の JIS Full BASIC に準拠した十進 BASIC

養う。」と記されている。

[15] 2017（平成 29）年告示、2020（令和 2）年施行の小学校学習指導要領では、「イ　児童がプログラミングを体験しながら、コンピュータに意図した処理を行わせるために必要な論理的思考力を身に付けるための学習活動」と記され、突然にプログラミングを小学生に持ち込んでいる。

図 9 - 10　BASIC によるじゃんけんゲームのプログラム

```
10 'ジャンケン
20 cls:rem ***ショキチ
30 randomize(time/3) 40 G=3:PS=0:WS=0
50 J$(1)="グウ"
60 J$(2)="チョキ"
70 J$(3)="パァ"
80 print "「ジャンケンアソビマショウ」"
90 print
100 print "1ハグウ 2ハチョキ 3ハ パァデス。"
110 print
120 locate 352,2:print "3カイショウブ"
130 '*** ショリ
140 if G=0 then300
150 input "アンタハナニ";B
160 if B<1 or B>3 then 150 170 P=int(rnd*3)+1:G=G-1
180 print "アナタハ";J$(B);"デス。";
190 for I=1 to 1000:beep 1:beep 0:beep 0
200 print "パソコンハ";J$(P);"デス。"
210 rem ***ハンテイ
220 if B=P then 260
230 if (B=1)*(P=2)+(B=2)*(P=3)+(B=3)*(P=3)
240 print "
250 goto 130
260 print "
270 goto 130
280 print "パソコンノカチ" :PS=PS+1 アイコデス":アナタノカチ" *WS=WS+1
290 goto 130 300 rem *** ケッカ
310 print
320 if WS>PS then print "アンタノカチデス"
330 if WS<PS then print "パソコンノカチデス"
340 if WS=PS then print "ショウブナシ"
350 print "[マタスル カタ ハ f3キー ヲ オシテ]"
360 end
```

のホームページが立ち上げられ、Windows、Mac および Linux にも対
応して、誰でも BASIC を利用できる環境が新たに整ってきた[16]。この
BASIC を新たに活用した教材化も興味深い。

---

[16] https://hp.vector.co.jp/authors/VA008683/

5・1 BASIC を使った授業実践

　当時の実践の中で、具体的にどのような指導計画で実践をするかをわかり易く記載したのが、居川幸三の BASIC を使った授業実践である[2]。本論文の特長は、文字入力プログラムの BASIC であえてグラフィカルな画像処理にチャレンジしている点である。居川が BASIC 言語について授業で取り組む理由について、次のとおり述べている。

|||||||||||||||||||||||||||||||||||||||||||||||||||||||||||||||||||||||||||||||||||||||||||||||||||||

　　・キーボードの練習も十分でないのに、BASIC なんて無理
　　・BASIC でつくったプログラムなんておもしろくない
　　・BASIC は文法が難しく、中学生には適切でない
などと、BASIC にはいろいろと議論されている。しかし、初めて実践した BASIC 講座では、学習した命令語を少し応用するだけで、バラエティ豊かな作品ができあがっていくので、こちらの方が乗ってしまいました。私はこれまで、「ともかく実践が先、試作などなくても何とかなるものだ」というふうにやってきたので、この授業も一から生徒と同じ次元で取り組みました。

|||||||||||||||||||||||||||||||||||||||||||||||||||||||||||||||||||||||||||||||||||||||||||||||||||||

　今も昔も教材研究にあてる時間が不足している中で、プログラミングの授業に積極的に取り組もうとする情熱がプログラミング教育を支えた原動力であることが感じ取られた。その中で、居川が BASIC でグラフィックを取り組んだ理由について、「計算や数あてゲームのような教科書的なものは、おもしろくもなんともありません。プログラムの作成は、やはりグラフィックでやるべきだと思います。まず、グラフィックでいろいろな形を思いのままプログラムさせ、次にこれを動かすことを考えさせてい

図9-11　BASIC によるグラフィック

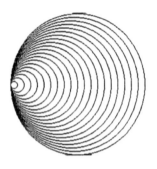

```
10 CLS 2
20 FOR I=1 TO 20
30 CIRCLE(100+10 ＊ I,200),10 ＊ I,3
40 NEXT I
50 END
```

(a) BASIC で円を描くプログラム　　　(b) プログラムを実行した図形

ます。描いた図形が動くことが、生徒にとっては魅力で学習意欲を高めます」と述べている。

　この論文から BASIC のグラフィック処理の意義について２つ学ぶことがある。まず、コンピュータの仕組みを理解する点である。今のコンピュータはグラフィックな処理がされるのが当たり前なので、コンピュータがどのように図形処理をしているか仕組みを知ることはなかなかできない。実際、プログラミングは現在の開発キットではグラフィックな部品を呼び出したりするのは事前に準備されており、図形の処理を意識してプログラミングすることはない。BASIC を使って図 9-11 (a) に示すプログラムで図 9-11 (b) の図形が描かれる。この BASIC プログラムでは、図形が座標に点を描くことで処理していることを理解するようになっている。

　現在の情報教育でも文字の命令によって図形処理を体験させることはコンピュータの仕組みを理解させる上で重要なことのように感じる。

　次に、生徒がグラフィックなものに興味を示す点である。BASIC は、起動画面から文字入力のカーソルが点滅するだけで味気ないものであった。そのため、居川はグラィックなものでないと生徒の興味が持続しないと述べている。今のコンピュータ環境はプログラム開発キットのおかげでプロ

グラミングを始める段階で、わかりやすく入力できるよう工夫されている。また、授業の課題も図形処理なので、きれいに作図できたかどうか結果がわかりやすい。プログラミングはコンピュータという機械に手順を合わせ操作しなければならない難しさがある。しかし、生徒の実態に合わせ理解しにくい要素を取り除き、わかりやすくすれば、生徒たちが取り組むことができる。それが、情報教育にとって大切な教材研究である。そのことを本論文から学ぶことができる。

5·2　BASIC プログラミング実践の今日的な意味

コンピュータの発達はめざましく、そのためハードウエアもソフトウエアも環境がどんどん変化する。そのため、じっくり吟味した教材であっても環境が変わると同時に使えなくなるのが現実である。本来、価値ある教材というものは環境が変化したからといって、積み上げたことがすべてなくなるものではない。それをいちばん見直すべきものと感じるのがこの時代の BASIC 言語プログラミングの数々の実践である。居川の実践をはじめ、BASIC の実践は生徒たちが熱心に取り組む姿が書かれている。ここで紹介した内容を現在のプログラミング環境にあわせ取り組むことは簡単にできる。これらのプログラミング実践を見直すことで、情報教育をより多彩な指導で行うことができるはずである。

5·3　インターネット時代のプログラミング学習

情報教育がはじまった頃、先述のようにコンピュータに付属する BASIC 言語を使ったプログラミング学習を進める熱心な教師によりプログラミング学習は発展してきた。しかし、コンピュータメーカーが自社のコンピュータへ BASIC を付属させるのをやめると同時に、教育現場でもしばらくプログラミング学習は停滞した。

その間、プログラミングの開発環境はユーザーに使い易いものへと進化していった。BASIC 言語を例にとると、BASIC から QuickBasic [*17]、そして Visual Basic [*18] へと進化した。具体的には行番号を振って命令を処理する方法から、いわゆるオブジェクト指向といわれる、命令を処理する流れを構造化した方法となり、プログラムの構造がわかり易くなった点である。また、GUI の環境に適応しているので、プログラム作成者だけでなく、使い手にとってもわかりやすくなった点も挙げられる。

　後藤直は第 50 次技術教育・家庭科教育研究大会（東京オリンピックセンター、2001 年）で「Visual Basic を使ったプログラミングの授業」を発表した。その中で、Visual Basic が今までの Basic と違いプログラミングが分かりやすくなっているので、中学生にも十分使える教材としての意義を述べている。しかし、Visual Basic による開発環境は購入しなければ実践できなかったため他の学校で実践できるというものでなく、後藤も転勤により VisualBasic を使えなくなり、その後取り組まなくなった。

5·4　JavaScript を使った授業実践

　以前まで後藤直が VisualBasic を使ってプログラミングの授業をしていたが、JavaScript [*19] に変更した。

　その理由は、Visual Basic を使える環境にある中学校が少ないことである。どんなに使いやすいプログラミング言語でも、使うことのできない環

---

*17 QuickBasic　マイクロソフトが開発した統合開発環境。また、そこで用いられるプログラミング言語。Microsoft Visual Basic の前身でもある。MS-DOS 版と Macintosh 版がある。（Wikipedia より引用）

*18 Visual Basic　マイクロソフトが 1990 年代に開発していたプログラミング言語およびその処理系。通常は Visual Basic または VB と呼ぶ。Visual Studio に組み込まれ、さまざまな種類のアプリケーション開発に用いられる。（Wikipedia より引用）

*19 JavaScript　プログラミング言語のひとつである。JavaScript はプロトタイプベースのオブジェクト指向スクリプト言語であるが、クラスなどのクラスベースに見られる機能も取り込んでいる。ウェブブラウザ上で動作し動的なウェブサイト構築やリッチインターネットアプリケーションの開発に用いられる。（Wikipedia より）

境では授業ができない[15]。Visual Basic が理解しやすい開発環境であっても、学校で Visual Basic を導入するには有償になるため、簡単に導入はできない。今回、後藤が授業実践できたのも、勤務先でたまたま Visual Basic がインストールされていたからできたに過ぎない。公立学校の場合、転勤があるので勤務先のソフトウエアの整備状況でいつも実践が可能とは限らない。また、パソコンもリース契約の場合が多く、今まで実践していたこともリース契約更新で使っていたソフトが使えなくなると、大きく実践内容を変えなければならなくなるのが実際のところである。余談だが、リース契約更新は年度始めとは限らないため、授業をしている途中に授業で使っていたソフトが使えなくなることもある。自治体によってかもしれないが、そういう現場を無視した対応のところがあるとも聞く。

　いずれにしても、情報教育やプログラミングの授業は、各校の情報機器、ソフトウエア、ネットワーク環境などに大きく依存する。また、機器の更新などの予算的措置がどれだけ用意されているかが重要である。政府はデジタル庁を立ち上げているが、デジタル化に伴う学習環境を未来に渡り無償で整備することを保障することが何よりも大切である。

　そういう中で、いつでも誰でも使える環境下で授業できる実践は大切な視点である。その点、後藤が取り組む JavaScript は OS を問わず、ブラウザ（インターネットを閲覧するソフト）とエディタ（プログラムを編集するソフト。Windows ではメモ帳が付属している）があれば、誰でもプログラミングできる利点があると述べている。また、後藤はプログラム学習に取り組む意義について、次のように考えている。現在のコンピュータの利用は、インターネット利用など情報をどう活用するかに大きくシフトしている。そのために、情報を活用することばかりで、自分から何かを創造することがない。それは、技術・家庭科の本来の目的にあったコンピュータの使い方ではない。技術・家庭科の場合、やはり何かを生みだす創造性を伸ばすことが教科の特性である。そこで、プログラミングを授業で指導すべきと考える。

当時の学習指導要領では、技術・家庭科といった教科の特性によるコンピュータ利用があまり考えられていない時代であった。その中で、ただ学習内容を学ぶだけでなく、何か作品の形にして残す考え方は大切である。特に、2017（平成 29）年告示、2021（令和 3）年施行の学習指導要領で学習内容が増え技術・家庭科の授業でも、「つくる」創造的な活動が軽視され知識を教え込まなければならない授業が増えている実態からすると、特にその言葉の意味は大きいように感じる。

　JavaScript でプログラミング学習を取り組む際の問題点として、JavaScript の習得の難しさを挙げている。Web ページの表示は HTML という言語で体裁やフォントなどを指定してページを表示するのに対し、JavaScript は HTML のヘッダーに埋め込まれ Web ページで動く言語である。具体的には <SCRIPT> というタグで命令された範囲に JavaScript の命令が記述されており、HTML と JavaScript に慣れていないと、どこからどこまでが HTML でどこからどこまでが JavaScript なのかわかりにくく、混乱してしまう点である。

　その中で、後藤は JavaScript の部分だけを空欄にして、残りの部分をすべて入力しなくても済むサンプルプログラムを使うよう工夫している。プログラミングは中学生には難しいと感じる方もいるかもしれない。しかし、プログラミングのいいところは自由なところである。例えば、内容からするとサンプルとほとんど一緒のプログラムでも、ちょっと色やフォントを変えてみるだけ、ちょっとレイアウトを変えるだけでも自分のオリジナルなものを作ることができ、熱中して取り組めることにある。わからないなら分からないなりに、工夫して取り組める。このような観点に立てば、プログラミングは難しいという認識を変えることもできる。

　後藤は、1 個 80 円のりんごを買った数を入力し、合計金額を計算して表示するプログラムを作成する授業を実践した。その JavaScript プログラムを図 9-12 に示す。

　これらを通して何を学ぶか、後藤はプログラミングを「約束事にしばら

図 9 - 12 「りんごを買った個数の値段」を計算するJavaScriptのプログラム

```
<html> <head><title>JavaScript の練習 </title></head>
<body>
<center>1 個 80 円のりんごを何個か買った時の値段を求めるプログラム
</center>
<script language="JavaScript>
<!--
Function show(){
        Var suuti=80*document.form1.text1.value;
        Document.write(" りんごの値段は "+suuti+" 円です ");
//-->
</script>
<form name="form1">
りんご <input type="text"name="text1"> 個 <br>
<input type="button" value=" ここを click" on click =show()>
</form>
</body>
</html>
```

れた創作活動」と述べ、プログラムを実行してエラーが生じるのはどうしてか考え、どういうエラーなのか見て間違いに気づいていく中で、自分で操作できるようになり、面白さに気づいていくようになると述べている。

5·5　JavaScript から VBA へ

その後、後藤は第 65 次技術教育・家庭科教育全国研究大会（2016 年、奈良女子大学にて開催）で、プログラミングの授業を JavaScript から VBA に変えたと述べている[20]。その理由として、JavaScript はブラウザと

---

[20] VBA　マイクロソフトが 1990 年代に開発していた汎用プログラミング言語・Microsoft Visual Basic を、同社製品の Microsoft Office に搭載したものが VBA である。VBA を

エディタがあれば、無料の環境でプログラミングできる利点があった。しかし、後藤の勤務校ではネットワークのセキュリティを高めるため、Java-Scriptのプログラミングができなくなった。自治体へのサイバー攻撃が話題となる中、学校で使用するブラウザにJavaScriptの使用を認めないことで、セキュリティを高める対応も理解できることである。ただ、実際にブラウザに自分で作ったプログラムを表示できるのは、たとえインターネットにつがなくても、生徒はインターネットの技術を使うことができる実感を持つことができるので重要である。

そこで、後藤は新たにソフトウエアをインストールしなくても、多くの学校でも実践できる環境でプログラミングを学習できる方法として、表計算ソフトのExcelに注目したと述べている。その理由として、Excelは多くのパソコンにインストールされており、無料の環境でプログラミングができると述べている。ただし、学校のパソコンは多くの場合、セキュリティの設定でVBAを使うことができないようになっているので設定の変更が必要である。実際に、ExcelのVBAでプログラミングをするとVisual Basicと変わらない扱いやすさである。しかし、もともと表計算ソフトはプログラミングをするためのソフトでない。作成したプログラムも表計算ファイルに保存することになるため、どうしても違和感を拭い去ることができない。やはり、本当にプログラミング教育をすすめるのであれば、Visual Basicの環境を教育用パソコンにインストールするくらいの措置が必要と考える。

5・6 「双方向によるコンテンツ」にどう対応するか

2017（平成29）年告示の学習指導要領で、小学校にプログラミング教

使用することで、Excel、Access、Word、Outlook、PowerPointなど、Officeのアプリケーション・ソフトウエアの機能をカスタマイズしたり、拡張したりすることができる。（Wikipediaより引用）

育を実施することを受け、中学校段階でのプログラミング教育に「双方向によるコンテンツ」を扱うようになった。実際、各教材会社でも「双方向によるコンテンツ」に対応し、ネットワークとつなげた教材などの宣伝も多い。しかし、本論文で述べている程度のことで、十分双方向によるコンテンツと対応できると考える。具体的にはコンピュータを LAN ケーブルで接続させ、パソコンのハードディスクの中身を共有できることの学習、対話的なプログラミング（例えば、ID とパスワードの照合など）および条件分岐などのプログラム、プログラム作成が可能であることに触れることで十分に対応できると考える。これらのプログラミングは、後藤の実践で述べられていることから、2017 年告示の学習指導要領で何を教えるかを考える参考になる。

5・7　フリーソフトウエアの活用

　教育的価値ある実践は、時代を越えて受け継がれるものである。しかし、情報教育ではつぎつぎと新しいものに振り回され、軸となる実践が見当たらないまま、今日に至っているのが現状である。例えば、先に紹介した LOGO ライターは世界的に教育現場で取り組まれている教育用プログラミングソフトウエアの一つである。子どもたちが取り組み易い操作性など評価を得ている。しかし、良いとわかっていながら先述のとおり、ソフトの導入が教育委員会主導のために、実践が普及しないのが実際のところである。

　そうなると、無料で使用できるフリーソフトがいちばん活用しやすいところであるが、いいフリーソフトは教員が試行錯誤して確かめるしかない。現在では前述のフリーソフトの Scratch が NHK 教育のプログラミング講座番組で使われるなど、学校で標準的に整備されるソフトウエアになりつつある。それまでは情報が何もない中でプログラミングの学習に取り組み、優れたフリーソフトを発見して、その情報を共有するしかない時代が続い

ていた。ここでは、フリーソフトをどう活用して情報教育を充実するよう取り組むかについて述べる。

フリーソフトを活用した実践例

公立学校の教育用コンピュータ整備の問題点は前述のとおりである。そういった中、私立中学校の場合教職員が計画・立案して導入、指導に当たっている。現場教師に過大な負担があるが、そのぶん生徒の実態に応じた機器の導入ができるメリットがある。そのあたりを私立中学校のコンピュータ導入に際し中心となって関わった野本勇は、次のように述べている[16]。

||||||||||||||||||||||||||||||||||||||||||||||||||||||||||||||||||||||||||||||||||||||||||||||||||||||||||||

初めての教科でもあり、私立中学校の受験体制の中で、どのような形で取り組めばよいのか。どのような力を、生徒に身につけてほしいのか。なにをどこまで行うのかなどを検討するため、情報教育委員会を立ち上げた。委員会で3年ほど議論し、メンバーが情報の免許取得や情報にかかる研修会を受けたりして、少しずつ方向性を見出し、取り組みはじめた。（中略）生徒がイメージする情報教育で学びたいことは何か、要望や希望をアンケートでとってみたり、週1時間でどのような課題ができるのか検討したり、各担当者が、生徒に学ばせたいことは何か、自由に意見を交わした。

||||||||||||||||||||||||||||||||||||||||||||||||||||||||||||||||||||||||||||||||||||||||||||||||||||||||||||

学校の実態、生徒の実態に合わせしっかりと議論を積み重ね導入する姿がうかがえる。その中で、フリーソフトの活用については一つの企業の戦略的なソフトはできる限り使用しないとの申し合わせから、オフィス系ソフト、エディタ、画像処理系ソフト、タイピング、ブラウザにフリーソフトを導入したとのことである。しかし、導入してみて、課題を家に持ち帰

り作業をすることも必要となってきたため、最低限の汎用ソフトを導入せ
ざるを得ないこととなったと述べている。また、フリーソフト操作の難し
さのため、ソフトの使い方への対応の時間が多くなったと述べている。そ
ういった中で、成果と課題を細やかに分析し、翌年の計画に反映させて取
り組んでいったことがうかがえる。

　確かに、生徒たちが普段からコンピュータを使用しているか否かの経験
が家庭によって大きく異なり、その落とし所が難しいのが情報教育である。
野本が「別の学級で 3D 画像の授業を行ったところ、かなり興味を持って
取り組んでくれたとのことであった。初めて触れるソフトということが影
響するようだ。内容は同じでも生徒の反応は年によって異なる。生徒同士
の情報交換があるし、内容が古くなってしまったこと、パソコンも珍しく
なくなってきていることがある」と述べるように、経験、興味や反応にも
ばらつきが多いことを報告している。

　生徒の実態は年々変わっていくが、その中で生徒たちの実態に合わせフ
レキシブルに取り組んだり、変更したりすることができるのが、フリーソ
フトの長所である。

POV-Ray を使った授業実践

　POV-Ray [21] とは 3D 画像や画像の物体の動きを動画で表現するなど、
高度なグラフィック処理ができるフリーソフトである。林光宏は、POV-
Ray の魅力について、次のように述べている [17]。

　「POV-Ray の魅力はなんといっても、コンピュータ言語を入力すること
により、リアルで美しい画像がつぎつぎと現れるところである。今までの
筆やマウスなどで描く感覚とは全くちがい、まさしく、コンピュータで作
る感覚である。そのため、絵が下手な人でも、想像力と、キーボードさえ

---

[21] POV-Ray（ポヴレイ、Persistence of Vision Raytracer）は、多くのコンピュータプラット
　　フォームで利用できるレイトレーシングソフトウエア。v3.7 からはライセンスが AGPLv3
　　に変更された（Wikipedia より引用）。

図 9 – 13　POV-Ray プログラムの例

```
#include "colors.inc"
#include "shapes.inc"
#include "woods.inc"

camera{
        location<0,5,-7>        カメラの位置と
        look_at<0,0,0>          その方向
        angle 20
}
light_source{
        <5,6,-10> color White   光源の位置とその色
}
object{
        Sphere                  物体の形とその質感
        texture{T_Wood7}
}
```

(a) プログラムの実行結果　　　　　　　　(b) プログラム

打てば、美しい画像を作ることができる。(図 9-13)(中略)

　POV-Ray で、より複雑な 3D 画像を作る場合、三次元（X 軸、Y 軸、Z
軸）の位置の考え方が必要になってくることだ。そのため、3 次元の位置
の考え方を授業で学び、理解している中学 2 年生頃から扱うのがよいと
思う」

　図 9-13 に示すとおり、C 言語風のプログラムを入力して物体の形、背
景を命令し数値を指定して作図するものである。グラフィックスの点で表
現力が高く、インターネット上で POV-Ray を利用して作図した 3D 画像
や 3D 動画が多数アップロードされており、見ることができる。中学生に
とってはプログラミング体験ははじめてであり、ハードルが高いと思われ
る POV-Ray のプログラミングをどのように進めたのであろうか。林は、

- 文化祭への作品出展したこと
- 選択教科の実践であることを利用して、1 年目は静止画像の出展、2
  年目は動画の出展と深化させた取り組みとしたこと
- 文化祭の作品発表を審査して表彰することで、意欲を持たせたこと

などの工夫をすることで、生徒たちの意欲を引き出している。

　現在の学習指導要領では選択教科は行われていないが[*22]、自由に実践で

きる選択教科の強みを生かしていろいろと工夫している様子がうかがえる。生徒たちは文化祭が近づいてくると、昼休みや放課後の時間も使い納得いくまで制作活動に取り組んだと述べている。それらの実践をとおして、POV-Ray のプログラミングが生徒たちにとってどのような価値があったのかについて、林は「POV-Ray の授業を行ってみて、道具（ソフト）を用意し、作り方を教えることで、教師の想像を越えたものができあがっていく場面をたくさん見ることができた。それは、生徒と教師が共に感動できる瞬間だった」と述べている。

　POV-Ray のプログラミングは半角英数の文字入力で命令、数値を入力すると操作が難しいのに対し、子どもたちが満足できる実践になった背景には、POV-Ray がグラフィックソフトであった点が考えられる。数値を変えて画像がどう変わったのか、結果がすぐに表示される点、また、3D 表示で高度なグラフィック処理を実感しながら取り組むことができる点など、生徒たちが興味を持ち取り組んだと考えられる。また、過去の作品を掲示することで、さらに良い作品づくりを目指そうとする動機づけにもつながっているようである。

　現在、タブレット型端末でも 3D でグラフィックを描くことができるソフトがあり、より直感的にタブレットのペンタッチ入力を利用した操作で制作を進めることができるようにソフトウエアが進化している。しかし、林の実践は生徒たちがより複雑な 3D 表現を追求するより、あくまでもコンピュータが計算する機械であることを感じながら、取り組める点が優れている。高度な処理ができる道具より、情報を科学的に理解する一助となっていることが大切であると改めて感じることができた。

＊22 2017（平成 29）年告示の学習指導要領の第 1 章第 2 の 3 の (1) のオにおいて「各学校においては、生徒や学校、地域の実態を考慮して、生徒の特性等に応じた多様な学習活動が行えるよう、第 2 章に示す各教科や、特に必要な教科を、選択教科として開設し生徒に履修させることができる。」と記され、かつてのように教育課程の編成に無理やり選択教科を設けることはなくなった。

参考文献

1) 鈴木賢治，コンピュータは教育に何をもたらしたか，技術教室，No. 413, pp. 4-8 (1986)

2) 居川幸三，「情報基礎」はデーテベースから，技術教室，No. 512, pp. 4-9 (1995)

3) 長沢郁夫，コンピュータ支援を生かした「情報基礎」，技術教室，No. 498, pp. 10-15 (1994)

4) 川崎敏子，インターネット活用で魚料理の鉄人に，技術教室，No. 575, pp. 18-23 (2000)

5) 吉川裕之，コンピュータを使って模型飛行機を作る，技術教室，No. 619, pp. 32-39 (2004)

6) 田中浩二，簡単なパソコン制御の学習，技術教室，No. 522, pp. 30-33 (1996)

7) 村松浩幸，「オートマ君」を使った自動化学習 ― 自動機械の世界を探っていこう，技術教室，No. 486, pp. 48-51 (1993)

8) 本川　裕，パソコン，携帯電話，インターネットの普及率等，http://www.bunka.go.jp/seisaku/bunkashingikai/kokugo/kanji_kako/07/pdf/haihu_3.pdf

9) 後藤　直，Arduino を使ったフルカラー LED ライトの製作，産教連通信，No. 229 (2019) http://www.sankyoren.com/tusin/229/No229.pdf

10) 諏佐　誠，身近に感じるフローチャート学習，技術教室，No. 705, pp. 38-43 (2011)

11) 野本　勇，高校へつなげる情報基礎の学習，技術教室，No. 705, pp. 32-37 (2011)

12) 後藤　直，プログラミング学習を通して学ぶ情報モラル，技術教室，No. 658, pp. 18-23 (2007)

13) 村田育也，情報モラル教育のあり方 ― その役割と限界を踏まえて，技術教室，No. 682, pp. 12-19 (2009)

14) 清重明佳，ゲームで遊びながら BASIC 学習，技術教室，No. 492, pp. 4-9 (1993)

15) 後藤　直，JavaScript プログラミング授業，技術教室，No. 609, pp. 41-51 (2003)

16) 野本　勇，高校「情報」教育をふり帰って，技術教室，No. 644, pp. 30-37 (2006)

17) 林　光宏，POV-Ray でつくる楽しさ ⑵，技術教室，No. 644, pp. 4-11 (2006)

第10章

栽培の授業

◇◇◇◇◇◇◇◇◇

作物の生長を理解した
食糧の生産

1 「生物育成」の登場の前と後

　食事の際の「いただきます」は、食材となった動植物の「命をいただいている」ことから来ている。その「命をはぐくんでいる」のが農（業）である。食べることは、自らの命をつないで行く根源でもある。その食糧を生み出す営みが農や水産である。「作物を育てて食べる」という農と食の関連性、連続性を産教連は重要視してきた。

　従属栄養生物である動物に属する人類にとって食糧を得ることが生存のための最重要課題である。採取・狩猟に頼った不安定な時代から、作物を栽培し、家畜を飼養することで食糧を安定して得られるようになった。農耕は人類の生産活動の主要部分であった。農業経済から利潤追求の資本主義経済へと変化してきた。そして、高度経済成長が陰り始めると、技術・家庭科教育の中でも大切な分野である「栽培」領域が、選択的扱いの時期が長く続いた。社会の要請を負わされがちな技術・家庭科では、生徒の人間的成長か、利潤追求の経済重視かが問われることが影響している。

1・1　2008年告示の学習指導要領「生物育成」の新設

　「生物育成」の源流は、1947（昭和22）年度新制中学校（6・3制）発足時の学習指導要領一般編（試案）昭和22年3月20日に、必修「職業」が各学年に140時間（35週）設けられたことに遡る。その「職業」では「農、商、工、水産、家庭のうちの一科目又は数科目をきめて学習する」と決められ、地域の実態に応じて選択履修する学校選択科目であった [1]。「栽培」や「生物育成」は、この農業が直接的な源になると考えてよい。その後、1958（昭和33）年告示の学習指導要領で「栽培」として必修となったが、1977年告示の学習指導要領において男女1領域以上の相

互乗り入れにより選択的扱いに変わった。この時から実践する学校が減少傾向をたどった。約30年間にわたり選択的扱いが続いた後、2008年告示の学習指導要領によって「C生物育成に関する技術」として必修となった。技術分野A, B, C, Dの4領域と家庭分野A, B, C, Dの4領域計8領域が必修となったことから授業実践は拡がっている。ただし、技術・家庭の必修時間数が各学年で2, 2, 1時間という極限状態の中で、他領域と同様に授業内容を制約せざるを得ないことや施設・設備の制約を受けるなど大きな課題を抱えてきた。

1・2 履修率の低下と戦後教育における栽培・飼育の扱い

この課題を2つの側面から考えてみたい。一つは戦後の食糧不足である。国策として食糧増産5カ年計画も立ち上がり、食糧自給率の向上をめざして各地に干拓および開墾事業が始まった。諫早湾の干拓（1952年構想1965年着工）や八郎潟の干拓工事（1957年着工）や根釧原野の開墾（1955年着工：パイロットファーム）などはその典型である。八郎潟では学卒者の入植優遇措置もあった。ちょうど必修教科として「職業」や「職業・家庭」が週当たり4ないし3の時数が割り当てられた。そして、選択教科にも栽培（農業や総合実習）が設定されていた頃と重なる。このような栽培学習にとって有利に働くかにみえた社会・経済的背景は、1958年の技術・家庭科の発足のちょうどその頃から、農業立国から科学技術立国へと国策が変化していく。

二つ目の側面は、科学技術立国へと国策が移行する中で、栽培（農業関連分野）は総合的な技術内容を含む学習であるにも拘らず、工業の内容に比重をおいた学習へと変化していった。男子のみの学習とされ女子の学ぶ機会が失われたのもこの時である。直接的には改訂された学習指導要領とその内容が影響していることに加え、約30年間もの長きにわたり選択領域の扱いが続いたため栽培領域の履修は減少した。栽培領域の履修減少の

要因は、指導時間数の問題だけでなく栽培独自の事情が深く関わっている。この間の栽培領域の履修状況や抱える問題点等については概要のみ引用であるが、次のような調査報告がある。

中学校技術・家庭科（技術分野）における「栽培」に関するアンケート調査報告

　この調査は、大阪府内における当時の学習指導要領のA (6) 作物の栽培（以下「栽培」)*¹ に関する現状と課題の分析のため、羽曳野市立高鷲中学校（現羽曳野市立高鷲南中学校）田中博之が、大阪府中学校技術・家庭科研究会（以下 [府技家研]）と連携し、多くの会員の協力を得て実施したものである。調査期間を平成 19 年 9 月 14 日から 10 月 31 日までとし、大阪府内（大阪市を除く）の中学校 240 校に依頼した。調査用紙は、教員用と生徒用を用意した。教員用では、学校規模や実習農園の有無、「栽培」履修の有無と、その理由等を尋ねる内容とし、大阪府における「栽培」特有の課題を検証することをねらいとした。大規模な都市の現状のみが反映されることを避けるため、11 校以上の中学校を設置する市については、任意に抽出した 10 校に依頼し、10 校以下の市町村については、全ての学校に依頼した。教員用は 132 校、生徒用は 35 校（1336 名）からの回答を得た。

　教員用アンケートのまとめでは、学校・学級規模の他に、つぎのデータが公表されている。また自由記述欄には、これまでの実践内容や失敗を恐れてできないなどの生の声が記されている。

　1. 平成 19 年度（2007 年度）に「栽培」を指導していますか。

　　　はい 6%　　　　いいえ 94%

　2. 現行学習指導要領で「栽培」をすべての生徒を対象とした指導をしている（してきた）。

---

*1　1998 年告示の学習指導要領によって、技術分野では「A 技術とものづくり」「B 情報とコンピュータ」を指導することになっている時の調査である。

はい 8%　　　いいえ 92%

3. 栽培を履修しない理由は　（複数回答　多いものから）。

実習農園の有無（23%）、必要な用具の有無（22%）、専門的知識の不足（18%）、長期休業中の世話（14%）、天候で成果が左右される（11%）、生徒の興味関心（6%）、授業時間の不足（4%）、地域や学校の実情（1%）、その他（1%）

4. 学校に実習農園（畑）はありますか。

ある 18%　　　ない 80%　　　無回答 2%

ある場合の面積

$100 \, m^2$ 以上（36%）、$2 \sim 99 \, m^2$（43%）、$20 \, m^2$ 未満（13%）

他に鉢やプランター等を置くスペースの有無やその場合の面積、実習農園への代替え可能なスペースの有無などの結果も報告されている。

このように農業・栽培領域については、設備や環境もなく、教員側の準備もない状態にある。生物育成が実習の設備・施設の手当も無いままに導入されたことは、教育権が保障されておらず、教育行政の無責任が問われる。

1·3　原点を大切にした「栽培」「生物育成」

福宿富弘は、栽培（農業分野）の学習で何を基本（基点）にするか、示唆に富む批判と提案をしている[2)]。以下はその抜粋である。

栽培学習を中学1年生で履修していた時から、工的領域が優先される傾向の事態であった。こうしたなかで現場には、栽培学習が定着しないままに「調節を加味した栽培学習」が技術教育における栽培学習ということで3年生で学習することになった。日照処理、化学処理、温度処理といった新しい栽培技術が指導内容に加わり、教科書は一変

した。こうした新しい技術教育のなかでの栽培学習は、実施の条件不備もあって座学に終始する事態もあった。（中略）穀物栽培がほとんど行なわれていない状況であった。最近になって麦、大豆、米などを栽培している学校等もあるようになってきた。このような栽培学習のなかで草花と、調節栽培でもわい化栽培、日長調節、遮光栽培、化学処理等が栽培学習のなかで大きく学習の比重を占めている。こうした学習が、調節のための栽培学習に終ってしまう傾向がゆがめない現場の実態である。

前述のように、草花栽培とそれらの調節栽培（調節のための栽培学習）に批判的な視点も理解できる*2。そして栽培学習で何を教えるかとの柱立てをして次の二点に整理し、実践もその考えに基づいて行っている。

1. 食物学習以前の人間の必要技術として、自然秩序のバランスを保ちながら、最少の資本で自然の恵を最大に利用、植物がもっている能力を最大に発揮させる栽培技術によって、生命や生存権が保障される最大の利益をあげることを栽培の基盤におかなければならない。

2. 古代技術と栽培（栽培学習の必要性）として、食糧となる植物の生理や生態を知り、自然条件を補充し植物の生育を助け、生産を高める手段が進んできた。これが栽培の初めである。栽培学習は、このような基点で、人間の生命力の育成、維持、保健労働力の再生産につながるような教材であり、そうした学習内容や目標であることが望ましいのではないか。

実践では、1年生では、かんしょの栽培を男女共学で行い、食物学習（かりん糖づくり）の男女共学に発展させている。もちろん福宿は、さつまいもの歴史や生育条件など自然条件を補充し植物の生育を助ける学習

---

*2 栽培学習のなかでは、調節技術はあくまで加味された内容でなければならぬ。また以前の内容でも調節技術は施肥、摘心、摘果、耕転、かん水、という形でも学ぶことができる。自然の法則を越えたことは、そもそも実現できない。栽培の学習とは、植物の生長原理・法則が根本にあり、その基礎の上に生産の役割を果たす調節技術がある。

方法を採っている。2年生では男子だけであるが、「人間は、食物目的に植物をどのように品種改良してきたか」という学習のなかで、その注目すべき方法は、グループに分け、人間は植物のどんなところを食べているか分類し、その分類によって、グループ別に栽培し、地力増進を努力テーマにして化学肥料をいっさい使わずに鶏糞など有機質肥料と堆肥などの自給肥料だけで実習実験的栽培していることである。植物本来の旺盛な生育によって効果は顕著なものであったと報告している。

　そして福宿は、栽培学習における外的条件や学校内の学習環境や条件の厳しさを列挙しつつ、栽培学習を実施するに当たっては、その学校や地域の教育的条件によっても学習の形態が多様である。栽培学習こそ、その学習環境や条件によって独自性があり、自主編成に委ねなければならない。また農薬等の取り扱いは行政指導の真空地帯となっている。それに伴う施設・設備や、安全対策ができないままに危険ななかで学習が進められていく。1例をあげると、施設・設備の基準参考例にも農薬防護服やマスク、手袋などがないことを指摘している。

1·4　総合的な学習の時間や選択教科での栽培活動

　池上正道は「現在、自分が中学生のときに栽培を教わったことがないという教師が大部分である。ただ、1998年の学習指導要領改訂で総合的な学習の時間が設けられ、ものづくりや生産活動などの体験的な学習を配慮する中に入れたために、この時間に、技術・家庭科で栽培を経験した教師が、栽培を行うという学校が出てきた。」と述べている [3]。「総合的な学習」の新設と共に、選択教科時数の拡大が1998年指導要領改訂で行われた。それらの時間が生み出された裏側で「技術・家庭科」の3年次の授業時数が削減されたという大きな問題があるが、「総合的な学習」や選択教科の中で、栽培の実践が各地でなされたことは「生物育成」に活かされている。

総合的な学習の中で栽培を取り扱うことを栽培の学習と位置付けてよいのかは、議論の分かれるところである。総合的な学習の内容が、植物の生長原理を学び、それを利用して生産物を得ることを学ぶように意図されているかは難しい面がある。また、総合的な学習は教科の内容を色濃く出さないことを強く指導されてきた。教育委員会の研修資料では、総合的な学習の定義に関して「教科を横断」「教科の枠組みを取り払った」「1教科では対応できないこと」などの文言が随所に見られる。その中に、栽培の学習を積極的に位置付けることが可能かを検討する必要がある。

　どのような教科であっても学ぶという営みは、目の前の事柄を掘り下げて根源に遡り、そして根源から組み立てる共通点を持っている。「教科を横断」などを強く押し出す総合的な学習の中には、学ぶことの本質が失われているものも見受けられる。

　栽培は、作業で失敗しても代わりの材料を渡して作り直しのできる他の分野と異なり、自然相手の「栽培」では季節の移ろいを戻すことができない。それゆえ、経験の少ない教師にとっては実践に踏み出すハードルが高い。学年教師団など複数の教員で取り組む「総合的な学習」では、経験や得意分野、学校外の方との繋がりなど協力し合って進めることができたところもある。少人数の選択教科であれば、小回りがきき、失敗の回避がし易く、試しにやってみようと思った教師もあった。また、小学校を中心に、農業体験学習が広まったことも栽培にかかわる学習の広がりと言えよう。

　「生物育成」が新設されたことについて阿部英之助は、「食や農に対する社会的関心や地産地消、スローフード、グリーン・ツーリズムや農業体験学習など食育・食農教育の動き」が背景にあり [4]「これまで農業が持っていた生産的・経済的な側面ではなく、むしろ市場原理に対峙する食や農の役割を見ることができる。これらの役割は、環境保全や保健休養、やすらぎ機能と言った人間と自然を取り結ぶ農が持っている価値であり、もっとも重要な教育的な根幹部分である」と述べている。選択教科拡大や総合的な学習の実践には問題点はあったが、産業教育研究連盟は技術・家庭科の

実践で培ってきたものを活かして「農業体験学習など食育・食農教育の動き」を進めてきた。

1・5　草花か果菜か

　亀山俊平は1987年9月に東京都の公立中学校の専任教員となった。技術科教員不足で年度途中で採用となった学校では、3年生に菊の三本仕立てを嘱託の理科教員が指導していた。それを引き継ぐこととなり、その先生の教えを請いながら11月の文化祭での菊花展示を目指すこととなった。台風の接近に伴い全生徒の鉢を技術室に避難させたこともあった。植え付け当初から殺虫スプレーが生徒個人持ちになっていて、アブラムシを見つけたらすぐに吹き付けることになっていた。開花に備えて花台をつけるなど初めての経験だったが、咲き誇った菊の姿は見事であった。菊好きの校長もたいへん喜んでいた。

　大学で栽培の実習は経験したものの、新任で「栽培」の授業を引き継ぐ形で経験できたことで、最初のハードルを楽に越えさせてもらえたと思っている。その一方で、アブラムシを見つけたら躊躇なく殺虫スプレーを吹く生徒の姿に強い違和感を覚えた。菊の3本仕立ては伝統的な文化であり確かに見事だが、技術教育として生産に関わる技術を教える視点からは、やはり食料生産に関わることに取り組みたいと思っていた。この教訓を生かして、翌年度から一人一鉢でナスの栽培に取り組んだ。その後毎年一人一鉢の栽培は、ナス、トマト、ミニトマトに取り組んだ。いま思い返すと、この学校の周囲は茶畑で囲まれている環境であり、地域の産業としての茶の栽培や緑茶の製造についての授業を地域の方の協力を得ながら展開できる素地があった。そのような発想は、その後の「総合的な学習」「生物育成」での多様な実践に触れる中で考えられるようになった。

　向山玉雄は、技術教室「キクかナスか」特集の中で、栽培学習の目標を何におくかについて、以下のように述べている[5]。

栽培技術の構造に従えば、収量に目標を置かなければならないことがわかる。教師としては、一つの作物を栽培させるにしても、その教育内容は、土や肥料や栽培生理などさまざまなものを押さえておく必要があるが、生徒たちには一定の面積からどのくらいの収量を上げるかを動機づけとするべきである。この点からいうと、収量をはっきり確かめられるナスの方が草花よりも教育効果は大きいということができる。

　しかし、草花を教材とした場合においても、趣味的な扱い方にせず、生産技術につながるような基礎を意識して指導することにより、教材の持っている弱点をある程度まで克服することができる。

　第2には、作物の特性をしっかりつかませ、その特性を最大限生かすような栽培管理を追求させなければならない。

　そして、向山玉雄は栽培学習は他の領域よりも広範囲な教育目的を持っているとして、次の8つを挙げている[6]。

1. 種まきから収穫まで見通しを立てる中で、目的に向かって計画的に行動する能力が身につく（計画性）

2. 作物の生長を観察する過程を通して、科学的認識の目が育つ（科学性）

3. 道具を手ににぎって、自然（作物、土、天候など）に働きかけることにより、自然を変えたり、自然に適応していく技術や技能が身につく（技術性）

4. 作物の食品としての価値を知り、日本の農業を知る糸口をつかむことができる（社会性）

5. 種まきから収穫まで一貫して作物を育てることにより、作物に愛着をもち、生き物をかわいがるやさしさが身につく（情操）

6. 当番活動や班活動などを通して、自ら進んで仕事をし、また、仲

間との助け合いやお互いの責任を認め合う態度が身につく（自主性、責任感、集団性）

7. 労働体験を通して、労働を理解し、地域の生活や産業を深く見ることできるようになる（地域性、社会性）

8. 種まきから収穫まで、作物を栽培するための基本的な知識や技能を身につけることができる（技術性）

このような広がりを持った「栽培」の実践例について次節から紹介する。

2 　条件に合わせ作ってきた栽培の実践

2·1 　他分野とは異なる栽培が抱える課題・条件

栽培の分野は、技術・家庭科の他の分野と異なる点が多い。

1. 施設・設備・気候の条件が学校ごとに大きく異なる
2. 事前の準備、生育途中の管理（授業時間以外にも必要）に労力がかかる。
3. 教員による経験差が大きい。人によって栽培や飼育の経験が異なり、栽培の研修・教材研究に年単位の時間を要する。
4. 日々成長する生物を対象としているため、失敗したときのやり直しができないことが多い（栽培は材料を渡してやり直すことが困難）。

　これらのことから、栽培が選択領域となっていた時期は、履修率が極端に落ち込んでいた。施設・設備の面は学校ごとに大きく異なる。校内に畑が確保できるのか、畑はなくとも、鉢・プランター・袋を利用した栽培のスペースが確保できるか、それすらも厳しい学校もある。

2·2 　ミニ畑を身近な場所に持ってくる

簡単にすぐ始められる栽培

　必修「生物育成」が新設されても授業時間数は従来と変わらないため、十分に時間がさけない、設備が整わない、経験がないなどを乗り越え、まず始めてみることが求められた。栽培場所は、日光があたる所であればどこでも可能で、教室の窓側など毎日目につく場所に置くことで、発芽をはじめ毎日の生長過程が見られることが、生徒たちの栽培への意欲を高めることにつながる、と竹村久生は考えた[7]。

中学の技術・家庭科、小学校、農業高校、特別支援学校で栽培の楽しさを開拓してきた竹村は、パソコンやTVゲームなど、バーチャルな世界が当たり前になっている今の時代にこそ、生徒たちにとって、命の大切さや生きていることのうれしさ、不思議を感じることが大切であると思っていた。農業高校に赴任したときに「作物を育てるために一番大切なことは何か」と農家に尋ねたところ「野菜は育ててくれる人の足音を聞いて大きくなる」との話から、毎日畑に通って育てることの大切さを教えられた。しかし、生徒たちに「さあ、畑に行こう」といってもなかなかその気になってはくれなかった。また、現実には多くの学校で「栽培」が授業になかなか取り入れらない原因として

- 畑や花壇がない学校が多い。
- 栽培に必要な道具や予算もない。授業時間数の制約と準備にも時間がかかる。
- 天候や気候に左右される。

などが考えられることも指摘している。そこで、発想を転換し「畑に行くのが難しいなら、野菜のほうから学校に来てもらえばいい！」と考え、教室やベランダなど毎日目につく場所で身近にあるものを使ってお金をかけずに作物を育てる方法を考案し普及する取り組みを行ってきた。

　牛乳パックを鉢にして種をまき、陽のあたる室内に置いて約2か月間栽培するという方法である。竹村は、簡単に栽培を始められる方法と作物を目につく所に置くことで、日々栽培にかかわる仕組みを考案・実践するとともに執筆や実技講習など広める活動を行ってきた。

　◇種から育てる　失敗せずに作物を育てる一番のコツは、作物を種から育てることである。良い種を買って育てれば、苗を買うよりも確実に、しかもお金をかけずにおいしい野菜を育てることができ、予備苗ができたり、まき直したりすることができる。苗は高価なため1人1苗が限界で、その苗を枯らしたり、病気にしたり、折ったりすればそこで終わりとなってしまう。種から作ると、たくさんの苗が

でき、手間もかからない。一つの苗がダメになれば別の苗を使える。余った苗を互いに分け合えるので全員が最後まで栽培を続けられる。そして何より、芽ができるところから成長の様子をみつめることができる。

◇**牛乳パックを鉢にした栽培**　この栽培では、牛乳パックを鉢にして各生徒が一株ずつ身近で栽培できる点が教材としての魅力である。栽培する作物は、ミニトマト、カブ、ホウレンソウ、オクラ、枝豆などが考えられる。栽培の期間や時期なども多様である。準備を考慮すると、授業の前年から準備が必要である。

材料　牛乳パック（給食用・家庭用など大きさや形にこだわらない）、発泡スチロールまたはプラスチックのトレイ（牛乳パック鉢の下に敷くもので、納豆パック、総菜や刺身の蓋つきトレイ）、発泡スチロール箱（浅い物）、園芸用培養土（20ℓ入りで100パック以上できる[*3]）、野菜の種（1袋200〜300円）は1つの牛乳パックに5〜10粒まく。1袋で100パック以上に種がまける。不織布は、園芸用品として売っているものもあるが、100円ショップで扱っている商品 → 生ゴミの三角コーナー・コートカバー・エアコンや扇風機のカバー・おしぼり・ラッピング素材などもある。不織布を正方形に切り取って牛乳パックの中に入れて使用する。

手順

1. 牛乳パック上部を開き水洗いして乾かす。
2. 強度をつけるために上部を内側に折り返し二重にする。
3. 水はけのために底の一重部分を2か所をハサミで切り取る。
4. 不織布を土と共に入れる（不織布だけを入れるよりも土を入れながら進めた方が入りやすい）。
5. 牛乳パック鉢の底から吸水させる。発泡スチロールの箱に牛乳

[*3]　培養土7に有機たい肥2、バーミキュライト1を加えると肥料持ちと、水はけがさらに良くなる。

パック鉢を入れ、底から1/3くらいの高さになるまで箱に水を入れる。牛乳パック鉢の底から水が染み上がってきて土の色が黒っぽくなる。表面の土がぬれていることを触って確認するとよい。

6. 種まき。果菜など大きな種は2〜3粒を種の大きさの1.5倍くらいの深さに埋め込む（指で穴をあけておく）。葉菜類など小さな種は10粒くらい全体に均等にばらまきする。こちらは穴をあけずに種の上から土を被せること。種まき作業は5〜10分でできる。発泡スチロールの箱の中で作業をすれば、周りが汚れず簡単で、作業場所や時間の制約が少ない。

7. 牛乳パック鉢の数に合わせて水受けの容器（発泡スチロールのトレイや箱など）に並べる。

　教室など室内で育てることで、害虫の食害がほとんどなく、農薬をかける必要がない。温室と同じように雨に当たらないので、酸性雨、温度低下のダメージがなく、肥料分が流出しにくい理想的な水管理ができる。種まき後発芽（2, 3日）までは、暗い場所に置くほうが発芽しやすい（土がかけてあるので明るい場所でも可）。発芽したら、窓際のできるだけ日光のあたる場所に置き、土の乾き具合（触れてみて湿っていない、土が指についてこない、白っぽく見えるなど）を見て水を底面から吸水させる。だいたい1週間に1度程度の間隔となるので、管理が楽である。葉菜類ならば、室内でほぼ1年中栽培が可能だが、適期は夏野菜ならば3〜6月、秋野菜ならば8〜11月で種まきから1〜2か月ほどで収穫できる。

　他の分野の学習と並行して、1時間の授業の一部を栽培に振り向けるなど、栽培の授業の活用スタイルは参考になる。

2·3　袋を使ったナス栽培

内田康彦は初任の年から栽培に取り組み、校外に畑を借りたり、校内に

畑を作ったり、プランターや植木鉢などで栽培の授業を実践してきた。その後は、培養土の入った袋を植木鉢代わりにして栽培を行ってきた。栽培期間が長いこと、いろいろな手入れが必要なこと、病気に強いことなどを考えて、ナスの栽培に取り組んでいる[8]。

　内田実践の特徴は「愛情」である。自分のナスに名前を付けさせたり、ナスとの会話を求めたりするが、観念的に愛情を注ぎなさいと言うことではない。「ナスの要求に応えてあげること」が愛情をかけるということであり、そのためには冷静な観察と判断するための科学的な知識が必要で、それをていねいに教えている。生徒に対して「自ら、もの、人を大切にする生徒は、自分が大切にされた経験を持つ生徒」と考え、生徒自身で「できることに注目」し「生徒を勇気づける」姿勢で一人ひとりにどのような援助が必要なのかを見極めて関わっている。

　◇**栽培期間**　3年生の4月から10月

　ナスは1人1本の苗を培養土の袋を縦に使い、そのまま植木鉢代わりに利用して栽培している。ナス作りでは、水やりや手入れの作業は毎日のようにしなければならないが、3年生の技術の時間は17～18時間しかなく、とてもひとまとまりの学習をするには時間が足りない。そこで授業中に取り組むことは、朝や放課後、休み時間に生徒が進んで作業できるようになるための説明や作業を見せることにしている。ここで内田は「愛情」をキーワードにしている。

　授業で「ナスを育てるには何が必要だと思いますか？」を問いかけると「水」「肥料」「土」「苗」などと共に「愛情」が挙る。その「愛情」に焦点をあて「愛情を持ってナスを育てるには、どんなことをすればいいですか？」とさらに問いと「水をあげる」「よく見ていく」「肥料をあげる」「名前を呼んであげる」など多くの答えが出る。そこから「『愛情』は気持ちも大切だが、行動することも大切なことに気づかせてくれます」と言いながら「では今3年生のあなたに『これはお母さんの愛情よ』と言って、受験用参考書を山ほど積み重ねられたら、あなたはうれしいですか？」と

聞く頃には、生徒たちは真剣に「愛情」を考えてくれている。「ナスの要求に応えてあげることが愛情をかけるという言うことのようですね。ナスの気持ちをよく聞いてあげてください。」とまとめている。

　各自ナスに名前をつけて栽培することにしているのは、観念的に愛情を込めてということではなく、作物の様子をよく観察し、生育状況や変化をメッセージとしてキャッチし、それに合わせて水やりや追肥など必要な手入れのタイミングを判断していくのである。「愛情」は作物の特性など科学的な理解に裏打ちされて発揮される。

◇教室での授業内容

1. 栽培作物の分類（根、葉、実のどこを育てるかを中心に）
2. 光合成（水やりを中心に）
3. 三本仕立てと収穫
4. 肥料について（元肥と追肥）
5. 害虫と病気（農薬を使わない理由）
6. 有機農法と土の構造
7. 炭素循環と窒素循環
8. 環境と栽培

　植えつけについては、苗はやや深植えすること、植え付け後には袋を周りから叩いて培養土と苗との隙間をなくすこと、袋の下の方に釘で穴を開けることなど、どのように作業するか事前学習をしっかりしてから植えつけに入る。最後に水をまくとき、じょうろ[*4] に必ずハス口をつけた状態で土にまくこと、植えつけ直後の水まきは苗の土と培養土との隙間を埋める役割もあることを話す。

　植えつけ以後、内田は「授業のときに『本葉は何枚になりましたか？蕾や花に、虫がついていませんか？』と聞いて苗のどこを見たらよいか気

[*4]　じょうろの語源はポルトガル語の jorro である。持ち運びする水差しの容器で、取っ手と注ぎ口がある。注ぎ口には、小さな穴の空いたハス口を付け、植物や土を痛めないようにする。

づかせる。生徒自らが観察によって気づくことを大事にし、それを『ナスとの会話』と呼んでいる。それでもなかなか観察に行けない生徒には『ナスからの手紙』を出す。『愛するご主人様、いつもていねいに育てていただいて感謝しています。私は今アブラ虫が多くて困っています。ぜひ今日中に来て、虫を取り除いてください』すると生徒は『先生、ナスって話すだけじゃなくて、手紙も書けるんですね』とかわいいことを言ってくる生徒や『先生、ヒマ！』とつっこんでくる生徒もいます。こんな会話が好きです。」と独自のアプローチを行っている。ナスは病気には強いが、虫は多く発生するので、ナスからのお手紙が出された日の放課後にはナスの所に生徒が集まって手で取り除いている。

　さらに、内田は「生徒自ら大切にされていると感じる栽培授業」を大切にした授業を展開している。技術の授業は、生徒にとって生まれて初めて体験することばかりで、生徒は不安になって当たり前である。作品作りでも栽培でも「できねぇー！」「できないからやんない」「先生やって」などを連発する生徒が増えている。生徒は「できないこと」「やれないこと」の連続の中で自尊感情が低められている。従来型の「できないことの指摘」や「注意して育てる」的な発想を転換して「できることに注目」し「生徒を勇気づける」発想に切り替えた。

　「自ら、もの、人を大切にする生徒は、自分が大切にされた経験を持つ生徒」と考え、作業中「できない」「先生やって」という声に対して「どこを手伝いますか？」と返事をして、依頼のあったことを「言葉で話して通じる生徒」「やって見せてわかる生徒」「やってあげた方がいい生徒」を見極めながら対応している。「自分でできることは自分でする。しかし、わからないことや援助が欲しいときには黙っているのではなく、自分からお願いする力が必要」と考えている。

　ナスは肥料の要求も大変高く、培養土に含まれる肥料分に加えて油粕を元肥として加えている。ナスは栽培期間が長く追肥が必要で、そのタイミングは「ナスの花を見て、おしべよりもめしべが長ければ問題ありません

が、めしべが短くなった時期から追肥をしています」と判断のための知識を教えている。三本仕立てにすることも授業で「ナスはすべての葉のつけ根から脇芽が出てくること、一番よく伸びて花を咲かせ実をならせる第一花直下の2本の脇芽を伸ばし、その下の全ての脇芽を摘み取ること、そのために第一花の位置をよく見ておきましょう」と説明している。内田の実践を読むと、技術の授業においても、正しい知識が求められることを教えられる。

夏休みの体制は、7月31日に切り戻しの作業を生徒の有志と共に行っている。三本仕立ての枝を全体の三分の一まで切り詰める。最後に遅効性の化成肥料を十分にやる。8月中の水やりは「四中フラワーボランティア」の方にお願いしている。これは、地域の方々が学校の花壇に花を植え、手入れをしてくださる団体で、内田もその会員として一緒に作業している。このボランティアの方もナスを育てたり、夏野菜を校内に植えたりしていて、休日に地域の方と一緒に活動する生徒もいるので、栽培を通して地域と学校の関係が深まっている。切り戻してから3週間目には、新しく伸びた枝に花が咲き、9月の最初から10月ごろまで再び収穫が続く。これが「秋ナス」で柔らかいナスが収穫できる。

内田は栽培の学習をはじめる教師へのアドバイスとして「難しく考えずに、先生が栽培を楽しんでくださることが、生徒に良い影響を与えると思っています。培養土や肥料や苗は市販されている一般的なもので大丈夫です。培養土は最低でも20ℓ以上のものを使っています。」と述べている。ナスの苗に差があるので、できばえや収穫量だけで評価することには無理がある。内田は記録を2週間に一度点検し、記録重視で評価をしている。3年生の評価はトラブルが起きやすいので、事前に評価方法を十分に生徒に伝えている。

2·4 都会の真ん中でも循環可能・校舎の屋上農園

　都会の学校では敷地が狭く、作物を育てる場所の確保が難題である。栽培場所として校舎の屋上を利用する方法がある。学校が高い建物に囲まれていたとしても、道路や校庭を隔てているので、日当たりは良好である。野本勇は、東京都心の学校で図 10-1 のように屋上にプランターを並べて試行錯誤を重ねながら長年栽培学習を続けてきた[9]。

　プランター栽培の欠点は、1）培養土作りのために土を毎回入れ替えること、2）土の絶対量が少なくて水切れしやすいことがある。これに加えて、屋上ということで、培養土の重量を軽減する必要もある。

　2）については、図 10-1 (b) に示すようにプランターの上に小さな穴をあけた水道パイプを通し、ポンプで水を送る方式でこまめに灌水できるように工夫している。

　生育期間中は、農薬類は使わないようにしている。アブラムシ、ハダニその他の害虫で目に見えるものは、直接手かピンセットなどを用いて取らせる。ウイルスなどによる病気と思われたときは、早めに抜き取り、予備として植えつけておいたものと取り替える。

　実習に入る前に、最初に食としての作物をどのように栽培してきたのか、食べやすいように改良してきた歴史、どのように日本に伝わってきたのかを学習した。次に、作物によって栽培の時期があること、水分を多量に必要とするもの、乾燥した場所がよいものなど、栽培環境についての学習もする。種の大きさによる播種法の違いや発芽率・発芽性があることや、育苗から定植の一般的な説明に加えて、農薬を使わないことの大切さと管理の大変さから、環境についても取り上げている。

　プランターでも、ある程度収穫量の多い作物、加工しないと食せない作物を探したところ、つるなしインゲンに行きついた。インゲンはツル性で夏になって花が咲く。そのため、収穫時期が夏休みに入ってしまうが、こ

図 10 - 1　屋上での栽培風景とプランター

(a) 屋上に並んだプランター

(b) プランターの準備作業

のつるなしインゲンは、播種から 50 〜 60 日程度で収穫できる。一度に
まとまって収穫ができ、かつ調理しないと食せないので、栽培から調理に
つながる題材となる。株が少なくてもそれなりの収穫が見込まれるなどの
特徴がある。また、連作障害に強い F1 品種[*5] を用いているので、同じプ
ランターの土でも数年間は連作できる。

　栽培手順は以下のようになる。

1. 4月：入学式後の最初の授業では、技術のガイダンス中に栽培の大切
　　さについて説明し、栽培場所の指示をしておく。

2. 5月初旬にプランターの準備
　　春先に芽を出した雑草を抜き、固くなった土をほぐしてから、鶏糞
　　と石灰を入れた。3 年程度で、土の半分ほどを、一般的に売られてい
　　る培養土（野菜用）と入れ替えている。肥料が土になじんでから種
　　まきをしたほうがよく、最低でも肥料を入れてから 2 〜 3 日後に種
　　まきすることにしているが、授業日の関係から、肥料を入れたその
　　日に種まきをしたクラスもある。

3. 5月中旬から下旬に種まき
　　種まきの深さは、発芽の善し悪しに強く影響する。特に、深すぎると、

---

*5　一代交配種、雑種第一代ともいわれる。優良形質の元遺伝子をホモで有する場合は、一代
　　交配種へ確実に受け継がれるので、F1 品種は安定して一定の収量が得られる品種であり、
　　種苗会社が力を入れている。日本の野菜の種子の多くは、海外で採取されている。

胚軸が長くのび、そのときに養分を消耗するのと、子葉が腐りやすくなる。一般的には2〜3cmだが、できる限り浅く植えさせている。

　種まきの注意として、小学校のときに習った、種の大きさの約3倍の深さに種をまくと、深すぎて発芽しなくなる。そこで、土の上に種を置いて少し埋める程度、つまり軽く土をかぶせる程度にしている。ただ、浅すぎると、鳥害の影響を受けやいので、鳥よけをしておく。

　1つのプランターに3株程度が限度なので、予備を含めて5粒程度播く。また、余ったプランターに予備の苗用として、大量に播いておく。

　授業時間だけの除草では雑草に負けるので、昼休みや放課後に雑草取り、病害虫のチェックなどを行わせている。栽培にかける時間がとれないので、最初のガイダンスで種まきを行い、放課後などに雑草取りを行い、授業時間内に雑草や病害虫のチェック作業はしない。また、栽培記録を情報の時間にワープロを用いてまとめさせ、インゲンの成長段階をデジカメで撮って記録に貼りつけるようにした。

　栽培学習を通じて、種子代金その他の維持費を考慮し、いかに収益を上げることができるか、また、日本の農業（農薬との関係）と食品の栄養素（保存のための食品添加物）のことも少しは考えさせるようにしたい。いろいろな種類の栽培に取り組んできたが、インゲンは失敗の少ない作物なので、今後は収穫時期のコントロールと家庭科での調理材料として栽培ができればと思っている。

2・5　ダイコンの袋栽培

　栽培実習する畑が無い場合の方法の一つに袋栽培がある。畑のない学校に異動した赤木俊雄は、化繊の米袋を用いて、1学期にトウモロコシを栽培し、続いて2学期に大根かジャガイモを選択して栽培させてきた[10]。

教材としてのダイコンの魅力

ダイコンを育てる魅力は、あの小さい種から、大きく太い大根へと成長する驚きとずっしりとした収穫の実感である。日本各地に特色ある品種があり、ダイコンは日本で一番多く栽培されている野菜である。

1. 栽培がやさしく、袋栽培も可能で、無農薬でも栽培できる。
2. 全国どの地域でも栽培でき、2学期中に種まきから収穫までできる。
3. 家庭科の先生と協力すると余裕のある作業日程ができる。
4. 大きく育ったダイコンを収穫する喜びは一生残る。
5. 家庭に持って帰ると保護者の評判もよく、いろいろな料理が楽しめる。

ダイコンの特性

性質　アブラナ科の植物、生育適温 15 〜 20℃　発芽適温 15 〜 30℃

栽培方法　根の発達をよくするために、畑の場合は深く耕すことが大切である。それゆえ袋栽培に向いている。

用途　煮物、大根おろし、漬物など

栽培方法

害虫の被害の無い 9 月中旬以後に播種するのがよい。

9月25日〜30日　たねまき、深さ 1.0 〜 1.5 cm のまき穴をあけ、1 か所に 3 〜 4 粒まく。

10月上旬　間引き、追肥をする。1 回目の間引きは葉が 1 〜 2 枚の頃に行い、1 か所 2 本にする。子葉の形がよいものを残す。はさみで株元を切るか抜き取る。2 回目は葉が 4 〜 6 枚の頃に 1 か所 1 本にする。間引き後、株元から離して固形の有機質肥料を施す。その後、土寄せを行う。

10月下旬〜11月上旬　再び間引き、追肥をする。

12月　葉が横に広がったら収穫時期となる。

準備

- 袋：米袋で通気性のあるもの、土のう袋など目が大きすぎるものは良くない。1袋70円ぐらいで購入できる。
- 土壌：元肥が入っている市販の培養土を使用する。
- 肥料：追肥は固形有機肥料か化成肥料（8-8-8）、各自で有機肥料、化学肥料のどちらか選ぶ）。適宜追肥する。
- ダイコンの種：1人4粒。
- 道具：シャベル、移植ゴテ、じょうろ、シートなど。

栽培実習（管理の要点と観察）

　種まきの時期は、遅いと成長が遅くなり、翌年に収穫となる。早いとヨトウムシ、アオムシの被害を受けるので、種まきの時期を前述の9月25日〜30日と決定した。

　種まきの方法は、次の通りである。

1. 水が溜まるウォータースペースを袋の上部を折って作る。袋の上部が高すぎると光が当たらず光合成できないので注意する。土の深さは30〜40 cmにする。
2. 土の表面は水平にすることが大事である。傾斜地では、水が流れてしまい生育が悪くなる。
3. まき穴の土を軽く押しておく。やわらかいと、発芽が悪い。
4. 種の上に軽く手で土をもみほぐすようにして約1〜1.5 cmの土で覆い、種が見えないようにする。軽く手のひらで押さえておくとよい。

　播種・定植の準備として、種をまく前に水を十分にやっておく。発芽するまで水やりの必要はない。3日ぐらいで発芽するので、その後は、土が乾かないように水をやる。

　間引きは戸惑う生徒が多いので、はさみを使い株元を切る。大胆にかつ慎重に行う。土寄せは、苗がぐらつかないように、葉の間に土が入り込まないように注意して土を盛りつけるようにする。

収穫までは、次のようになる。

- 成長の様子を見て変化を読み取り、毎日観察記録に残す。
- 病害虫の発見と駆除。
- 適切な作業をする。上手に作物を育てるコツは「畑に足を運ぶこと」が何より大切である。
- 予備の苗を作り、失敗した生徒に分けるとよい。その他、予備の苗を抜いて各週ごとに根の成長を観察するためにも使う。
- レポートは、毎回作業の後に提出させる。

ダイコンの使いきり料理（農と食を結ぶ）

◇**間引き菜を食べる**　発芽すると苗が混み合うので生育に適した苗だけを残して、その他の苗を抜く「間引き」作業をする。そこで出た「間引き菜」は食べると美味しい。それは作物を育てる人の特権である。「根より葉に栄養が多い、肌もきれいになる」と言って、その場で間引き菜を食べる。次に塩でもんで希望者に食べさせると、生徒は目を大きく開いて間引き菜の味をかみしめている。事前に準備をしておいた炊き上がりのご飯で菜めしを作ると笑顔があふれる。ここで授業の雰囲気が一気に変わる。七草粥の「すずしろ」はダイコンの葉のことで、葉には栄養があるので、昔から健康に良いと言われてきたことなどを教える。

◇**家庭で調理をしてダイコンを食べきる**　生物育成の授業では、自分で育てたダイコンを家庭に持って帰り自分で料理する。ダイコンを煮ると甘く柔らかいうまさが口中に広がり、幸せな気持ちになる。そして宿題のレポートからも家族で大根談義に花が咲いた様子がうかがえる。最近では、「技術」の作品を持って帰らない生徒もいるが、ダイコンを家庭に持って帰ると歓迎される。市販ではお目にかかれない面白い形も話題になり、中学生はその面白さから「生物育成」に興味を持つこともある。

生徒の感想では「料理を作っているときは楽しかった。みんなに『美味しい』と言ってもらえて大変嬉しかった。それに、自分が育てたものだから、余計に美味しく感じた。大根の菜の炒め物を初めて食べたけどおいしかった。大根と牛肉コリアン風炒め煮が1番美味しくできた。ご飯とは相性抜群だ。」「ダイコンが大きくなっていくのを毎日見に行くのが楽しみだった。ダイコンサラダは甘くておいしかった。ダイコンと厚揚げの煮物は汁がしみて美味しかった。」など栽培を経験することで、どのように調理して美味しく食べれるかについての関心が高まる。

使用済みの土の再生

　毎年購入した培養土について赤木は、袋の中の土を校内の空き地に積み上げて何年かかけて小さな畑を生み出してきた。袋の土だけでなく、収穫後の葉や茎、雑草に米ぬかを加えて一緒に埋めて、土の表層付近で発酵・分解させて肥料にする。5年間で500袋分の土で小さな畑を生み出した。露地で栽培できるようになると水やりの管理が楽になり、ダイコンも大きく育つなど、栽培の可能性が拡がる。

2·6　貧困な設備の中から学ぶ栽培

栽培のための農地・圃場

　前述のように栽培の授業は、栽培用の農地が整備されているか否かで決定的に左右される。中学校設置基準（平成14年3月29日文部科学省令第15号）[*6]は中学校を設置するのに必要な最低の基準・根拠を定めている。それには、施設としての要件は、校舎及び運動場の面積等、校舎に備えるべき施設として教室（普通教室、特別教室等）、図書室、保健室、職員室、特別支援学級の教室（必要に応じてである）、体育館が明記されて

[*6]　文部科学省のサイトの以下のURLを参照。
　　　https://www.mext.go.jp/a_menu/shotou/koukijyun/1290243.htm

いる。農地など栽培の実習に使える施設は見当たらない。農地に関係する唯一の文言は、第 11 条 校具及び教具「指導上、保健衛生上及び安全上必要な種類及び数の校具及び教具を備えなければならない」である。

　さらに、中学校設置基準（平成 26 年 7 月、文部科学省大臣官房文教施設企画部）においては、第 1 章 総則で「理科教育の充実のための施設 (4) 自然体験活動を支える空間として、動植物の飼育、栽培のための施設・環境を計画することが重要である」と記されており、技術教育としては何も触れていない。屋外教育環境施設として屋外学習施設、緑地として花壇の項目があるが、技術教育としての栽培は何の文言もない。農地については、法的整備から外されており、明らかに瑕疵がある。この改善は、技術担当の教員だけでは無理であり、指導上必要なものとして組合が改善の要求をして、行政が予算を付けることが必要である。

　栽培用の農地、圃場も用意されない中で、栽培実習することは容易なことではない。前節では、牛乳パックや袋で栽培を行った例を紹介した。確かにある作物の小規模栽培であれば、水耕栽培は可能であり、メリットも多い。設備と電力を確保できれば、都市の中でも栽培が可能である。しかし、米、小麦および大豆などの穀物の栽培に必要な面積を考えると、そう簡単ではない。相当数の耕作面積と水を確保しなければならない。人工的施設でそれを実現することは、そもそも不可能であることを生徒に教えることが必要である。農業生産の全体を見渡すと、土耕栽培が基本であることがわかる。さらに、農業の持つ教育力について教材解釈と分析をして、授業を展開する必要がある。

U 字溝を使ったサツマイモの栽培

　困難な中でも、露地栽培の実践例もある。次に紹介する赤木俊雄の U 字溝を使ったサツマイモの栽培の授業実践は、その貴重な例である [11]。赤木は、サツマイモの栽培をする場所がなくて探していたところ、校舎の境の塀に沿って埋まっている U 字溝を見つけた。30 年間の落ち葉が腐って

図 10 - 2　サツマイモを U 字溝に植える

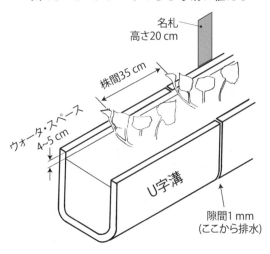

名札
高さ20 cm

株間35 cm

ウォータ・スペース
4～5 cm

U字溝

隙間1 mm
(ここから排水)

黒土になっているのを利用して、図 10-2 のように苗を植えた。

　まず、U 字溝の中の雑草を抜く。雑草を土に埋めると腐って緑肥[*7] にな
る。シャベルで掘り返し、肥料と無肥料の場所に分けてみた。1 年目は両
者に変化が無かったが、2 年目の無肥料区のイモはできが悪かった。植え
付け当日の朝、ホースで灌水しておき、壁にガムテープを貼り名前を書い
ておく。生徒はその前の土を掘って苗を植える。その後、茎が生い茂って
もよく見るように竹を 30 cm に切り縦に割った札に名前を書いて立てる。

　植えて 1 週間は苗の色もあせてきて、枯れそうになっているので、「大
丈夫かな」と生徒は心配するが、2 週間目からは少し大きくなってくるの
で、安心感が出てくる。3 週間目、物差しで計ると、60 cm ぐらいになる
ので、ニコニコしている。自分が植えた苗が成長していることを発見する
のは、何にも代えがたい教育的効果がある。もっと、水をやって大きくし
たいという願いが出てくる。授業ごとに、サツマイモの成長を 15 分で観
察してレポートを提出する。植物の成長には法則があり、観察によりそれ

*7　作物を畑で育て、土にそのまますき込むことで肥料分になったり、有機物として土壌改良
　　に役立つ草の肥料のことを緑肥という。

を発見し、発見による新たな知識が自信につながる。

　U字溝を農地に利用した他に、水田横を開墾して農園を作ったこともあった。「大きなさつまいもを作ってみよう、そのためには自分たちで実験をしながら作るのがよい。校庭の横に、自分たちの農園を作り、自由に使用したらどうか」と提案した。1クラスで提案すると、10人の生徒が応募した。その後、この生徒たちは大きな力を発揮して、いろいろな作物を栽培するようになる。自分で開墾を始めた男子生徒は「1年生からいろいろな作物を作ってきたけどあまり面白くなかったが、3年生になって面白くなった。農園横の空き地に自分たち3人だけの畑を作り、ナスやキュウリ、トマト、カボチャなどを植えた。ちゃんと管理しなきゃと思い毎日世話に行った」と記している。栽培の学習から責任感も生まれてくる。

　職員室で高知県出身の先生から「秋になると野菜屋にサツマイモの茎が並び、きんぴらにして食べると美味しい」ことを耳にして、生の茎を食べてみると美味しかったので、若い葉の付け根の茎をとり、7月の最後の1時間授業で試食をすることにした。農家は秋に収穫した際に、茎の皮をとって、茹でて、炒めるようである。

　◇**廃棄しないで堆肥へ**　サツマイモの生ごみはサツマイモの茎と葉だけである。これを土に返すと堆肥になり、新しい野菜に生まれ変わると説明して、段ボールコンポストを紹介する。段ボールの中に燻炭、バーミキュライト、ぬか、発酵菌、少量の水を入れたものを示し、生ごみを投入して混ぜると数か月で堆肥に生まれ変わると説明する。これを聞いた2人の生徒が毎日家庭からキャベツなどの野菜くずを学校に持って来て段ボールコンポストに入れて堆肥づくりをした。

　家庭科の教科書には生ごみから堆肥作りが書かれているが、技術の教科書には書かれてない。技術と家庭の先生が協力して「生ごみから堆肥」作りを教えると、茎や葉などの野菜くずもいとおしい気持になることが想像できる。

③ 米の教材化

　稲は日本農業構成の柱であり、主食の米を生産する作物である。家庭科の食と協力して稲から米、さらに、ご飯までの一貫カリキュラムの研究を向山玉雄は提唱している[12]。向山は、「稲の栽培は『手間がかかり、難しくて大変だ』と思っている先生が多い。しかし、これは逆で、稲はとても丈夫な作物である。ほとんど手入れをしなくても、収穫までこぎつけることができる。農家のように大面積の田んぼで収益を上げるような栽培は学校では難しい。しかし、教材として稲の成長を見ながら、稲や米を学ぶことは可能である。」として「基本は自然の中での土を使った栽培である」が、田んぼの確保が難しいので、発泡スチロールのトロ箱をつかった「ミニ田んぼ」を提案している。「バケツ稲」でも稲の成長観察はできるが、バケツは小さく夏は高温になりすぎて生き物と共生できない。それよりも少し大きい $45 \times 30 \times 20$ cm 程度のトロ箱に田んぼの土か市販の黒土を入れ、稲株も加えることで多様な生き物と共生するミニ田んぼとなる。水草やメダカを育てることもでき、「環境」と「生命」の2つを「生物育成」の柱とした展開を構想している。ミニ田んぼは、水の補給だけ気をつければ、特別な手入れなく、開花・収穫までたどりつけるので、ほかの野菜類を並行して栽培することもできるので、成長中の稲を観察しながら、お米、ご飯までを各校の条件にあわせて実践する可能性を述べている。

　稲・米・ご飯をつなぐ実践を30年来続けてきた赤木俊雄は、赴任校の実情に合わせて、水田の借用、水田の開墾、バケツ稲、プランター、ペットボトル、ビニール水田など多様な形態で稲の栽培に取り組んできた。米と日本の農業と生徒たちの未来に心を寄せたその実践を紹介する。

3·1 水田

　赤木は、菊やナスの栽培実践を、産業教育連盟の研究大会の栽培・食物分科会に報告してきた。1992 年の分科会討議の中で、「日本で一番大切な作物」を問われたことと「欧米の栄養学が日本人に合致しているのか」の提言、すなわち戦後の「栄養改善」は動物性たんぱく質と脂肪、カルシウムなど、「栄養素の摂取量を欧米並みにすること」で、今の栄養学は日本の風土に合っていないのではないか[*8]、という坂本典子のレポート[13,14]の討議に影響を受けたという。坂本の提言する日本の食文化の見直しは食物領域とも関わる大切な問題である。そこから「日本人は米を主食として生きてきた。米は日本の自然環境にもあっている。その中で技術の進歩があり、歴史の変遷があった。栄養学的にも優れている。」という思いから米作りの実践を始めた。

　まずは 1994 年に、深さ 18 cm のプランターを用いて 1 人 2 株の稲栽培の授業に取り組んだ（図 10-3）。大阪農芸高校の水田の土を分けてもらい教育委員会のトラックを借りて運んだ。深いプランターと良い土によって豊作であった。この試みで手応えを感じた赤木は、保護者や地域のつてを頼って翌年度（1995 年）に学校から歩いて 8 分の距離にある 2 アールの水田を借りた。2 年生（5 クラス）は「食物」、3 年生（5 クラス）は「栽培」の授業として稲を栽培し、米を食べる授業を展開した[15]。

　6 月 6 日～ 7 月 7 日に田植えをし、10 月 6 日～ 11 月 6 日に稲刈り作業を実施した。10 月 20 日～ 11 月 18 日にかけ、10 クラスがそれぞれの脱穀作業に取り組むと一つの工程に 1 カ月かかった。初年度ながら 87 kg

---

[*8]　秋田大学医学部教授・島田彰夫は「食と健康を地理からみると ― 地域・食性・食文化」農山漁村文化協会（1988）、「伝統食の復権－栄養素信仰の呪縛を解く」東洋経済新報社（2000）などの著書で、高脂肪・高タンパクを説くドイツ栄養学を無批判に受け入れた明治以降の日本の食生活改善の在り方に対して、本来の食生活体系を取り戻す必要性を実証的に提示している。

図 10 - 3　プランターでの稲栽培

の玄米を収穫することができた。10 アールに換算すると 435 kg となる。全国平均より少ないが、生徒一人当り 270 g で約 1.8 合の収穫ができた。

　田植え作業の予告で、素足か古い靴下をはいて水田に入ることを伝えると、戸惑ったり、嫌がる生徒も少なくない。泥水というと汚いイメージが強いのである。そんな生徒に赤木は「君たちは大地から生まれて来て、大地の農産物を食べて成長している。素足で泥水に入ると最初は気持ちよくないが慣れてくる。君たちの祖先も土に入って田植えをしてきた。その大地に苗を植える。この体験はいつまでも忘れることはないでしょう。」とあえて大げさに語り掛けた。実際に田植えをやってみると「先生、田植えって案外おもしろいですね、やみつきになりそう」「もっと苗植えてもいいですか」という声も聞こえてきて、ほとんどの生徒が水田に入った[*9]。

　地域の中の田んぼで中学生が作業をしていると、通りがかりの人が農作業の仕方などについて話しかけてくれる場面もあり、生徒もその会話を喜んでいる。梅雨の時期に排水管がつまって、水があふれて困っていたときには、ずぶ濡れになりながら手伝ってくださった方もあった。日々成長し

---

*9　農業体験をはじめ、泥や油にまみれ、魚をおろすなど技術・家庭科の実習内容に抵抗を示す生徒も少なくない。生徒の未熟さに迎合したり、強制したりすることは正しい指導ではない。うまく導き抵抗感を持ちながらも作業を進め、実際に行うことでを克服する面も多い。実習の雰囲気も大切である。

ていく稲について、卒業生の保護者や地域の方が「暑いのに大変ですね。良く育ってますね。」などと関心を寄せてくれる。農協の人も協力的に関わってくれた。当初、手で穂をバラバラにしたり、竹べらを使った手作業で脱穀作業を行っていたが、なかなか作業が進まない。そんな生徒の姿を見かねた地域の方が「市の歴史資料館に相談してみたらどうですか」と声をかけてくださったことがきっかけで、足踏み脱穀機を借りることができた。

このように学校の外で生徒が活動することで、地域との結びつきが深まり、そこから得られるものが多い。地域との関わりがあることも、他の領域にない農業の良いところである。さらに、生徒が田んぼで体を使って働くことを通して感性が磨かれることに着目している。生徒の感想で「水は上が冷たく下は暖かかった。土はニュルニュルして暖かく、足を入れるとグニュッと入った」「稲が伸び伸びと背を伸ばし1株の本数が増えて、駆け巡る風にそよそよと気持ちよさそうに揺れていいた」「落穂拾いをしているときにふと空を見上げたら、山が赤茶色をしていてきれいだなーと思いました。」など田んぼの作業ならではの発見がある。

脱穀して得られた籾の籾すりと精米は米穀店に依頼し、1時間の授業の中で、ご飯を炊いておにぎりにするという調理実習を行った。稲を栽培して食べることまでを経験することで、米作りの大切さと食べ物の向こうにそれを作る人がいるということを実感できる。赤木の実践は米作りの体験だけに留まらない。宿題として父母や祖父母に米についての聞き取りを課している。その聞き取りを活かし日本の食糧問題と農業・環境問題について生徒に問いかけている。

赤木は、水田の役割を 1) 作物を作る、2) 洪水を防ぐ、3) 天然のクーラー、4) 緑の空間、5) 生物が生息できる（生物多様性）、と共に水田には連作障害がないことに着目させている[*10]。河川や用水から田んぼに流れ

---

*10 井上ひさしが、日本における米作が単にコメ作りではなく、日本の国土や防災、環境保全、地域文化を育んできたことをていねいに解説したのが、「コメの話」「どうしてもコメの話」

込む水に含まれる養分（山の落ち葉や窒素・リン酸等）を利用できる。水の影響で土の中にたまる有害物質が洗い流され、雑草の発生を抑える。田んぼに水をためることで、土壌中の酸素が微生物によって使われてしまい、土の中は酸欠状態になり、有害な微生物や菌類が死滅することなど水田の利点を伝えてきた。

◇**水田の源流を探検する**　理屈だけでなく、自分たちの水田の用水の源流を探検する授業も2時間かけて行っている[16]。目的は、次のようになっている。

1. 用水をいかにして確保してきたか、その苦労と技術を見る。
2. 地域を歩き人々のさまざまな環境意識を見る。
3. 環境問題を自分で歩いて考え見つめる。
4. 米作りを体験して、水の源流を訪ね、環境が農産物の安全、美味しさに関わっていることを知る。

また、観察ポイントは

1. 水田に立ち、深呼吸して大気を観察する。
2. 用水路が自然の谷川と合流する場所の水を観察する（水、水生昆虫）。
3. 川に沿った住宅地の道を上りながら水の観察と家や花木を見る。
4. 住宅地を抜け、山の中の木の下で深呼吸して大気を観察する。
5. 山の中の落ち葉を掘ってみる（20 cm掘り下げた断面や微生物の観察）。
6. 川の中に捨てられた不法投棄ゴミ（バイクなど）の観察。
7. ため池「寺川新池」の観察。
8. 奥の池の観察。

上記の観察するポイントについて、具体的な観察課題を記したプリントを用意し、学校を出て水路沿いに上って行きながら生徒が感じた

（いずれも新潮文庫）である。これらを読むと、東南アジアの主食の米について、授業で生徒たちに話さずにはいられなくなる。

こと、思いついたことを記録させた。山の木々と落ち葉の保水力や養分が水田にもたらされることと共に、江戸時代に池が作られ、昭和27年に改修されたことを学び、地域の人々の管理で池、水路の維持管理がされてきたことを伝えている。水田での稲作実践で一番大変なことが水管理であると赤木は記している。谷川に土のうを積んで堰を作り水を引く。ほぼ毎日水の見回りをして水位を調整する。大雨で排水管が詰まった時にはすぐに取り除き水抜きを行った。水の確保と調整という重要なことを捉えるためにも、水田に届く水の源流を探ることには意義がある。

3·2 ペットボトルを使った稲栽培

田んぼでの稲作に取り組む条件を整えた赤木であるが、異動した先ですぐには田んぼが確保できなかった。そこでまず始めたのが、ペットボトルを使った稲作である[17]。1997年当時主流であった 1.5ℓ のペットボトルの先端を切り取って田土を入れ、籾を入れる。水田での実践のような労働や自然の実感には欠けるが、一人ひとりが稲の成長を日々観察し、同じ体験ができる。夏休みには自宅に持ち帰り、世話と観察が続けられるという利点がある。根の部分はアルミホイルなどで覆っておくが、容器が透明で観察しやすく、身近に置けて親近感がわくことや経費があまりかからないことも利点である。

当時は生き物を育てるゲーム「たまごっち」が大流行していた。ゲームの中で毎日餌をやらなければ死んでしまったり、遊んでやらないとお化けに変身してしまう。失敗するとリセットしてまたやり直しをするというシミュレーションで、生き物を育てるという経験のない生徒たちが育っていったらどうなるのかという思いもあって、赤木はこのペットボトルでの米作りを「コメコメッチ」と名付けた。石油を原料とするペットボトルがとてもしっかりした素材で、使い捨てで大量消費されることへの警鐘の意

味もあった。「たまごっちは食べられないけど、このコメコメッチは本物だからもっと楽しいよ。どのようにして食べるかは君たちで決めてください。おにぎりまではできないけど、1口分はできます。」と呼びかけて実践した。

3・3　開墾（校内に農園を作る）

夏休みは「コメコメッチ」を家に持ち帰り世話と観察をする。9月に生徒が持参した「コメコメッチ」を並べて採点したとき、1つの大きな茶色の瓶に稲穂がたわわに実っているのを見てびっくりした。それを持って来た生徒に尋ねたところ「おじいさんが、大きな瓶のほうがよく育つからといって、植え替えてくれた。水の管理、肥料についても教えてくれた」という。おじいさんは孫娘が持って帰ったひ弱な稲を見て、この容器の大きさでは稲に養分が行き渡らないと判断して大きな瓶に移し替えたのである。赤木はその立派な稲穂を見て感動した。このことから農民から学ばなければ「本当の感動を生徒に伝えることができない」と考えるようになった。水田で米作りがしたいとの思いから、翌1998年度に向けて学校の近所の農家を1軒1軒訪問して「中学校に水田を貸してくれませんか」とお願いした。しかし、どこのお宅でも「今、自分の家で食べるものをつくっているのでお貸しすることはできません」と断られた。大東市の農業課や農協にもお願いして探してもらったが見つからなかった。

そこで学校の片隅の空き地に目を付けた。コンクリートと廃材と草でおおわれた荒れ地である。草を抜いてみたら土の表面が黒く柔らかい、もしかしたら農地になるかもしれない。早速、技術・家庭科の授業で生徒たちを荒地に連れて行き、「水田を作り、米を作りたい」と訴えた。生徒たちはあっけにとられて、びっくりした様子であった。しかし、「赤木先生が言うように教室の外の授業も面白い、やってみよう」ということになった。

そして開墾が始まった。4月の技術・家庭科の授業は2、3年生の全ク

ラスで毎日開墾作業を行った。プールと民家の境にある 10×20 m の土
地の草、ゴミ、瓦礫を取り除き運びだし、雑木を切り、根を抜く作業を
行った。木工室で板材を切る実習と違い太い立木を切り倒す。汗が出るが、
切り終えるとすがすがしい気持ちになるので笑顔になる。その勢いでどん
どん進み 1 日で空間ができた。次の日からは、生徒もやり方がわかるので
どんどん進む。家からヘルメットを持ってきて大きな木の根を 1 m も
掘り起こす生徒も現れた。今までの授業風景では感じられなかった真剣さ
がみなぎっていた。こんな様子で開墾は思いのほか早く進んだ。最後の木
をロープで引っ張り倒すと、空間が開けた。この様子を見ていた校長が水
道屋さんに重機を頼んでくれて整備が進んだ。

　次のように農園を作った。

1. 農地を半分に分けて半分の面積の土をもう一つの半分の場所に盛り
　　上げる。
2. 低いほうにビニールシートを張り、土を埋め戻し、周りより 25 cm
　　高い畔を作る。
3. 立派な 1 アールの水田と 1 アールの畑ができた。

　水田に引く水をどのように確保するか生徒と話し合った。水道の水を使
うのは本当の米作りではない。体育館の屋根から流れてくる水をホースで
引く、プールの排水を使うなどの案が出た。生徒たちは自分の意見を理
論づけ図面に書く。しかし、安定して夏場に水を確保することはできない。
しかたなく、水道水を使用することにした。費用を計算すると 30 トンで
3500 円であった。水道にタイマーを付けた農園は使いやすくなった。年
を追って赤米、黒米、不耕起栽培、アイガモ飼育などの実践を重ねていっ
た。

　一方、畑では大豆・そばを使ったクレープ、小麦を使ったチャパティ、
イチゴを使ったアイスクリーム・ジャムなど自由自在に食・農教育ができ
た。実習では畝に並んで 1 人 1 本の苗を植えることができる。生徒たち
も自分の苗だから愛着もわき手入れをよくする。授業はやりやすかった。

遊んでしまう生徒がいるが、友人が農園で作業をするのを見ているので試験をするとよく見ていることがわかる。卒業生に技術・家庭科の授業でどんなことが印象に残っているかを尋ねると「米作りでイベント的なことが印象に残っている」という。「管理教育」が進んでいる下で、外で作業するのを避ける傾向の教員もいるが、太陽の下だと教育上の効果は大きいかった。他校の話を聞くと、場所がないので1班で1個のプランタで済ませることも多いと聞くが、使い古しの土を空き地に置き、堆肥を混ぜると数年で立派な畑ができる。水田のため水の管理が必要となるが、水田にはカエルやトンボなど生物多様性の環境教育にも活用できる。実習教室だけでなく、屋外の実習場を確保したいと赤木は主張している。

3·4 バケツ稲栽培

　赤木は、次も畑や水田の無い学校に異動した。そこで「ダイコンの袋栽培」[*11] に取り組む。さらに米作りは1・2年生で「バケツ稲栽培」に取り組んだ。主食のコメを栽培して食べることを第一の目標とし、地元の山土を利用することで稲作は、日本のどこでも可能なことを知る。図10-4のように、1人1杯のバケツ稲栽培をすることで稲の成長を観察しながら、適切な作業ができる。バケツ稲は身近で観察に便利である反面、水田の持つ生物環境を用意できない欠点もある。それを補うために、図10-5に示すミニ水田による稲作も行い、水田が多様な生物の住処であることも学習するようにした。

　既存の花壇を30 cmの深さまで掘り返し、ブルーシートを敷いて、ミニ水田を作った。冬季湛水して生物を増やす工夫もした。水田と違いミニ水田は、ヤゴなどの生物を学校内の身近で見ることができ、生物多様性を実感する場が提供できた。授業時数の制約から、稲の成育特徴について詳

---

*11 第10章2節5項ダイコンの袋栽培は、460ページに記載されている。

図 10 – 4　バケツ稲

図 10 – 5　ミニ水田は生き物の住処

しく教える時間が十分とれないが、生徒は稲の様子をよく見ていて「私は
稲の栽培をしていて、いろいろな発見があるのが面白かった。例えば、種
もみの準備をするにもいろいろな手順がある。種子消毒として、60℃の
お湯に 15 分間浸ける「温湯消毒」をする。さらに、発芽に必要な水分を
十分吸収させる浸種を行う。浸種期間は水温に左右されるため、水温×日
数＝100 という目安がある。催芽のために、水温 32℃の水に一昼夜漬け
ると、芽が膨らんだ状態（ハトムネ状態）になる。これを土の中に播くと、
5 日位で土の表面から芽を出す。

図10‑6　バケツ稲の収穫

　スケッチをする時は稲をいつもより近くで見るので、その日の葉の枚数やモミの数が毎回変わり、新しい発見が面白い。」など、記録をすることが発見につながっている。

　種籾や肥料はバケツ稲栽培のキットが JA から提供されるものを利用した。夏休み中も学校で管理したので、中学 1 年生にホースでどのように水やりをするか考えさせた。稲を育てることは水の管理をする技術を学ぶことになった。夏休み中の水やりを散水タイマーとスプリンクラーの組み合わせで実施した。夏休み中のバケツ稲の水管理は学校において大きな問題であり、いろいろな工夫が必要である。例えば、「夏休み中合計 2 週間ほど管理できない日があったが、生徒全員の稲を枯らすことなく夏休みを過ごすことができたことを見ても取り組みやすいことがわかる」「数日間も学校に来られない場合は、バケツに水をたっぷり満たすことで解決できる」と後藤直は述べている [18]。本来は「中干し」の時期、水を張ったり、乾かしたりを繰り返す時期ではあるが、枯らさないということを優先させ

るならば水を満たすことで対応できるという。

　収穫が近づくと鳥よけネットを張るなどの対策が必要である。バケツ稲が、図10-6のように穂が垂れ下がり収穫の時期を迎える。稲刈り、脱穀は自分の分を手作業で行う。脱穀されて籾ができる。その籾から殻を外す仕事が籾すりとなる*12。精米せず、玄米のまま食べるようにしている。生徒の感想では、

- バケツ稲のモミが1,322粒あったのでびっくりした。一つひとつていねいに取った。コメはこんなに作るのが大変だと思った。
- コメを自分たちで育て、収穫、脱穀した。そして給食以外で初めて「玄米」を試食したら、香りはほのかに香ばしくて、少し固く普通のコメよりも残る感じだ。
- 玄米ご飯にすると、噛み応えがあって美味しかった。
- 自分で育てたコメを食べることで、食べるまでに多くの時間や手間がかかっていることがわかった。

保護者からの感想は、

1. 玄米の本来の味を味わってもらいたかったので、まとめて炊いた。固さや味を実感できた。育てることで食べ物の大切さを知り、作るたいへんさとそれにかかる時間を知ることで、食べ物の大切さを改めて感じてもらえたらと思う。
2. 食の大切さを知るためにも、もっとこういった教育活動をして欲しい。
3. 日本産のおコメが食べられなくなった時期があることを知らない世代だと思うので、大切に食べることを伝えたい。

　1990年代当時は「米作り」をする技術科の教師はほとんどいなかった。赤木は「栽培」分野にこだわらず、あらゆるチャンスを生かして米作りに取り組んできた。日本の教育は「米」を教えないようにされているのでは

---

*12 籾すり器は、少量であれば検査用の手動式のモノがある。一般には、動力を使用する専用の籾すり機械で処理される。籾すりの原理を学んだり、古くはどのようにして籾すりをしていたのか、伝統の農機具を学ぶこともできる。

ないかという考えから、さまざまな機会を利用して米作りの大切さを訴え
てきた。農協のバケツ稲キャンペーン、選択教科や総合的な学習の中での
米作りの広がり、食育のとりくみもあり、今では技術の教科書にも実習例
の１つに「イネ」が取り上げられるようになった。

4 農と食を結び日本の農業を見つめる

　米や小麦は穀物であり、日本人の主食として重要な位置を占めている。その米と小麦に関わる教育を大切にしたカリキュラムを組んでいる学校がある。以下に紹介する和光学園和光中学校の教育実践は、農業地域との繋がりを積み重ねてきた貴重な取り組みである。和光中学校では、2年生で学習旅行を行い、その後に半年以上に及ぶ小麦栽培を実施している。これらを軸に、農と食の結びつきと日本の農業を見つめる実践を30年以上行っている[19-21]。

　以下で、述べる実践の概略がわかるようにするために、その具体的な計画を表10-1に示す。

表 10 – 1　農業・食料生産についての学習の流れ

中学2年生	2学期	秋田学習旅行に関連して農業関係の基礎知識を学ぶ。夏休みの宿題を活かしながら、作柄やコメの価格予想、面積、収量など農業を理解するための基礎を学ぶ。
	秋田学習旅行（5泊6日）	農作業3日間の「農家聞き取り」取材する。
	旅行後	授業で「農家聞き取り」をクラスの6軒分の一覧表を作成し、それをもとに、収量予想と売却金額を算出し、生産費と比較する。
	小麦栽培開始	畑の準備、堆肥・肥料のすきこみ、小麦の播種、生育観察
	3学期	生育観察、麦踏み、追肥
中学3年生	1学期	生育観察（出穂、開花、登熟過程）、除草、土寄せ、鳥よけ、刈り取り、脱穀、乾燥
	2学期	製粉、石臼（班に1台） パンづくり（班毎） うどんづくり（各人）

4·1 秋田学習旅行

いわゆる修学旅行として、9月に5泊6日の日程で秋田県仙北市の劇団「わらび座（あきた芸術村）」に宿泊しながら、民族芸能と農作業を体験する「秋田学習旅行」を40年以上続けている（当初は3年生で実施していたが、現在は2年生で実施）。わらび座で丸1日を使って「三宅島太鼓」と「ソーラン節」を教わり、クラス毎にステージ発表する「祭りづくり」と後半の3日間、班毎に農家に行って一緒に働くことが主な活動である。文化や自然と出会い、農家の方の素朴な優しさと出会い、働く手ごたえを感じ、自分や仲間の変化を発見する旅となっている。

「班の6人みんなが黙々と稲を刈っていて、最後には1つの田んぼを全て刈り終わることができた。やっている時ふと後ろを見るとどんどん田んぼがきれいになっていて、自分のやっていることが成果として目に見えて、自分もがんばったなあと思った。とにかく今日は自分の仕事をしっかりやって、それをやり終えた後の充実感が嬉しかった。こういう自然の中で体を動かすことを体が喜んでいる気がした。」と、生徒は働く実感について綴っている。農作業の働き手として「自分がこれだけ働けた」「役に立った」「必要とされている」という日常ではなかなか得難い実感をつかんでいる。農業には、中学生も大人と一緒になって働くことができる特徴がある。和光中学が40余年前に修学旅行を再考する際、中学生に労働の体験をさせたいというテーマを持ち、工業生産の現場に立つことも模索した。しかし、受け入れ先や安全の面で難しいことと共に、農業は食べるために力を合わせて生産労働をするという原体験ができるという点に着目したのである。

「今日は小松菜の袋詰めをした。父さんが初めにていねいに教えてくれたのに、最初は失敗ばかりしていた。失敗したものは売り物にならないから別にしておく。私はこれが他の人より多いような気がした。自分が切っ

て袋に詰めた小松菜を見て、これを食べる人が残さないといいなと思った。この小松菜が横浜で売られてるなんて、なんか不思議な感じだ。作っている側の気持ちが一瞬わかったような気がした。」の生徒の感想には、体験を通して視野が広がる様子がわかる。商品になるかどうかという労働の厳しさに出会い、生産者の立場に立ってものを見ることができる経験をしたことがわかる。20 ha もの水田を耕作している農家でも、コンバインで稲刈りした田んぼを丹念に歩いて「落穂拾い」をする。その姿を見て一緒に拾い集めることを通して、生徒は作物に対する生産者の気持ちを受け止められるのである。

　これらは、1 日だけの体験学習とは違う 3 日間の農業労働の体験だからこそできる貴重な経験である。農家にとってもこの学習旅行の受け入れは生徒との触れ合いを通して仕事に対する誇りを再認識する機会になり農業を続けていく励みにもなるという。10 年、20 年と生徒の受け入れを続ける農家が多く、世代継承に好影響を及ぼしている農家もある。40 年間に農業の形態も変わり、仕事の中身も変化しているが、農家の仕事を通して中学生が感じ取り、学ぶことの意味はむしろ増しているのである。

4·2　技術科で取り組んでいること

　秋田学習旅行は 9 月末の 3 日間の農業体験であり、収穫期というハイライト的な体験である。思い出や単なる体験で終わらせないために、技術科をはじめ社会、国語、美術、音楽などの教科学習や学年として取り組む総合学習の中で事前・事後の学びを作ってきた。なお、学習旅行そのものを総合学習として位置づけている。

　2 学期の最初の授業で、米の作況指数の載った新聞記事を使って、今年の作柄や 10 アール（≒ 1 反）の水田とはどれくらいの広さか？　など農業を理解するための基本知識を確認している。かつては、一般の新聞にも米の作柄が日本地図入りで月に 2 回掲載されていたが、今では日本農業

新聞を用いなくてはならなくなっている。日本人の主食である米の作柄への関心が薄れているのであろうか。夏休みの宿題として農業に関連する新聞記事の切り抜きを課した時期もあったが、10年ほど前からできなくなった。今では中学生が「減反」という言葉に触れる機会もなくなっている。

　授業ではこれに続いて「あなたは将来職業として農業をしてみたいと思いますか」という質問とその理由を書かせている。2018年度の結果は「やりたい」4%、「やってみるのもいいかな」20%、「なんともいえない」24%、「あまりやりたくない」21%、「絶対にやりたくない」31%であった。次の授業で全員の理由をプリントにして配付し読み上げながら、コメントを出し合っている。農業が職業として選ばれない理由は「きつそう、虫が嫌い、田舎のイメージ」というものも多いが、一番多いのは「自然災害や天候に左右され収入が不安定」である。「収入が少なそう」「休みがない」「病気になったときはどうなる」というものも多い。肯定的な意見では「みんなが食べるお米とか野菜をつくることは好きだし誇らしいことだと思う」「自然が好きだし、達成感がある」というものがあるが、その前提として「生活できる収入があるなら」ということが付いている生徒が多い。自然相手の仕事で不確定要素が多いので、最低限の収入補償とバックアップの仕組みなど農政が担うべき課題を中学2年生は直感的に見抜いているのである。授業で生徒の書いたことについて掘り起こすと、日本の農業の抱えている課題が見てくる。米の消費量が減少し生産量も減少していることや、1993年（平成5年）の大凶作と翌年の「平成の米騒動」などビデオも利用して事前学習としている。

　学習旅行では1クラスで6軒の農家にお世話になる。それぞれの農家の様子を聞き取ってきて、旅行後、技術の授業で一つの表にまとめることで、仕事としての農業をとらえられるようにしている。稲作中心の農家、野菜や工芸作物中心の農家、家畜の有無や食品加工、専業・兼業など自分がお世話になった農家だけでは見えないことに目を向けるのが旅行後の学習である。各班から1項目ずつ発表してもらい黒板一杯に書いて一覧表

にまとめている。それをもとに、稲の作付け面積・単位収量の予測にその年の「JA概算金」を掛け合わせると、各農家の米を全量JAに販売した場合の売上金額が算出できる。さらに、東北農政局発表の農業経済統計調査「米生産費」[22] を見て、売上金の約70%が農機具代や肥料代などの「物財費」の支払いに出ていくことを知り、その残りの30%が稲作の純収入にあたることを確かめ、その金額を出すところまで計算する。2019年産米あきたこまちの「JA概算金」は60 kgあたり13,300円であった。食糧管理法が1995年に廃止される前の標準価格米が16,000円程度、自主流通米の「あきたこまち」が21,000円程度であったことから比べて、米価の落ち込みは生産者にとって厳しい。特に「JA概算金」が8,500円まで落ち込んだ2014年の生徒の聞き取りでは、「もう米作りは続けらない」と答えている農家が3割以上あった。幸い翌年は10,200円に回復し、その後も毎年微増している。そういう現実を学んでいる。

4·3　作物や製品の価格・労働価値

学習旅行5日目の夜に農家、わらび座の方たちへの「お別れ感謝の会」を行っている。生徒は作文と合唱、太鼓やソーラン節の発表を通して、この旅行で得たもの、感じたものを伝えている。笑いと涙のあふれるその会の終盤に受け入れ農家を代表してのお話がある。2007年のお別れ感謝の会で浦山清悦さんが、150人の中学2年生に次のように語ってくださった [23]。

<hr>

時間と労力をかけて大切につくったもの

農業が好きだけれども、毎年所得が減っていくという話をします。ちょっと世知辛い話で悪いんですけれども、ご紹介しますと、「あき

たこまち」というお米1俵60キロあたり、去年と比べて2000円安くなりました。大きな農家で1000俵くらい出荷するような所は、単純に計算すると200万円の減収です。これはたいへんなことです。1000俵くらい出す農家で経費を差し引くと所得は500万円いくかな、そんなところだと思うんですけれど。そこから200万円減りました。だから今日本の農家はどこもたいへんです。どうしてお米が安くなるのか、さっきも話が出てましたけれど、愚かな消費者になってほしくないという思いでおります。

　いま、安ければ何でもいいという風潮がありますけれど、人がある程度の時間と労力をかけて大切に育ててつくったものは、それなりの値段で食べていただきたい。これは、農家だけでなくものづくりしているみんなの共通の気持ちだと思います。でも、今はそういうふうになっていない。特に日本の農業というのは世界の貿易の中で、自由に取引できるような関係を作ろうということで、国際的な農産物の価格に合うような形の国内の価格にしなければいけないという国の政策があると思うんですけれど、毎年お米の値段は下がっています。ショックだったのは、もち米の値段が以前1俵9500円だったのが、今年は5000円です。半分ぐらいの価格です。だいたい国際価格に近づいています。スーパーに行ってもち米の値段を見てみますと、何も下がっていません。むしろ少し上がってきました。それで逆算してみますと1俵3万円以上しています。そうすると、その差額の2万5千円はどこへ行っちゃうんでしょう。これは消費者も損するし、農家も損する。そういう状態になっている。とてもおかしいんじゃないかなと思っています。

　じゃあ、どうしてそんな割に合わない農業やっているのかというと、農業が好きだからです。まあそれに尽きますけれど……

||||||||||||||||||||||||||||||||||||||||||||||||||||||||||||||||||||||||||||||||||||||||||||||||||||||||||||||||||||||||||||||||||||||||||||||||||||||||||

中学生に向けて、農家の思いをとつとつと真剣に語りかけてくださった。3日間一緒に働き、農家の方の暖かさ、やさしさにたくさんふれているだけに、その人たちの置かれている現実の話に生徒は聞き入っていた。

人が働くことが正当に評価されること

　この年は学習旅行の直前に、食肉やお土産品の食品偽装が取りざたされた。それに続いて、中国製冷凍食品への農薬混入事件も起きた。これらの事件が起こるべくして起こったその本質をずばり「今安ければ何でもいいという風潮がありますけれど、人がある程度の時間と労力をかけて大切に育ててつくったものは、それなりの値段で食べていただきたい。これは、農家だけでなくものづくりしてるみんなの共通の気持ちだと思います。」と指摘された。人の口に入り、命と健康を維持する食べ物を安さや儲けだけで考えてよいはずがない。安さ追求の中でもっとも大事なことが忘れられてしまうことが伝わってきた。消費者が「安ければよい」に流されることで、生産にゆがみが生じるのである。安さだけが重視されると倫理感が麻痺しはじめる。

　さらに「農家だけでなくものづくりしてるみんな共通の気持ち」となると、これは人が働くことが正当に評価されることの大切さを表している。「それなりの」労働の対価が払われるべきだという生産者のまっとうな願いであり、経済の根本に関わる大切な話である。このことをきちんと理解することが、技術・家庭科で学ぶことの大事な部分でもある。安さだけでなく、労働が正しく評価され、信用と信頼も大切にして経済が成立する。

4·4　小麦栽培

　中学 2 年の 11 月に小麦の種を播き、中 3 の 6 月に収穫して、石臼で粉にしてパンやうどんを作ってきた。前任者がかつて取り組んでいた小麦栽培を亀山が 1993 年に復活させて以来、四半世紀以上続けてきた[24,25]。畑の準備から食べるところまでの全過程を自分の手で行うことを大切をにしている。最後に行う手打ちうどん作りも、自分の食べる分を自分自身で打ち・ゆでることにこだわってきた。

　そもそも、本校で小麦栽培が取り上げられてきた理由は、以下の 4 点

であった。

1. 世界最大数の食糧・主穀の生産過程が学べる。
2. 畑地での自然栽培が容易で、季節的に学校行事との関係の調節、単元学習の関係も余裕がありゆっくり進められる。
3. 収穫が一斉にできる。収穫高の計測、製粉や加工など関連する技術を学べる。
4. 日本の農業の課題、生徒たちの日常の食生活との関連が深く身近である。

特に2については、クラス替えがないため学年をまたいでも、クラス単位班単位で栽培を継続できることや、校内に畑を確保できるという本校の条件がある。

畑の準備・堆肥すきこみ

学年に4クラスあり、各クラス6つの班がある。小麦の栽培から調理までは、先の秋田学習旅行で農作業を行った班で1年間取り組む。校内の畑約200 m² を、1班（5、6人）当たり幅1 m、長さ8 mずつ割り当てて耕し、堆肥をすき込んで種まきの準備をする。校内の雑木林の落ち葉を積んで作った堆肥を利用している。元肥としては市販されている鶏糞、油かすを施している。中学生にとって畝を立てることや種を粗密なく播くことが難しい。「とんぼ」を用いて畝の上面を平らに均す。そこに5 cm間隔に穴をあけて、種を三粒ずつ播く方法をとっている。普通は、ばら播きか、すじ播きだが、それで粗密なく播くことが難しいので、あえてこの方法をとっている。

11月後半に播いた種の発芽状況を観察し、芽の出ていない箇所に種を追加で播くのが学期最後の授業となる。単子葉がたくさん発芽している畑を生徒が見た瞬間に、驚きというか、何かしら感じるものがあるようだ。春休みを経て、一気に草丈が伸びる時期や黄褐色に登熟していくなど劇的な変化の時もインパクトがある。

生育観察・麦踏み・追肥

　毎回の作業と生育状況を「小麦カード」に記録する。畑に行き、まず定規を当てて草丈を測る。スケッチや分けつ（茎の数）を数えて生育状況を記録し、気づいたことをメモする。なかなか大人が気づかない感性豊かな記録が書かれているものもある。

　3学期に入ってからは、電気の授業と並行して小麦の栽培・観察に取り組んでいる。麦踏みは、冬に育つ小麦特有の作業である。刺激に対する回復力でより丈夫に育つことや寒さによる土中の水分凍結で根の浮き上りを補正するために、真上から踏む。生徒はおっかなびっくり踏んでいる。

　春が近付くと追肥をする。この時に、有機質肥料と化学肥料の違いを学ぶ。有機野菜や有機米を利用している生徒の意見を聞きながら、有機栽培の意味や大変さについて考える。授業の中で「有機質肥料は天然原料だから畑の中の自然のバランスを保つ」という意見が生徒から出たりもする。生産者の労力、コストのことも含め両方の肥料の使い分けを考えて判断させている。

出穂・除草・土寄せ・鳥よけ

　本校では中学3年になっても学級は変わらないので、小麦の班もそのまま続く。最初の授業で畑に行くと葉の間に麦の穂が形成されている。ここからは、穂の中身の観察が始まる。4月末から5月初め頃に出穂・開花・受粉し、そこから実が登熟していく。

　授業（電気の授業時を含む）の度に、穂をばらして粒をとりだし、スケッチしたり、つぶして味わってみる。草っぽい味から甘みが出てきて、そしてゲル状になり、硬くなる登熟過程を毎回少しの時間で触れる機会を作っている。冬の間は、雑草はほとんど生えないが、4月以降は除草が必要となる。倒伏を防ぐために根元に土寄せも行う。収穫が近付くと、鳥よけのネットを張る。

刈り取り・脱穀・乾燥

　6月になると「麦秋」という季語のとおり、麦畑が色づき始める。刈り取りのタイミングにはいつも苦労する。週に1回の授業と入梅の時期の制約から、どうしても早めに刈り取りの日を設定しておかないと後がどうにもならなくなる。以前は2時間の授業内に刈り取りから脱穀までを一気に行っていたが、今は、刈り取りと脱穀は別にしている。穂を乾燥させる意味もあるが、刈り取りと「落ち穂拾い」をていねいに行うためである。授業のはじめに、ミレーの絵画「落ち穂拾い」を必ず見せている。秋田学習旅行で農家の方が落ち穂を拾い集める姿を見て来た生徒にそのことを語ってもらい、一穂、一粒を大事にしようと呼びかけている。

　翌週は、脱穀作業である。足踏み脱穀機で脱穀する。農家からもらい受けたもの、新潟の業者が現在も製造販売しているもの、ネットオークションで買ったもので計4台の足踏み脱穀機がある。さらにフルイがけして藁屑や穂のままのものと分ける。穂の状態のものは、手で揉んでバラした上で、唐箕にかける。唐箕は、手でハンドルを回すと中の羽根車で風が起きる。その風の通り道に上から、少しずつ実と殻が混じって落ちるようになっており、軽い実と殻は外に吹き飛ばされ、重い実が手前の口から出てくる仕組みである。もらってきた物は、昭和20年代製の木製の機械である。足踏み脱穀機も唐箕も生徒が見て仕組みがわかるシンプルな機械で、手作業と比べて格段に効率が良い。そのありがたさと先人の工夫がよくわかる。いろいろな手順があるが、1回2時間の授業で脱穀し精選まで済ませ計量する。1班1〜2kgの収量となる。そして天日干しの後、常温に置いておくと、麦蛾が発生するので、密封袋に入れて冷蔵庫にて夏を越す。

石臼で製粉

　9月最初の授業には、ご飯のように小麦を炊いた炊飯器を持ち込み、粒のままの小麦を食べてみる。食べられないことはないが、おいしくはなく、

外皮がぼそぼそして主食として食べ続けることはできない。そのことをまず実感する。粒食できる米に対して、外皮が硬くてはがれにくく、胚乳が柔らかい小麦は、砕いて粉にしてからフルイがけして外皮を取り除くことによって小麦粉として利用されている。そこで、各班250g以上の小麦粉を得るために、小麦の実350gを用いて、石臼で粉に挽く作業を行う（石臼を6台用意）。裏ごし用のフルイでは、外皮（ふすま）を完全に取り去ることはできず、外皮も混じったままの粉になるが、全粒粉の小麦粉として独特の風味のパンを作る材料となる。

ポリ袋でつくる全粒粉パン

ベターホーム協会が提唱しているポリ袋の中でこねて生地をつくるパン作りを2時間授業で行っている[*13]。ポリ袋パンの良いところは、全員がこねることに関われることである。2回の発酵時間は充分には取れないし、中力粉（小麦品種農林61号）であるので、パンのふくらみは期待できないが、とても風味の良いパンが焼き上がる。

その翌週は、輸入小麦のポストハーベストについてビデオを視聴した上で考える授業を行っている。全粒粉のパンだと外皮も一緒に食べているので、残留農薬の影響をより意識できる。また、小麦特有のグルテン形成という特徴について学び、パン、麺類、ナン、お好み焼きなど菓子、てんぷらなど多様な利用形態を知った上で、うどん作りに向けての説明をする。

一人ひとりがうどんを打つ

パン作りに続いて、2時間で手打ちうどんを打つ。うどんでは、外皮が混じっているとのど越しが悪いので、この時までに、製粉所で粉に挽いてもらっている。昔から製粉と製麺を行っている小さな工場が東京都町田市内にあり20kg以上の小麦があれば挽いてくれる。

---

*13 パン作りについては、第11章3節3項に詳細が掲載されている。

ボウルや食器を 38 人分揃え、一人一玉分のうどんを自分で作る。時間を短縮する必要から一人小麦粉 80 g にすることで時間内に収めるようにしている。食塩水も先に準備しておいて、40 cc 弱を計量して加えてこねる。しっかりこねたら、濡れふきんをかけて寝かす*14。

　全員のうどんをねかすことができたところで、それ以降の作業の説明に入る。のし板、麺棒を使って厚さ 3 mm 程度まで伸ばすこと。打ち粉の役割。幅 3 mm で揃えて切ること。そばのように細いくらいでないと茹でたときに膨らむことや太いと茹で時間がかかるし、不揃いでも困ること。切れた人から一人ずつ茹でるので、最初の人は麺をすくい上げて水をはったボウルにとることなど多くを伝えなければならない。まず、コンロ 3 口に鍋をかけて後半の作業を始める。茹であがり、水洗いした生徒からざるに盛って試食する。

4·5　まとめ

　最後に、小麦と米の特徴を比較しながら日本の穀物生産について考える。どちらも保存のきく主要穀物でカロリー源である。同じイネ科の植物であるが、生育に適した温度、水、季節が大きく異なっている。小麦はグルテンを形成する特徴から、菓子、麺類、パンなど多くの食品の材料であり、多様な料理に欠かせない食材である。稲は日本の気候風土に合致した作物であり、米は粒のまま食べられ日本人の食生活を支えてきた主食である。日本人の米の消費が減少していることで米価が 60 kg 当たり 1 万円近くまで下がってきたこと、輸入小麦の政府売り渡し価格が 1 トン当たり 5 万円ほどであることも示しながら、日本人の主食についての課題を確認してこの学習を終えている。

　亀山が小麦の栽培を受け継いだ 1993 年は米の大凶作の年でもあった。

---

*14 第 11 章 2 節 4 項にうどん作り、小麦のグルテンについて詳しく述べている。

翌年の米の緊急輸入やその後のミニマムアクセス米の開始、食糧管理法の廃止など、毎年の秋田学習旅行にあわせて日本の米事情を中学生と一緒に見続けてきた。米と小麦を併せての学習である。稲の栽培は小学校でも経験しているし、本校の行事等の年間サイクルを考えると稲作や夏野菜の栽培には難点がある。畑が確保でき、クラス替えがないという条件もあっての小麦栽培を続けてきた[*15]。

---

*15 ここに紹介した和光中学校での実践は、㈱ 日本製粉のホームページ「食の広場 / 小麦を育てよう」のコーナーに掲載されている。以下の URL で見ることができる。
http://www.nippn.co.jp/hiroba/komugi_sodateyo/index.html

参考文献

1) 学習指導要領一般編（試案），昭和 22 年 3 月 20 日 (1947), pp. 18-19, 文部省

2) 福宿富弘，栽培学習の原点をもう一度考えて，技術教育，No. 277, pp. 13 -16 (1975)

3) 池上正道，戦後の栽培・飼育教育の流れと今後，技術教室，No. 702, pp. 46-51 (2011)

4) 阿部英之助，生物育成の可能性と展開，技術教室，No. 691, pp. 4-11 (2010)

5) 向山玉雄，栽培学習のくみたてと指導の原則 ― キクかナスか，技術教室，No. 348, pp. 6-11 (1981)

6) 向山玉雄，栽培学習の目標と意義，技術教室，No. 382, pp. 4-5 (1984)

7) 竹村久生，誰でもどこでも簡単にできるおもしろ栽培，技術教室，No. 681, pp. 32-39 (2010)

8) 内田康彦，ナスの栽培から学ぶこと ― 都会における菜園づくり，技術教室，No. 678, pp. 42-47 (2009)

9) 野本　勇，都市型栽培学習の実践 ― 校舎の屋上を利用しての栽培，技術教室，No. 686, pp. 46-51 (2009)

10) 赤木俊雄，心かよう楽しい袋栽培 ― トウモロコシ，大根をつくる，技術教室，No. 681, pp. 18-23 (2009)

11) 赤木俊雄，生物の不思議とこれからの生物育成，技術教室，No. 691, pp. 12-19 (2010)

12) 向山玉雄，生物育成実践に環境と生命の視点を ― 稲・米・ご飯の一貫カリキュラムを，技術教室，No. 696, pp. 4-10 (2010)

13) 坂本典子，肉を食べないと元気がでないか，技術教室，No. 516, pp. 32-39 (1995)

14) 坂本典子，日本食のすばらしさを伝えたい，技術教室，No. 543, pp. 4-10 (1997)

15) 赤木俊雄，楽しい米づくり ―「米をつくる」って気持ちいいいなあ，技術教室，No. 524, pp. 8-16 (1996)

16) 赤木俊雄，米づくりから地域の環境を考える ― 水田の用水の源流を探検する，技術教室，No. 523, pp. 44-50 (1996)

17) 赤木俊雄，ペットボトルでコメ栽培 ― 環境と共生する力を育む，技術教室，No. 541, pp. 28-31 (1997)

18) 後藤　直，第 60 次全国研究大会課題別分科会まとめ，技術教室，No. 712, pp. 29-30 (2011)

19) 亀山俊平，自分でも役に立つんだ !! ― 秋田の農業と文化にふれる学習旅行，技術教室，No. 547, pp. 36-40 (1998)

20) 亀山俊平，体験と結んで日本の農業に目を向ける，技術教室，No. 626, pp. 46-51 (2004)

21) 北出和平，秋田「学習旅行」38 年の歩み，『交響する都市と農村』，農文協，pp. 59-73 (2016)

22) 農林水産省東北農政局，「農業経営統計調査 ― 平成 29 年産米生産費」，農林水産統計東北，p. 1（平成 30 年 11 月 30 日公表）

23) 亀山俊平，体験して受けとめる学習旅行，技術教室，No. 671, pp. 40-45 (2008)

24) 亀山俊平，小麦栽培から製粉，うどんづくりへ，技術教室，No. 524, pp. 17-23 (1996)

25) 亀山俊平，小麦を育てて製粉からパン・うどんへ，技術教室，No. 706, pp. 32-39 (2011)

第11章

食物の授業

◇◇◇◇◇◇◇◇◇

調理の科学と食文化を
大切にした教材

１ 食物学習の意義

　食物の授業では調理実習が生徒の目に浮かびがちだが、調理の作業だけ
では表面的理解になってしまう。家庭科の中の食物は、女学校時代の家事
から始まったもので、珍しい洋風の料理の作り方や馴染みの薄い食材を利
用した料理の作り方を学ぶものが多かった。しかし、調理法を学ぶだけで
は高等教育の学習内容としてはふさわしくないと言うこと、保健衛生的な
面から深く掘り下げることなどを目的として、栄養学や栄養学実験が取り
入れられた学習内容へと変化した経緯がある。

　戦後、基本的人権が保障され、男女平等の思想が確立し、女性にも普
通選挙権が与えられ、女性の社会的役割や生き方が大きく変化するように
なった。それに伴い、女子教育としての家庭科教育の内容や目的が大きく
変わる必要があったが、その道は平坦ではなかった。中学校および高校の
家庭科は男女別学であったが、1979（昭和54）年に国連が女性差別撤廃
条約を採択し、1993（平成5）年に中学校で、1994（平成6）年に高校
でようやく完全な男女共学となった。

　普通教育としての食物の学習の観点を明確にして、教材分析をすること
が大切である。食物領域を図11-1に示す観点から理解しておくと、食物
の題材がどのような要素に関わっているのかを認識できる。食の営みの出
発点は、何をおいても農水産である。食糧生産が基盤にあり、その上に食
物の学習が成り立っている。食糧生産の視点を欠落したままの食物学習で

図 11-1　食物領域の教材の視点

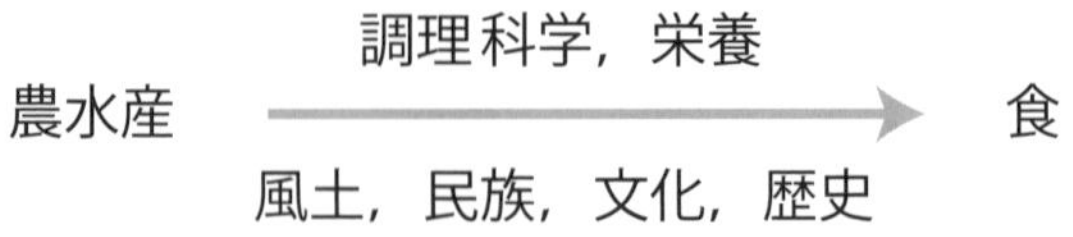

調理科学，栄養

農水産　　━━━━━━━━━━━▶　　食

風土，民族，文化，歴史

あってはならない。また、食物は調理され、食事を通して最終的には栄養として吸収される。その過程にはすべて自然の法則と技術がある。調理に関わる知識や科学として、「栄養」「献立」「食品」「調理操作」について学習しておかなければならない。その普遍性に加えて、風土、民族・歴史など食文化の多様性もあり、その特徴や豊かさも重視されてよい。本章で扱われる授業実践や題材もこのような観点で理解するとよい。

その他、加工食品の多くなっている生活を考えると、食品添加物や輸入食品のこと、遺伝子組換えなどについての知識も蓄えておく必要がある。

1·1　調理

調理は洗う、切るから始まり、加熱するものまで幅広くある。1つの食品であっても加熱法によっていろいろな食感や味を作ることができる。

人類の誕生から道具を作り、火を使うことにより人の生活が豊かになり、さまざまな調理技術を身につけ進歩してきた。生食から火を使うようになり、焼く、あぶる料理になった。火の上にかざしてあぶる、火の中に入れて焼くようになったと思われる。それから蒸すことを覚えた。焼きかけの食品の上に雨でもかかったか、生葉をのせると蒸された状態になり、その美味しさを知ったのであろう。

次は、煮る料理である。土器[*1] が作られるようになると、煮る料理がはじまった。蒸すよりも早く煮上がるようになると同時に温かい汁物も飲めるようになった。煮る料理は水の沸点である 100℃ を限度とした料理である。

油を使う 200℃ 前後の料理が発達したのは大分後になってからである。揚げる料理は煮る料理より、さらに調理時間が短縮され、色はきれいにあ

[*1]　穀物を消化・吸収するためにアルファ化させる必要があり、焼いたり、煮炊きをしなければならない。土器の発達は、人類の農耕生活と密接に関わる。土器の製造には、高温の炉が必要となる。高温になるほど土器は緻密になり強度が増す。より高温の炉は、やがて人類の金属の発見へとつながる。

がり、味は逃げないばかりでなく却っておいしくなる。

　調理は、これらの加熱法を組み合わせ、それに調味することによって幅広く、様々なものを作り出している[*2]。加熱調理は、たき火の火を使った調理からかまどを作り、釜や鍋による調理、火鉢を使って炭火の調理などをしてきた。熱源を木材、薪などから石油を使ったコンロへそしてガスへ。さらに電気へと変化してきた。

　加熱に使う道具も土鍋から鉄鍋、銅、アルミニウム、ステンレスなど様々な素材を使った鍋類が作り出され、形も様々である。鍋の表面にフッ素やテフロンなどの加工をしたものも登場している。コンロを使うようになると鍋の形も変化し、調理も様々に形を変えてきた。熱源がガスになるとスイッチ一つで火を使うことができるようになり、火力の調節もしやすくなり、調理がずっと楽なものになった。電気を使った調理も早い時期から行われてきたが、熱量の大中小の制御がガスに比して困難であまり利用されなかった。最近のIHは思うように利用できるようになり、器具や方法の発達も調理に影響を与えている。

　調理は食材の味を十分に活かして、美味しく食べる方法である。調理は単なる作業ではなく、その裏側には科学的根拠がある。一つの方法だけでなく、別の方法にするとまた、違う味を楽しむことができる。調理は加熱だけでなく、調味、食材の切り方など様々な面から楽しむことができ、材料の味を幾重にも楽しむことができる。人の味覚は甘味、苦味、辛味、酸味、旨味などいろいろ感じることができる。この味覚を刺激し、塩、砂糖、酢、香辛料や何種類もの食材を使った複雑な味を作り出している。その他、食材には「灰汁・アク」というような人間にとっておいしくないと感じる味もあるので、あくを抜くという手間、下処理をしたりする。

　食品の腐敗との闘いと発酵[*3]が食生活を安定させ、生き延びてこられた

---

*2　調理は加熱しなくても作ることができ、洗って、切って、盛り付ける。これだけでも立派な料理の完成である。「刺身」がそうである。表面をあぶったものや茹でたものなどあるが、加熱無しで完成できる。グリーンサラダ（生野菜）も立派な料理だ。それに塩や酢を使って調理すると「漬物」ができる。

人類の課題であった。自分の食生活の中からどんな加工品や保存食品があるかを考え、知ることも欠かせない。例えば、魚の干物、ベーコン、チーズやヨーグルトなどがある。くさりやすい条件を防ぐ技術、塩のはたらきや生とは異なる味の変化に気づく。乳製品のように乳酸菌のはたらきによって味だけでなく、成分の変化にも気づかせることができる[1]。

1·2 食品と栄養の基本原理

食事には、食品から栄養をとるという大きな目的がある。しかし、食事は美味しく食べることも大切なので、栄養のことばかり考えてはいられない。

食品は、三大栄養素「炭水化物、脂質、タンパク質」を主成分として分類する。しかし、炭水化物を主成分とする小麦粉からのうどん作りは、小麦粉にわずか10%含まれるタンパク質の変性を加工に活かすことであり、炭水化物より、タンパク質を強調しなければならない。牛乳はビタミンCを除くすべての成分を含有しているにも関わらず、カルシウムだと認識している生徒が多いのが実状である。食品の主成分による分類や、6つの基礎食品群による分類を当然のこととして指導してきたことに疑問もある。このように便宜的な分類は一見便利に見えるが、食品を科学的に捉える視点がない。

食品に含まれる成分は幾種類にもわたっている。食品を便宜的な方法で分類するのは献立作成のための便利な方法で、生徒に食品を正確に認識させるためには不適切なものである。食品の分類を植物性・動物性としてそれが自然界においてどのような環境と条件によって生育するかという視点がでてくる。植物が光合成や窒素同化により、また土壌から多くの種類の無機質を根から吸い上げる。その生育過程を考えたとき、単一の成分でな

---

*3 細菌などの作用によりタンパク質が分解し、有害なものになることを腐敗という。発酵は腐敗と同じ現象であるが、人間に役立つものが作られるとき発酵と呼んでいる。

く多くの種類の成分を含有することや、すべての植物が、量の多少はあっても必ずタンパク質を含有していることに気づくことができる[2]。

そもそも動物が、食物を消化する仕組みと目的の基本的原理を押さえることが必要である。

動植物をはじめ、生物はタンパクで作られている。DNA がアミノ酸からタンパク合成する情報を持っている。生物はアミノ酸からタンパクを合成して細胞を作る。食物のタンパク質を消化分解によりアミノ酸にしてはじめて摂取できる。食物のタンパクをそのまま吸収することはできない（タンパク質が誤って摂取されると食物アレルギーの原因となる）。アミノ酸からタンパクを合成するときにビタミンが必要となる。その他、無機質、脂質および炭水化物も必要となる。ヒトが体内で合成できないアミノ酸を必須アミノ酸という[*4]。ヒトは食物のタンパク質を消化して必須アミノ酸を摂取しなければならない。人体の消化吸収とタンパク合成の基本原理を教えることが、なによりも大切である[*5]。栄養学では、タンパク質を基本にしているが、消化・吸収からみるとアミノ酸が基本となる。

産教連では、食物の調理実習の内容を食品学と調理学の立場から見直し、卵・牛乳・魚等々、食品成分、性質、調理加工法を中心とした学習を取り入れ、検討を重ねてきた。教科書の実習例にとらわれているとジャガイモからは粉ふきいもしかできなく、他のメニューへの発展がない。ジャガイモを摺り下ろして、水で溶いて馬鈴薯澱粉を取り出すと片栗粉になる。片栗粉を使ってわらび餅を作ることもできる。

[*4] ヒトは、トリプトファン、リジン、メチオニン、フェニルアラニン、スレオニン、バリン、ロイシン、イソロイシンの8種のアミノ酸を合成できない。これにヒスチジンを追加した9種類も必須アミノ酸といわれる。米や小麦の穀物はリジンが少ないが、リジンを多く含む大豆と合わせて摂取すれば、必須アミノ酸のバランスがよくなり、理想的なアミノ酸成分となる。組み合わせをよくすれば、米と大豆で牛肉に並ぶアミノ酸スコアになる。

[*5] コラーゲンたっぷりの食品を食べても、消化分解されてアミノ酸となり、はじめて吸収される。食べたものが、あたかもそのまま体に届くような広告も見受けられる。だまされる消費者も悪いが、国民に正しい栄養学の知識を普及する必要がある。

1·3　食生活の課題を考える

　食卓にのぼる食品は数多い。今まで口にすることがなかった食品も手軽
に手に入れることができるようになったため、我々が口にすることができ
る食品は数知れない。しかし、我が国の食糧自給率は低く、輸入に頼って
いる食品が多い。第二次世界大戦後の食糧がなかった時代から栄養改善
運動がおき、米を少なくして肉や油を多く食べる、食の欧米化が進んだ[*6]。
これによって動物性タンパク質の摂取量がタンパク質全摂取量の約 50%、
脂肪のエネルギー比も 25% になった。その一方で、動物性脂肪の取り過
ぎによる動脈硬化、心筋梗塞、栄養過剰と運動不足による肥満、糖尿病な
ど生活習慣病の患者が増えている。

　また、加工食品の多用から生じる問題がある。生産する側からの必要で
加えられる食品添加物の発がん性の問題がある。消費者の目の届かない
ところで作られている加工食品は、何がどのくらい入っているかわからな
いまま食べている。例えば、清涼飲料水から知らないうちに多くの砂糖を
取っている。砂糖のもつ害だけでなく、砂糖の取り過ぎにより、食欲がな
くなり、食事をきちんととれず、栄養バランスを崩していることもある。

　食物とからだの健康との関係について栄養素の働きや食品の性質、加工
調理法など食物の基礎的な知識をしっかり身につけさせたうえで、現実の
食生活における問題点をはっきりさせる。健康なからだを作るために、い
かに食べるべきかを自主的に判断する力をつけることが必要である[3]。

[*6]　戦後の栄養改善により、日本人の食生活は伝統的な和食から欧米化へと大きく変化した。
　　栄養指導車（キッチンカー）による啓蒙活動、油や肉の調理を普及するためのフライパ
　　ン運動があった。また、米食を止め、パンを主食にするべきだと主張する「頭のよくなる
　　本」（林髞）がベストセラーにもなった。「米食をすると頭脳が悪くなる」と言う誤った主
　　張が宣伝され、パン食が広がった。しかし、このような運動や出版には、アメリカの穀物
　　メジャーの強い働きかけや研究費の提供などがあったことを見逃してはならない。

1·4 栽培から食物へ

　私たちが毎日食べる食品は、どこでどのように作られているかを見ることもない。その一方で、安全な食糧を求めたいという意識が強くなってきている。都市部では市民農園の希望者が多い背景には、土に触れることで安らぎと解放感が得られるというレジャー感覚と安全な食品を自ら手にしたい思いがある。安全な食べものの原点は、土を耕してそこに種をまき、苗を植えて育てることにある。人工的環境に囲まれて育っている生活では、「土が汚い」「虫が気持ちわるい」という感覚が広がっている。店頭では虫食い野菜など見向きもされない様子は、食の安全の意識の危うさの現れである[4]。

　食べるために一日の大半を費やしていた採集・狩猟時代から種子を播くことを知り、やがて一人の農耕労働者が何人かを養えるようになった。食糧確保が十分できるようになって世の中は太平（平和）になった。食べることは人関係を良好に保ち、食べることは楽しみでもある。動物である人間は、食べ物（動物、植物）によって生かされているが、現代社会では個人的には金さえあれば、栽培と飼育を知らなくても生活できる[5]。しかし、世界を見渡せば、このままでは飢餓と生存環境の破壊を迎えると警鐘が発せられている。人類が生存するために、よりよい文化的な生活維持のために、やはり栽培技術を学ぶことは必要である。

　プランターや鉢を使って簡単にできる野菜も多いので、野菜が実ることの体験はできるが「つくって食べた」で終わってしまってはいけない。植物の生長を確かめ、草を取ったり、水をやったりと手入れが必要なこと、沢山の収穫をするには、多くの手入れが必要なことなどを実際に認識することが大切である。そうすれば、店頭で売られている野菜から「人の存在」を意識することができる。

1·5　食物学習の柱の再考

　食物学習では、栄養素の働きとそのバランスのとれた献立の立て方という、いわば栄養指導的な考え方に偏っている。栄養のバランスに固執していることによって、食品や食物に内包されている多様な側面への発展性は全く閉ざされてしまっている [6]。

　産教連では、図11-1（498ページ参照）のように人間が生きるために食物をどのように獲得し、生産してきたかを重視し、人間の生活文化の原点に立ち返ってその発展過程を学習する方向をとってきている。個別の食品を扱うことは、その食品のもつ歴史性・地域性・生産性の把握を可能にし、同時に自然科学的特性を理解することから多様な加工技術へと発展させることができる。

　加工食品・調理済み食品の氾濫によって、原材料が何であるのか見極めがつかない状態がどんどん進行している中で、主体的な選択能力を身につけるには、食品の特性に応じた加工過程を充分理解する必要がある。使用頻度の高い、代表的な食品の何種類かについて加工過程を理解することにより、それが基礎知識となって食材の調理を洞察する力に発展させることが可能である。

　子どもは手や体を使って物を作ることが好きである。自ら作って食べられるならば、さらに調理の楽しさや興味も湧いてくる。しかし、食べる楽しみだけが、食育の根幹ではないので、作ることを通して科学的認識を高める教材を、教師側は意図的に与える姿勢を忘れてはならない。先人の知恵の素晴らしさ、道具を駆使することの快感、さらに仕事（労働）をすることの感動を味わうことのできる教材を与えることである。

❷ 玄米と白米の授業

2·1 授業のねらいと組み立て

　食品としての米の素晴らしさを気づかせたいと考え、植物としての稲と米だけでなく、米が農民の労働の産物であることを確認することから始める。「もみ」から与え、精米の技術や炊飯の仕方が長い歴史の中で培われてきたものであることを理解する。玄米を白米にして食べるようになった過程の中から食べ物と命、健康とのかかわりが深いことを印象づけたい。世界の二大欠乏病の一つ「脚気」が我が国にとっても重大な社会問題であったことを知らせ、この中から栄養学の基礎を学ぶ*7。鈴木梅太郎が発見したオリザニン（ビタミン B_1）が後に続くビタミンの発見につながり、栄養学の基礎を作った。白米を食べる時には、いつでもビタミン B_1 と一緒に摂る。すなわち、味噌汁やおかずを一緒に食べるという優れた知恵を学び、自分の食生活を見直す力にさせたい。

　デンプンの加熱による変化を学習し、炊飯の原理を理解する。また、玄米と白米の違いを食べて確かめ、白米をおむすびにして食べることで伝統食の知恵に触れる。さらに、調理室の使い方に慣れながら、作業の見通しをつかませることをねらいとした[7]。

2·2 玄米と白米

　米の構造は、図11-2に示すようになっている[8]。米は稲穂からとった

---

*7　ビタミン欠乏よる病気ではビタミンC欠乏による壊血病、ビタミン B_1 欠乏による脚気がある。その他、ビタミンA欠乏の夜盲症、ビタミンD欠乏によるくる病・骨軟化症がある。ビタミンの必要量はわずかであるが、ほとんどが体内で合成できないため、毎日コンスタントに摂る必要がある。

図 11 - 2　米の構造

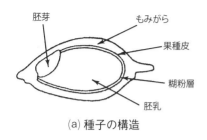

(a) 種子の構造

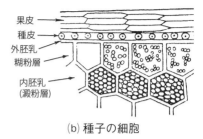

(b) 種子の細胞

ままの米粒を「もみ」といい、ここからもみがらを取り去ったものが「玄米」、玄米からさらに外側の外種皮をとりのぞいたものが「白米」で、種皮が粉状になったものを「こめぬか」または「こぬか」という。普段、米として食べているのは胚乳の部分である。

　授業では、玄米、白米と砂糖の栄養を食品栄養成分表から読み取って円グラフに記入する。玄米と白米の成分は似ているが、砂糖の成分には驚く。自ら調べながら読みとっていく時間が大切だ。ひとり3粒ずつもみ米を配り、よく観察する。もみから白米への精米の技術や炊飯の仕方が長い歴史の中で培われてきた話をすると、白米にするのに苦心していることを知る。ビタミン発見の文章を読ませる。脚気がいかに不安で大変な病気であったか当時の社会状況を『オリザニンの発見』[9] を使い、次のように説明する。

　　ビタミンの発見、江戸時代、白米を食べるようになった江戸の商人の間に不思議な病気がはやりました。江戸わずらいとよびました。明治になっても病人が減らず、海軍では 5000 人中 2000 人がかかったと言います。足がむくみ、心臓が不規則になり、食欲がなくなって弱って行くのです。脚気といいます。海軍では、イギリスの根拠に基づく医療に依拠してタンパク質不足が原因だと仮定して洋食、麦飯を試み、

発症率を激減させました。陸軍は、科学的な根拠なしに海軍に対抗して白米を規則としました。陸軍医の森林太郎（鴎外）が海軍の米食由来説を批判したため、脚気の被害を多く受けました。陸軍が麦3割の麦飯を採用したのは、海軍から30年後でした。明治43年に鈴木梅太郎が、米ぬかからこの病気にきく物質を見つけました。

||||||||||||||||||||||||||||||||||||||||||||||||||||||||||||||||||||||||||||||||||||||||||||||||||||||||||||||||||||||||||

　米1トンから1000分の1グラムの物質を分析していく大変さがわかる。『ビタミンってなに？』[10] は、子ども向けに書かれた本である。外国人から見た脚気なので、何か物足りなさを感じる。しかし、この微量物質こそ、命のもとになったビタミンB_1である。単位ミリグラムをしっかり捉えさせる点で貴重な話である。

　なぜ今、白米を食べているのに病気にかからないのだろうか？　当時の食生活が「一日に玄米4合と味噌と少しの野菜を食べ」のように、米に頼っていたからその影響が大きかった。生徒は、この授業でとても少ないビタミンB_1により命が保たれていることを知る。米は、人間が生きていくうえで大切なものであることを知る。

2·3　玄米と白米、おむすび作り

　米の主成分である炭水化物のデンプンは、加水加熱しないと消化吸収されない。米に加水加熱して軟らかくすることを「糊化」「α化」といい、「飯」という。α化したものをそのまま放冷すると再びβデンプンに戻る。これを「老化」という。米のα化を確かめるために米に加水加熱する。

　玄米は圧力釜を使ってまとめて炊く。一方、白米は生徒が班ごとに炊く。米を量り、洗ってざるにあげ、吸水させる。文化なべに湯を用意する。吸水後一斉に点火し、ご飯を炊く。この時、米の調理の歴史に触れるようにした。炊き上がったご飯は茶碗に盛り、三角むすびにする。

生徒の感想では、玄米は炊いたあとでも茶色だった。玄米は、かんだ瞬間ぷちっとつぶれて面白い。味はかめばかむほど甘い。食感は玄米がシコシコしていて、とてもおいしい。白米はねちょねちょしていた。胚芽には信じられないようなビタミンが多く含まれていた。玄米がおいしいと答えた生徒が多かったことは意外である[11]。

　おむすびは、手で握るから「おむすび」「おにぎり」という。米だけでもおいしいのに、少しの塩が加わるとさらに美味しさが増す。これで米のうま味がわかる。梅干しやおかか、焼き鮭などをおむすびの中に入れるとおかずなしで食べることができ、携行にも便利である。今やおむすびは「買うもの」になっているが、授業で作れば、自分でも手軽に自分流のおむすびを作ることができるようになる。米のうまさと日本の食としてのおむすびを確認する。

2·4　おいしいご飯の炊飯

　日本人は粘りのあるご飯を好む。おいしいご飯は、米のデンプンがよく糊化していて水分が飯粒に均一に分布しており、ほどよい柔らかさになっている。粘りと弾力性のあるご飯といわれる。ご飯のおいしさは品種や保存法等にもよるが、炊き方によっても大きく変わる。炊き方の要点として、1.水加減、2.浸水時間、3.蒸らし時間が考えられる。それぞれの手順ごとに要点を見極めて炊けば、おいしいご飯ができあがる。主食のご飯を自分で炊けるということは、食生活を営む上で重要なことだ。手軽にご飯が炊けるという行動は食事への関心を示す大切な要素である[11]。

　炊飯は電気炊飯器、ガス炊飯器を使えばスイッチ一つで簡単に炊き上がる。米をご飯にするために必要なことを理解させ、炊飯の原理を知ることが大事である。図11-3に炊き方について図示している。炊飯における工程は大きく4つの段階に分かれる。この4段階の工程を適切な「温度」と「加温時間」を管理することでおいしいご飯を炊くことができる。

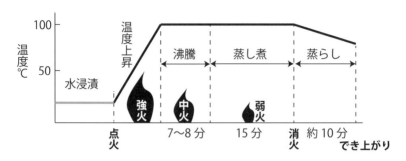

図 11 - 3　米飯の炊き方 [12]

水浸漬　といだ米に水を吸わせる工程であり、水が米に浸透すると、米が加熱時に、よりα化しやすくなる。

温度上昇　この加温時間が長すぎると、米の表面から水を吸い込みすぎ、べたついたご飯になる。強火にして短時間で沸騰させることが大切である。

沸騰継続、蒸し煮　デンプンをα化させる工程であり、そのためには100℃で20分間以上保つ必要がある。温度が低く、加温時間が短いと、ご飯はかたくなってしまう。

蒸らし　これは火を止め米粒の周りに残っている水を完全に吸収させる工程である。しっかり蒸らすと、べたつかない美味しいご飯になる。

「沸騰継続」から「蒸らし」にかけて高温の状態を保つことにより、高温に強い酵素が活発に活動してご飯の甘みを引き出す。

2·5　米を中心にした食文化

米は、白米の飯がそれだけであまりに美味過ぎることから飯以外の調理・加工が積極的に考えられなかった。食生活が豊かになり、食生活の欧風化や肉を中心とする食生活に変化してきていることから、あらためて米を主食とする和食の食事様式に目をむける意義は大きい。そこで米の良さ

の発見と「一汁三菜」とも言うようにいろいろな食品を組み合わせ、栄養的にもバランスのよい食事の形式を大切にした郷土料理や魚の料理の授業実践もある[13]。この授業を通して地域の稲作の現状を踏まえ、食を取り巻くさまざまな問題があることを理解できる。山形では「芋煮会」が有名であり、昔は芋煮と呼んでいた。「芋餅」といって里芋と餅米を一緒に炊いて、搗いて餅のようにした料理もあった。里芋は糧の一種であり、ごっそり煮て米の節約をはかった。

2・6　稲の栽培と米

　稲の栽培はバケツ稲作りに見られるように田んぼがなくても栽培は可能である。一人一鉢で栽培することもできる。収穫した米は稲穂からもみ米をとり、もみがらをはずせば、玄米で食すことができる。米作りの風景を身近に見ることは少なくなったが、バケツを使って米作りの一端を垣間見ることができ、自分が栽培した物を食すところまで体験する授業の意義は大きい。この授業後に、生徒は次のように書いている[13]。

　「この学習を通して、米作りの大変さや長い年月をかけて品種改良など様々なことをやってきて、今の米があるのだということを知りました。僕の家にも水田がありますが、手伝うことはあまりなく、手刈りの稲刈り、田植え、脱穀と初めてやるような気がしました。米の需要が減って減反政策が取られていますが、僕はこれからも米を作って行きたいと強く思っています。今まで米をおいしいと感じながら食べたことはありませんでした。でも、今回バケツ稲を育てたことによって、米のおいしさが格別に感じられました。貴重な体験をしました。」

　農業と食物とがつながる授業が、本当の食の教育の姿である。

3 小麦の学習 1 ── うどんを作る

3·1 日本人と小麦

　米を主食としてきた日本では、小麦の消費はそれほど多くなかった。しかし、最近はパン食が増え、家庭の消費支出の中でパンの購入価格が米の購入価格を超えた[*8]。日本人の米離れは、食文化の変化、少人数世帯の増加、調理時間の短縮、食事の時間がバラバラなど、現代社会の多様な要因が影響している。米離れは、同時に農業の問題や食糧の自給率とも関係する大切なテーマである。しかし、精神論や理想のイメージを語るだけでは何も解決しないので、データをもとに理解を深めることが必要である。

　いずれにしても、小麦を利用した食物が増えており、小麦についての学習も大切となる。小麦は米のように粒食せず、粉にしてパン、うどんなどの麺類として食べる。そこには、小麦の中にあるタンパク質の一種であるグルテンが、大きな役割をしている。

3·2 小麦の種類

　小麦は生育環境の影響を受けやすく、比較的寒冷な乾燥地の小麦は、殻粒の断面がガラス状で、タンパク質の含有量が多く、弾性の強い硬いグルテンが得られる。これを硬質小麦という。パン用に用いられる。それに対し気候が温暖で湿度の高い地方の小麦は、殻粒の断面が白色不透明で粉状をしており、タンパク質の含有量も少なく、粘性・弾性があまり強くない

[*8] 農林水産省の以下のサイトの資料によれば、平成 26 年（2014 年）に 1 世帯当たりの支出金額で、米が 25,108 円、パン 29,210 円となって、パンが米を超した。
https://www.maff.go.jp/j/council/seisaku/syokuryo/190327/attach/pdf/index-22.pdf

図 11 - 4　小麦種実の構造方

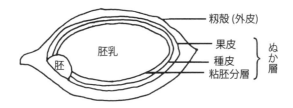

（籾殻（外皮）／胚乳／果皮／種皮／粘胚分層／ぬか層／胚）

グルテンが得られる。これを軟質小麦といい、製菓用に用いられる。両者
の中間を中間質という。春小麦は一般に硬質小麦が多く、冬小麦は硬質・
中間質・軟質など種々のものがある。日本の小麦は大部分が赤色中間質小
麦で製パン・製菓に適さず、製麺に用いられている[14]。

3·3　小麦の構造

　図 11-4 に示すように、小麦は外皮が胚乳部に強く結びついているため、
米のように外皮を取り除くことが難しい。そのため粒食せず、粉にして利
用するほうが多い。したがって粉食として多く利用されている。小麦粉の
重要な成分であるグルテンは、小麦を粉にして水を加えてこねるとはじめ
てできる[*9]。このグルテンは粘り気をもった弾性のあるもので、これがう
どんのつながりとなり、パンやケーキの生地では骨格となり、その網目構
造の間にデンプンなどが保たれている状態となっている。パンやうどんが
小麦粉から作られて、米や他の穀物の粉でできないのは、このグルテンが
小麦粉に限って形成されるからである。

---

*9　グルテンは、胚乳から生成されるタンパク質であるグルテニンとグリアジンが水を吸収し
　　て網目状につながったものである。小麦粉は、グルテンの含有量の多寡により強力粉、中
　　力粉、薄力粉に分けられる。グルテンの強度は、塩分やビタミン C など酸化成分を添加す
　　ると強度が増すが、砂糖などの糖分を添加すると強度が下がるなどの特徴がある。

3·4 うどんを作る

かつては、うどんは各家庭で打って食べたものである。材料は小麦粉と塩だけ、いたってシンプルである。あとは麺棒を用意すればよい [15,16]。

材料 (4人分)　小麦粉：強力粉 (200 g)、薄力粉 (200 g)、または中力粉 (400 g) ＋ 塩 (10 g) ＋ 水 (200 cc)

作り方

1. 塩を水に溶かす。
2. ボウルに小麦粉を入れ、食塩水を加えながらよくこねる。
3. ぬれたふきんをかけて、夏は 20 分、冬は 40 分ねかせる。授業では時間を調整する。
4. のし板、または調理台にふり粉をして、ねかせた生地を手で前後左右に引っ張り、3 cm の厚さに伸ばす。
5. くっつかないように打ち粉をまぶしながら麺棒で広げる。
6. 麺棒に巻きつけてころがしながら厚さ 2 〜 3 mm にのばす。
7. 薄く伸ばした生地を S 状にたたんで 3 mm 幅に切る。
8. 大きな鍋に 3 ℓ の湯をわかし、7 〜 8 分ゆでて、ザルに上げる。
9. だしを用意し、醤油、塩、みりんで調味する。

3·5 手打ちうどん実習のねらい

小麦の教材としての魅力は、メカニズムを学習して、小麦の種類の調合とグルテンの調整を行い、自分の調理の目的に合わせるための作業が理解できることである。

グルテンは、小麦の中のグルテニンとグリアジンの二つのタンパク質が絡み合って作られる網目状の組織である。グルテニンは弾力に富むが伸びにくい性質のタンパク質であり、強いが伸びが少ない。他方のグリアジ

ンは弾力は弱いが粘着力が強くて伸びやすい性質を持つタンパク質である。この性質の異なる２つのタンパク質が結びつくと、両方の性質（弾性と粘着性）を適度に兼ね備えたグルテンになる。このような現象を複合効果という。調理の目的に合わせ、小麦粉の種類の選択と調合をする必要がある。

　塩はグルテンの網目構造を強化する。そのしくみは、次のようになる。グルテニンは所々に荷電部分をもっており、これらの荷電部分同士が反発している。食塩の陽性のナトリウムイオンと陰性の塩素イオンが、その荷電部分に集まることでグルテニンの極性を弱め、荷電部分同士の反発を防ぐことができる。そして、タンパク質同士が接近しやすくなり、結合数はより多くなる。その結果、こしのあるうどんができる。うどんのこしを必要としない名古屋の鍋焼きうどんやほうとうは塩を使用しないので[*10]、そのまま料理に使用する。そうめんは塩を添加してグルテンを発達させ、細く引き伸ばすことができる。そのため、そのまま料理に投入せず、ゆでて塩分を抜いて調理する必要がある。

　手打ちうどん実習のねらいは、図 11-5 に示すように、おおよそ以下のようになる。

　1. 小麦粉の中のグルテンの働きを知る。

　2. 塩水を入れると粘りが多くなることを知る。

　3. 粉のねり方、伸ばし方、切り方を覚える。

　4. 麺のゆで方を知る。

　5. 調理器具の正しい使い方を知る。

　6. 協力して学習する喜びを経験する。

　7. 手打ちうどんの本当の味を知る。

　この調理実習は小麦粉をねって伸ばし、うどんを作ることである。通常の調理実習では買って来た麺をゆでて、だしを用意したり、ゆでた麺に調

[*10]「ほうとう」は平たい麺で、山梨を中心とした郷土料理である。群馬では「おっきりこみ」ともいう。

図 11-5　うどんの作り方 [15)

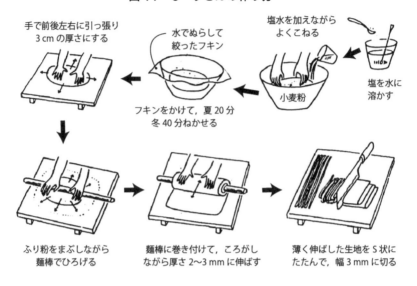

味の工夫をしたりするのが、一般的である。しかし、うどんそのものを作
る授業実践は、それまでの調理学習の性格を変えた。調理は単に食材の
料理方法を習うことではなく、調理の裏には科学的根拠があることを知り、
それを利用する技術を考えることへ変わったのである。このように原材料
から作る教材は、男女共学で実践するのにふさわしい。

　なぜならば、原材料から作る教材は魅力があり、この実習の中に出てく
る小麦粉の特性や道具は、技術的にどんな意味を持つかなど技術教育的な
視点が明確に提示できる。手や道具を加えると価値ある物ができることの
発見につながる奥の深い教育実践である。

4 小麦の学習2 ── パンを作る

4·1 パンを作る

　パンは食卓に欠かせない身近な食材となり、なくてはならない存在となった。しかし、普段、目にするパンはできあがったもので小麦からできていると言っても小麦の姿を想像するのは簡単ではない。また、パンはイースト菌の発酵を待って焼く作業に入るので時間がかかる大変な実習だと考えている教員も多い。本節で紹介するのは、2時間続きの授業なら時間内に完結することができるビニール袋を使ってパンを作る授業である[17]。

　小麦粉の重要な成分であるグルテンは、小麦を粉にして水を加えてこねるとはじめてできる。グルテンについては、前節ですでに説明した[14,15]。

4·2 パン作りの実習

　この授業実践では「ベターホーム式かんたんパン」[18]を取り入れており、図11-6のようにポリ袋に材料を入れて袋の上からこねるので、手がベタ

図11−6　ポリ袋の中の材料をこねる

つくこともない。特に実習室がなくても、まな板1枚分のスペースとオーブンがあれば、テーブルパンを作ることができる。

ビニール袋で作るパンで用意する材料と器具は次のようになる。

◇**材料**　強力粉：250 g、ドライイースト：小さじ2杯 (6 g)、砂糖：大さじ1杯、塩：小さじ1杯、ぬるま湯：160 cc、バター：大さじ1杯

◇**器具類**　厚手のビニール袋 (250×350 mm)、はかり、計量スプーン、計量カップ、包丁、まな板、オーブン、はさみ

調理の手順は以下のようになる

1. 分量の粉、イースト、砂糖、塩をビニール袋に入れる。

2. ビニール袋を上下、左右によく振る。

3. ぬるま湯を一気に入れる。

4. 袋の外からもむようにして、手早く粉と水分をなじませる。袋の口をよく握って中身がでないようにする。口を縛ると空気が抜けず、袋が破れやすい。

5. なめらかになるまでこねる。

6. バターを入れて混ぜる。

7. 袋の角を引っ張って、生地が袋から離れるくらいまでこねる。

8. 袋の口を軽く結んで、あたたかいところに20～30分おく。

9. 2～2.5倍に膨らむ。指に粉を付けて生地を押し2 cm位のくぼみがすぐもどる場合は、後もう少し待つ。元に戻らないようになったら、ちょうどよい。生地が下に沈む場合は、発酵しすぎである。

10. 1枚のシートになるように袋の外側をはさみで切る。

11. まな板の上に袋を開き、生地を手のひらで押し、ガスを抜く。

12. 包丁で10等分に切る。

13. なめらかな面が表になるように丸める。

14. オーブン皿にオーブンペーパーを敷き、丸めた生地を並べる。ぬれふきん、ビニール袋をかけ、暖かいところに15分おく。1.5～2倍にふくらむ。

図 11 – 7 　焼き上がったテーブルパン

15.　210℃ のオーブンで 14 分焼くと、図 11-7 のようにテーブルパンが
　　できあがる。

　週 1 コマのわずかな授業時間で調理をしようと考えると、パンを焼く時
間もないのが現実である。こねて、発酵の時間を利用してグルテンの説明
をしていると、焼く直前で終わってしまう。しかし、諦めないで、いろい
ろ工夫をして焼いたパンを食するまでを生徒たちに提供したい。

4·3　小麦を育てて食べる

　食物学習では栄養学習、献立学習だけではなく、単品の食品加工とい
う観点から実践してきた。うどん作り、豆腐作り、魚の干物などの実践は、
食品加工の過程を知ることに目が向けられた。さらに、ここでは栽培から
食物への学習の流れを作り、農業生産から消費へとつなげる食物学習に取
り組んだ。

　和光中学校の亀山は小麦を栽培し、脱穀、製粉などの作業を通して生産
労働を体験させ、うどん作り、パン作りの実習へと発展させている[19]。種
まき、麦踏み、土入れ、脱穀・乾燥・石臼挽きなど小麦の生長をはじめか
ら目にすることができ、食品に加工して食するまで自分の手でやりきるこ

との取り組みで生徒自身の成長も感じとることができる。栽培、収穫、食べるという一連の作業は、野菜の場合、収穫して生のままそのままの形で食することもできる。切る・ゆでる・煮るなどの簡単な調理操作によって実現できる。また、野菜の場合は長期保存ができないので、収穫と調理実習の日を合わせるのがたいへん難しい。穀類、米や麦は、乾燥させると保存が可能である。米の場合は、収穫してから、脱穀をしなければならない。精米はしなくても籾すりをして玄米のまま炊いて食べることもできる。

小麦の場合は、脱穀、製粉をしてうどんやパンのようにさらに手をかけなければ食べることができない。しかし、粉にすることで加工も調理も幅広く扱うことができる利点もある。小麦を栽培するには、秋に種を蒔いて、収穫は5月末から6月と1学年の中で実践することが難しい。亀山俊平は私立学校の良さを活かし、この実践を続けている*11。収穫して簡単に食するのではなく、食品加工の部分まで総合的に学習している。

家庭科の授業では、調理にばかり目が向いてしまいがちであるが、本当は、その原料がどのようにして生産され、たくさんの過程を経て食材として手に入るかを知る必要がある。子どもたちの周囲を見渡しても、農業の重要性を理解できる生活環境は失われていると言っても過言ではない。そもそも、食という文化は、農業や漁業などの食糧生産の社会基盤の上に成り立っている。その基礎となる農業が廃れてしまっては本末転倒である。また、農業生産を知った上で、環境、農法や農薬についても真の学習が成立する。

産教連では「食品を素材から学ぶ」という視点を重視して、食品の素材から扱う授業を大切に考えてきた。技術・家庭の教科書に扱われている領域に関係性を持たせ、栽培から食物への学習、生産者から消費者までを関係づけた実践として大事に扱ってきた。

---

*11 第10章4節にて小麦作りの実践の詳細が紹介されている。

5 豆腐

5·1 大豆は健康食品

　大豆が加工食品として食文化を作ってきたのは、ほとんどアジアに限られている。他の地域では、ほとんど油脂原料として利用されてきた。その中でも日本では多様な発達をして、「豆腐」「醤油」は世界の共通語になっている。最近では生活習慣病予防の観点から、日本型の食生活が見直されている。日本型食生活の基本食品として米・魚・野菜とともに大豆が食べられてきた。大豆は植物性タンパク質、リノール酸など不飽和脂肪酸の多い脂肪、脂質代謝に関与するサポニンが含まれている。

　しかし、その栄養面からだけで豆腐を見るのでなく、豆腐を作ることで、食の本質や食の文化がわかる。そこには、豆腐を作ってきた人間の営みという大切なことを学ぶ教材としての価値、陶冶価値がある[20]。

5·2 豆腐を作ろう

◇**事前準備**　豆腐を作る授業を行うには、手間がかかって、難しそうに考えられるが、以下の準備をしっかりしておけば、2時間の授業で完成することができる。豆腐作りのために前日の放課後に準備をさせておく。

- 大豆をよく洗い、3倍以上の水につけて置く。
- さらしを二重にし、縫いしろは袋縫いをしてしぼり袋を準備する。
- 豆腐の流し箱：水はけの良い入れ物やザルでもよい。牛乳パックやイチゴのパックに穴をあけても代用できる。

図 11 - 8　豆腐の作り方 [21]

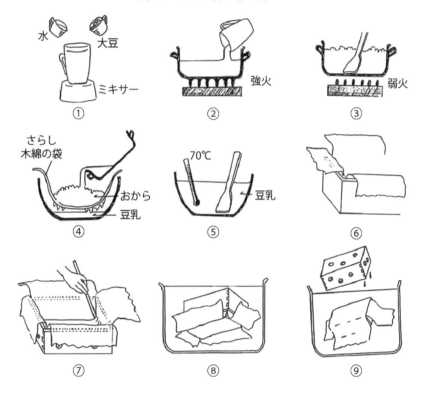

◇**豆腐作りの授業**　豆腐作りの作業を図 11-8 に示す。具体的な作業手
順は以下のようになる。

1. 水に浸けておいた大豆 2 カップと同量の水（カップ 2）をミキサー
  に入れ、2 分間まわす。これを鍋に移す。もどした大豆をすべて
  ミキサーにかける。

2. 鍋を火にかける。焦げやすいので木べらでかき混ぜながら沸騰さ
  せる。沸騰をおさえて、弱火にして 8 〜 10 分煮る。噴きこぼれ
  そうな時は、1 カップくらいの差し水をする。

3. 煮汁をしぼり袋に入れてこす。熱いのでやけどに注意する。鍋ご
  と少し冷ますとよい。

4. このしぼり汁（豆乳）を鍋に入れ火にかける。温度計で測りながら、75℃まで温度を上げる。ただし、80℃以上では高すぎる。鍋全体をよくかき混ぜ、全体が均一な温度になるようにする。

5. 75℃になったら火を止め、ニガリ 100 cc を鍋全体に入れる。ゆっくり大きくかき混ぜ、2分ほど待つ。さらにニガリ 50 cc を入れ、鍋全体をゆっくり大きく 2 回混ぜる。澄んだところが少しずつできてくる。全体に白い豆乳がなくなったところで、しき布を水にぬらして敷き、流し箱に流しこむ。豆乳が固まらないようなら大さじ 1 杯くらいのニガリを入れる。

6. 軽く蓋をして重しをして 15 分くらい置く。

7. 流し箱ごと水の中に入れ、豆腐を取り出す。

5·3　日本の食習慣における大豆の意義

　授業で豆腐を作ると、家庭では「昔は豆腐を自分の家でよく作ったものだ」とか「豆腐作りは大変だよ」という会話を祖母と交わすこともある。中には「豆腐を作るなら、『ひとりむすめ』より『みそまめ』のほうがふさわしい」[*12]と母親から教えてもらうこともある[22]。

　作物としての大豆は、日本国内で栽培されており、日本人にはなじみの深い作物である。また、大豆の伝来は、弥生時代ともいわれ、歴史も古い作物である。味噌や醤油などの調味料の原料であり、日本人には、米と並んで欠かせない伝統的作物である。肉や卵などの食品は、バランスよく必須アミノ酸が含まれている[*13]。そのため、肉や卵は栄養に優れているよう

---

*12 「ひとりむすめ」「みそまめ」は大豆の呼称である。農林水産省に登録されている命名登録品種の大豆もあるが、登録されていない地方の呼び名もたくさんある。

*13 必須アミノ酸の低い成分があると、その食品のアミノ酸スコアは低くなる。8つの必須アミノ酸がバランスよく含まれているとアミノ酸スコアが高い食品となる。また、アミノ酸からタンパク質を合成するときに、ビタミンが必要となる。ビタミンが欠乏するとタンパク質を合成できない。なお、第11章1節2項「食品と栄養の基本原理」で栄養の基本的原理を説明している。

にも見える。日本の食習慣では肉を主体にしてこなかったが、米と大豆を組み合わせる食習慣が作られてきた。米の必須アミノ酸と大豆の必須アミノ酸とを組み合わせると、米の低いアミノ酸を大豆が補うので、その組み合わせによるアミノ酸スコアは肉や卵に劣らない。食品の組み合わせによる必須アミノ酸の相補性を考えることは意義深い。単一食品だけで、プロテインスコアを上げることを考える方法論は再考すべきである。

　具体的には、米にはリジンという必須アミノ酸が少ないが、大豆には必須アミノ酸のリジンが多く含まれている。一方、大豆にはメチオニンというアミノ酸が少なく、米にはメチオニンが多く含まれている。米と大豆を組み合わせて食べると、必須アミノ酸のバランスからみてもお互い足りないところを補うことができる。米と大豆の組み合わせた日本型の食習慣は、必須アミノ酸をバランスよく摂取できる優れた食生活であったことがわかる。

　生徒に枝豆を見せて「これは何ですか？」と質問しても全員が大豆と枝豆と答えられる訳ではない。さらに、枝豆が熟したものが大豆だと知っている生徒は少ない[23]。大豆の加工食品をノートに書かせると豆腐、味噌、醤油、納豆、豆乳、油あげ、ゆば、きな粉などがでる。大豆の栄養成分をグラフにしてみると、タンパク質35.5%、炭水化物28.2%、脂肪19.0%、水分12.5%となりタンパク質が多いことがわかる。大豆のタンパク質に含まれているイソフラボンという物資には、エストロゲン（女性ホルモン）と同様の作用があることが研究によって解ってきた[24]。

5·4　大豆の栽培から豆腐作りまで

　大豆の自給率は7%（2016年度）と少ない。大豆が食卓に欠くことのできない食材にも関わらず、なぜ、このような状態なのか。大豆は古くから栽培されてきたが、昭和36年に大豆が輸入自由化された。さらに、昭和47年に関税がゼロになったことで、多くの大豆が海外（アメリカ、ブ

ラジル、中国）から輸入されることになった。これによって大豆の作付け面積が大きく減少した。昭和 55 年には 3% に落ち込んだ。その後、稲作からの転作によって増えてきているが、その量はわずかである。しかし、油糧用を除くと自給率は 24% になる。国内で作付けされている大豆の多くは、豆腐、煮豆用であり、豆腐の原料となる大豆は、アメリカ、カナダ産が多い。

　大豆の栽培は、春に種を播いて夏に収穫する早生種がある。早めに収穫して、枝豆で食べる。昔は、田んぼの畔に大豆を播いて、稲の刈り取り後に大豆を収穫するために晩生種で、冬に味噌を仕込むのに適した大豆を作っていた。大豆は、根に根粒を持っているので、比較的肥料分の少ない土地でも栽培することができる。学校では、プランターでも栽培できるが、収穫量は決して多くないので、一人の栽培量から豆腐を作る量を収穫するには難しい。グループで 1 丁の豆腐ができるくらいの量など、工夫をする必要がある。

　豆腐作りの実践は高く評価されたが、その材料の大豆は市販のものを用いていた。本章の第 4 節 3 項「小麦を育てて食べる」で述べたように、大豆を実際に栽培して作物の生長を観察し、作物生理の原理、栽培技術の基本および栽培管理（労働）を学ぶことは大切である。その授業実践に挑戦した報告もある[25]。保泉信二は、大豆の栽培から豆腐作りにつなげる授業を実施している。大豆の栽培も豆腐作りもはじめての教師が、自ら学習しながらの報告には、たくさんの失敗をしながら、知見を得る苦労も綴られている。自ら学ぶことで、豆腐の型の構造にも長年の豆腐作りの経験が蓄積されていることに気付く。これらの貴重な経験が、技術・家庭科教育における教師の学びと成長につながり、優れた授業の展開にも活かされる。

　原料、材料を購入することも否定しないが、原料から作る実践は、授業を深め、教材分析・解釈にとても大切な意味がある。

5·5 豆腐作りの意義

　豆腐作りは魅力ある教材である。そして、豆腐は生徒たちの生活の中でも身近な伝統食品である。しかし、その製法やメカニズムについては意外に知られていない。大豆は、きな粉、豆乳、豆腐、湯葉、油揚げ、高野豆腐、納豆、味噌、醤油などいろいろな食材に変化する。なかでも、豆腐作りは、それらの食材との関連で大きな位置を占めている。豆腐作りの教材の意義として、以下のようなことが指摘できる。

1. 大豆から豆腐ができることを実感できる。

2. 堅い大豆を水に浸漬すると、大きくなり軟化することがわかる。

3. 石臼、ミキサーなど、粉砕する技術がわかる。

4. 加熱すると泡がでることがわかる。工場の大量生産では消泡剤を何のために使っているか、問題はないかを考えさせるきっかけができる。

5. 袋でしぼって豆乳とおからに分離することにより、大豆の成分にはタンパク質や食物繊維があることがわかる。

6. 豆乳を加熱すると膜（湯葉）ができる。タンパク質は熱で凝固すること、大豆の加工品の一つ、湯葉ができることがわかる。

7. 豆乳を凝固させることにより、凝固の技術がわかり、凝固剤について学ぶことができる*14。

8. 国産大豆とニガリで作ることにより、昔ながらの豆腐の味が分かる。市販品を購入するときの、消費者の正しい目が養われる。

9. 大豆のすばらしさ、人間が食べるために作りあげた大豆文化がわかる。市販の豆腐を使って、すまし汁を作ってもすまし汁の作り方しかわ

---

*14 大豆のタンパク質グリシニンにはグルタミン酸が含まれている。そのグルタミン酸にはカルボン酸（_COOH）が含まれ、それは水中でマイナスイオン（_COO⁻）になる。一方、にがりのマグネシウムは水中で Mg^{2+} の2価の陽イオンになり、2つのカルボン酸のマイナスイオン（_COO⁻）と結合することで、Mg^{2+} は大豆タンパク質を結びつけ、その結合が発達して固まりとなり、豆腐ができあがる。ゆえに、塩（NaCl）は1価の陽イオンであり、凝固作用はない。

からない[20]。

5·6　消泡剤

　豆腐や大豆が世界から注目されている。豆腐を作るとき、豆をすりつぶし加熱する段階で多量の泡が発生する。作業しやすくするため、この泡を消すための食品添加物が消泡剤である。消泡剤を使用しない場合は、豆乳の泡を板でかき取らなくてはならないので、ほとんどの市販の豆腐には使われていると思われる[26]。消泡剤の種類や利用については賛否両論があり、中には誤解による情報も見られる。授業においては、消泡剤に限らず、このような誤った情報に流されることのないように注意する必要がある。授業では、噴きこぼれに注意し、ていねいに作業をすれば、消泡剤は用いなくても豆腐は作ることができる。

　消泡剤として植物油加工品を加えることは、すでに江戸時代から行われている。今日では、その毒性のないものとして食品に利用されている。泡は空気を包み込み、その中に雑菌が入り、日持ちが悪く腐敗を促進することも懸念される。また、泡が発生して噴きこぼれ、生産性・製造効率を低くしてしまう。さらに、気泡だらけの豆腐になり商品としての価値を左右する面もある。このような理由から、消泡剤は広く利用されている。製造業者においては、雑菌の入る機会をなるべく少なくすることが大切で、人間が手を触れないようにした充てん豆腐のように空気に晒さない方法も採用されている。このシステムは人間を必要とせず、均一な安全な製品を作ることができる。他方、毎日できあがりが微妙に違う、家庭や町の豆腐屋もある[27]。

6 味噌を作ろう

6·1 ご飯と味噌汁

　日本の食事の形はご飯と味噌汁であった。ご飯と味噌汁に副菜を添える食事パターンからパン食へと欧米化した食事形態に変わり、米と味噌汁を食卓から遠ざけてしまった。こうした生徒をとりまく状況を考え、伝統食品を見直す教材として大豆の加工食品として、味噌作りをとりあげた [28]。

　味噌汁は、毎日簡単に作れるという点で大豆を摂取する方法として日本食の定番になっている。しかし、塩分の取り過ぎが問題になる。味噌汁の塩分は椀1杯で1gから1.2gである。ナトリウムの取り過ぎが高血圧の原因になると心配されているが、カリウムと同時摂取することで体外に排泄し易くなる。また、食品中の食物繊維にはナトリウムの吸収を防ぐ働きがある。カリウムや食物繊維の多い野菜や芋類、海藻など具をたっぷり入れた味噌汁は、塩分の害を防ぐと同時にミネラルや食物繊維の摂取に最適の逸品ということができる [24]。

　味噌は、蒸した大豆に麹と塩を混ぜ発酵させた日本古来の調味料である*15。麹を多くし、塩を少なめで短期醸造のものは白っぽく、甘めの味噌になる。麹を少なく塩を多めにして醸造期間を長くしたものは色が濃く、辛めの味噌になる。その他、味噌の種類は、原料や産地によっても分類され、西京味噌、仙台味噌、信州味噌、越後味噌、八丁味噌などたくさんある。味噌は各地で気候風土や食習慣に合わせて発展を遂げ、地方独特の味噌がうまれた [29]。

---

*15「こうじ」は麹と糀の二つの漢字がある。麹は中国から伝わった漢字であり、こうじ全体を意味するが、糀は明治以降に日本で作られた国字である。糀は米こうじのみに用いる。麹菌は日本固有の菌、「国菌」である。麹は酒、味噌、醤油などの醸造に欠かせない。

6·2　大豆の現状

　味噌汁は、毎日簡単に作れるという点で日本食の定番とも言える。しかし、国内における大豆の自給率がわずか 7%（2016 年）ということは、日常口にするさまざまな大豆加工品には、輸入大豆が使われていると言うことである。アメリカでは除草剤耐性の遺伝子組み換え、害虫への耐性、貯蔵性の拡大などの目的のため遺伝子組み換え大豆の生産が始まり、日本に輸入されるようになった [24)]。

　例えば、納豆の大豆全体に占める遺伝子組み換え大豆が 5% 未満であれば、「遺伝子組み換えでない」表示が可能で、遺伝子組換えを使用している場合でも「不分別」の表示になっている。つまり知らないうちに混入していることが考えられる（この表示については、2023 年 4 月から表示法が改定される）。

　食用の大豆は年間 97.5 万トン使用され、そのうち 23.1 万トンが国産、輸入は 74.4 万トンである。味噌・豆腐・納豆など大豆の加工食品は多く、その用途によって大豆の種類も異なり、輸入先も異なる。豆腐を作る大豆の多くはアメリカ、納豆や煮豆用はカナダなどとなっている。多くの輸入大豆が使われているのは油糧用である。一般に、ごまや菜種は圧搾して油をとるが、大豆の場合は、圧搾では油分が少ないためヘキサン（溶剤）を用いて抽出により、油を採取している。

　「国産大豆を使用」という表示は国産大豆 100% のものだけにできることに変更され、100% でない場合は「国産大豆○○ % 使用」という表示になった。大豆の自給率が 7% ということからみると、国産大豆使用という食品がゼロに近いことがわかる。「遺伝子組換えでない」「国産大豆」を口にするためには、何かの取り組みをはじめなければならない。そこで大豆トラストというものがある。大豆トラスト運動に参加して消費者が生産者と契約して大豆の畑を管理してもらい、収穫した大豆または味噌などの

加工品を受け取るという方式がある[24]。

大豆のプランター栽培も手軽に取り組める方法である。大豆は根粒菌が
ついて直接空気中から生長成分である窒素を吸収する。肥料の少ない土地
でもよく育つ[29]。このように大豆の栽培を身近に見ることもできる。

6·3 味噌作り

味噌作りの授業の内容は、おおよそ以下のようになる[30]。

◇**材料と分量（割合）** 大豆 1 kg に対して、こうじ 1 〜 1.2 kg、塩 400 〜
  500 g を用意する。一人ずつの実習では、大豆 200 g が適当である。

◇**手順** 図 11-9 に味噌の作り方の一例を示す。いろいろな方法がある
  ので、調べてみるとよい。おおよそ以下のような手順になる。

  1. 前日に大豆を洗い、重量の 2 倍の水につけておく。大豆は 2 倍以
     上に膨れるので、たっぷりの水に浸しておく。
  2. 圧力鍋に 1 の大豆を入れて火にかけ、沸騰したら弱火にして 30
     分煮る。
  3. 煮た大豆をビニール袋（二重にする）に入れて、さらにビニール
     シートに挟んで足で踏んでつぶす。ミキサーまたはすり鉢ですり
     つぶしてもよい[28]。
  4. 大豆の煮汁は、後で水分調整のための「種水」として使用するの
     で、必ず取っておく。
  5. 麹と塩をよく混ぜ、ミンチにした煮豆とよく混ぜる。この仕込ん
     だ味噌の水分が足りないようであれば、「種水」を加え調整する。
  6. 容器（樽、大きめのビンなど）に隙間のないように詰め込んでい
     く。たたいて中の空気を出しながらやる。最後に焼酎を振りかけ、
     新しいさらし布で表面を覆い、一面に塩を振りかける。塩はふた
     塩ともいう。表面をラップで覆い、適当な石をよく洗い重しにす
     る。仕込んだ年月日を書いた紙を貼り付ける。

図 11 − 9　味噌の作り方の例

手順

① 味噌をよく押し込む
　麹と塩をよく混ぜ，ミンチにした
　煮豆とよく混ぜる．仕込んだみそ
　の水分は「種水」で調整する．隙
　間のないように詰め込んでいく．
② 殺菌のために焼酎をかける
③ 塩を表面をふり，ラップで覆う
④ 中蓋をする
⑤ 重石を載せる
⑥ ビニール，蓋などで覆いをする

1. 大豆 6 kg
2. 白麹 6 kg
3. 食塩 3 kg
4. 種水 約 2 升

7. 雑菌の入らない風通しのよい冷暗所に保管する[16]。1 月、2 月頃仕
込むと、秋に食すことができる。味噌屋さんの言う天然の味噌作
りは、梅雨と土用を越えて一年がかりの仕事である。

熟成中の気温や天候、大豆のでき具合によって味が変わるのも特徴であ
る。毎年変わる面白さにひかれて、手前味噌作りを始める人も多い。

---

[16] 仕込みから 1 ヵ月ほど経ったら、しゃもじなどで全体を混ぜる。これは、樽の底と上部の
醸酵の進み具合を均一にし、カビを防ぐ効果、嫌気性の菌の増殖を抑える効果もある。こ
の作業を切り返しともいう。切り返しは、保管場所や季節など場合によるが、月に 1 回く
らい行うとよい。切り返した後は、ラップを新しいものに取り替える。

7 魚の調理 ― 干物を作る

7·1 魚と日本の食文化への問いかけ

　日本は島国であり、降水量も豊富で河川も多い特徴を有する。そのため、日本人は魚を重要な食材として活かしてきた。肉食に比較して、魚の種類は豊富であり、その調理法も多彩である。魚の調理は、日本の食文化の大きな柱になっている。魚は、生、焼く、煮る、揚げるなどの基本となる調理法を持っている。また、加工・保存では、すり身、干す、漬ける、燻製、缶詰などがある。その他、煮干し、鰹節、魚醤などの調味料としても利用される。魚以外の水産品として貝、エビ、海藻などがあり、日本の水産品には豊富な食材がある。

　このように、豊富な水産資源を活かして発展してきた日本の水産業であるにも拘らず、その自給率は低下し、輸入量が増えている[*17]。この現象は農業と同じ構造である。人類は、自然と環境を活かし、労働と生産を維持して発展してきた。これは、今後も変えることのできない摂理である。経済学者の巨人と言われる宇沢弘文は、自然、環境、福祉、平和をも経済の中に含めて考え、それらを「社会的共通資本」と位置づけた[31]。貨幣だけを価値と捉え、利益追求のみの市場原理主義の経済が支配すれば、農業や水産業などの自然環境と人が結びつきながら生きる産業は、投資効果も少なく、立ち行かなくなる。教育や福祉も同様である。これは、けっして人間社会の在り方ではない。市場原理の政治・経済は、人々を苦しめ社会を悪くしている。

　一方、温暖化はますます人類の危機として迫っている。函館ではイカの

[*17]　2016 年の水産庁の発表による魚介類（食用）重量ベースによる自給率は 56% である。

水揚げが激減し、ぶりの水揚げが増えている。サンマの水揚げも減っている。ウナギにおいては、養殖が大変な打撃を受けている。水産資源の食材は豊富なように見えるが、意外と脆弱であることもわかる。

　日本食ブームなど日本の食文化が評価されていることを手放しで喜んでいるわけには行かない。技術教育と家庭科教育がともに手を携えて教育を担う意味が、前述の視点にある。日本の食文化である魚の調理を学ぶことと、その基盤となる水産業の真の姿をしっかり位置づけながら、食物としての魚を学ぶ視点が肝要である。また、この節では豊富な魚の調理の教材の中から一つを紹介しているだけである。大切なことは、各自の身の回りにある豊富な教材を積極的に取り上げて実践することである。

7·2　栄養価と命の大切さを学ぶ

　魚は日本型食生活の中でタンパク質の供給源として大きな役目を果たしてきた。魚にはコレステロールを下げる効果のあるタウリンを含むタンパク質を平均 20% 含み、必須アミノ酸のリジンが多い。脂質の含有量は種類によって異なる。不飽和脂肪酸が多く、イコサペンタエン酸（IPA）やドコサヘキサエン酸（DHA）は、血栓を予防すると言われる。ミネラルは 1% 前後含まれる。カルシウム以外にも微量元素の亜鉛、銅、ヨウ素を多く含む。ヨウ素を含む点は、獣鳥肉と異なる特徴である。ビタミン類では、脂溶性ビタミンの A、D が血合肉などに多く含まれる。

　日本近海は、暖流と寒流がぶつかり合い、寒帯、温帯、熱帯の魚が集まる魚の宝庫で、種類も非常に多く生息している。したがって、食卓にのぼる魚は 400 種類以上とも言われている。しかし、生徒が名前を知っている魚の種類は少ない。また、取れたてのピチピチした魚にお目にかかることは漁港周辺の子どもたちに限られている。魚も生き物なのであり、実際に魚を調理することで、食べることは命をいただくことであり、次のように 1 匹の魚から命の大切さに迫ることもできる。

「イワシを題材にどこまで命の大切さに迫れるのか。実はかなりできることがある。手開きの最初にイワシの頭をもぐと、小さな心臓が顔をのぞかせる。小さいながら、イワシが広い海を泳ぎまわるためにせっせと体内に血液をめぐらせていたのである。次にお腹に指を突っ込んで内臓を掻き出す。生ゴミにする前に、内臓の働きについて考えさせてみる。自分たちのお腹の中とよく似ている。食べたものを消化吸収してエネルギーに換える大切な部分である。真っ先に傷む部分であるのは事実だが、はたまたそれをおいしく食べる方法をしらない。」[32]

とことんイワシを活かすことが大切である。教科書では魚は切り身を材料に、焼き魚・煮魚として調理するにすぎない。何かもの足りなさを感じる[34]。

鰯は魚偏に弱いと書くように大変傷みやすい魚である。冷蔵・冷凍という保存方法のなかった時には、この魚を保存する方法として乾燥させ、天日に干した。「干す」方法は材料のもとの味とはまた違ったうまみを作り出している、という点で干物は今後残しておきたい値打ちある教材である[35]。

鰯は庶民の魚と言われ、価格も手頃、各生徒で1尾ずつ扱うことができる。魚をまるごと扱うことで魚そのものに触れることになり、魚のヌルヌルした感触とともに魚の顔というか頭を目前にすることで、魚そのもの、生き物を感じることができる。さらに鰯はすべて手で開くことができる。道具がいらない。頭が簡単にもげ、内臓の柔らかさや生臭さが実感できる。骨から身をはずすことが大変だったりして、手を通して魚を感じとることができる[36]。

◇**魚の保存**　干物は、魚を天日に干して水分を減らすことで細菌の繁殖を抑えた保存食の一つである。その上、干すことで魚のうま味が増し、鮮魚とは違ったおいしさが生み出される。保存のためであれば、水分をなるべく少なくした堅干しが適しているが、おいしさを味わうには生干しが一番である。天候が落ち着いてハエも少なくなった

季節は、干物作りをして、そのおいしさを味わうのによい季節である。生干しは、作りたてを食べるのに越したことはないが、冷蔵庫では3日くらいまで、それ以上は冷凍庫に入れて保存する。

◇**鰯のみりん干しの作り方**　鰯のみりん干しの作り方は、以下の手順で行う。

魚を開く　鰯の表面を流水に当てながら、指でこすって鱗を落とす。以下、図11-10を参考に魚を開く。

1. 頭をむしり取り、腹を割って内臓を取り出す。
2. 腹開きする。指を中骨の上に当て左右に動かして腹を開く。
3. 背骨をつまんで頭の方から身から引きはがす。
4. 尾びれに近づいたら骨を折り取る。

図11－10　鰯のみりん干し

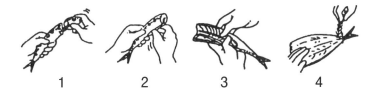

1　　　　2　　　　3　　　　4

調味液に漬ける　図11-11に示す調味液を作る。その調味液に開いた鰯を漬ける。また、骨も一緒に漬けて、途中1回裏返す。漬ける

図11－11　開いた鰯のみりん干し

塩	小さじ1杯
醤油	1/2カップ
みりん	1/2カップ

(a) 鰯を調味液に漬ける　　　　(b) 干す

時間は約20分である。身の堅い魚ほど漬ける時間が長くなる。鯵の塩干は1時間ほど漬ける必要がある。

干す　開いた鰯と骨を軽く拭いて水気を取り、盆ざるに身を上にして並べ、白ごまを均等に降りかける。天気がよければ、調理室から出て屋上などで干すと、まぶしい太陽の下で気持ちもすがすがしい。雨天の場合は、扇風機で風乾する。

焼く　生の魚を焼くのと違い、みりん干しは焦げやすいので、焼くときの火の加減に注意する必要がある。七輪と炭であれば、とてもよいが、調理室のガス台で中火の遠火を作るには、ガス台の両端に煉瓦などの耐火物をおいて、焼き網を火から遠ざける工夫をする。直火が干物に当たらないように、火と干物の間にステンレスの網などを置くなどの工夫もよい。

7·3　鯵の塩干し

身の周りには、加工食品、半調理品、できあがった惣菜が多い。調理のテレビ番組でも、「簡単」「すぐできる」など家庭で調理する手間を省くことを目的にしたような番組の姿勢が感じられる。いろいろなことに気づき、知恵を蓄えて行くことが、人間的営みであることは、調理に限ったことではない。調理することが無駄で、嫌なことになってしまったら、生きる力の基礎が崩壊するのではないだろうか。「人間は何をどのように食べてきたのか」は食の原点である。産教連の実践も原点から学ぶ教材を大切にしてきた。

教科書で扱う「切り身のバター焼き」の授業を実施して、学んだ項目のアンケート調査の結果をみると、おいしかった、魚の焼き方がわかった、など、平均2.1項目しかなかった。それに対して、「鯵の3枚下ろし・つみれ汁」では、6.7項目であった。さらに、「鯵の腹開き・塩干しと鰯の手開き・みりん干し」では7.2項目であった。子どもたちの魚という食材

図 11 - 12　屋上で鯵の塩干し[37]

に対する認識が大きく深まる教材が大切である。そのためには、食の原点
から始める教材が必要であり、魚はそれに適した要素を持っている。

　以下に、鯵を腹開きにし、塩水につけ塩干しにする実践例を紹介する[37]。

1. 鯵を腹開きにする。

　　●尾を左、腹を手前にし、腹に包丁で切り込みを入れ、内臓を取り
　　　出す。中骨の上側を腹の方から背に向かって切り開く。(中骨はつ
　　　けたまま)

　　●アゴのところから、頭を二つ割りに開く。

2. 流し箱に、塩大さじ 1 と水 2.5 カップ入れてよく混ぜ、開いた魚を
　　つけ、約 1 時間ねかせて、身をしめる。

3. 水気を拭き取り、1 〜 1.5 日ほど干す。(図 11-12 参照)

　干物は保存食の一つであるだけでなく、干すことで魚のうま味が凝縮さ
れ、鮮魚とは違ったおいしさが生み出される。保存のためであれば、水分
をなるだけ少なくした堅干しが適するが、おいしさを味わうには、生干し
がよい。干物作りには、天候の落ち着いた、ハエの少ない寒い時期が適す
る。

　テラスのない調理室では、干し場に苦慮することもある。そのときは、
調理室に干して一晩中換気扇をまわしておくとよい[33]。

8 魚の調理 ── つみれ汁を作る

8·1 大切な命をいただく＝すべてを食べよう

　まるごと1尾を調理することで「食べることは、他者の命をいただくことである」を理解できる。内臓をとっただけでは、魚を調理した実感は小さい。出刃包丁で頭を落とし、3枚に下ろすほうが、やったという実感がわく。ほとんどの生徒が初めての経験では上手にできない。しかし、骨についた身もスプーンで掻き取ってつみれにすれば、技術の未熟さもカバーできる。骨と頭でだしをとる。鍋から引き上げた骨に醤油で味を付け油で揚げて骨せんべいにすれば、内臓以外は全部食べられる。全部食べるということをなるべく実践したい[38]。

　地域の食材を理解し、つみれ汁を作る体験を通して先人の知恵を学ぶことを目標として計画している。背黒鰯（カタクチイワシ）を手開きし、すり鉢ですり身にする。小学校の実践では、包丁を使わず手だけでさばくことができるので、全員が一斉にできる良さがある[39]。また、鰯は手頃な価格で購入することもできるので、一人1匹あるいは2匹扱うこともできる。

◇**鰯のつみれ汁の作り方**　以下の手順に従いつみれ汁を作ることができる。

1. 鰯は頭とともに内臓を抜き取り、軽く水洗いする。
2. 鰯の腹中心より指を入れ、手開きし手で中骨をちぎり取る。
3. ちぎった鰯をすり鉢に入れ、すり身にする。
4. 鍋に湯を沸かし、団子状にしたすり身と小口切りしたネギを入れる。
5. すり身が浮いてきたら醤油で味を整える。
6. 汁椀に盛り付け、試食する。

8·2 鰺のつみれ汁

　魚や肉をすり身にして手で摘んで汁に入れることから「摘み入れる」が「つみれ」といわれる料理である。すり身と一緒にしょうがを入れたり、味付けを工夫することで料理に変化を付けることもできる。鰺のつみれ汁は、次のような手順で授業をするとよい[38]。

◇**材料**（4 人分）

　　鰺：4 尾、片栗粉：大さじ 1 杯、味噌：大さじ 1 杯、しょうが汁：小さじ 1 杯、長ねぎ：1 本、豆腐：半丁、塩、醤油など。

◇**道具**

　　出刃包丁、洋包丁、まな板、すり鉢、すりこぎ棒、両手鍋。穴しゃくし、玉しゃくし、下ろし金、計量カップ、スプーン、はかり。

◇**作り方**

　1. すり身を作る。

　　(a) 図 11-13 を参考にして、鰺を 3 枚に下ろす。皮をはがし、小骨は毛抜きで取る。

図 11 - 13　鰺を 3 枚に下ろす

頭を斜めに切り落とす．　　　包丁の先で腹を開いて　　　内蔵を出したところから包丁を入れ，
　　　　　　　　　　　　　　内蔵をかき出して洗う．　　中骨に沿って尾の付け根まで切る

2枚下ろし，身1枚，　　中骨付き身の皮の方が上になるよう　　3枚下ろし．身2枚，
中骨付き1枚　　　　　にして，骨の方から中骨の上に包丁　　中骨付き身1枚．
　　　　　　　　　　　を合わせて，尾の付け根まで切る

(b) まな板の上で、3枚に下ろした鯵を包丁でたたく。

(c) すり鉢に、たたいた鯵、片栗粉、味噌、しょうが汁を入れてよくすり混ぜる。

2. あら（中骨、頭）でだしを取る。

(a) 水4カップを鍋に入れて沸騰させる。

(b) よく洗ったあらを入れて、約5分煮立て、あらを引き上げる。

3. つみれ汁を作る

(a) あらで取っただし汁を沸騰させ、その中にすり身をスプーンで取って丸めながら入れる。

(b) さらに、切った豆腐と小口切りしたねぎを入れて煮る。

(c) 塩：小さじ1杯、醤油：小さじ1杯、しょうが汁：小さじ1杯を入れる。

8·3　鯵のつみれ汁へのこだわり

現在、家庭科の教科書では一尾の魚の実習例は掲載されていない。魚の実習は切り身を使った例のみが掲載されている。売られている魚、食卓に並ぶ魚は切り身が多く、魚そのものがよくわからない。だからこそ教育の場では、魚そのものがわかる教材が必要である[38]。「ただ魚を調理して食べると言うことだけではなく、生産・保存・加工・流通・調理・食べ方といった、一貫した過程の中で、魚の処理を考えてきた。外国から輸入した冷凍魚を、巧みに調理して食卓に並べるだけでは魚食文化とはいえない」[40]、長い間、日本人の基本食の一つである魚と、それをさまざまに加工・調理して食べてきた魚食文化を学ぶことが大切である。このような視点から食物の学習で「鯵の3枚下ろし ─ つみれ汁」の実習を取り入れた。

つみれ汁を作る授業の特徴は、次のようになる。

1. 何と言っても「魚を捌く」実感が味わえる。初めてでうまく下ろせなくてもすり身にするので、技術の未熟さもカバーできる。

2. 生徒 1 人で 1 尾の魚を扱える。

3. 出刃包丁を使って 3 枚に下ろせる。

4. すり鉢、下ろし金、出刃包丁を使うことで、する、下ろす、切るという調理法にともなう調理道具に触れることができる。

5. 魚の頭・骨でだしをとることにより、ほぼ魚を全部利用することができる[41]。

8・4 なぜ鰯か？

　日本の食料事情を象徴する魚である。日本の食料自給率は年々下がり、その多くを輸入に頼っている。その中で、米 98%、野菜 73%、水産品 61% の自給率になっており、魚はほぼ自国でまかなえている。特に、鰯は、世界的に見て暖水域を代表する水揚げ高であり、冷水域を代表するタラ類を上回っており、世界で最も漁獲高の多い魚である。鰯の種類はマイワシ、カタクチイワシ、ウルメイワシなどがあり、主なものはマイワシで東北、北海道で 8 割、山陰で 1 割、その他九州で水揚げされている。日本近海で多くとれる新鮮な魚なのに食用に回っているのは全体の 2 割であり、大半は飼料と養殖魚のエサになっているのが実状である。その優れた栄養や美味しさに注目して、安価で新鮮ないわし料理で、食用率を高めたいものである[34]。

　魚や肉には平均して 20% 程度のタンパク質が含まれているが、魚肉のアミノ酸スコアは、畜肉を上回り良質である。タンパク質以外にもミネラル、ビタミンの栄養は量、質とも優秀でタウリン酸は、コレステロール低下作用、血圧平常化、暗視野能力低下の防止など評価されている。魚は高度な不飽和脂肪酸であるエイコサペンタエン酸（EPA）やドコサヘキサエン（DHA）なども多く動物油なのに、植物油に近いといわれる。イワシの栄養は、他の魚より EPA を多く含んでいる。成人病予防に効果的なタウリン酸も多く、栄養的に優れ、健康維持に役立つ[34]。

⑨ 牛乳の学習

9·1 乳加工の教材

　日本の食文化の歴史から見ると、牛乳は古代から継続的に利用されてきたものではない。現在の乳製品の利用は、明治以降の西洋の食文化の浸透と相まって普及してきた。古代の日本で作られていた乳製品として、蘇（そ）、酪（らく）、醍醐（だいご）がある。しかし、これらの製法に関する文献は発見されておらず、名称だけが残されているに過ぎない。蘇は、牛乳を煮詰めて何らかの処理を施してチーズのように腐敗しにくくした物と思われている。その文献的研究や実験を試みた興味深い研究もある [42,43]。酪はヨーグルトのようなものという説もある。また、醍醐とはバターのような物との説もある。いずれにしても諸説があるが、定かではない。これら乳製品は平安貴族の間で食されていたが、封建社会になるに従い乳製品は廃れ、その製法は失われたのである[*18]。

　西洋では、三圃式農業が中世に普及し[*19]、今日の混合農業へとつながっているので、乳製品の食文化が歴史的に継続・発展してきた。西洋においても、牛乳は歴史的には飲用よりむしろ一般的にはバター、チーズなどの加工貯蔵食品として用いられてきた。現代でも飲用や家庭での調理の一材料として用いられるよりも乳製品として加工される方が多い。毎日の生活の中でも種々の乳製品が利用されていることなどから、生産との関わりで把握しやすい食品である [44]。

---

*18 日本の古代乳製品については、まだまだ研究が不充分であり、推察の域を出ていない。蘇は、わが国の王朝文化期の独得の乳製品であったと考えられている。日本の古代の食生活、食文化についての歴史研究は、ロマンにあふれるテーマとも思える。

*19 三圃式農業は、耕作地を夏収穫穀物、冬収穫穀物および休耕地（放牧地）に区分して輪作する農法のため、牧畜が重要な役割をしていることが特徴である。

図 11 - 14　生乳から生産される乳製品

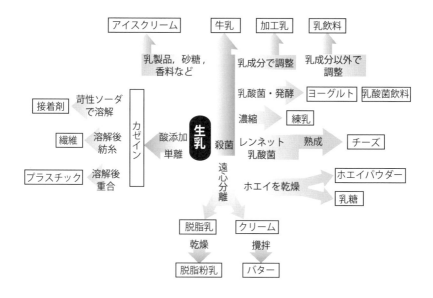

　乳製品は、私たちの普段の生活に身近な食品になっている。図 11-14 は、生乳から作られるいろいろな乳製品を示している。生乳は、牛乳などの飲用だけで無く、乳酸菌、発酵、レンネット（酵素）による凝固、遠心分離などの多様な加工法が取られる。酸の添加により、カゼイン（タンパク質）を取り出すことで、食品以外の工業製品として、接着剤、繊維、プラスチックを作ることもできる。生乳が人間にとって有用な食品となる過程に、「加工」の技術がある[45]。技術は、もともとあったものではなく、人間の生活の中で発見され、創出されてきたものである。その意味からも、牛乳の栄養などの学習で終わるのでなく、家庭科教育としての牛乳の教材の意義は、加工技術とその原理が大切である。

9·2　バターを作る

　乳製品の加工を学ぶバター作りの授業では食品の性質を学ばせるだけでなく、食品加工の技術を道具や機械との関わりも重視させて学ばせようという視点に立っている。「バターを作る」という食品そのものの生産段階から学ばせることができる[46]。バターは、牛乳から分離したクリームの中の「乳脂肪」を攪拌操作で塊状に凝集させて作ったもので、作り方の違いから無発酵バター・発酵バターがある[*20]。さらに加塩バターと無加塩バターに分けられる。バター作りでは、図11-15に示すように攪拌により脂肪球がぶつかり脂肪球膜が破壊されて、乳脂肪の凝集と粗大化が生じるメカニズムを理解することである。いろいろな現象の根底に、科学的根拠があることを生徒たちが理解することが大切である。

　以下では、ペットボトルを利用したバター作りを紹介する[47]。

◇**材料**　生クリーム：200 cc（乳脂肪分47%程度のもの）、またはホイップクリーム[*21]、食塩：約3 g（バターの重さの2〜2.5%）

◇**器具**　1.5ℓのペットボトル、しゃもじ、まな板、ボウル

◇**作り方**

　1. ペットボトルに生クリームを入れ、蓋をする。

　2. 生クリームをペットボトルの壁面にぶつけるようにして20〜30分激しく振る。

　3. さらに攪拌を続けるとクリームは、バター粒（個体）と白いバターミルク（液体）に分離する。

　4. きれいに分離したら振るのをやめる。バター粒を流さないようにバターミルクだけを別の容器に移す。

---

*20 発酵バターは、生クリームをヨーグルトのように乳酸菌で発酵させ、その後攪拌してできたバターである。

*21 ホイップクリームの場合は水50 ccを加える。

図 11 - 15　バターが撹拌で作られるしくみ

クリーム

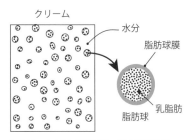

水分
脂肪球膜
脂肪球
乳脂肪

生クリームには「脂肪球」が「脂肪球膜」
に覆われて混じっている.

撹拌

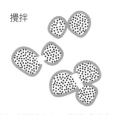

激しく撹拌され，脂肪球同士が
ぶつかり脂肪球膜が壊れ，乳脂
肪が凝集して粗大化する.

凝集

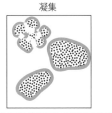

水分と気泡が含まれた状態で乳脂
肪がつながるとホイップクリーム
になる. さらに，脂肪同士が結合
して粗大化するとバター粒になる

バター粒

バターミルク

バター粒には，水分（バターミルク）が
含まれているので，練り合わせることで
余計な水分を除去して,バターができる.
バターミルクも栄養があり飲用する.

5. ペットボトルを半分に切り、バター粒を取り出す。（水を入れてバ
　ター粒を洗うとよい）

6. まな板にバター粒をのせ、しゃもじで残っているバターミルクを
　絞り出すように練り合わせる。

　バターミルクが出なくなったら食塩を加え[22]、さらによく練り合わせる。
適当な容器に入れて完成となる。

　一人当たり 100 cc の生クリームを用意し、各自が持ち寄ったびんを道
具として使ってバターボールを作ることもできる[48]。

---

*22 塩分添加により風味が増し、保存性もよくなる。

9·3 ヨーグルトを作る

　図 11-14 の生乳から生産される乳製品の加工の違いで、味や形の変化など乳製品全体を関連づけて理解することが大切である。ヨーグルト作りは製造方法も簡単であり、乳酸菌による発酵を利用した加工方法を学ぶには好適な教材である。

1. 牛乳 1 本（200 cc）、砂糖を大さじ 3 杯を鍋に入れ、火にかける。
2. 市販のヨーグルト（プレーンヨーグルト）を大さじ 1 杯（乳酸菌）を入れる。
3. 35℃ の温度を保ちながら 10 時間くらい置く。（発酵させる）

　乳酸菌がぶどう糖や乳糖を分解して乳酸を作る。その乳酸により牛乳中のタンパク質が凝固する。

　ヨーグルト作りは、次の授業まで継続する授業なので、牛乳がどのように変化しているか期待がつのり、楽しいものである。ただし、コップを衛生的に管理し、熱湯消毒するなど取り扱いに気をつける必要がある。発酵食品を作るときは、殺菌が大切である。

9·4 チーズを作る

　乳製品の製法を表した図 11-14 をみると、カゼインを取り出す所とチーズを取り出す所が別になっているが、分離、凝固させるという方法では同一である。生乳の固形分を取り出すことで作られた乳製品がチーズである。チーズは歴史も深く、その製法や熟成の方法により、たくさんの種類に分類されるので、乳製品の中でも種類が豊富である。固形化する方法には、酸を添加して分離・凝固させる方法と酵素（レンネット）を利用して凝固させる方法がある。

　授業で扱う教材としては、熟成過程を経ないフレッシュチーズがよい。

フレッシュチーズには、カッテージチーズ、モッツァレッラなど、多数の種類と呼び名がある。

◇**カッテージチーズを作る**

1. 牛乳1本（200 cc）を鍋に入れ人肌（40℃くらい）に温める。
2. 温めた牛乳をホウロウボウルに入れ、酢（大さじ2杯）を入れ、5分くらい置く。
3. 水と分離したらふきんでこす。ふきんでこした中身を包み、濁らなくなるまで3〜4回、水を替えて洗う。酢の酸味と匂いを取るために水洗いする。本来のカッテージチーズは酸味がない。
4. 中に残ったおから状のものが、カッテージチーズである。

脱水・凝固後に布巾などでくるみ、重石を載せてさらに脱水・成形したものがパニールで、中央アジアの人びとに広く食されている。ヨーロッパ各地で古くから作られていたチーズ作りなども研究してみるとよい。

9·5　牛乳の「おいしさ」

牛乳の標準的な成分は、約9割が水分である。その他の成分は数字上少なく見えるが、動物が成長するための食料なので栄養豊富でバランスがよい。特に、カルシウムが多く含まれている。タンパク質には必須アミノ酸も含まれている。また、ビタミン類も多く含まれる。脂溶性ビタミンのビタミンAとビタミンB_2が多く含まれる。ビタミンB_2はアミノ酸、脂質、糖（炭水化物）の代謝に必要である。

牛乳はまろやかな口あたりとコクのある風味が充足感を与えてくれる。牛乳のかおりはアセトンという化学成分と数種の成分が組み合わさってできる。まろやかな口あたりを感じさせる成分は、乳脂肪とタンパク質が関係し、それらの微細なコロイド粒子として牛乳に分散している。乳脂肪やタンパク質が多くなると濃厚でコクのある牛乳になる。

食品の美味しさは、口、鼻、目、耳など五感をとおして感じる。その主

役となるのは、口の味覚、触覚、鼻の臭覚だ。視覚は美味しさを一段と引き立てる。牛乳の場合、白く見える原因となる物質のカゼインミセルと脂肪酸が微細粒子として全体に浮遊している。それらが外からの光を反射して散乱するため白く見える。この乳白色を感じることでいっそう際だったおいしさになる。

10 卵の調理

10・1 卵の構造と栄養価

　図 11-16 に鶏卵の構造を示す[49]。鶏卵は、もともと卵子である。卵母細胞は二つに分裂するが、均等に分裂することはなく、一方ははじき出されたようになり、小さな卵細胞になり、退化・消滅する。この小さい方の卵細胞を極体という。そのため、卵母細胞は分裂するが一つだけが大きく成長して卵子となる。卵母細胞は独特な分裂と成長をするので、卵黄は大きな一つの細胞となることができる。これは生命誕生と成長に有利なメカニズムである。卵黄は、肉眼で観察できる大きな単細胞である。

　卵黄はカラザという白いひものような物で固定されており、卵黄が中央になるようにしている。保存する場合は、気室という空気の層を上にして（尖った方を下にして）、カラザでつる方が長持ちする[*23]。卵黄は黄色いどろっとした液体のように見えるが、実は卵黄球という細かい粒の集まりでできている。これが、ゆで卵の卵黄のポロポロとした食感の原因である。

　卵の黄身の色は食べさせたエサに由来する。青菜を多く食べさせた鶏の卵は、黄身の色がとても濃く、黄身がもっこり盛り上がっている。青菜にはカロチンが多く含まれている。エサとして食べた青菜のカロチンが脂肪といっしょに卵黄に入って濃い黄色を作り、ビタミン A に変わる。毎日違う色のエサを与えていくと色違いの層になる（NHK・TV 食べ物のふしぎ）。エサにカロチノイドの色素を加えてやることによって消費者の好む黄身の色を作り出すことができる。最近の卵の黄身の色も人工的に調節さ

[*23] 村井弦斎「食道楽」[50]では、縦に卵を置くと卵黄の重みでカラザが切れてしまい、横にした方がカラザが切れず長持ちすると説明している。保存方法だけでなく、クチクラの役割など諸説がある。冷蔵庫や保存法のない明治時代と、洗浄などを行う現代では違いもあり、一概にどれが正しいとも言いがたい。

図 11 - 16　卵の構造[49)]

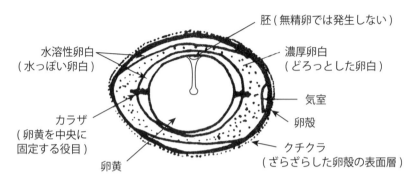

れている。

　受精卵は胚があり、それがヒヨコに成長する。卵黄はヒヨコの胎内に取り込まれ、栄養分となる。卵白は、ヒヨコになるための栄養分と細菌からヒヨコを守る役目をする。卵白は、濃厚卵白と水溶性卵白からなる。産みたての卵は濃厚卵白が多く、日が経つにつれて水溶性卵白が増えて行く。その他、夏場は気温が上がり、鶏は水分を取るので水溶性卵白が多い卵を産むとも言われ、季節も関係する。

　卵白の外側を内・外卵殻膜が覆い、さらに卵殻がある。卵殻は柱状組織で作られ、少し隙間が空いている。さらに外にクチクラと呼ばれるざらついた膜が形成される。このクチクラは、卵を産むときに鶏から分泌される粘液が乾いた層であり、卵に細菌が侵入するのを防いでいる。洗浄された卵は、クチクラ層はなくなっている。洗浄されていない卵で、クチクラ層のないつやのある卵は腐敗しやすい。

　鶏卵は、1 年を通して供給量が多く、価格が安定し、栄養価の高い食品である。一般的な鶏卵の場合、全卵ではタンパク質 12%、脂質 10%、炭水化物 0.3% を含んでいる。最近では、栄養価を強化した特殊鶏卵（ヨード卵）も出回っている。

　鶏卵のタンパク質は、すべての必須アミノ酸を含んでいる。また、その

消化率も高い。ミネラルも多く含まれ、特に、卵黄のカルシウム含有量は高く、ビタミン類では、ビタミン C 以外のほとんどの成分を含む。卵白には、ビタミン B_2 が多く、卵黄には脂溶性ビタミンの A, D, E, K が多い。ミネラルも各種含まれ、特に卵黄には鉄分が多い。卵にはコレステロールが多く含まれため、血中コレステロール値が上がると敬遠する人も多いが、血中コレステロール値を下げるレシチンも多く含まれる。

10·2　卵の特性を活かした調理

　卵は手軽に食すことができるので、様々な調理に利用されている。熱いご飯に生卵をかけたり、月見ソバのように熱いつゆに生卵を落としたりすると卵が固まる様子をみることができる。これは、卵の熱凝固性による。この性質を利用したのが、ゆで卵、炒り卵、目玉焼き、オムレツなどである。卵黄は 65℃、卵白は 60℃ で凝固を始める。卵黄は一定温度になるとすぐに固まるが、卵白ははじめゲル状を呈していて、80℃ 以上になると流動性を失い凝固する。この温度差を利用して、約 70℃ に 15 〜 20 分ほど保つと卵黄が凝固し、卵白が半熟状の「温泉卵」ができる。

　卵は液状をしているので、他の材料と混じり合うこともでき、卵白の熱凝固性は、肉製品や水産練り製品の結着剤として利用されている。また、だしや牛乳などの希釈液とも混ぜることができ、混ぜたものを熱凝固させることもできる。茶碗蒸しやプリン、卵豆腐である。

　卵黄は 30% の脂肪と 15% のタンパク質、50% の水分が均質に乳化保持されている。これはレシチンの持つ乳化性でこの特性を利用したのがマヨネーズである。卵白を構成しているタンパク質は気泡性をもつ。この気泡性を活用しているのが、メレンゲである。ケーキなどの菓子に利用されているものが多い。泡の安定性は、卵白の粘度が高いほど大きいので、砂糖を多量に加えると卵白の泡の安定性が高くなる。卵の鮮度が低下し、濃厚卵白が水溶化しても泡の安定性は低下する。

授業では、茶碗蒸しやプリンはアルミニウム容器と瀬戸物容器の両方をつかって同じ時間加熱した場合、結果がどうなるか。容器の熱伝導率の相違によって結果の違いに気づかせることができる[51]。熱の伝わり方によって卵の固まり方に違いはあるのは本当か。卵白は固まりやすく、卵黄は固まりにくい。卵はいつも卵白が先に固まるのだろうか。卵黄が固まって、卵白がドロドロの「温泉たまご」はどうしてできるのだろう。児童の生活経験や既有知識と矛盾する事実にぶつかったとき、「問い」を生む。この問いを解決するために既有知識を総動員して、実験・実習を繰り返したり、資料で調べたりしながら追究・発展させることができる[52]。

卵の調理性は広く、また多様に活用できるので、小学校でのゆで卵から、中学校、高校での茶碗蒸しや親子丼など実習の幅は大きい。ここでは、卵白を利用したメレンゲと卵黄を利用したマヨネーズを紹介する。

10·3 卵白の気泡性を利用したメレンゲ

ベイクドメレンゲ

卵白の気泡性を利用したものが、メレンゲである。卵白は 30°C 前後がよく泡立つ。冷蔵庫から出したばかりの卵白はあまり泡立たない。温度の上昇とともに卵白の表面張力が低下し、泡立ちやすくなる。

1. 卵白 1 個分をよく水気を拭き取ったボウルに入れ、形が崩れないくらい固く泡立てる。
2. 砂糖 30 g を 2, 3 回に分けて加え混ぜる。
3. できたメレンゲをオーブンの天板にスプーンですくってのせ、180°C で 10 分程焼く。

マシュマロ

前述のメレンゲにゼラチンを混ぜることでマシュマロを作ることができる[*24]。図 11-17 に示すマシュマロの作り方を紹介する[53]。

図 11 – 17　マシュマロの作り方

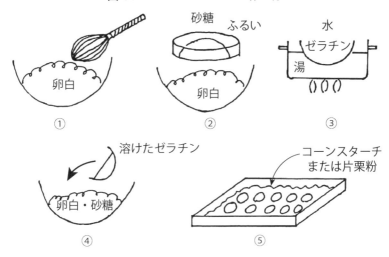

卵白は30℃前後がよく泡立ち、冷蔵庫から出したばかりの卵白はあまり泡立たない。その理由は、温度の上昇とともに卵白の表面張力が低下し、泡立ちやすくなるためである。室温にしてから泡立てる。

1. 卵白1個分をよく水気をふきとったボウルに入れ、形が崩れないくらい固く泡立てる（図11-17の①）。
2. 砂糖30 gを2〜3回に分けて加え混ぜる（同②）。
3. ゼラチンを水の中に入れてふやかし、湯煎にして溶かす（同③）。
4. ②の卵白の中に③の溶けたゼラチンを流し込み、手早く混ぜる（同④）。
5. バットまたはオーブンの天板にコーンスターチを1 cmほど敷き、スプーンの背で作った凹みに、メレンゲをスプーンですくってのせ、冷蔵庫で冷やす（同⑤）。

そのほかに、流し型にくっつかないようにクッキングシートを敷き、その中に流し込み、固まってからシートごと取り出して、包丁で切り、周り

＊24 卵白だけを使用すると卵黄が余るので、次の節では、卵黄を使ってマヨネーズを作ることを紹介する。

にコーンスターチをまぶす方法もある。

10·4　卵黄の乳化性を利用してマヨネーズを作る

一般に油と水や酢はよく混ざらず分離してしまう。しかし、卵黄には約34.3% の脂肪が含まれ、しかも 49.6% 含まれる水分とよく混ざり合っている[*25]。油と水分がよく混ざりあった状態のことを乳化といい、卵黄は乳化作用をもっている。卵黄に含まれる脂肪酸であるレシチンは、水溶性と脂溶性という反発する 2 つの性質を繋げてくれる働きがある。それを利用してマヨネーズを作ることができる。

　マヨネーズの作り方を図 11-18 に示す[53]。

　1. 水気のないボウルに卵黄 1 個分と塩、粉からしを入れ、よく混ぜる。

　2. とろりとしたら、酢大さじ 1 を入れる。

　3. サラダ油 100 ～ 150 cc を用意し、ボウルの中のものをよく混ぜながら、その中に油を 1 滴ずつ加える。

　4. 途中、固くなったら酢大さじ 1 を入れる。

　5. 油を全部入れきったら、塩とこしょう少々を入れ味を調える。

　もし、途中で分離して失敗したら、卵白大さじ 1 杯を泡立てた中に分離したマヨネーズを 1 滴ずつ加え、手早く混ぜるとよい。からしは乳化力を増す力があるので、先に入れ、胡椒は乳化力を落とす働きがあるので、最後に加える。

　このマヨネーズは、化学調味料を用いていない。日頃、化学調味料の入ったマヨネーズを食べ慣れているので、「変な味」という感想を持つ生徒もいるが、純粋な生のマヨネーズの味を知ることも大切である。その他、ゆでたジャガイモなどと混ぜ合わせポテトサラダなどを作るなど、工夫するとよい。

[*25] 日本食品標準成分表 2020 年版（八訂）

図 11 - 18　マヨネーズの作り方

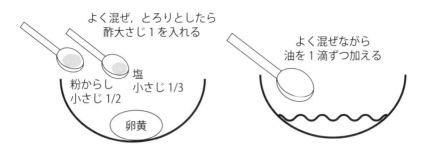

よく混ぜ，とろりとしたら
酢大さじ1を入れる

粉からし
小さじ1/2

塩
小さじ1/3

卵黄

よく混ぜながら
油を1滴ずつ加える

参考文献

1) 杉原博子, 来年度の食物学習の構想, 技術教室, No. 330, pp. 7-16 (1980)
2) 坂本典子, 献立作成・実習例の題材指定を再検討する, No. 415, pp. 4-8 (1987)
3) 野田知子, 食生活を変える力をつけさせよう, 技術教室, No. 375, pp. 29-38 (1983)
4) 坂本典子, 家庭生活領域で家庭菜園作りを, 技術教室, No. 497, pp. 72-73 (1993)
5) 小林民憲, 栽培学習をすすめるために, 技術教室, No. 524, pp. 4-7 (1996)
6) 坂本典子, 食育に人間発達の視点を, 技術教室, No. 382, pp. 25-27 (1984)
7) 杉原博子, 玄米と白米の授業と実習, 技術教室, No. 447, pp. 42-47 (1989)
8) 産業教育研究連盟編集「食物の学習(1)」(1982), p. 14
9) 斉藤實正,「オリザニンの発見 ― 鈴木梅太郎伝」(1997), 共立出版
10) アイザック・アシモフ著, 竹内均監訳,「科学発見シリーズ6 ビタミンってなに?」(1987), 教育社
11) 荒井智子, おいしいごはんと健康な体, 技術教室, No. 493, pp. 22-27 (1993)
12) 産業教育研究連盟編,「食物の学習」, p. 15 (1982)
13) 荒井智子, バケツ稲作りと郷土学習で伝えたい米どころ精神, 技術教室, No. 536, pp. 20-27 (1997)
14) 坂本典子, 小麦粉について知っておきたいこと, 技術教室, No. 336, pp. 84-87 (1980)
15) 向山玉雄, 子どもも教師も張りきる共学の授業, 技術教室, No. 325, pp. 36-43 (1979)
16) 諏訪義英, 授業参観 ― 手打ちうどんのつくり方, 技術教室, No. 336, pp. 64-68 (1980)
17) 島崎洋子, 時間内に生徒が作って食べるパンづくり実習, 技術教室, No. 560, pp. 38-45 (1999)
18) 三輪みどり, 道具なしで誰にでも汚さずにできるパンづくり ― ベターホーム式かんたんパン, 技術教室, No. 553, pp. 30-34 (1998)
19) 亀山俊平, 小麦を育てて食べて子どもたちが感動, 技術教室, No. 565, pp. 8-15 (1999)
20) 産業教育研究連盟常任委員会, なぜ授業で豆腐をつくるか, 技術教室, No. 431, pp. 4-6 (1988)
21) 下田和実, 共学で豆腐を作る, 技術教室, No. 431, pp. 28-33 (1988)

22) 鈴木枝美子, 小学校における豆腐作り — 食物に対する本当の知力を, 技術教室, No. 431, pp. 14-22 (1988)

23) 野田知子, 大豆の栄養と加工食品, 技術教室, No. 431, pp. 23-27 (1988)

24) 坂本典子, 大豆を食べて自給する, 技術教室, No. 577, pp. 24-30 (2000)

25) 保泉信二, 大豆の栽培から豆腐作りまでを共学で, 技術教室, No. 321, pp. 6-11 (1988)

26) 野田知子, 豆腐の知識あれこれ, 技術教室, No. 431, pp. 40-43 (1988)

27) 石井良子, 工場生産と豆富屋さん, 技術教室, No. 431, pp. 34-39 (1988)

28) 高橋章子, 加工食品としてのみそづくり, 技術教室, No. 481, pp. 24-29 (1992)

29) 坂本典子, 大豆 — このすばらしい食材, 技術教室, No. 706, pp. 10-15 (2011)

30) 桑名紀子, 大豆栽培から味噌づくりへ, 技術教室, No. 481, pp. 12-17 (1992)

31) 宇沢弘文,「人間の経済」(2017), 新潮新書

32) 落合芳博, 1匹のイワシから学べること, 技術教室, No. 573, pp. 4-7 (2000)

33) 高倉禮子, 調理実習「いわし」を使って, 技術教室, No. 442, pp. 68-69 (1989)

34) 高倉禮子, いわしの教材化 — 魚の学習, 技術教室, No. 425, pp. 30-33 (1987)

35) 杉原博子, 先人の知恵をうけつぐ, 鰺の干物, 技術教育, No. 309, pp. 41-44 (1978)

36) 森 明子, 小さな鰯が大きく語るみりん干し, 技術教室, No. 627, pp. 10-15 (2004)

37) 野田知子, 魚の命をいただくまるごと食べる, 技術教室, No. 536, pp. 34-39 (1997)

38) 野田知子, 魚の命を丸ごとたべる, 技術教室, No. 553, pp. 80-82 (1998)

39) 佐藤加代子, 変身・魚や肉の加工食品, 技術教室, No. 483, pp. 50-54 (1992)

40) 長崎福三「肉食文化と魚食文化」(1995), 農山漁村文化協会

41) 森 明子, 魚をさばく醍醐味, 技術教室, No. 567, pp. 12-7 (1999)

42) 斎藤瑠美子, 勝田啓子, 日本古代における乳製品酪・酥・醍醐等に関する文献的考察, 日本家政学会誌, Vol. 39, pp. 71-76 (1988)

43) 斎藤瑠美子, 勝田啓子,「延喜式」に基づく古代乳製品蘇の再現実験とその保存性, 日本家政学会誌, Vol. 40, pp. 201-206 (1989)

44) 藤村知子, バターつくりの授業, 技術教育, No. 287, pp. 5-13 (1976)

45) 青木香保里, 技術的教育視点と現代の生活 (2), 技術教室, No. 545, pp. 68-69 (1997)

46) 青木香保里, 技術的教育視点と現代の生活 (1), 技術教室, No. 543, pp. 76-77 (1997)

47) 鈴木俊宏, ペットボトルで作るてづくりバター, 技術教室, No. 543, pp. 78-81 (1997)

48) 岡 郷美, 男女共学：バターづくり, 技術教室, No. 439, pp. 68-69 (1989)

49) 産業教育研究連盟編, 食物の学習 (1), p. 18 (1982)

50) 村井弦斎「食道楽 (上)」p. 122 (2005), 岩波文庫, 岩波書店

51) 坂本典子, 市販品と手づくりの食品 ― 卵をつかった授業, 技術教室, No. 312, pp. 68-72 (1978)

52) 西脇綾子, たまご博士になろうの実践から, 技術教室, No. 425, pp. 23-29 (1987)

53) 野田知子, 卵の変身, 技術教室, No. 569, pp. 78-79 (1999)

第12章

被服の授業

◇◇◇◇◇◇◇◇◇

被服の普遍的技術を生かした
ものづくり

1 被服の変容と課題

　人類の歴史をみると、被服[*1]は人間の体を保護することから始まった。人類は、衣服の着用により熱帯から寒帯までの広い気候に耐えて生活できるようになった。人類は、環境に左右される生き物ではなく、衣服を作り出すことで環境に適応してきた。また、人間の活動における怪我などを避ける保護にも役立ってきた。我々は衣服なしには生きられない。しかも、人間の動きに合わせて衣服の運動性、機能性も発展してきた。

　一方、衣服は色や装飾など、人類の文化と密接に関わり発展している。民族衣装は人間の文化を象徴している。また、性による衣服の違い、儀式や身分などもある。社会の発展とともに被服は変容してきた。さらに、被服の原料・製品は、シルクロード、大航海時代、産業革命など、貿易や社会変革の原動力として大きな役割を演じてきたことは特筆すべきである。

　歴史的視点で見ると、被服は人間の生産活動の一翼を担ってきた重要な領域であり、社会とともに変化してきた。特に、機械制大工場の発展により、紡績工場が出現し、自動織機やミシンが発展した結果、糸を紡いだり、機織りをする姿を身の回りで見る機会はほとんどなくなった。また、ミシン掛けをしたり、裁縫をする姿も少なくなった。衣服もほとんどが既製品を購入する生活になった。身の回りの被服製作に目を奪われていると、教材や題材を狭めてしまいがちであるが、被服の本質に立ち返ることが、ますます大切になっていないだろうか。

　このようにしてみると被服は、歴史的変化と生産構造の変化が著しい領域である。そこで、被服の変容の中で、授業実践を模索しなければならな

[*1]　衣服は、人間の体幹を覆うものであり、服、ズボン、スカートや着物などになる。そのため、手袋、帽子、靴下やマフラーなどは衣服には含まれない。被服は、衣服に加えて布を縫製して作られたものも含んだ総称である。

い課題がある。人類にとって被服は不可欠であることは疑いなく、被服の生産についての普遍的原理とその生産過程の基本的知識は大切な国民的素養であり、それを製作などを通して実際に学習する本質は変わらないはずである。被服変容に振り回されることなく、その中にある教材を分析し、教育的要素を見つけ出す努力を続けることが大切である。これらのことについては、章末でも触れる。

1・1　学習指導要領の変遷と消えた被服領域

　被服領域の学習内容は、学習指導要領の改訂によって激変した。1958（昭和33）年の「技術・家庭」発足時、女子向きの領域として設置されていたそれは、1学年から3学年まで指定された製作題材をもって実習を行うようになっていた[1]。1969（昭和44）年告示の学習指導要領でも同様である[2]。男女各1領域の相互乗り入れが始まり、授業時間数も各学年2, 2, 3時間に削減された1977（昭和52）年告示の学習指導要領でもほぼ同様であるが、一部分省略して指導できるようになっていた[3]。

　大きな変化が現れるのは、1989（平成元）年告示の学習指導要領からである。この時の被服の目標は「日常着及び簡単な手芸品の製作を通して、生活と被服の関係について理解させ、衣生活を快適にする能力を養う」[4]と変化し、被服製作の比重が軽くなっている。

　「被服」の存在感が無くなるのは、1998（平成10）年告示の学習指導要領からである。「技術・家庭」の時間は各学年2, 2, 1時間となり、これまでの被服という名称は消滅して「A 生活の自立と衣食住」のなかで衣服の選択と手入れについて指導する[5]ことに後退した。つぎの2008（平成20）年告示の学習指導要領では家庭分野の「C 衣生活・住生活と自立」の中では、それまでと同様に衣服の選択と手入れについて指導する[6]ことと記されている。

　直近の学習指導要領2017（平成29）年告示では、「B 衣食住の生活」

となり「被服」や「衣」の独立性は霧散し「衣食住」となっている[7]。

1・2　領域「被服」学習における技術的視点

技術・家庭（家庭分野）平成8年版教科書には紡績および紡織の産業が掲載されていたが、平成17年版の「衣服は何からできている？」ではすでに扱われていない[*2]。繊維から衣服へ変わる過程で扱われているのは、ポリエステルの紡糸工程と衣服のリサイクル関連が主体である[*3]。本文には型紙からハーフパンツの製作などが基本的な実習例として載っている。総じて時代の変化に合わせて編集しているのみで、技術的視点が軽視されている。

野本恵美子は「縫うことをとおして伝える技」[8]で、消費者教育や地域社会との関連、幼児教育や高齢者との関わりが大きく扱われるようになってきたと指摘している。そして、被服領域においても徐々に「服を作る」から「服を扱う」になったと述べている。近年のこの変容は、産業教育研究連盟が「被服」を技術教育的視点からみて「布加工」として再編成する方向と異なっている。これは学習指導要領の規定と内容にだけに問題があっただけでなく、大きな課題が置き去りにされていたことをいくつかの観点から得失を概観してみる。

　◇**学習指導要領の変化**　学習指導要領で被服領域がどのように変わってきたかは、既に述べてあるが、学習環境、施設設備も整わぬまま、被服は選択領域の一つになってから実践は少なくなった。選択領域となると言うことは、学習しなくても支障ない、時の状況を見て考えなさいという意味となり、厳しく見て子どもたちの学習の機会を

---

*2　開隆堂の教科書。

*3　「ペットボトルから衣服へのリサイクル」で原綿が作られる工程がある。原綿はあくまでも綿花を収穫して種子を除去して得られるものである。原料と衣服の間にある大切な紡績および紡織関連の用語の扱いに注意が必要である。

奪ったことになる。

◇**学習環境、施設設備の問題**　学級定数が 45 人の頃は、大きな布を広げざるを得ない衣服製作は並大抵のことではできなかった。廊下に作業机を出したり調理室まで使用したりの授業であった。ミシン[*4] では、機構学習も縫う仕組みの学習もたいへん難しかったが、縫う作業に必要な台数も不十分であった。

◇**生徒と教員の意識の問題**　男女共学（1 領域以上の相互乗り入れ）開始前後には、どの領域が実践可能なのか、どんな方法ならば可能なのかといった調査報告がある。「教師が求める学習形態と領域選択 ── 必修技術・家庭科領域選択の調査」[9)] および「教師の 7 領域選択の意識について」[10)] には、食物領域は男女生徒とも学習したい、教員自身も男女一緒に指導可能との回答が多い。逆に被服では、生徒も教員も学習したい、指導も可能という意識は低位の結果を読み取ることができる。一言で言ってしまえば、それまでの「裁縫」という意識でブラウスやパジャマ製作のイメージを引きずった教員の意識と学習環境や施設設備の問題が影を落としていたと考えられる。

◇**消費文化の浸透**　1980 年代後半から綿花の輸入も激減し、繊維産業の多くが海外移転するとともに、既製品が安くて大量に輸入されるようになった。安くてほどほど良いものが購入できるようになると、縫って作ることから遠ざかり「繕い」ですら目にしなくなってきた。ミシンの国内販売台数が減少したのも同じ頃である。生産に目を向けるより消費者教育（購入に関わる選択や衣服管理などの服を扱う内容）に比重がかかっていった。被服教育の内容が必要性や生活を重視し、普遍性が欠けていたために、指導内容が社会の変化に翻弄されたといえる。今後、消費者教育の位置づけを検討する必要がある。

[*4]　当時のミシンの主流は JIS 表示 HA 型の直線本縫・カム天ピン・垂直半回転カマミシンで、1965 年までの教科書では男女ともに教科書（2 年生用）で大きく取り上げられてきた。

共学に耐えられる新しい製作題材の開発へ

　植村千枝は「衣分野になると、既成の製作教材では子どもも、教える側の教師も抵抗を感じてしまう。女子を対象にしている場合は矛盾を感じないのに、男女になると教材として取り上げることができないのは、教材として不適格なものではなかっただろうかと、ようやく気づいたのである」[11]と述べている。学習指導要領での題材指定となっていたブラウス、スカート、パジャマなどは、類似点の多い縫い方を繰り返すことで習熟を狙ったのだろう。これのすべてを否定はできないが、購入した布の材料（例えば綿花）が何処で生産され、どんな工程を経て糸や布になって、手元に届くのか、この視点が欠けていたこと、つまりは、技術教育的な視点をもって学習指導することの重要性に気づいたということであろう。この気づきは、「被服製作」から「布加工」と呼称変更するとともに技術教育的視点を加味することで、男女ともに受け入れられるようになったのである。産業教育研究連盟が提唱したこの新しい発想は、ショートパンツやワーキングウェアの製作に発展した。綿から糸を紡ぎ布を織る実践も生まれた。

1·3　技術教育的視点で家庭科教材の再編成

　向山玉雄と鈴木香緒里は、それまでの実践と学習指導要領を振りかえり、男女共学への取り組みをどのように段階を追って進めていくべきかについて述べている[12]。技術系列・家庭科系列それぞれから、共学可能な領域を第1段階：昭和37年〜39年、第2段階：昭和40年以後と進めていく計画とその編成内容が「技術教室」に紹介されている。1970年当時、植村は、栽培から食物へという学習の流れや被服教材を「布加工」と位置づける観点を提案している。被服領域において、これまでのワンピース、ブラウスなどの女子特有の題材をまず捨てて考えるなど、共学のために被服の題材を積極的に見直した教材研究をしている。そのような検討を経て、衣服を作る材料の種類、性質、人間の生活と衣服、繊維産業などの問題を

中心に取り上げ、科学的体系に被服の題材の内容と配列を見直す必要について言及している。

　次に、家庭科教材（被服）を技術教育的視点で編成する場合の教材内容を提示する。

　糸を作って布を織るまでの学習について、日下部信行は「被服では市販の布地を使って製作学習が行われ、生徒にとって布は買ってくるものであり、それを裁断し縫合して製作するものとして位置づけられていると思われる。物を製作する場合、材料の成り立ちや性質を学び、その材料を作る道具や機械のしくみを知った上で、材料選びや製作が行われれば、一層効果的な学習が期待できるであろう」[13]と述べ、身近な被服の材料（繊維、糸、布）が作られる過程を体験的に学ぶこと、今日に至るまでの被服材料の製作道具や機械のしくみなどを知ること、それを応用して道具を作り、その道具を使って糸つくりから作品製作にいたる一貫性のある教材（指導内容）を次のように提案している。ここでは、その中の糸紡ぎの方法と道具および関連事項を取り上げる[*5]。

2·1　布の成り立ちを遡る教材と内容

1. 糸と布を観察し、分解して糸や布の構造を学ぶ。布を分解すると糸が一定の方向性をもって織られていることがわかる。針を使って糸を分解すると繊維が撚られていることがわかる[*6]。

---

*5　糸を作る方法を表す用語は、その使用する材料と生産方法によって表記が異なる。ここでは天然繊維である綿（綿花＝コットンボール）から手作業で木綿糸（単糸）をつくるまでを糸紡ぎ（実際は、綿繰り・綿打ち・篠づくりを経て糸紡ぎ工程に入る）と表記する。工業的生産の場合は紡績（綿紡績の場合は、輸入された原綿から異物を除き均質化する混打綿工程・梳綿（そめん）工程・練篠工程・粗紡工程・精紡工程と細かく工程が分かれている）という。化学繊維の場合は水飴状にした粘性溶液をノズルから押し出して繊維状に固め、集めて糸にする。この方法は紡糸という。
　絹糸の場合は繭（蚕の終の棲家：1000 〜 1500 m の 1 本のフィラメント状の糸で成り立っている）から糸を採る（引き出す）ことを糸繰り、または糸引きという。工業的には生糸を作るまでの工程を総称して製糸といっている。労働者の呼称としては『ああ野麦峠』の場合は製糸工女、『女工哀史』では紡績女工と表す。

2. 繊維を作る教材としては、天然繊維として、綿の栽培や蚕（家蚕）や山繭（天蚕）を飼ったり草木の皮を採ったりして、繊維の特徴と歴史を学ぶ。化学繊維としては、ポリエステル、アクリルやナイロンなどの特徴を学ぶ。

3. 糸を作る。その方法などを学ぶ[*7]。

   (a) 綿繰り→綿打ち→篠づくり→手指による糸紡ぎおよびこまによる糸紡ぎ[*8]。

   (b) 綿繰り→綿打ち→篠づくり→糸車（紡車）

   (c) 工作用モーターや自転車のリムを利用して撚るなど、糸紡ぎ道具の工夫と紡績機械の発達を学習する。繭の場合も糸繰機（繰糸機）の仕組みや製糸機械の発達などの学習が考えられる。また「糸を蒸す」学習もある[*9]。

4. 布を織り、組織を学ぶ教材としては、

   • 厚紙や空き箱を利用して簡易織機を作り、しおり程度の小片作品（ここでは平織り）を織る。

   • 三原組織（平織り、斜文織、繻子織（しゅすおり））の作り方を学ぶ。

5. 糸を染める学習としては、作品に必要な糸の量を見積もり、柄に合わせて染める。藍染めなどの天然の染料や手芸用染料などの利用もある。

---

*6　撚られる絹糸の本数で、単糸・双糸・三子糸（みこ）と呼ぶ。

*7　ここでは、栽培した綿花（コットンボール）の利用が望ましいが、ふとん綿で支障ない。

*8　こまの製作、2.2項参照

*9　「糸を蒸す」ことは、製糸機械（絹糸）や紡績機械（綿糸）の発達に関わっている。糸紡ぎでは、撚りが強くかかりすぎた場所に「スナール現象」（糸のねじれ・絡み）が生ずる。この現象が起き難くするには、糸を蒸して行うとよい。紡績工場では、糸切れを防ぐために蒸気の噴霧装置を設置していたので高湿度の環境であった。初期には、床に水を撒いたという事実は労働環境問題として重要であり、現在は、空調設備による。手作業であるかせ糸つくりでは、蒸したり水に浸けたりした「つも」を使って行う。糸を巻き取って円錐形になったものを「つも」という。

2·2 糸紡ぎの道具とその作り方、使い方

紡錘車（こま）

　糸を作る最初の道具は紡錘車と言われるこまであった。古代エジプト時代に亜麻が栽培されており、その皮を剥いで細く裂き、結んで長い糸にし、これに撚りを加えると強い糸になることを知って撚りをかけるために紡錘車が使われた。当時の紡錘車は薄い円形の石器、土器、木器などの中央に小穴をあけ、骨や木などの棒をはめて用いられていたと考えられる。図12-1 は、紀元前 2000 年ころの亜麻の糸紡ぎ。右端の図は、縄をなうように両手でこまを回していると考えられる。

こまの作り方、使い方

　こまは木の枝（真っ直ぐなもの）や割り箸などを使って、図 12-2 のように、頭の部分に切り込みと刻みを入れる。厚紙を円形に切って数枚を重ねる。これは、こまの重りとバランスの役目をする。使い方は次の通りである（図 12-3 を参照）。

図 12 - 1　糸を作る（古代エジプト）[13]

図 12 - 2　割り箸をつかったこま [13)]

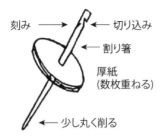

刻み ——→　←—— 切り込み

←—— 割り箸

厚紙
(数枚重ねる)

←—— 少し丸く削る

図 12 - 3　こまを使った糸紡ぎ [14)]

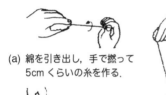

(a) 綿を引き出し，手で撚って
　　5cm くらいの糸を作る.

(b) 糸の先を刻みに挟む

(c) こまを宙づり
　　にして回す.

(d) 綿を引き出す

(e) 数十 cm の糸ができ
　　たら，こまに捲く

(f) 十数 cm の糸を残し，
　　こまの切り込みに
　　引っかけ，再び (c)
　　と (d) を繰り返す.

⒜ 綿を少量手につかみ、綿から少しずつ細かい繊維を引き出し、こよりを撚るように撚って 5 cm くらいの強い糸を作る。

⒝ 糸の先をこまの切り込みに挟む。

⒞,⒟ こまを垂らして回し、綿を少しずつ引き出しながら、こまの回転によって撚りをかける。こまが回っているときだけ綿を引き出すことと、バランスのよいこまであることが糸紡ぎのポイントである。

⒠ 数十 cm の糸ができたらこまに巻き取る。

⒡ 十数 cm の糸を残し、こまの切り込みに引っかけ、再びこまを回して同様に c, d を繰り返す。

紡錘車は上記のようにこまをつり下げて用いる方法と、遊具のこまのように、受け皿の上で回転させながら用いる方法がある。撚りをかけるだけの目的であれば、図 12-1 のように縄をなうように両手でこまを回すこともできる。一人で糸紡ぎができない場合には、一人がこまを回し、他の一人が綿から糸を引き出せば糸を作ることができる。また、厚紙を外せば、どこへでも持ち運べる便利さがある。

　糸を作るには綿や羊毛のように短い繊維を紡ぐ方法、くずや麻などの皮を剥いで績む方法[10]、繭を煮て糸を繰る方法、くず繭を弱アルカリ液で柔らかくしたものや真綿から繊維束を引き出して紬ぐ方法、和紙を細く切って撚る方法などがあり、昔の人々の糸つくりの知恵を学ぶ意味でも生徒に体験させたい教材である。

---

[10] 紡ぐも績むも、手で糸を作ることを意味するが、「紡ぐ」は綿のようなものから糸を作ること、「績む」は麻糸のように細く裂いて繋いで糸を作ることを意味する。

③ 綿の栽培から糸紡ぎへ

　佐藤加代子は転勤や学習指導要領の改訂を経ながら、小学校 5, 6 年生の家庭科の時間や総合の時間や生活科の時間などを活用して、16 年間綿の栽培を行い、糸紡ぎおよびマスコット作りまでの実践をしている。この詳細は「技術教室」で報告されている [15]。つぎは、そのうちの綿栽培に関わる報告概要である。

3・1　綿の特質と生産

　綿はアオイ科の 1 年生草本である。起源はインドや中南米などの亜熱帯地域で、数千年前にさかのぼる。朔（または朔果：緑色のラグビーボールのような形をしている）がはぜ、真っ白な繊維を噴き出している様子が花のように美しいことから「綿花」と呼ばれている（コットンボール）。元来は、湿気の多い日本の風土には適していないが、約 500 年前の戦国時代から栽培され江戸時代に普及した。昭和 30 年代頃まで日本各地で栽培され、北限は栃木の真岡綿と茨城の結城綿で知られる関東北部とされる。繊維の長さから大別して、アメリカ産綿（中南米系列）とエジプト綿系列、アジア綿系列（古来からの日本綿 ＝ 和綿を含む）がある。現在、一般衣料向けの主流はアメリカ綿である。

　日本綿の葉は 5 裂（手のひらのような形）で全体に小ぶりで、花も朔もコットンボールも小さい。朔のはぜ方はやや下向きにはぜる。アメリカ綿の葉は 3 裂で大きく育ち、やや上向きにはぜる。花も朔（小ぶりの鶏卵くらいの大きさ）もコットンボールも、アメリカ綿は大きく 1 本の綿繊維は細くて長い。種に付いている綿を広げたものを図 12-4 に示す。図の和綿は短繊維で、アメリカ綿は長繊維であることがわかる。この繊維長は、

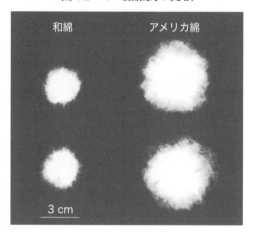

図 12 - 4　繊維長の比較

和綿　アメリカ綿

3 cm

機械紡績の発展にとって欠くことのできない特質であった。機械紡績に適した長繊維の綿の需要が伸び、その長繊維綿の適地がアメリカ南部であった。綿花の生産は多くの黒人の奴隷労働により支えられていた [16]。

　土地や気候の適地適作だけでなく、政治・経済状況による影響もあり、近年は、中国、米国、インド、パキスタン、ウズベキスタンなどの生産（1999/2000 綿花年度）が多い [17]。日本は、綿を世界各地からの輸入に頼っている。輸入取引では、種を取り去った状態のものが「原綿」と称して扱われている。

3.2　栽培のポイントと生長の経過

　品種と天候および土壌状態で生長状態は大きく異なる。畑はもちろんプランターや大きな植木鉢で育てることが可能で、普通に花を育てる感覚で良い。

　1. 畑作りと種植え（4月下旬から連休を挟んで5月中旬頃まで）

　　　花壇や畑の草取り。土を掘り起こし、石などは排除してやわらかく

する。腐葉土と鶏ふんなどを肥料として混ぜ、土作りをする。水に1日ほど浸けた種を、約20～30 cm間隔で深さ1 cmくらいで植える。苗床を作って、苗づくりをしてから移植する方法もよい。

2. 発芽

種植えから1～2週間くらいで、大豆のような芽が出る。

3. 本葉が2～4枚出る（6月中旬）

梅雨時は気温が上がらず生育も遅いので、観察する間は不安と焦りが生ずるが、根づく時期なので大丈夫である。土の表面が白く乾かない程度に散水する。

4. 葉が増え茎が生長（梅雨明け後）

7月中旬以降、気温が上がり安定してくると生長は著しい。葉は十数枚、茎は50 cmくらいに伸びる（除草が必要）。アメリカ綿では1 m以上に生長する。葉の縁が丸まっているのを見つけたら中にハマキ虫がいるので潰す。放置していると葉に穴があきボロボロになって枯れ、生長が阻害される。

5. 綿の開花（7月下旬から9月）

遅くても8月上旬には開花する。1日でしぼんで散る直前にピンク色に変わる。花を楽しむというような期間はない（図12-5）。

図12–5　綿の開花

(a) 三河綿　　　　　　　　(b) 茶綿　　　　　　　(c) アメリカ綿

日本産綿の葉は5裂(a)、アメリカ綿の葉は3裂(c)になっている。

図 12 - 6 　朔花

（a）三河綿の朔花　　　　　（b）アメリカ綿の朔と朔花

朔が大きく裂け、朔花（コットンボール）が現れる。

6. 結実（9月〜10月）

　開花後1週間くらい経つと子房が膨らみ、緑色の硬い実（朔）がで
き次第に大きくなる。

7. 朔花（10月下旬〜12月上旬）

　大きくなった実が次々とはぜ、真っ白な繊維塊（朔花＝コットンボー
ル）があふれ出る（図 12-6）。

8. 綿の収穫（12月末頃まで）

　雨に打たれないうちに収穫する。乾いて鋭く尖ったガクに触れない
ように綿を取り出すのがコツ（実の状態でも暖かい室内ではぜる）。
大きな鉢植えの場合は、移動ができるので雨対策と風対策が容易で
ある。

3·3　綿から糸紡ぎ、かせ糸作り

◇「綿繰り」コットンボールを種と繊維に分ける　図 12-7 に示す綿繰
り機を使うと、コットンボールを種と繊維に簡単に分けることがで
きる。綿繰り機は2本のローラー間にコットンボールをつけるとロー
ラーが繊維を引き込んでしごき、種は手前に落ち、繊維だけがロー
ラーを通る仕組みである[18]。

図 12 - 7　綿繰り機

◇ **「綿打ち」繊維をほぐす**　綿繰りを終えた繰り綿には、繊維が圧縮
　されてできた固まりがある。実際に見てみないと理解しにくいが、
　図 12-8 の綿打ち弓の弦の振動を利用して、固まりを均一にほぐす。
　弦を打ち付けたり、弦に付けたりして弾くと、綿がほぐれる様子が
　はじめてわかる。

◇ **「よりこ」づくり**　ふわふわにして広げた綿を、繊維方向ができる
　だけ揃うように引き広げ、向きを揃えて重ねる。それを鉛筆くらい

図 12 - 8　綿打ちの道具

(a) 綿打ち弓と槌

(b) 竹とピアノ線で作った綿打ち弓

図12 - 9　糸紡ぎおよびかせ作り

(a) 篠から糸紡ぎ

(b) かせ糸作り

の棒を芯にして巻いて綿のかたまり、篠（よりこ、じんぎともいう。秋田のきりたんぽのようなもの）を作る。芯は抜き取る。

◇**糸紡ぎ**　図12-9 (a) に示すように糸車を使って、篠から滑らかに糸が撚られつつ引き出されていくようにして紡錘部に巻き取る。紡錘部に巻き取られた糸は「つも」と称されている。糸車のハンドル回転速度と篠を持った手（腕）の引き具合のバランスが重要で、太さの揃った糸を切れることなく紡ぐには熟練を要する。糸車の役割は、撚りと巻き取りであり、撚りと巻き取りは断続する動きである。

◇**かせ糸にする**　紡いだ紡錘状の「つも」の状態では染められないことはもちろん、織りに足りる長さに満たないので、大枠（枷枠）に一定寸法になるまで、複数の「つも」を用いて巻き取る（図12-9 (b)）。これをかせ糸という。大枠の大きさと回転数で長さが決まる。かせ糸にしてから紺屋に出した。木綿は藍染めと相性がよかったので、藍染めは木綿に大いに普及した。経糸と緯糸の長さは、それぞれ6：4の割合になる。図12-9 (b) の写真では、鉢の中に水があり、蒸した「つも」を浸している。円錐形に巻き取られた「つも」から容易に糸が引き出される。

４ 絹糸 ― 繭から絹糸をとり出す

　古事記に養蚕に関わる記述があるように、養蚕と絹の歴史は古い。しかし、国内全域に養蚕が普及したのは近代に入ってからで、最盛期の昭和４〜５年頃は日本の総農家の４割が養蚕を手がけていたという。その技術も時代とともに大きく変化した。繭の加工には、製糸加工と真綿加工があった。

　図 12-10 は養蚕農家で使用されていた繭の加工処理道具の一例である。繭の出荷前には、繭の表面を覆っているけばを取り除いた。図 12-10 (a) のけば取り機は、中央部の箱に繭を入れ右に寄せていき、ハンドルを回すとゴムのシート状のベルトが回転しながら摩擦でけばを取る仕組みになっている。図 12-10 (b) の座繰り機をみると、糸を左右に振りながら巻枠に平らに巻き取る仕組みが手前に見える。

　つぎは、杉原博子・野田知子による繭から絹糸を取り出す製糸加工（糸繰り）の授業実践である [19,20]。

図 12 - 10　繭の加工処理道具の例

(a) けば取り機　　　　　　　　　(b) 座繰り機と巻枠

4·1　繭を煮る

　繭は1人1個になるように授業の前に20分以上煮ておく。鍋の中で浮き上がってくるので、布袋などに入れ、上から落としぶたをするとよい。生徒たちは繭を煮た教室に入るなり、「くせー。何？　この臭い……?」と言う。たった30〜40個でも臭う。明治時代の製糸工女さんを描いた映画「ああ、野麦峠」では、大量の繭を煮る蒸気と熱の劣悪な環境の中での長時間労働で、肺結核になって、帰郷する姿が描かれている。

　繭を煮ることで、繭を固めていたセリシンが溶けるため、糸を取り出すことができる。煮る時間が足りないと、糸を繰りにくく、切れやすくなる。

4·2　糸を繰り、巻き取る

　煮た繭を、湯を入れた容器（紙コップなどで可）に1個ずつ入れて配り、巻き取る。糸の取り口は、索緒ぼうきでなでて取り出す。索緒ぼうきがなければ、煮た繭を手でなぞると糸の先端が出てくる。最初は何本も出てくるが、巻き取っているうちに1本になっていく。図12-11に繭から絹糸を繰りとる方法を示す。

　製品化するには1本では弱いので、繭から出た糸を数本合わせて巻き取る。しかし、共同でやるより、1人1個やったほうがよい。1本の糸が細いのも、しかも結構強いのもわかる。何より生徒が集中して取り組む。

　繭1個を手で巻き取る作業をやると2時間くらいかかる。身の回りにある道具を利用して速く巻き取る工夫をさせるとよい。例えば、ハンドドリルやミシンの下糸巻き取り装置などを利用する方法もある。

　最後まで繰りとることができると、中にさなぎと最後の糞があるのがわかる。このさなぎは、高タンパク質で、鯉のえさなどにもなった。最後までできなかった場合は、はさみで切って見るとよい。

図 12 - 11　繭から絹糸を繰りとる

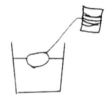

1. 鍋に水と繭を入れ, 20 分以上煮ておく (繭は袋に入れ, 落としぶたをするとよい)

2. 繭の表面を索緒ぼうきで撫で, 糸の先端を取り出す

3.　湯を入れた容器に入れ, 巻き取る

　何に巻き取るかは、とった絹糸をどうするかで異なる。繊維のサンプルとしてなら、黒いラシャ紙を二つ折りにして間に厚紙を挟んだものに巻き取るとよい。ミニランプシェイドや木の枝に巻き取り、飾りにするのもよい。

4·3　中国から広まった絹の歴史

　絹は紀元前 3000 年頃、中国で野生の蚕の繭から作られていたと伝えられている。次のような話もある[*11]。昔、黄帝と呼ばれる王様がいた。その王妃の西陵がある日、野生の蚕が作った白い玉のような繭をもて遊んでいるうちに、お湯の中に落としてしまった。お箸で拾い上げようとしたところ、繭の糸が溶きほぐれて、いくらたぐりあげても次から次へと細い糸があがってきた。そこで西陵はこの細い糸を使って織物を作ることを思いつ

[*11] 中国の元の王禎が書いた「農書」(1313 年) の 6 巻に「淮南王蚕経にいう。黄帝元妃西陵氏始めて蚕す。蓋し黄帝衣裳を制作る。因て此に始まる也」の文章が掲載されており、これが中国における養蚕の起源として広く引用されている。ところが、系譜上での黄帝というのは、中国最古の王朝といわれる夏の祖先の禹のさらに祖先に当たり、日本歴史でいう天照大神のような存在で、実在の人物であるか否か不明で、歴史学的には現在では否定的である。しかし、このようなことから、中国では非常に古くから養蚕が行われていたということを想像することができる[21]。

いた。黄帝は多くの人を使って野生の繭を集めさせ、宮廷の中で絹を作らせた。それ以来、中国では絹織物業が盛んになりヨーロッパに輸出した。輸出を独占するために、長い間、蚕と繭の存在を秘密にしていたと言われている [19]。

5 「織り機」を作って布を織る

5·1 織物の原理

　綿の栽培にはじまり、綿から糸、糸から織物、織物から衣服へと、多様な工程を経て衣服は作られている。それぞれの工程には人間に欠かせない繊維の科学と技術があり、文化と歴史も含まれている。被服の授業にはたくさんの魅力的題材がある。

　1次元の短い繊維にはじまり、撚りを掛け長い丈夫な1次元の繊維、糸を作り出す。「織る」とは、経糸と緯糸で2次元の構造を作り出す技術である[*12]（図12-12）。また、織るという方法とは別に、「編む」という技術で2次元構造を作り出す方法、紙のように繊維を絡ませて2次元を作る方法もある。

　図12-12に示すように、垂直方向に伸びて並んでいるのが経糸、水平方向に往復しながら経糸の間を縫うようにはっているのが緯糸である。経糸と緯糸が交互に上下に織り重なっている。この糸の組み方を「平織」と呼び、最も基本的な型である。糸の場合、たてとよこを経と緯の漢字を使うのかは興味深い[*13]。

　織物の織り方は大昔から現在まで、世界中どこでも、基本的には同じである。図12-13に織機の例を示すように、織の基本は、数百本の経糸を張り、この経糸を細長い平らな棒で一本ごとにすくい、その間に緯糸を通

[*12] 経糸と緯糸を用いるのは2軸織り、曲面や機能を必要とする多軸織りもある。

[*13] 「経」は縦を意味しており、縦は、長い方向を意味する。さらに、経はお経や経典のように理念や思想など筋道も意味する。その対になるのが「緯」であり、行きつ戻りつという意味がある。これらは経糸と緯糸の役割にも通じる。織物と同じように、地図でも経度・緯度を使っている。「縦横に入り組んだ糸のように複雑な事情」を比喩的に「経緯」と表すようになった。

図 12‑12　織物（平織）の仕組み [22)]

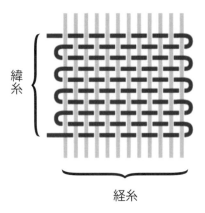

緯糸

経糸

図 12‑13　織機の模式図 [23)]

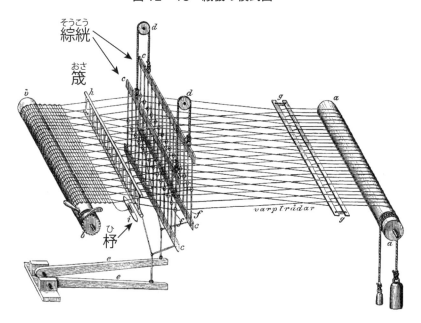

そうこう
綜絖

おさ
筬

ひ
杼

582

す。織物は、長さを揃えた経糸をきれいに並べてピンと張っておき、そこに緯糸を一段ずつ入れていく、という方法で織る。この操作を効率よくするために、開口、緯糸通し、緯糸打ちの方法が工夫されていく。ごく原始的なものを除いて、すべての織機には、緯糸を通す隙間を作るために、経糸を上下に引っぱって分ける仕組みが付いている。この仕組みを開口装置という。開口は緯糸を通しやすくするために綜絖（そうこう）という道具を使い、経糸を一斉に上下させる。

　緯糸通しは開口している経糸の間に杼（ひ）という道具で緯糸を通す[*14]。このことを杼通しという。緯糸打ちは経糸の間に通した糸を筬（おさ）という道具を手で引き寄せて布にする。このことを筬打ちという。英国人ジョン・ケイ（1704 - 1780 年）の発明した飛び杼は、織りの作業の高速化を実現し、産業革命に貢献したと言われる[*15]。

　産業教育研究連盟の提案した実践の一つに「織り機を作って布を織る」がある。実践の源流には、従来の「裁縫」教育から脱皮するには、織布工程の基本的なことを学習することが必要である。それは、生地の縦横と布の経糸・緯糸のこと、布の「みみ」のことも理解できるようになり、裁断するときに間違いがほとんどなくなるとの考えが基にあった[24]。これはやがて布の仕組みや作り方も学ぶ学習へと発展し、1975 年に自主テキスト「布加工の学習」が出され、織り機が紹介された。1978 年に大阪府箕面市で開かれた第 27 次技術教育・家庭科教育全国研究大会では、「教材づくり実技コーナー」が開かれ、坂本典子らによって「織り機」は全国に急速に広まった。最初の織り機で用いた綜糸（あぜいと）は、「おさ」の働きを兼ねており、厚紙に穴と切り込みを交瓦にあけたものであった[*16]。

[*14] 杼のことを英語でシャトル（shuttle）という。バドミントンのシャトル、シャトルバスなど、往復する動きを物を代表している。スペースシャトルは宇宙と地球を往還する。

[*15] 杼の往復による織布方法では速度に限界があるため、現在は、杼を使わない無杼織機により織布になっている。流体（空気や水）を利用してノズルから緯糸を高速で送り出す。緯糸は往復しないで一方向から通す方式になっている。機械織機の進歩を知ると、いまの被服領域の教材観も変わってくる。

[*16] 綜糸は、綜絖に用いられる糸（経糸）を上下に分けて緯糸を通す隙間をつくる糸製の用具である。

織り機を作らせる実践は、「社会科の授業を創る会」や「板橋青空学校」でも同じ頃に行われている。これらの研究会との関わりや実践の違いなどは、池上正道の報告[25]からわかる。

　つぎは、簡易な織り機を作って布を織る実践[26]の報告である。

5·2　織り機の製作

本体ベースの製作

　縦 18 cm ×横 9 cm で厚さが 4 mm のシナベニヤ板をベースにする。シナベニヤ板は加工性と表面の仕上がりがよい。図 12-14 は織機の本体ベースである。10×45 mm くらいの角材を 9 cm の長さにして枕にする。ベースの板より 5 mm 内側へ枕を接着する。接着には木工用接着剤を使用するが、両面テープでもできる。

本体ベースに経糸を巻き付ける

　巻き始めと巻き終わりの糸を裏側で結ぶために、ゆとりを持たせて巻く。経糸には、色彩はよくないが凧糸を使うと、毛糸より滑りがよく作業し易い。図 12-15 (a) のように経糸を巻く。図 12-15 (a) の糸の間隔はあとでもそろえることができるが、巻く段階でていねいに揃えた方が、張り加減

図 12 - 14　織機の本体

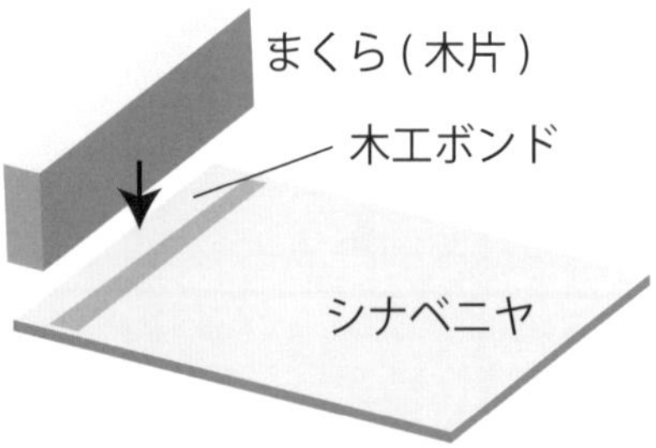

まくら (木片)

木工ボンド

シナベニヤ

図 12 – 15　経糸を巻く[26]

(a) 経糸を巻く

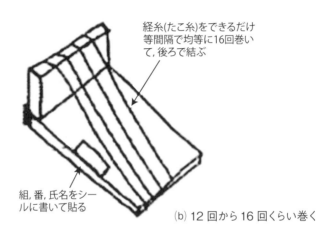

経糸(たこ糸)をできるだけ
等間隔で均等に16回巻い
て,後ろで結ぶ

組,番,氏名をシー
ルに書いて貼る

(b) 12 回から 16 回くらい巻く

が揃う。糸はたるまないようにピンと張る。経糸は 10 回以上 20 回が限度である。バランスがよいのは、図 12-15 (b) に示すように、12 ～ 16 回くらいである。

綜絖の仕組みを作る

図 12-16 (a) のようにして綜絖の仕組みを作る[*17] 未使用の割り箸の割れ目をスリットとして利用する。木の弾力を活かしてたこ糸を保持するので、結び目を作らなくてもよい。そのため、ループの大きさや間隔を調整しや

---

*17 織機で、緯糸を通すために、経糸を上下に分ける器具を綜絖という。

図 12 - 16　綜絖の仕組みを作る

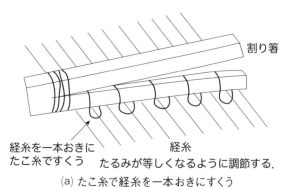

経糸を一本おきに
たこ糸ですくう

経糸

たるみが等しくなるように調節する.

(a) たこ糸で経糸を一本おきにすくう

(b) 残ったたこ糸の処理

すくなる。

1. 60 〜 70 cm に切った凧糸の端を、割り箸の割れ目の奥へ挟んで止める。割り箸が割れるのを防ぐため、5 回ほど凧糸を割り箸に巻き付け、また割れ目に挟む。

2. 経糸を端から 1 本おきにすくって、割り箸の割れ目に掛けていく。経糸と割り箸が 4 cm くらいになるように、たこ糸のループを調整する。

3. 残ったたこ糸は、図 12-16 (b) を参考にしながら 5 回割り箸に巻き、割れ目に通す。これで保持されるので、余分な糸は切るか、巻き付けていく。

図 12 - 17　厚紙の挟み方

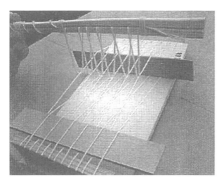

　2 cm 幅の厚紙を 2 枚用意する。図 12-17 のように、そのうちの 1　枚
（厚紙 A）をたこ糸のループと枕の間に差し込む。ループを作った方の経
糸が下で、何もしていない方の経糸が上になるように差し込む。もう一枚
（厚紙 B）は、たこ糸のループを挟んで反対側に差し組む。差し込む方も
反対になるように、ループのある経糸を上にする。

5·3　「織り」の開始と後始末

1. 杼を作る[*18]。厚紙をもう 1 枚用意する（厚紙 C）。これを杼とする。
　　緯糸にする毛糸を厚紙に適量巻き付ける。通し始めは、右からでも
　　左からでもよい。
2. 杼（厚紙 C）のくぐらせ方（図 12-18 参照）
　　(a) 厚紙 A は倒した状態で、厚紙 B を立てる。経糸が 1 本おきに上
　　　　下へ分かれる。その上下に分かれた経糸の間を、緯糸を巻いた厚
　　　　紙 C が通り抜けるが、尻尾のように糸の端を残しておく。これで
　　　　緯糸 1 本目ができたことになる。

---

*18 経糸に緯糸を通すときに使う道具を杼という。ジョン・ケイにより「飛び杼」が発明され
　　ると、機織りの効率がよくなり、自動織機へと進化した。

図 12‑18　織り方と杼のくぐらせ方

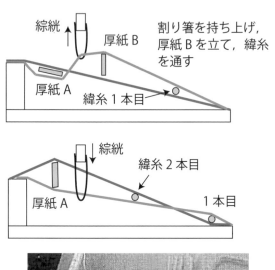

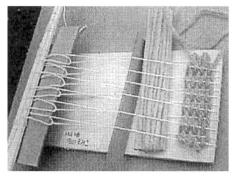

(b) 厚紙 B を抜く。今度は厚紙 A を立てる。(a) とは経糸が上下入れ
　　替わったことになる。その経糸の間を厚紙 C がくぐっていく。こ
　　れで 1 往復して 2 本目の緯糸ができた。

　厚紙 A を倒す。割り箸の綜絖を持ち上げる。そこにできた経糸の上
下の差に、厚紙 B を差して立てる。そこへ厚紙 C をくぐらせる。後
は、同じ動作の繰り返しになる。

　図 12-19 のようになると、完成も間近になる。完成に近づき、ある程
度織り進むと、経糸に上下の差がなくなり、織りにくくなる。そうなると、

図 12‑19　完成も間近

図 12‑19　完成も間近

緯糸を通すことができなくなるので、そこが織りの限界となる。これで布の完成である。

後始末

　図 12-20 のように織り機を裏返し経糸の中間で切り離す。ここで織り機から布が外れる。割り箸で作った綜絖も経糸から抜けていく.このままにしておくと経糸と緯糸が解けてばらばらになってしまうので、経糸の両端を始末して解けないようにする。始末の仕方は解けなければどのような方法でもよい。例えば、経糸を 4 本ずつ束ねて房を作る簡単な方法でよい。緯糸は布から 2 〜 3 cm 出ている状態で切ればよい。生徒の作品を集めるとき、集め方が悪いと糸が絡んでぐちゃぐちゃになることがある。透明な袋に名前を書いたカードと共に入れて提出させると安心である。

図 12‑20　完成した後の経糸の処理

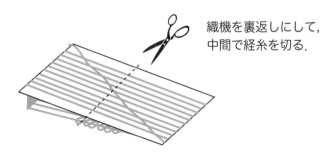

織機を裏返しにして,
中間で経糸を切る.

6 ワーキングウェアの製作

6·1 なぜ「ワーキングウェア」か

被服領域において、男女共学に耐え得る製作実習題材は何がよいのか、その実践に当たってはどんな課題を乗り越えねばならないかということが論じられた。男女が同一内容を学習している現在では考えられないようなことに問題を感じていた。具体的には。いきなり男子が被服の学習に意欲的に取り組むのか、男子に裁縫ができるのだろうかという、当時としては重大な課題にぶつかっていたのである[27, 28]。結果として、実践されてきたものの一つに「ワーキングウェア」がある。

その教材としての意義づけは、男女別学時代の「作業着の製作」「日常着の製作」「休養着の製作」の意識が残っている中にあって、第1学年から実施可能な題材であったということが第1の要因と考えられる[*19]。ただ、それだけでは済まない具体的な課題が討論された。ワーキングウェアについては、古代人の貫頭衣から続く衣服発展の歴史に触れ、人間の体を覆って保護するという衣服の根源的な役割を実践を通して学ぶことができる。これが本質的な被服の学習であると捉えた。現実的な題材選択の観点としては[29]、

1. 脱ぎ着が簡単で男女に違いの無いデザインであり、どの生徒にも製作可能なレベルである。
2. 完成まで長時間かけずにできる。
3. 手縫いの基本やミシンの仕組み・操作など「縫うこと」に必要な指導項目を関連づけることができる。

[*19] 1977年告示の学習指導要領、男女各1領域以上の相互乗り入れが規定された。

4. 製作後に学校で着用の機会がある。もちろん家庭に持ち帰っても同様である。

というワーキングウェアのよさを採ったのである。

6·2　ワーキングウェア、ふくろと腕カバーの製作

　図 12-21 に示す①ワーキングウェアを主題材にし、②腕カバー、③ふくろを副題材とした。ふくろと腕カバーはミシンの直線縫いの練習として、ワーキングウェアの製作前に行った。ワーキングウェアは、えりぐりが少々難しいことを別にすれば、ミシンの直線縫いも多く習熟が期待できるし、ポケットの形や大きさも工夫できる。指導計画は 20 時間扱いで行った。

ワーキングウェア（主題材）の製作
1. 採寸：ワーキングウェアは、日常的な作業着であるから動きやすくて着脱が楽であることは必須の条件である。したがって、まず身丈と肩幅および頭囲を測る。

図 12 - 21　ワーキングウェア、腕カバー、ふくろ [29]

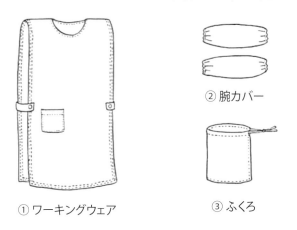

① ワーキングウェア

② 腕カバー

③ ふくろ

図12-22 型紙、えりぐり、身ごろの説明図 [29)]

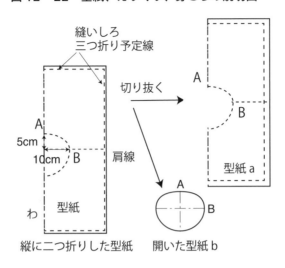

2. 型紙作り（図12-22）

(a) 新聞紙や模造紙[*20]を使用し、縦に二つ折りする。

(b) 「わ」の辺に合わせて「えりぐり」の形を記入する[*21]。その寸法や形は次のようにする。えりぐり線の長さは、（頭囲＋10 cm）÷2で数値（帽子の大きさ＋10 cm くらいになる）を出し、A点とB点を通るなめらかな曲線を描く。完成したときのえりぐりのゆとり具合を考えると、前身ごろ側に少しふっくらした長めの曲線となる。基本位置としてA点は中心からタテに5 cm、B点は中心からヨコに10 cm とした。

(c) えりぐり線に沿って、紙の重なりがずれないように注意し、えりぐり部分を切り抜く。切り抜かれて穴のあいたものが型紙aとなり、

[*20] 型紙用の紙は厳選すること。型紙の素材が悪いと意欲喪失に繋がる。

[*21] 「わ」は生地の二つ折りを表す。二重丸の半分の記号もわと同じ意味になる。外表、中表、バイアス、見返しなど、裁縫作業についての用語の基本を学んでおくことも大切である。同様に、裁縫の道具についても基本を身につけておくとよい。

図 12 - 23　えりぐり見返し用布の裁断と身ごろ布への重ね方

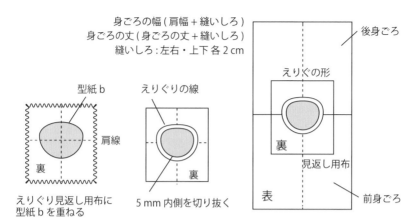

身ごろの幅 (肩幅 + 縫いしろ)
身ごろの丈 (身ごろの丈 + 縫いしろ)
縫いしろ：左右・上下各 2 cm

後身ごろ

えりぐりの形

裏

見返し用布

表

前身ごろ

型紙 b

肩線

裏

えりぐり見返し用布に
型紙 b を重ねる

えりぐりの線

裏

5 mm 内側を切り抜く

　　切り抜いたえりぐり部分は型紙 b である。型紙 a のえりぐり部分
に頭を通してみる。必要に応じて補正すると型紙の完成である。

3. えりぐり見返し用布の裁断まで。第 1 段階の手順は

(a) 縦 × 横 35 cm 位のえりぐり見返し用の布とえりぐり用型紙 b を
用意する。

(b) えりぐり見返し用布は 4 つにたたんでアイロンで折り線をつけ、
ほつれ防止のためにピンキングで布の周囲四辺を切る。

(c) 図 12-23 のように、えりぐり身返し用布を裏が見えるように開
き、型紙 b を布の中心に合わせて重ね、まち針で止める。布の経
糸、緯糸と型紙の縦線、横線を合わせること。

(d) チャコペンシルやチャコバーで、えりぐり線を描く。タテ線、ヨ
コ線の交点にも印を付ける。

(e) 再度、4 つにたたんでアイロンで折り線を付ける。

第 2 段階の手順は、えりぐり部分の処理である。

(a) えりぐり見返し布を、裏面が見えるように（えりぐり線が描かれ
ている）縦に二つ折りしてアイロンをかける。

(b) 二枚重ねになっているので、しつけ針でしっかり止める。

(c) えりぐり線の内側5 mmに縫い線を引いて切り抜く（図12-23）。
これでえりぐり見返し用布の裁断が完了である。

続いて図12-23のように、えりぐり見返し用布と身ごろを縫い合わせる。手順は次のようになる。

(a) 身ごろ用の布を4つにたたんでアイロンで折り線をつける。身ごろ布を表が見えるように開き、えりぐり見返し用布を裏が見えるように重ねる。身ごろの布の中心点とえりぐり見返し用布の中心点と身ごろ布のタテ線、ヨコ線を合わせてまち針で止めること。

(b) えりぐり線の2 mm外側をしつけ縫いする。

(c) えりぐり線上をミシン縫いして、しつけ糸を取り去る。

(d) 身ごろ布を縦に二つ折りして、型紙aの「わ」部分を合わせるように重ね、まち針で止め、しつけ縫いをする[22]。型紙aとミシン縫いの終わったえりぐり線と一致することを確認する。

(e) えりぐり線の内側5 mmに線を描いて、はさみで切り取り頭が入る穴を開ける（図12-24参照）。

4. えりぐりの曲線部分に切り込みを入れ、見返し用布を裏側に返す。その手順は、次のようにする。

(a) えりぐりの曲線部分に、切り込み深さはミシン縫いの2 mm手前まで、切り込みの間隔は1 cmで切り込みを入れる。もし、ミシン縫いを切ってしまったときには、えりぐりを大きくして縫い直すと良い。

(b) 穴をくぐり抜けるように見返し用布を反対側に押し込む（図12-24参照）。

(c) 身ごろ布の裏を見えるように置き、見返し布を引いたとき均等に約1 mmくらい身ごろ布の表が見える程度[23]に、見返し布を引き

---

[22] 図12-23ように開いた状態のまま作業を続けると、えりぐりを切り抜くのは困難であるので、ここでは二つ折りの「わ」部分から切り込んで抜く方法を採った。

594

図 12 – 24　えりぐり周りの処理の詳細図

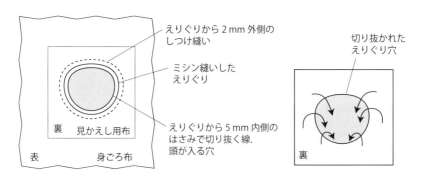

えりぐりから 2 mm 外側の
しつけ縫い

ミシン縫いした
えりぐり

えりぐりから 5 mm 内側の
はさみで切り抜く線.
頭が入る穴

裏　　見かえし用布

表　　　　身ごろ布

切り抜かれた
えりぐり穴

裏

図 12 – 25　三つ折り縫いとベルトの説明 [29)]

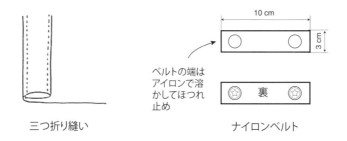

三つ折り縫い

ベルトの端は
アイロンで溶
かしてほつれ
止め

10 cm

3 cm

裏

ナイロンベルト

　　ながらアイロンをかける

5. えりぐりにしつけ縫いをして、えりぐりに端ミシンをかける。えり
ぐり見返し布の四辺をまつり縫いする。

6. わきと裾を縫う。図 12-25 の左側に示すように、身ごろのわきと裾
の部分を 1 cm 程度に三つ折りをしてアイロンをかけ、端ミシンを 2
本かける。

7. ポケットを付ける。手順は、以下のようになる。

(a) ポケットの型紙を作る。

---

*23 布を返す際，ミシンの縫い目が見えないようにすることを「きせ」をかけるといい、和裁
ではよく使われる方法である [30)]。

(b) 縫い代をつけて布を裁つ。縫い代の寸法はポケットの入口は 3 cm、その他は 1 cm。

(c) ポケットの入口を三つ折りにし、ミシン縫いをする。

(d) ポケットの周りを折って、身ごろにつけ、しつけ縫いをする。

(e) ポケットの周りを縫う。縫い始めと縫い止めは返し縫いをする。

8. 図 12-25 の右側に示すベルトをつける。その手順は

(a) ウェストの部分に 3 cm 幅のナイロンベルトを付ける。ベルトの長さは 10 cm。

(b) ナイロンベルトの両端にほつれ止めをする。ホックをベルトと身ごろのウェストの位置につける。

(c) 最後に、ミシンの糸やしつけ糸の始末をして、アイロンがけをして完成する。

7　ショートパンツの製作

7・1　教材としてのパンツ製作の魅力

　図12-26の「ショートパンツ」「ハーフパンツ」「キュロット」「ロング
パンツ」などパンツ製作は、長期にわたって実践されその報告も多い[31]。
つぎは実践報告の一例である。パンツを製作題材として採用する現実的
理由は、ワーキングウェアの場合とほとんど変わりないが、ショートパン
ツの場合は、衣服設計の重要機能を学習できる。簡易な表現をするなら
ば、「体を覆う」「立体を包む」こと、しかも「覆う」「包む」相手は静物
ではなく人間であり、いつも動的状態にあって形が変化していることを視
野に置かなければならない。既製服にLL、L、Mなどのサイズがあるが、
着装の季節や場面や生地やデザインなどを十分に考慮して選んだとしても、
選択の難しさを体験した人は多いことと思う。それだけ衣服製作には動的
な状態を考慮した設計と機能が必要とされる。ここでの実践は、中学生の
活動的な場面を前提にしたものである。

図 12 - 26　ショートパンツの作品

7·2 体と衣服の形

　図 12-27 のように、人の体の形を前、後ろ、横方向から観察してみる。人の体は頭部、胴部、脚部、腕部からなり、年齢や性別、個人によって大きさや形が少しずつ異なっている。人の体は座る、立つ、歩くなどの運動や作業をし、体の部分や全体で動作をする立体である。人の体の形を箱や円筒形に見たてたり、円すい台を組み合わせて単純化した人形やロボットの形と比較してみるのもよい。また、人の体や人体模型をいろいろな方向からスケッチしてみると、人体の形の複雑さとそれを衣服に反映させることの困難さと簡略化の過程を把握することができる。

人の体と TPO

　服を作ることばかり考えて、その服を着る人のことを具体的に考えることを忘れがちである。生徒に次のことを気付かせ、製作場面に活かすことが大切である。

図 12 - 27　人の体の形 31)

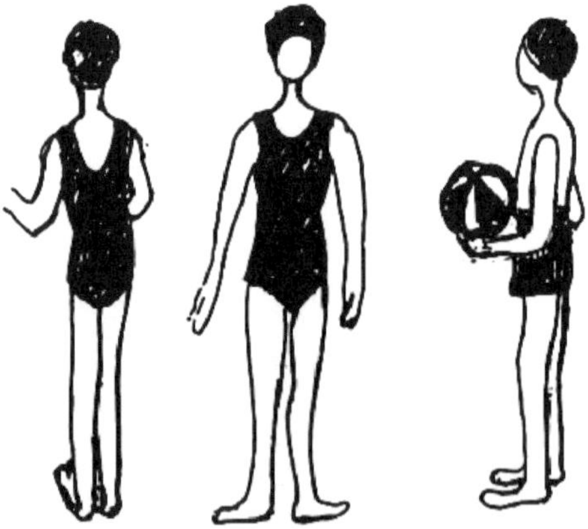

背面　　　　前面　　　　側面

- 前面と背面が異なる。
- 左右がほぼ対称である。
- 厚みがある。
- 人によって体型が違う。
- ゆるやかな曲面を持っている。
- 円筒形や円すい台形に単純化できる。
- 動作によってさまざまに変形する。

　もう一つの課題として、衣服には、世界各地の気候などの自然環境はもちろんのこと、保健衛生上のことや社会生活上のことを配慮したTPOがある。それも幼児から高齢者にいたるまで、それぞれの段階で変化する。例としては、人々の着装する衣服には、長方形の布地を裁縫しないで、そのまま腰に巻いたり、肩から掛けたり、穴を開けてかぶったりする形のもの、布の幅を利用して直線に裁ち、縫い合わせてその形が立体的になっているものなどがある。

　私たちの身の回りにみる衣服（シャツやブラウス、ズボンやスカートなど）を細かく観察してみると、これらの課題に対応していることがよくわかる。身近な例として、図12-28のように、体や人体模型に紙や布地を当てて、上半身や下半身を覆う衣服の形を作る。衣服には、脱ぎ着し易いように、または美しく見えるように、ゆとりを与えたり、前後や脇などに

図12 - 28　衣服の形づくり、衣服各部の形と名称

空きを作ったり、ダーツやギャザー、ひだ（タックやプリーツ）などが工夫して取り入れられている。これらは、決してデザイン面だけからの視点ではないことを理解できるように促す。

7·3　ショートパンツの製作実習

⑴ **用意するもの**
- 模造紙 1/2（型紙用）
- 布地（デニム）90 cm × 100 cm
- ミシン糸（50 番）、しつけ糸
- ゴムテープ
- ミシン定規（縫い幅を決めるもの、ミシンの付属品）
- アイロン定規（図 12-29）[*24]
- 巻き尺（テープメジャー）
- ミシン、裁縫道具
- アイロン、アイロン台

⑵ **採寸**　図 12-30 に示すように採寸をして以下の括弧に寸法を入れて計算する。

腰まわり (H)　H/4 ＋ ゆとり 3 〜 4 cm ＝ （　　）cm

股上　（　　）cm、（　　）cm ＋ ゆとり 3 cm ＝ （　　）cm

股下　自由（5 〜 10 cm で決める）（　　）cm

わたり　（脚部の厚み +2 cm）× 2 ＝ （　　）cm

⑶ **ショートパンツの種類**　図 12-31 に示すように、いろいろなショートパンツがある。いずれも胴まわりはゴムまたはヒモ入りである。

A 型：脇、股上、股下に縫い目のある一般的な型

B 型：脇に縫い目のない型

---

*24 三つ折り幅を決めるもので、厚紙で手作りする。三つ折り縫いをするとき、この定規を布にあてて折り、アイロンをかけるときれいにできる。

図 12 – 29　アイロン定規

1	
2	3 cm
3	

15 〜 20 cm

厚紙を利用して作っておくとよい

図 12 – 30　各部の採寸の仕方

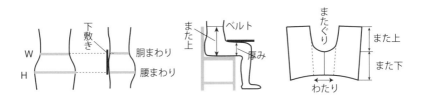

図 12 – 31　いろいろなショートパンツ

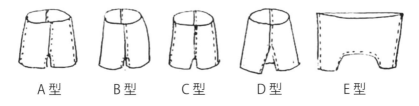

A 型　　B 型　　C 型　　D 型　　E 型

C 型：脇と股上に縫い目があり、股下に縫い目のない型

D 型：股ぐりにまちのついたクラシック型

E 型：脇、股下に縫い目がある、パンジャビ風（股下が広いダボダ
　　　ボ型：ななめ布に裁断する）

(4) 型紙をつくって布を裁つまで　図 12-32 に型紙の例を示す。布を裁
つには次の方法で行う。

　1. 布を外表に二つ折りにして、型紙を上に重ね、まち針で止める。

図 12 - 32　ショートパンツの型紙の作り方

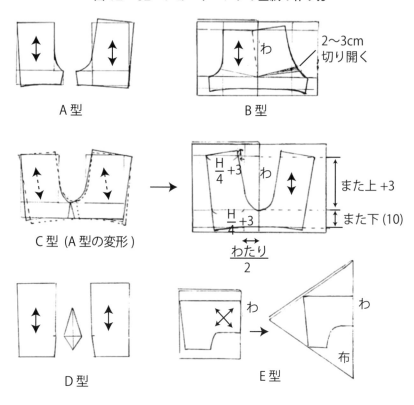

A 型

B 型　2〜3cm 切り開く　わ

C 型 (A 型の変形)　$\frac{H}{4}+3$　わ　$\frac{H}{4}+3$　また上 +3　また下 (10)　$\frac{わたり}{2}$

D 型

E 型　わ　わ　布

2. 縫い代をつけて裁つ（あらかじめ型紙に縫い代をつけておくとよい）。

3. 布地の間にチャコペーパーを挟んで、ヘラかルレットでできあがり線の印を付ける。

これらの作業の時は、ミシンの付属品である縫い目定規を利用したり、針板目盛りに合わせて縫い代の幅をきめて縫う場合はしるし付けは不要である。三つ折り縫い用には図 12-29 のアイロン定規があると便利である。

⑸ **縫い方の手順と方法および仕上げ**　採寸してショートパンツの型を

決め、その型紙も作り布の裁断を完了すると、いよいよ「縫い」に入る。型によって手順が異なるので、ここではC型の縫い方の手順（AコースとBコース）を示す。「縫い」が終了したら、裁ちめ（縫い代と折りしろ）のしまつをして、アイロンをかけ縫い目を整える。最後にゴムテープを入れて完成である。

- Aコース

  わき縫い→股ぐり縫い→胴まわり、すそ→仕上げ

- Bコース

  股ぐり縫い→わき縫い→胴まわり、すそ→仕上げ

7·4　衣服の機能にどこまで迫ることができるか

　生徒の作品例を図12-33に示す。完成したパンツにポケットやベルト通し、アップリケなどを自由に付けるなど、それぞれ工夫したものである。内ポケットを付けた生徒もいる。このように生徒の好みに対応できることや縫い代の始末の仕方も製作時間に合わせて調整できる良さがあって満足のいく衣服製作となった。「覆う」「包む」の相手は静物ではなく、いつも動的状態にあって形が変化していることを視野に置かなければならない。

図 12 - 33　生徒の作品、各自の工夫例

男子生徒の工夫例

女子生徒の工夫例

この冒頭に述べた衣服製作の根源的な機能にどこまで迫ることができたかという課題が残念ながら残る。

　型紙から製作する方法は、生徒一人ひとりの体型と動きにあったパンツを製作することになり、ねらいに近づくことになるが、とにかく型紙作りに時間がかかる。市販の型紙（既製のサイズでは入らないときには補正して拡大した型紙を作っておく）を使用したり、サイズをLL, L, M などの2〜3種類の見本をつくって試着させ選択させたりすれば、細かく採寸をしなくても自分の体に合ったサイズを選ぶことができるのだが。要は、進度差が大きく出る衣服製作において、指導時間数と格闘しつつ、どんな体型の生徒にも対応できる教員の技量が必要になる。

　授業時間が削減される中で、個々の生徒の体型に合った衣服を製作することは困難も多い。縫うことや製作を大切にしながら布加工の題材を見直すことを迫られた。このようにして、衣服に拘らずに布加工の題材としてブックカバーやウォールポケットなどの題材が提案されることになる。これらの題材の詳細については後述する。

8 布を縫うこと

8·1 「縫う」道具の基本

　良いものを作ろうとする時、あるいは特定のねらいに即した内容を定着させるためには、使用する材料や道具の選定に無頓着ではいけない。あり合わせの材料や不適当な道具で「何とかなるさ」で行うと結果は概してよくない。刃物（針は刃物）類ならば手入れの行き届いたもの、手にあった大きさのものを使わないと、無理な力を入れることになって、むしろ危険でもある。同様にして、1枚の布を縫う時であっても、「どんな布を、どんな針で、どんな糸を使って、縫うのがよいのか」という、ものづくりの基本的なことは準備段階で意識しておきたい。特に、初心者には可能な限りすぐれた材料と道具を準備して指導することが大切である。

縫針の話

　人類が針を使いはじめた起源は定かではないが、石器時代の衣生活の発達に源を求めると、現在私たちが使用している道具類の中で、針は最も長い歴史を持つ道具の一つに挙げられる。今では、針といえば針穴があって鋭利な針先をもっているのが当然と思われているが、石器時代の人類にとって、骨や角に小さな針穴をあけるには多大な労力を費やしたに違いない [32]。針穴をあけるというよりも、とがった棒先（キリ）などで布や皮に穴を開けて、それに紐を通して衣服の製作をしていたと考えられる。針穴が付いた現在の針の原型としては、紀元前1300年ころのものが発掘されている [33]。

　◇**縫針の製造工程**　まず、鋼線を引き延ばし規定の太さと長さ（完成時の2本分の長さ）に切断する。その両端（2本の先端になる部分）

を研磨し尖らす。中央部をプレスして針穴を左右対称に2個あける。そして、左右対象に切り分けると縫針2本の外形ができる。針穴周辺（頭部）を整え研磨する。その後は、熱処理[*25]とメッキなどの表面処理を行って1本の縫針が完成する。詳細はクロバーのホームページ[33)]を参照するとよい。

縫針の太さと長さ

さて、布を縫うとき、どの針を使ったらよいのだろうか。生徒にどれでもいいから使ってみなさいとは言えないだろう。長さの種類は非常に多いが、太さ（直径）はある範囲に整理されている。針の製造工程と基になる線材（鋼線）の種類と処理方法からして、太さの種類に制限があるだろうと予想できる。細くて長い針であるから、細過ぎても曲がったり折れたりして機能に支障がでる。だから、太さ（直径）を基準に折れにくい長さがあると考え直すのが賢明のようだ。では、縫針の太さと長さは、使用者にわかるように表示されているのだろうか。

手元に一冊の小説『針女（しんみょう）』[34)]がある。和服の仕立屋をしている職人と縫い娘の話である。紹介の仕方によっては「縫うこと」に対する意識を高めるためには好著である。決して昔話ではなく現在でも通用している針の種類（仕立て業界用語も含めて）と規格のことが描かれている。

＿＿＿＿＿＿＿＿＿＿＿＿＿＿＿＿＿＿＿＿＿＿＿＿＿＿＿＿＿＿＿＿＿＿＿＿＿

もう2年ばかり前から針の生産量は規制されたのか、小間物問屋に住吉針（すみよしばり）は出まわらなくなっていた。最も上質とされている大伝馬町の住吉針は、組合で一手に買いしめて、組合員だけに配布されるようになっている。絹針は四の三半と四の四の二種類、木綿針は三の四という寸法のものが、それぞれ組合員一人について1カ月に半匹ずつ配給されていた。半匹というのは25本の針を油紙で包

---

*25 焼入れ、焼戻しの熱処理をする。第6章 金属加工の熱処理（215ページ）参照。

み更に銀紙で包み、その上から住吉屋の登録商標のついた和紙で包んだものである。本数でいえば、一人頭に1カ月75本の針が配給になるという勘定になる。三五郎と清子の2人分で受け取るのは月に150本だ。(同書, pp. 69-70)

　「絹は生きもんだ」というのが三五郎の口癖なのだが、その伝でいけばこの縮緬は死んでいる。絹針は四の三半（さんはん）と呼ばれるものである。カネ尺一寸三分五厘（約 4.1 cm）の寸法だ。針先がどうしてもミシミシと小さい軋（きし）み音をたてる。清子はときどきそれに苛立（いらだ）って、針をひくとついでに頭をかがめて針の先で自分の髪を掻（か）いた。もう二年も前から髪油などはつけたことはなくて手入れの悪い髪なのだけれども、やはり若さは有りがたいもので髪には自然の油がしみている。髪を掻いたあとの針はしばらくすいすいと古い絹の中を走った。「縫っているときに布の糸を切っちゃあいけない。針先が音をたてるのは布の糸を切るか傷をつけるかしている証拠だ。本当の名人が縫うときは、縫糸は絹ン中に埋まるんだ。糸が織りこまれなくっちゃいけないんだよ」と言いながら仕こんでくれた三五郎の声が聞こえてくるようだ。(同書, pp. 5-6)

|||||||||||||||||||||||||||||||||||||||||||||||||||||||||||||||||||||||||||||||||||||||||||||||||||||||||||||||||||||

　図 12-34 手元にあった縫針の包装紙を開いたものである。登録商標三つ葉のクローバーの他に「クローバー金耳針*26、25 本入、長さ 39.4 mm、太さ 0.56 mm、四の三、金耳、はがね針、きぬ針 8 号」と規格が表示され、「布地（木綿・絹・つむぎ）と使途（縫う・くける・しつける）によって針の種類を使いわけてください」と注意書きまであって丁寧である。

◇**仕立屋の世界から縫針を知る**　上に紹介した小説や針の包装紙に、「絹針は四の三半（さんはん）カネ尺一寸三分五厘（約 4.1 cm）」や「木綿針は三の四」という表記がある。これはどんなことを表しているのか。

　縫針製造企業クローバーの説明[35]によると、頭の「三」「四」は縫針の太

---

*26 金耳とは、耳（針穴部分）に純金メッキが施されている。金の軟らかな特長を活かして糸のあたりを軟らかにし、糸切れをしにくくするための工夫である。

図 12 - 34　縫針の包装紙の例

実　物　大

クロバー金耳針　25本入

長さ39.4ミリ　太さ0.56ミリ

さ（直径）とおもな用途を表し、数字が増えると細くなる。下の「三」「四」は長さを表し、基準は寸（30.3 mm）単位であって「一」は「一寸一分」、「二」は「一寸二分」のように、一寸（30.3 mm）から一分（3.03 mm）ずつ長くなる設定だという。試しに換算してみる。

- 「絹針は四の三半」は絹針で、長さは

$$30.3 \text{ mm} + 3.03 \times 3 + 3.03 \times \frac{1}{2} = 40.905 \text{ mm} \ (4.09 \text{ cm} \rightarrow 4.1 \text{ cm})$$

と換算でき、「カネ尺一寸三分五厘（約 4.1 cm）」の表記と合致する。

- 「木綿針は三の四」は、長さは一寸四分であるから $30.3 + 3.03 \times 4 = 42.4$ mm である。これら二つの針の長さは、日本工業規格（JIS.S 3008:1981 手縫針）に一致する。

◇**縫針の太さ（直径）の基準**　仕立屋が使う針の長さ表示について前述した。製造元の説明[35]によれば、太さの数字は、現在では「三」と「四」のみ使われている。「三」は「三番目の太さの針＝木綿針」、「四」は「四番目の太さの針＝絹針」と記されている。「三番目の太さの針＝木綿針」「四番目の太さの針＝絹針」という三番目、四番目とは、図 12-34 の表示から四番目は直径 0.56 mm であると読み

表 12 - 1　衣服のほころびやすい箇所

ほころびやすい箇所	補修の時の優先事項	対応するおもな補修方法
脇の下、ポケットやファスナーの口など	じょうぶさを優先	返し縫い（縫いの始端と終端の補強）
ズボンやスカートの裾、そで口、ひざ、かぎ裂きの破れなど（あて布補修）	目立たないことを優先	まつり縫い（表と裏で糸の見え方、隠れる部分に違いがある）

　取ることができる。その基準は、何を用いているかを調べると、日本工業規格（JIS S 3008:1981　手縫針）によると、三の四は、直径0.71 mm で長さは 6 号 42.4 ± 1.1 mm 木綿針（ガス針）[27] であった。日本工業規格（JIS.S 3008:1981　手縫針）には、0.51, 0.56, 0.64, 0.71, 0.84, 0.97 mm の直径（太さ）が数多く見られた。つぎはその付記事項の例である。

- 針の直径は針の中央部で測り、直径の許容誤差は ± 0.05 mm とする。
- 針穴の幅は針の直径の 2/5 以上でなければならない。

このようにして、縫針の形状が規定されている。

手縫いによる基礎縫いと簡単な実習例

　衣服の手入れとして、しばしば必要になることは「ほころび直し」である。衣服の「ほころび」は、どんな箇所にどんな時にできやすいのか、まず、体験を生徒に挙げさせたり考えさせたりする。そして、それらはどんな方法で補修すべきか、小学校での既習事項も考慮して、手作業の場合を整理してみると表 12-1 のようにまとめることができる。

　ほころびやすい布地とそうでない布地があるが、日常生活で最も必要

---

*27　木綿糸の表面をガスの炎で焼いて滑らかにした「ガス糸」対応の針である。

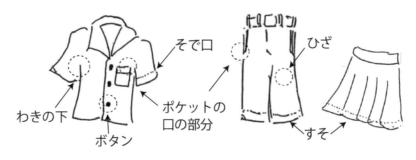

図 12 - 35　衣服のほころぶ箇所

そで口
ひざ
わきの下
ポケットの
口の部分
ボタン
すそ

となる補修は図 12-35 に整理したようにほころび直しである。必要性と
重要性を兼ね備えている補修方法が「まつり縫い」と「返し縫い」である。
学習指導に際して留意しておくことは、ほころび直し（ほころび箇所を意
識して）という日常的に必要度の高い補修作業に、まつり縫いと返し縫い
の果たす役割を強く意識させ体験させることである。そのためには布地の
厚さと針の長さや太さ（直径）、糸の太さなどを考えた事前準備は大切で
ある。

ティッシュケースの製作

　ティッシュケースの製作は、まつり縫いと返し縫いを学ぶのに適した題
材である。まつり縫いや返し縫いの練習を強調し過ぎず、作品を作り上
げることに目標を設定する方が、生徒が意欲的に取り組むことができる[36]。
ここでは一般的な木綿の布地（普通地－厚地）を使用して、ティッシュ
ケースを作る。作品の商品価値まで考えた製作活動ならば、ティッシュ本
体の厚みとゆとり分を考慮した相応の型紙を作ってから製作するべきだろ
うが、それでは目的が拡がってしまうので、平面的な作業として学習する。
　その製作の手順と指導は、次のようになる。
　1. 拡大図と作業段階標本を用意する。画用紙と毛糸を使用した返し縫
　　　いとまつり縫いの拡大図とティッシュケースの製作順序にそった実

図 12 - 36 型の取り方と布の裁断

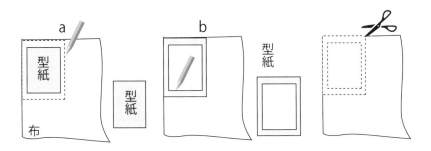

際の布の作業段階標本（拡大したもの）を準備しておく。これは黒板に貼りながら説明する。生徒はいつでも見て触って確認することができる。

2. 型を取って布を裁断する。従来の型の取り方は、図 12-36 の a のように布に型紙を置いてできあがり線のまわりに物差しで測って縫い代を確保していた。b は、額縁のような型紙を作っておき、それを布に置いて枠全体をなぞる容易な方法である。これで縫い代およびできあがり線が型取りできる。

3. アイロンをかける。縫う作業をしやすくするために、図 12-37 の順

図 12 - 37 ティッシュケースの折り方

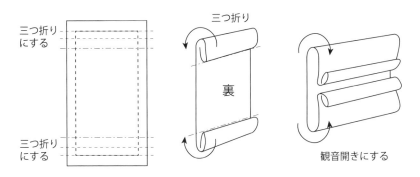

ティッシュの口を
まつり縫いする

こちらを
手前に持つ

まち針

序で線に沿って折りながらアイロンをかける。全部折ってからアイロンをかけるより、折りながらアイロンをかけた方が早く、きれいに仕上がる。

4. ティッシュケースの口をまつり縫いする。図 12-38 のように、ティッシュケースの口をスカートの裾やそで口に見立てて、まつり縫いで表に出る部分と、裏側に隠れる部分の違いを説明しながら、ほころび直しにおけるまつり縫いの重要性を意識付けする。

5. ティッシュケースの両端を返し縫いする。図 12-39 のように、ティッシュケースの両端を返し縫いをする。半返しと本返しの示範、説明をしてから生徒の好きな方で縫わせる。中心部分は丈夫にするために 3 回くらい縫うように指示する。まつり縫いが 2 ヵ所、返し縫いが 2 ヵ所をそれぞれ縫い終わると、ひっくり返して、ティッシュを

図 12‑39　ティッシュケースの両端を返し縫いする

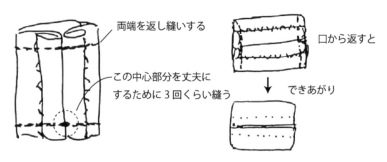

両端を返し縫いする

この中心部分を丈夫に
するために 3 回くらい縫う

口から返すと

できあがり

入れれば完成である。多少、縫い目がそろっていなかったり、曲がってしまったりしてもティッシュを入れてみればきれいに形がそろい、生徒も満足して完成の喜びを味わうことができる。時間の余裕のある生徒は複数個の製作が可能である。

8·2 ミシンを使う基礎縫いと簡単な実習例

ミシンによる被服の産業革命

最小限の機能を備えたミシンの発明は 1850 年頃である。貴族の高級遊具として始まった自転車や機械の親玉と言われるほどの旋盤の発明に比して遅れている。なぜ遅れたか、なぜ普及したか、なぜ身近な機械から遠ざかったか、これらがミシンを学習する意義となる。

まず第 1 に、ミシンは女性解放の機械であった。かつて、布を縫い衣服を作るという仕事は、家事労働と見なされて女性に課せられていた。糸紡ぎも機織りにも登場するのは女性ばかりである。女性もまたそのようなものと思い込まされ疑問を持たなかったのであろう。エリアス・ハウ（米，1819-1867）は、たまたま妻の献身的な針仕事をみて、果てしない労働から妻を解放したい、楽にさせてあげたいと考えたところから発明の心が芽生えたという。友人の助けもあってミシンの基本は完成、販売にかかるが、手縫いの仕立屋や針女たちは自分たちの仕事が奪われるといって妨害し、ミシン事業は決して順調にはいかなかったという [37]。ともあれ、ミシンは女性解放の高級機械であった。

第 2 に、縫う仕組みの難しさである。ミシンは機構が大変複雑かつ精密さが要求され、それまで発明された機械に比べて格段に難しかったことが遅れた要因であろう。日本では明治以来、洋装化政策とともにミシンが輸入され、ステイタスシンボルとして出回り一般への普及はかなり遅れる。大正、昭和と幾多の企業が製造販売に乗り出したが淘汰されたところも多い。

時代は飛ぶが、日本で家庭用ミシンの生産台数（普及）は昭和30年代から伸び始め44年のピーク時は約430万台であった*28。そのころは洗濯機とともに代表的な嫁入り道具であった。ミシンによって女性の家事労働は軽減され、女性が洋裁の内職もして稼ぎ頭にもなったのである。技術革新により今はコンピュータミシンの時代となっている[38]。

　今では、工業用も含めて生産台数の半分以上が輸出されるミシンである。衣服は高級品以外は手入れして長く使う時代ではなく、既製の普及品を購入しちょっと古くなったら捨ててしまう大量生産・大量消費の風潮が支配している。市場原理により、多くの縫製産業は海外移転してしまった。商業主義の流れに埋もれてしまっていいのだろうか。ミシンを習うことが生活に役立つ時代はすでに過ぎている。学習教材としてのミシンを分析すると、以下のようにミシンの発明と普及は、社会変化に大きな影響を与えた。

1. 従来の縫う方法を長年の努力により巧みな機械の仕組みへ変えた。

2. 機械化されることで、動力による縫製に転換し、生産性を飛躍的に高めた。

3. その結果、女性を家事労働から解放した。

4. 布製品はミシンの縫製により作られ、ミシンなしでは社会生活は成り立たない。

　以上のことから、ミシンの出現は現代の社会生活を大きく変えている。社会的視野からみると、ミシンの教材的価値は明白である。しかし、家庭科教室には、たくさんのミシンが放置されている。技術の分野では、エンジンなども同様の状況にある。歴史的視点で生産の飛躍的な変化を及ぼした教材の再検討が必要である。

---

*28　1960年のNHKの生活時間調査によれば、女性の家事仕事の大半が衣服の繕いなどの作業であった。洗濯なども合わせると、家事労働のほとんどが衣服に関係する内容である。ミシンや洗濯機などの機械化は、家庭内の産業革命である。製糸、自動織機による産業革命は社会を変えた。衣服で残っていた縫製の産業革命は、ミシンの発明によって達成された。

図 12 - 40　手縫い用とミシン用の縫針

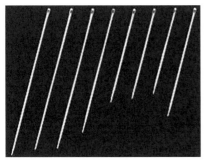

(a) 手縫い用の縫針

(b) ミシン針

ミシン針の発明

　図 12-40 (a) は針の頭部に針目がある手縫い用の縫針であり、その歴史は長く紀元前に遡る。一方、ミシン針の歴史は新しく、しかもほとんど基本構造に変化はない。鎌田佳伸の文献[39]によれば、図 12-40 (b) のように針孔を先端近くに移動した現在のミシン針の基本構造は、1810 年にクレムス（独）が発明したものだという。この針の発明がミシンの発達に大きな貢献をした。

　2 本（上糸と下糸）の糸を使って縫うミシンは、1846 年にエリアス・ハウ[*29]により発明された。その仕組みは、図 12-41 (a) と (b) に示すように、2 本の糸を使って、つまり針目を通っている 1 本の糸は、針が下がって布に刺さり針が上がるときに糸がループ（輪）を作る。この時もう 1 本の糸（下糸）が杼によって運ばれてきてループの中を通って鎖縫いにする[*30]。

---

*29 エリアス・ハウ（Elias Howe, 1819-1867, 米）が特許を取る前に、すでにウォルター・ハント（Walter Hunt, 1796-1859）が上糸・下糸のミシンの発明をしていた。ハントが針子の失業を心配して特許の取得をためらった。その結果、ハウに特許取得の先を越された。ミシンの完成に至るまでにたくさんの発明と改良の歴史がある。特許の活用については、早めに取得して一定期間の使用停止の方法もあった。なお、ハウはファスナーの発案もしている。

*30 現在では、外釜の剣先によって上糸のループが押し広げられ、そのループの中を内釜にあ

図 12 - 41　ミシン用縫針の上下による上糸の動き

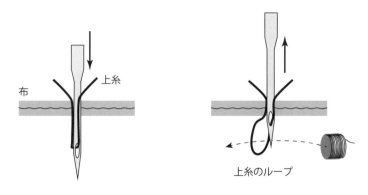

（a）針の降下（上糸が布を貫通）　　（b）針の上昇（布の下で上糸がループ）

この仕組みを考えついたのは夢の中だったという[37]。

　続いて 1851 年には、アイザック・メリット・シンガー（米、Isaac Merritt Singer、1811-1875）が本縫いミシンの現在の原型を発表し、1852 年には、アレン・ウィルソン（米）が全回転釜を発明している。このようにミシンの縫製原理は 1850 年はじめにはでき上がり、現在に至るまで全く変わっていない。縫い方には基本的に環縫いと本縫いの 2 種類がある。環縫いによる縫目は編物のようにループで繋ぐ構造である。縫製原理に基づいた基本的な縫いとして、本縫い、単糸環縫い、二重環縫いの 3 種の縫目形成方法がある。

ミシンの縫目の作り方、その原点

　ミシンでは針棒の運動、天秤の運動、布送り運動、カマの回転運動などの複雑な機構が連動して布を縫う。針糸が針と共に 2 枚重ねた布を貫通して布の下側に出る。次いで、針が再び布の上側に戻った時、針糸が布の

るボビンが交差して鎖縫いにする。ミシンの下糸を出す部分のことを杼と呼ぶこともある。

図 12 - 42　上糸が下糸を引き上げる仕組み[40)]

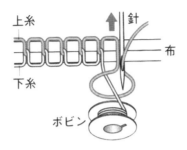

下側にループ状に残っていなければ 2 枚の布を縫糸で繋ぎとめることはできない（図 12-42 参照）。言い替えれば、布の下側に出た糸を何らかの方法で捕捉し、抜けないようにすれば縫うことができる。例えば、布の下側に出た糸を結んでしまえば、その結び目が布からの糸抜けを妨害することになって糸は抜けない。また、布下にできた糸のループにマッチ棒などの障害物を差し込むことで、それがやはり糸抜けを妨害することになる[38)]。前述したが 1846 年にエリアス・ハウは、図 12-42 のように針が上がるときにループ（輪）の中にもう 1 本の糸（下糸）を障害物として通すことによって糸抜けを防いだのである。

　この図では外釜および剣先や内釜およびボビンケースなどは省略してある。外釜と内釜の僅かな隙間を瞬時に上糸がくぐり抜ける。上糸と下糸の張力調整は、2 枚の布のちょうど中間で糸が絡むように調整する。

本縫いの縫目形成原理

　ミシンを知るためには、何をおいても上糸と下糸を絡ませて縫目を作る仕組みを知っておくことが大切である。図 12-43 は、本縫の原理を示したものである[*31]。次のようなしくみで、上糸と下糸が交差する。

---

*31 ここに示した単環縫のほかに、二重環縫、扁平縫、縁かがり縫など縫目による分類がある。

図 12 - 43　半回転釜式による本縫の縫い目形成 [41)

a: 上糸のループを釜の剣先が
捕捉. 下糸はボビンケースの
側面から引き出される.

b: 釜の回転により上糸がボ
ビンケースの周囲を回る.

c: 釜の半回転後，上糸はボビ
ンケースの周囲を上昇する.

 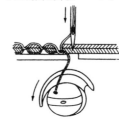

d: 上糸が引かれる.　　　e: 布が前進し，上糸が引き締まる

a: 上糸のループを釜の剣先が捕捉。下糸はボビンケースの側面から引き出される（縫いはじめは引き出されている）。

b: 釜が上糸を手繰りながら下糸の入っているボビンケースの外周をまわる。

c: 釜の半回転後、上糸はボビンケースの周囲を上昇する。

d: 上糸が引き上げられ1つの縫目が形成される。

e: 布が前進する。上糸が引き締まる。

以上の繰り返しで連続縫目が形成される。

9 自分のサイズにあった帽子作り

9·1 帽子の基本的な形と布

　男女共学教材として長谷川圭子によって考えられた題材である[42]。帽子のデザインも工夫でき、多くの教員によって実践されてきた。図12-44に示すように、クラウン（帽子の山）、ブリム（帽子のつば）の組み合わせによって様々な形ができる。帽子の製作は、縫製により平面の布から3次元の形を作ることにも意義がある。

　帽子の布地は、保健衛生上の性質を備えているとよい。生徒にはデニム、コール天、薄手のウール、厚地のコットンなど伸び率の少ない方が縫うときに扱いやすく、作品の丈夫さや美しさに大きく関わってくる。

9·2 帽子の作り方

1. 頭の大きさを図12-45のように測定（採寸ともいう）をする。巻き尺（メジャー）を使って頭の周りとA～Bの長さを測る。A～Bの長さは帽子の深さに関わる。
2. 型紙をつくる（パターンメイキング）

　　6枚はぎのクラウンの型紙は1枚だけでも良いが、3枚作っておくと

図12 – 44　帽子の基本的な形の例

クラウンのみ

ブリムのみ

基本型

応用型

図 12 – 45　頭の大きさを測定する

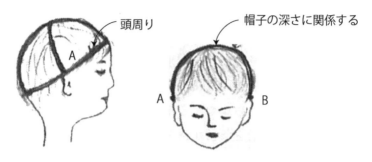

頭周り

帽子の深さに関係する

A

A　　　B

裁断の時に便利である。ブリムは左半分を作図し中央を折って写し取れば左右対称ができる。クラウン（帽子の山）、ブリム（帽子のつば）を包装紙や方眼模造紙などに、定規、コンパス、分度器、鉛筆などを使って図12-46に従い正確に作図して型紙を作る。

3. 図12-46を参考に、型紙を作る（クラウン、ブリムを作図する）

4. 布の裁断（カッティング）をする。

- 図12-47のように布を二つ折りにして、その上に型紙を置きあわせる。

- 布の物理的性質と色・柄・織り目の美しさなどを有効に生かし、布が無駄にならないように配置する。

- 型紙の周辺に1cmの縫い代をつけ、裁ちばさみで裁断をする。布地はみみに平行な方向をたてとし、矢印↔で表す。これに直角な方向がよこ。斜め45°の方向をバイヤス（∿）という。

5. 印付け（マーキング）　図12-48のようにしるしを付ける。両面チャコペーパーを2枚の布の間に入れて、上からルレットで型紙通りのしるしをつける。角は交差させ、合い印もつけておく。

6. 仮縫いと補正の方法について、図12-49（仮い縫い）で説明している。仮縫いは手縫いで行い、試着して補正する。

図 12 – 46　帽子の型紙を作る

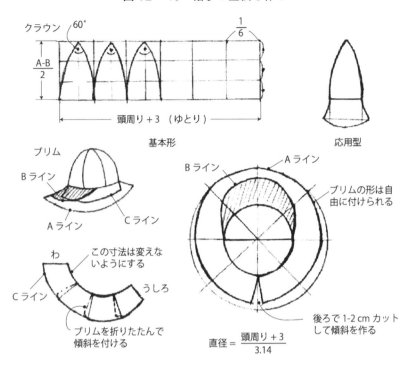

クラウン　60°
$\frac{A-B}{2}$
$\frac{1}{6}$
頭周り + 3 （ゆとり）
基本形
応用型

ブリム
B ライン
A ライン
C ライン

B ライン　A ライン
ブリムの形は自由に付けられる

わ
この寸法は変えないようにする
C ライン
うしろ
ブリムを折りたたんで傾斜を付ける

後ろで 1-2 cm カットして傾斜を作る

直径 = $\dfrac{頭周り + 3}{3.14}$

図 12 – 47　布の裁断

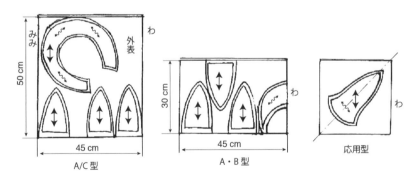

みみ
50 cm
わ
外表
45 cm
A/C 型

30 cm
45 cm
わ
A・B 型

わ
応用型

図12-48　印付け

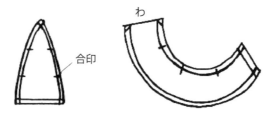

合印

わ

図12-49　仮い縫い

クラウン

マチ針はラインの中央で
カーブに直角に打つ

中央からぬうとぬい目が崩れない

縫い代は一方向に片返し

ブリム

接着芯地(不織布)を
アイロンで貼り付ける

うら

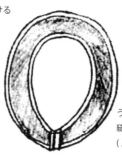

うしろ中心をぬい合わせ,
縫い代は割る
(上下2枚つくる)

クラウンとブリムを組み合わせる

縫い代を内側に折り,
ピンで止めるか,
糸で縫い付ける

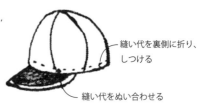

縫い代を裏側に折り,
しつける

縫い代をぬい合わせる

図 12 – 50　仕上げ

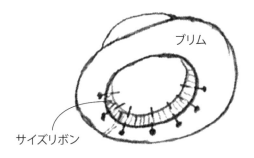

7. 本縫い（ミシン縫い）の手順

   (a) 帽子の山（クラウン）を縫う（6枚はぎを縫い合わせる）。

   (b) 帽子のつば（ブリム）を縫う（上下2枚を縫い合わせる）。補強
     または装飾のためにミシンステッチをかける

   (c) 帽子の山（クラウン）と帽子のつば（ブリム）を縫い合わせる。

   (d) グログランリボンを内側に縫い付ける。

8. 縫い代のしまつの仕方は3つの方法がある。しまつの仕方の違いで
製作の手順も異なってくる。

   (a) 縫い代を先にしまつする。裁断後に裁ち目かかり、ジグザクミシ
     ン、ロックミシンをかける。

   (b) 本縫いの後からしまつする。縫い代にバイヤステープや接着テー
     プをつけて縫う。

   (c) 全体に裏布をつける。裁ち切りしたままで縫い代のしまつは不要
     である。

9. 仕上げ

   (a) 図 12-50 のようにサイズリボンを縫い付ける。

   (b) アイロンをかけ、リボンなどの装飾をする。

   (c) クラウンに穴を開け、はと目や刺しゅうで整える。

   (d) 帽子に防水加工をするとよい。

9·3 帽子製作の留意事項

　同様な実践をした森明子は、製作時間を短縮するために有効な事柄を次のようにまとめている[43]。

　生徒が作る帽子の形を3種類から1種類に絞る。図12-51の3種類の帽子の型紙を紙にプリントして採寸や型紙作りを省略して裁断からできるようする。さらに、班ごとに厚紙で型紙を用意して、手で押さえて布に写せるようにしておく。まち針で止めたりする手間が省け、厚紙の方がずれにくく写し易い。

　帽子は曲線が多く縫いづらいので、しつけ縫いをていねいに行うときれいに仕上がる。薄い布や伸縮性のある布は不織布の接着芯を貼ると、縫

図 12 - 51　A キャップ、B ハット、C チューリップハット

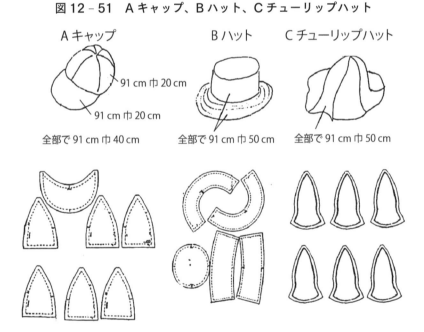

いやすく、形がきれいに保てる。型紙をセロテープで止めた帽子の標本を作って提示すると、生徒がどこを縫うのかイメージしやすくなり、作業の見通しがもて、製作の意欲につながる。また、夏の林間学校の前に完成し、みんなで帽子をかぶって行くことに、学年および家庭から応援を得ていたので、意欲向上に影響大であったという。

10 ブックカバーの製作

10·1 教材としての特徴

　図 12-52 に示すブックカバーは、短時間できれいに仕上がるので生徒も満足する題材である。作業手順は簡単で、図 12-53 に示す縫い代を含んだ型紙を布に写し、布を切って、数カ所縫うだけで文庫本サイズのブックカバーができあがる。時数の少ない中でも、被服領域で製作したいときに、役に立つ題材である。

　一方、これはミシン縫いの練習としても役に立つ題材である[44]。題材について考えるときに、ミシンの練習になるだけでなく、生活に役立つ、生徒の身の回りで使われる題材の観点も大切にしたい。この文庫本カバーや後述のウォールポケットなどは、使われる題材であろう。

　以下で紹介するブックカバーは、本の厚みを調整でき、ベルトで固定するタイプで、ベルトはリボンやレースを使うことで見た目もよく仕上がる。

図 12 - 52　ブックカバー

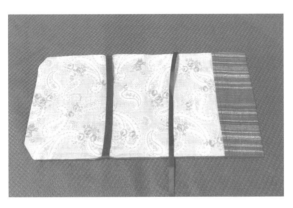

図 12 - 53　縫い代を含めた型紙

C 部の角は直角のままで支障ない．A-C 間の長さは表布用
標準寸法を示す．A-D 線の右側 2 cm は三つ折りする部分．

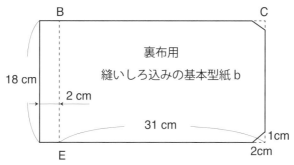

B-E 線の左側 2 cm は三つ折りする部分．

10·2　作業の手順

1. 布を選ぶ（表側の布と裏側の布 2 枚）．布は生徒が自由に選べるよう
   に何種類も用意しておく．型紙の幅に切っておけば、無駄になる部
   分は少なくなる．型紙は縫い代を含んでいるので、半端な布でも型
   紙を当てて型紙分の布として使うことができる．

2. 型紙で型を取り、布を裁断する．図 12-54 (a) のように、表布と裏布
   を 2 枚用意する．表側の布は 2 枚つなぎ合わせたり、レースや刺繍
   を施したりすることもできる．

図 12 − 54　型どりと端の処理

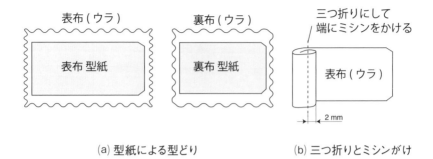

(a) 型紙による型どり　　　　(b) 三つ折りとミシンがけ

(a) 表布のウラ面に表用型紙 a を、裏布のウラ面に裏布用型紙 b を重ね、チャコペンシルで型枠線を描く。型枠線に沿って裁断する。(b) 表布のウラ面側および裏布のウラ面側をそれぞれ三つ折りして、アイロンを掛け、縁から 0.2 cm 部分（目標）をミシンがけする。三つ折り予定部が布の耳になっている場合は、端がほつれることがないので、折り返してミシンがけするだけでもよい。

3. 布の端を縫う。図 12-54 (b) に示すように左側のみ三つ折りにしてミシンで縫う。この作業は、単に布の端の始末なので、布の耳を使うならば必要ない。

(a) 三つ折りをきれいに仕上げるコツは、アイロンをかけながら行うことである。アイロンをかけるのは生徒にとって一手間に感じるが、ミシンで縫うときに三つ折りする部分を固定させると作業がし易くなる。

(b) 表布と裏布を縫い合わせる。図 12-55 (a) のように、しおり、ベルトをテープで止める。表側の布と裏側の布の間に三つ折りした端を 4 〜 5 cm 折る。図 12-55 (b) に示すように、中表になるように裏布をのせて周囲を縫う。周囲の縫い方は、手縫いよりもミシン縫いの導入、練習に好適である。表側の布はパッチワークのように縫い合わせたり、レースを付けたり、刺しゅうをしたりすることもできる。

(c) 図 12-55 (b) の★印のところから裏に返す。裏に返してアイロン

図12‑55　表布と裏布を縫い合わせる

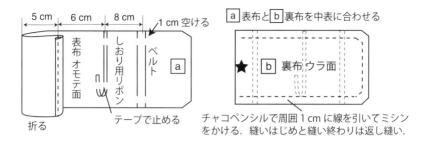

（a）しおりやベルトをテープで止める　　（b）表布と裏布を合わせて周囲を縫う

を掛け形を整えれば完成する。表側の布に刺しゅうやアップリケ・ステンシルなど装飾をすることもできる。また、返し口が広いので本体が完成してから刺しゅうをすることもできる。生徒にとっては平面加工なので直線裁ち、直線縫いが多く、製作し易い題材である。

　製作時間を4～6時間にして行えば、表の布を刺し子のような刺しゅうにしたりパッチワークのように何枚も接ぎ合わせたり、オリジナルのデザインをステンシルしたりと生徒のアイデアあふれる作品ができる。

　図12-56 これは左右両方を三つ折りにしてミシンで縫ったものである。また、大きさ変えれば新書版の大きさにしたり、教科書やファイルのカバーにしたりすることもできる。生徒にとっては文庫本のブックカバーより、漫画本のコミックサイズのカバーの方が作りがいがあるのかもしれない。教科書やファイルなど厚みが固定されているものは、このカバーだと作り易い。また、カバーに厚みを付けるために接着芯やキルト芯などを入れるとがっちりとした作品ができる。ブックカバーは教材のキットにも似たようなものがある。キットで統一した物を説明書通りに作らせることは、教師にとっては指導し易い。また、一手間かけて生徒の希望を聞いて布の色を注文したりする方法もある。しかし、授業の中で多くの布から気に

図 12 – 56　ブックカバー（その 2）

入った布を選んだり、しおりのリボンの色を合わせたりとわくわくしなが
ら作業する喜びをも体験させたい。

🔢 ウォールポケット

　「ウォールポケット」は平面加工なので、製作の計画もイメージし易く、直線裁ち、直線縫いが多く、縫い易い。ウォールポケットは平面構成の作品で、わかりやすい作業工程なので、楽しく作業が進められる[45]。何よりも、図12-57のようにポケットの大きさや形を変えるだけでもデザインが変わる。装飾の仕方もステンシル、刺しゅう、アップリケなどできるので、生徒の創意工夫が生きる要素が多くある。また、失敗しても修正がし易い題材である。

図12-57　ウォールポケットのデザイン

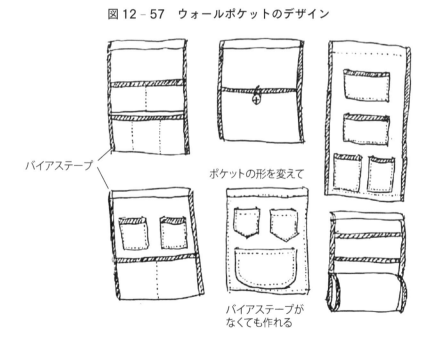

バイアステープ

ポケットの形を変えて

バイアステープがなくても作れる

11·1　ポケットの大きさや形で変わるデザイン

　手順を間違えて、失敗しても多少縫い目をほどくぐらいで修正ができる。また、布を切りすぎたりしてもポケットのデザインを変えたり、別布を当てるなどすれば済むことが多いので、すべてをやり直すような致命的な失敗はほとんどない。生徒がデザインを決めて作り始めても、途中でデザインを変えることができる。むしろ、定規を当てて計画し、きっちり完成図を描くより、実際に布を当ててイメージさせながら完成させていく方が創意工夫する場が多くとれる。

11·2　生徒の失敗とその修正方法

　失敗ではなくても、以下のようなアドバイスが大事である。浅く大きなポケットの場合、大きなものや重いものを入れると、ポケットの口が図12-58のように開いて、ポケットの中に収納できず十分に機能しない。その改善策として、ポケットを仕切るか、ボタンやマジックテープで押さえる方法をアドバイスする。そこで生徒に好きな方法を選択させる。一方、深く、大きいポケットを仕切ると小さなものがポケットの奥底に落ちてしまって取り出しにくい。見栄えだけでなく用途に合わせたポケットの大きさ、形を考えさせ、機能性も重視させることが大事である。生徒が失敗して教師にアドバイスを求めてきたとき、教師は失敗を失敗としてがっかりさせず、修正できる方法をいくつかアドバイスし、生徒が納得できるように選択させるアイデアを持っていたい。

図 12 - 58　浅く大きなポケットの注意点

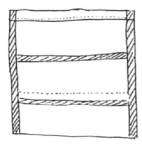

広く浅いポケット

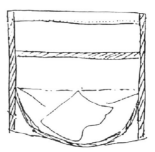

重い物や大きい物を入れると
ポケットの口が開いてしまう

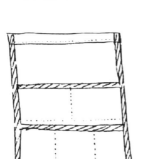

ポケットに仕切りを入れる

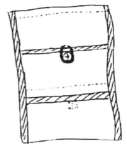

ボタンやマジックテープで
ポケットの口が広がらない
ようにする

11·3　ミシン縫製の学習の意義

　ミシンの糸は白で統一し、糸の掛け替えがないようにすることで操作が
簡単になり、生徒のほとんどがミシンで縫えるようになる。生徒がミシン
の糸かけから糸の調整まで一人でできるようになれば、ミシンの便利さ、
楽しさを実感できるようになる。しかし、家庭にミシンがある生徒は少な
く、ミシンの使い方を学ぶことはそう簡単ではない。ミシンの使い方や上
手に縫えることだけを主眼とすると、縫う楽しさが失われがちである。ま
た、縫う楽しさだけを主眼にしていると「やさしい授業」になりがちであ

る[*32]。ミシンの発達やその仕組みなども含めながら授業を展開する観点が大切である。ものづくりと技術の発達や原理の両者を統一すれば、ものづくりに興味を持つ生徒が多くなると考える。

　装飾の方法は、刺しゅうやステンシルやアップリケなどたくさんの方法があり、ミシン縫い以外の作業が多くできる。ミシンの台数が少ない学校では、ミシンの順番待ちを利用してこれらの作業を取り入れると効率がよい。

　技術・家庭科において体験的学習が重要視され、ものづくりの大切さが見直される反面、授業の時間数が削減されてきた。ウォールポケットは、限られた時間の中でものづくりの楽しさを感じられる題材である。

[*32]「やさしい授業」については第4章の151ページで詳細に説明しているので、ぜひ参照されたい。

12 　生徒に学ばせたい被服領域の基礎

　被服領域の教材・教具には、女子教育としての歴史が色濃く残っている。それを全面的に否定することで、あるべき教材論にたどり着くことはできない。ゆえに、女子教育としての教育実践および教材分析を批判的に検討し、その中から正しい家庭科教育論を抽出することが教材分析の在り方である。前述の題材と実践は、産教連の活動で実践された多くの教材の一部でしかない。また、それを製作していれば被服領域として十分とは言えない。大切なことは、教師がその題材を通して何を教えるのか、その教材の意義と目的をしっかり咀嚼することである。

　一方、被服領域の教育実践では製作に重点が置かれ、作品をうまく、早く作ることが評価されてきた面も否めない。手作業のみに視点を置いた教材認識に警鐘も示されている[46)]。高度経済成長の前後の生活の変遷を見ると、自分で服を製作していた生活から既製品を購入する時代へと変わっていった。裁縫の技術を磨き、ミシンを買って衣服を作ったり、毛糸を編んでセーターを作る楽しみや豊かさは見る影もない。「生活に役立つから」「生活に欠かせない」という必要性だけでは、家庭科教育の教材を位置付けることも開発することも困難である。

　「技術は生産に関する科学である」[47)] の定義が、この問題についての重要な視点を与える。つまり、被服という営みは、人類の歴史のあらゆる段階において生産そのものである。将来においても、被服を必要としない社会はあり得ない。今後は、高度で効率的な被服の生産システムが作られるであろう。そのような事実を念頭に、それぞれの教師が被服領域の内容を見直し、たゆまぬ教材分析をすることが基本である。被服領域の教材分析をすることで、被服に関わる原理や科学・技術を見つけ出すことができる。その原理や科学・技術は時代が変化しても変わることのない普遍性を有し

ている。

　被服教材において普遍的なものに着目すると、生徒に学ばせたい被服領域の基礎が浮き出てくる。その柱になる事項を以下に簡潔にまとめる。

12·1　素材から布まで

　被服の出発点は、自然から産出される多様な素材である。その自然の素材から出発し、繊維や布が作り出される。この原理は、技術・家庭科教育のあらゆる領域に共通している。人類は、自然界に存在する物から多様なものを生産している。技術・家庭科教育は、そこを重視することが必要である。被服領域においては、繭や綿花などの素材から紡ぐことにより一次元の糸を作り出す。その他、ナイロンなどの化学繊維においても、溶液から紡糸の工程を経て、繊維を作り出している。その多様な紡糸の原理にも歴史があり、たくさんの発明や道具の出現により、効率よく糸を作り出す技術が発達してきた。このことを教材として位置付けることが必要である。

　さらに、一次元の繊維を織ることで二次元の布を作り上げる。技術の領域では、切断や切削などの除去加工により形を作ることが多い。これに対して被服では、塊から一次元、二次元へとものを作りだし、最後は縫い合わせて３次元形状を作り上げる。繊維から糸を紡ぎ、織ることで布を作り出すことも普遍的原理である。かつては手作業であったが、今日では自動織機により高速な生産が可能となっている。

　紡織は、被服領域の一番目の柱である。本章では、糸紡ぎや機織りの原理を学ぶことを重視した教材や実践を紹介した。

12·2　布を縫うこと

　布を裁断し、それを縫い合わせることで立体を構成する。縫製は、被服領域の二番目の柱である。この縫うという営みには、たくさんの要素が含

まれている。糸と針を用いて布をぬい合わせて、被服を作る内容には多く
の技術がある。生徒に、これだけは絶対身に付けさせたい基礎の知識、技
能がある。

1. 布の方向性と強度

   布は方向性を持っており、方向により伸縮性や強度が変化する。衣
   服の機能に合わせて布からパーツを取り出す方向を考えることを身
   に付ける。

2. 部分に合わせた縫製の仕方

   具体的な例として、次のような縫い方がある。きれいに直線縫いが
   できるならばよいが、往々にして上手に直線縫いにならず、図12-59
   のAのようになってしまうこともある。しかし、Bのようにポケッ
   トに厚みを付けるように縫うと、ミシン掛けが少し曲がっても厚み

図 12 – 59　部分に合わせた縫製の仕方

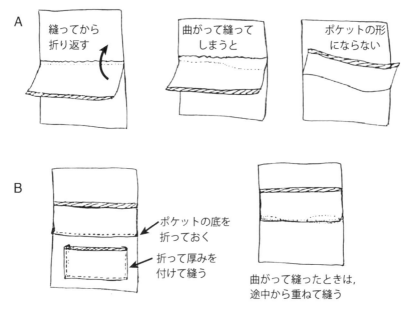

で吸収すれば、大きな失敗にはならない。機能や仕上がりを考えて、縫い方の工夫ができるようになると、ミシンの縫製も上達する。

3. 布の切れ端の始末の仕方

「ウォールポケット」のそれぞれの部分にあわせた布の切れ端の始末の仕方は二つ折り、三つ折り、バイヤステープを用いての加工のほか、ピンキングばさみで切ったり、ロックミシンやジグザグミシンで縫ったりすることができる。また、これらの方法を組み合わせることもできる。バイヤステープ（アイロンで接着するのり付き）は、三つ折りをして縫うより楽にでき、きれいに仕上がる。

4. 返し縫いの必要性

返し縫いは、縫い始めと縫い終わりやポケットの口などの補強やほつれ易いところに用いる。ミシンがけでは必ず必要になる。

12·3　技術史の視点とミシンの発明

　被服領域の教材分析については、技術史の視点から教材を見直すことも検討されてきた[48, 49]。技術史の観点を大切にすると、被服の発達の中から原理や普遍性を取り出すことができる。自分の扱う題材について、技術史の観点から分析することは、原理や普遍性に加えて、その領域の教養が身に付くことも忘れてはならない。

　例えば、被服の中では、長繊維の綿花の栽培から機械化までの長い歴史を学ぶことはたいへん意義深い[*33]。家庭科教育において、繊維や縫製の機械化について触れない傾向があるが、機械化は重要な内容である。短繊維から長繊維の綿花へと、機械化に適した綿花が選択されてきた。長繊維に適した土地を求め、アジアから米国南部へと生産地が変化した。さらに、綿花栽培のために、アメリカでは奴隷労働を導入した。アメリカ資本の誕

---

*33 綿花をめぐる歴史的考察は、川勝平太『日本文明と近代西洋』（2003、NHKブックス）に興味深い分析があり参考になる。

生には、このような背景がある。アメリカ合衆国で蓄積された綿花栽培の資本が重工業へとシフトすることで、黒人奴隷を米国北部労働者へと活用するために、奴隷解放の南北戦争が起きたことになる。綿花が歴史とこれほど密接に関わっていることも大切な技術史の内容である。

その他、上糸のみの単環縫いのミシンの発明を経て[*34]、上糸と下糸で縫うという新たな原理が生まれ、ミシンの発明に至る。そのミシンがさらに発達を遂げ、今日の縫製の効率化と高度化が実現されている。縫製産業は発展途上国の産業資本の形成に大きな役割を果たしている。ミシンにより布を縫う原理や技術は普遍的なものであり、家庭科教育で学ぶ意義は大きい。被服領域における普遍的原理を抽出し、それを興味深く魅力ある題材にすることが、教師の仕事である。

---

*34 英国人のトーマス・セントが単環縫い（チェーンステッチ）のミシンを発明したのが、ミシンのはじまりと言われる。英国特許 1764 号といわれるが、それが 83 年間も特許書庫に眠ったままだったと言われる。

参考文献

1) https://www.nier.go.jp/guideline/s33j/index.htm
2) https://www.nier.go.jp/guideline/s44j/index.htm
3) https://www.nier.go.jp/guideline/s52j/index.htm
4) https://www.nier.go.jp/guideline/h01j/index.htm
5) https://www.nier.go.jp/guideline/h10j/index.htm
6) https://www.nier.go.jp/guideline/h19j/index.htm
7) https://www.nier.go.jp/guideline/h28j/app1.htm
8) 野本恵美子, 縫うことをとおして伝える技、技術教室, No. 663, pp. 30-37 (2007)
9) 梅田玉見, 教師が求める学習形態と領域選択 ─ 必修技術・家庭科領域選択の調査, 技術教室, No. 483, pp. 59-60 (1992)
10) 梅田玉見, 教師の7領域選択の意識につい, 技術教室, No. 494, pp. 56-62 (1993)
11) 植村千枝, 被服製作について, 技術教育, No. 228, pp. 33-37 (1971)
12) 向山玉雄, 鈴木香緒里, 家庭科教材を技術教育的視点で再編成した実践 (3), 技術教室, No. 494, p. 86 (1993)
13) 日下部信幸, 糸紡ぎ道具の作り方と指導, 技術教室, No. 388, pp. 11-15 (1984)
14) 日下部信幸「確かな目を育てる 図説 被服の材料」(1986), p. 73, 開隆堂
15) 佐藤加代子, 16年間の綿作りと教材化, 技術教室, No. 684, pp. 12-19 (2009)
16) 鈴木賢治「技術教育学序説」(2009), p. 86, 合同出版
17) 日本綿業振興会「もめんのおいたち」(1976), p. 4
18) 渡辺一弘, 天然繊維における糸の成り立ち, 技術教室, No. 636, pp. 48-53 (2005)
19) 杉原博子, まゆから絹をとり出す授業, 技術教室, No. 454, pp. 13-17 (1990)
20) 野田知子, 繊維の原料を五感で知る, 技術教室, No. 638, pp. 42-47 (2005)
21) 日本養蚕研究所編「養蚕」p. 5 (2010)
   http://www.silk.or.jp/silk_gijyutu/yousan.html
22) http://www.norikaiya.net/koutei-4-weave.html
23) https://www.wikiwand.com/ja/ 織機
24) 植村千枝「技術・家庭科授業入門」, 岡 邦雄編, p. 82 (1966), 国土社
25) 池上正道, 織り機を作らせる実践, 技術教室, No. 401, pp. 24-30 (1985)
26) 綿貫元二, 織機を作り布を知る, 技術教室, No. 648, pp. 24-29 (2006)

27) 植村千枝，被服製作について，技術教育，No. 193, pp. 33-37（1971）

28) 角田宏大，香山純子，布加工の観点から被服学習を考える ─ 男女共学によるショートパンツの製作，技術教育，No. 288, pp. 19-22（1976）

29) 首藤真弓，共学題材ワーキングウェア，技術教室，No. 504, pp. 37-43（1994）

30) 野本恵美子，縫うことをとおして伝える技，技術教室，No. 663, pp. 330-35（2007）

31) 長谷川圭子，共学題材としてのショートパンツ，技術教室，No. 435, pp. 12-18（1988）

32) 江口龍彦，ミシン針の種類と用途，繊維製品消費科学，Vol. 23, No. 10, pp. 420-425（1982）

33) https://www.clover.co.jp/hari/koutei.shtml

34) 有吉佐和子『針女（しんみょう）』（1981），新潮文庫
時代背景は、1942-1943（昭和 17-18）年頃と考えられる。また、1943（昭和 18）年 7 月 4 日、毎日新聞には、「服を縫う針も配給制に、1 年 1 人当たり 13 〜 15 本が配給され、針を大切に扱うようにと促す記事がある。
https://mainichi.jp/graphs/20161227/hpj/00m/040/003000g/32

35) https://www.clover.co.jp/seihin/kizuna.html

36) 森田裕子，誰でも"縫い"をマスターできるティッシュケースづくり，技術教室，No. 561, pp. 32-37（1999）

37) ガートルード・ハートマン著，渡辺一男訳「機械の生い立ち」中等教育研究会発行，p. 142（1951）

38) 小泉和子「洋装の時代 日本人の衣服革命」（2004），OM 出版

39) 鎌田佳伸，ミシン縫製の科学，繊維学会誌，Vol. 60, No. 2, pp. 34-37（2004）

40) 平成 17 年版「新しい技術・家庭　家庭分野」p. 108，東京書籍

41) 松下利三郎，ミシンの JIS について，繊維製品消費科学，Vol. 7, No. 1, pp. 49-54（1966）

42) 長谷川圭子，平面から立体へ（その 1）─ 帽子を作る，技術教室，No. 353, pp. 10-15（1981）

43) 森　明子，帽子ができた！ 自分ってすごいなあ，技術教室，No. 561, pp. 38-43（1999）

44) 根本裕子，授業で子どもを引きつける工夫，技術教室，No. 693, pp. 4-11（2010）

45) 森田裕子「創意工夫が広がるウォールポケット」技術教室，No. 597, pp. 21-25（2002）

46) 鈴木理恵，教材に問われるもの ─ スモック製作からの考察，技術教室，No. 388, pp. 37-39（1984）

47) 鈴木賢治「技術教育学序説」p. 27（2011），合同出版
48) 長谷川圭子，被服学習にも技術史の視点を ― 生活のなかに題材を求める，
技術教室，No. 499, pp. 12-17（1994）
49) 及川理恵，先人の衣生活に学ぶ ― 道具や技術の発達を通して，技術教室，
No. 368, pp. 39-43（1983）

一般陶冶総合技術学校のカリキュラム

　ドイツ民主共和国の一般陶冶総合技術学校における 10 年間のカリキュラムである。日本の技術教育の内容と比較すると、雲泥の差があることが一目瞭然である。また，多くの人たちが、このカリキュラムを実践するために関わっている。技術教育と全人格的発達との関係を重視しながらカリキュラムが作られていることも理解できる。

◇第 1 学年

(1) 工作入門 (2 時間) 作業例　テーブルカード・保育所の衣服ロッカー・ハンカチ掛け用の識別票

(2) 有用対象物製造の際の基本作業入門 (16 時間)

　　(a) けがき・切断・折りたたみ・貼り合わせ - 紙・画用紙・厚紙でテーブルカード 1 センチ刻みの物差し，紙袋

　　(b) 測定・けがき・切断 - プラスチック箔でしおり

　　(c) 画用紙のけがき・切断・そして他の材料との接合 - かざ車・温風らせん

　　(d) 切断と貼り合わせ - 交通教育用あるいは飛行物体の型紙

(3) 技術模型組立て入門 - はしご・橋，交通標識 (10 時間)

◇第 2 学年

(1) 簡単な技術設備におけるテコ・ローラ・ロープの応用 (4 時間)

　　(a) テコの応用 - シーソー，遮断機・天秤・ローラー・ロープの応用 - エレベーター・ウィンチ・クレーン・腕木信号機

(2) 厚紙製の平面的作品の紙による表装 (4 時間)

　　(a) 彩色した表装用紙の製作 - さまざまな模様の色紙

　　(b) 平面的作品の表装 - カレンダーの台紙・時間表の台紙

(3) 簡単な操縦可能な車輌における回転ピンの応用 (4 時間)

　　(a) 二軸の車輌模型組立て - トラックまたはトラクター付随車・手押し車

　　(b) 一軸の車輌模型組立て - ローラー・買物用ローラー

(4) 直線定規とコンパスによる簡単な作品のけがき（4時間）

　　(a) 円形の平面的作品のけがき - かざ車・落下傘・色彩回転盤

　　(b) 平面的作品への円環のけがき - 動く針をもった時計の文字盤・羅針盤

(5) 有用物と機能模型製作時の労働方法と材料の使用（8時間）

　　(a) 簡単な発射台を持った飛行物体 - 遊び用ロケット・三角翼飛行機

　　(b) 有用物 - 造花

(6) 有用物製作時の人造皮革の加工入門（4時間）

　　(a) 人工造皮革製の保護ケース製作時のけがき・切断・穴あけ・接合 - ピオニール少年団身分証明書入れ・コンパス入れ・ハンカチ入れ・くし入れ

◇第3学年

(1) 柔軟性のあるプラスチック材による有用物の製作（6時間）

　　(a) 協力企業体の労働者用の数値の区分けを持った物入れや袋 - 工具・検査・測定用具入れ・状差し・証明書入れ・鍵入れ・ブックカバー・万年筆入れ・工具入れ

(2) 郷土の社会主義的企業におけるコンベア装置の機能模型組立て（10時間）

　　(a) 簡単なコンベア装置のロープまたはバンドの応用 - ベルトコンベア・組立て（コンベア・ケーブル・傾斜ホイスト）

　　(b) クレーンのローラ・ロープ・ウインチの応用 - 自走クレーンとタワークレーン・門形クレーン・橋形クレーン

(3) 紙とプラスチック製の有用物製作（8時間）

　　(a) 生徒の授業用材料の紙ばさみ製作 - 整理用ファイル・収集ファイル

(4) 有用物と模型製作時の電気技術部品による作業入門（6時間）

　　(a) 授業外の催し物の簡単なランプまたは信号器の製作 - 卓上ランプ・電気スタンド・テント用ランプ・交通標識灯・信号機

◇第4学年

(1) 社会的有用物製作時の材料加工 - 木材（32時間）

　　(a) 木製物の製作時における測定・ケガキ・切削・接合 - 鉛筆削り器・本立て・飼料箱（小屋）・釘箱・鍵板

(2) T・b作業（機械模型組立てと電気模型組立てを含む）（28時間）

　　(a) 断面形とローラー・ロープ・摩擦車などの伝達要素の応用 - 簡単な工作機械（丸ノコ・ボール盤）の模型組立て

(b) 電線の切断・被膜剥離・正しい締め付け方 – 自転車や模型に電流回路をつける

◇第 5 学年

(1) 社会的有用物製作時の材料加工 – 木材とプラスチック (20 時間と 16 時間)

    (a) 木製品の種々の作業法の応用 – 小物用分類箱・幼稚園の遊具・授業用材料

    (b) プラスチック製品のケガキ・切断・切削・塑性加工・接合 – 型板・T・b 用の部品・テーブルかけ・黒板かけ

(2) T・b 作業 (機械模型組立てと電気模型組立てを含む) (24 時間)

    (a) より広い断面形と歯車・環状ネジ・ネジ歯車などの伝達要素の応用 – 技術装置 (巻揚げ機・クレーン) の模型の組立て

    (b) 並列および直列接続のための基本電流回路の拡大 – 白熱ランプ・抵抗器・呼鈴キーを応用した警報装置や自動車ランプ

◇第 6 学年

(1) 社会的有用物製作時の材料加工 – プラスチックと金属 (16 時間と 30 時間)

    (a) プラスチック製品の種々の作業法の応用 – 植木鉢用下敷・鉛筆皿・絵具混ぜ皿

    (b) 金属製品のケガキ・切削・塑性加工・接合 – ネームプレート・取付け金具・帽子かけ

(2) T・b 作業 (機械模型組立てと電気模型組立てを含む) (14 時間)

    (a) 回転運動を直線運動に変えるためのクランクと偏心板の応用 – 機能模型 (のこぎり盤・縦けずり盤・クランクプレス) の組立て

    (b) 操作盤とモーターや電磁石との連絡 – 電磁石付きクレーン

◇第 7 学年

(1) 社会主義生産入門 (30 時間)

    (a) 機械技術学と機械学

    (b) われわれの企業体

    (c) 切削・塑性加工・鋳造・鍛接による成形・表面処理

    (d) 製造方法の経済性

(2) 製図 (30 時間)

    (a) 製図入門

(b) 製図のさまざまな表現方法における読図，スケッチないし線図

(c) プリズム状の作品や技術対象の読図，スケッチないし線図

(d) 円柱形及びプリズム状の作品や技術対象の読図，スケッチないし線図

(e) 拡大ないし縮尺で技術対象の線画

(3) 生徒の生産労働 1（144 時間）

(a) 手作業や簡単な機械による材料加工－のこびき，せん断，ほぞ穴づくり，ねじ切り，やすりがけ，曲げる，伸ばす，測定，検査などの基本的技能と作業知識

(b) 簡単な組立て，分解・完成作業－組立て，分解の計画と準備，簡単な機械の操作と保守，組み立て規則，機能試験などの基本と作業知識

(c) 農業生産における労働－労働の計画と準備，耕作，手入れ，刈り取りの基本技能と作業知識

◇第 8 学年

(1) 社会主義生産入門（30 時間）

(a) 機械技術学と機械学

(b) 機械の構造と機能

(c) 材料の特性とその変化

(2) 製図（30 時間）

(a) 断面図の読図，スケッチないし線図

(b) ねじとねじ接合の記号製図による読図，スケッチないし線図

(c) 簡単な組方図の読図

(3) 生徒の生産労働 2（144 時間）

◇第 9 学年

(1) 社会主義生産入門（30 時間）

(a) 機械技術学と機械学

＊機械の基礎的部品－軸と支持用部品としての軸受け，シャフトと機械的エネルギー伝達の継手，運動変換のための機構，部品の系統的総括，器械や設備の制御入門（農業コース）

＊トラクター：(イ) ディーゼルモーター，(ロ) 動力の伝達，(ハ) シャーシー，(ニ) 電気設備，(ホ) トラクターと付随車の交通安全と運行安全の検査のための原理

＊機械と設備に関する制御入門

(2) 社会主義企業の生産の基礎（金属加工工業と電気工業，30時間）

    (a) 企業の生産課題

    (b) 資材とエネルギー経済

    (c) 生産過程の主要段階

    (d) 生産過程の合理化

    (e) 企業の労働者の課題

    （その他建設，農業については，ほぼ同じような内容なので，割愛）

(3) 生徒の生産労働1（金属加工工業と電気工業，192時間）

    (a) 大型機械またはその他の作業機の取り扱い，監視，保守

    (b) 修理作業の際の協力または複雑な組立て作業の実施（金属）

    (c) 複雑な電気，機械または電気装置の技術的作業の実施，および製造あるいは修理の枠内での組立て，分解作業の実施（電気）

    (d) 特別な企業労働の実施

    （その他　建設，農業，化学工業，紡績工業，木材加工工業，皮革加工工業，衣料工業が地域の条件に合わせて選択される．それぞれの内容は割愛）

◇第10学年

(1) 社会主義生産入門（56時間）

    (a) 電気工学

    ＊電気工学の国民経済的意義

    ＊検査と測定技術入門

    ＊強電技術入門（電気エネルギーの生産と分配，電熱および電気照明，三相交流と三相交流非同期電動機）

    ＊弱電技術入門

(2) 生徒の生産労働2（金属加工工業と電気工業，192時間）

索　引

跋　文

　誰もが「読み書き、算盤」を身に付け働いて、生きがいを感じて幸せに暮らせる社会、それが人間らしい社会です。教員の熱心な活動なしに、それは実現できません。なかでも、民間教育研究団体が日本の教育実践の発展に果たした役割は無視できません。自主的な探求が、偉大な発見や学問につながってきたことは歴史の事実です。学校教育においても、教員が興味と情熱を持った自主的研修が大切です。自主的研修は社会に役立っていますが、評価・奨励されることは希です。それは自主的研究活動の受難の一因です。この行き詰まりは、産業教育研究連盟に限ったことではありません。

　本研究連盟の活動は、戦後に始まり 70 年余を数えます。技術・家庭科教育に真摯に取り組んできた教師に支えられ、多くの成果を積み上げてきました。月刊誌「技術教育」「技術教室」の発行を手がけ、技術・家庭科教育の発展に寄与してきました。しかし、技術・家庭科教育を支える教員は、授業時間の削減や教員の削減により減少の一途を辿ってきました。技術教育・家庭科教育の陶冶価値は、残念ながら十分認識されていません。

　このような状況から、「技術教室」の休刊（2012 年から）という本研究連盟の活動に大きな節目を迎えました。さらに、「産教連通信」と全国大会の開催についても区切りを付ける時期を迎えています。産業教育研究連盟として、これまでの成果と課題をまとめて後世に伝える良い時期と考え、本書の編纂を計画しました。本書が後生の教師たちに役立つことがあれば、本書の出版は無駄にならなかったことになります。しかし、私たちにそれを知る術はありません。

　技術教育・家庭科教育の書を著すことが、いかに困難な仕事であるかを筆を持って痛感しました。まさに、何事も言うは易しです。本書は、執筆者らの不撓不屈の精神力と本研究連盟の会員の献身的協力による作品です。

計画から３年の月日を経て本書の原稿をようやく脱稿することができました。しかし、これまでの授業実践を精選したものの、多くの実践や内容を割愛せざるを得ませんでした。見落とした事柄も少なくないはずです。執筆の過程で、苦心しながらの授業実践を改めて知りました。それを伝えられず、忸怩たる思いです。それについては、執筆者らの非力をお詫びする次第です。

これまで寸暇を惜しんで原稿を執筆してきました。過ぎてしまうと、執筆の時間が逆に幸せな時間であったことを感じます。執筆者の中には、病を押して原稿を書いた先生もいました。本当に頭の下がる思いです。また、内糸俊男先生（北海道厚沢部町立厚沢部中学校）より本稿のコメント・校正をいただきました。本書の関係各位に心よりお礼を申し上げます。思い残すことはないと言えば嘘になりますが、ここに筆を擱きます。

最後に、本研究連盟の活動に参加された多くの方々の長年のご協力に深謝いたします。また、本連盟編集の月刊誌の発刊を支えていただいた国土社、民衆社および農山漁村文化協会のご協力に心より感謝申し上げます。

2021 年 6 月

産業教育研究連盟委員長　鈴木賢治

執筆者合宿の写真（2020 年 8 月 22 日）
後段左から 亀山俊平，藤木勝
中段：野本惠美子，金子政彦，野本勇
前列：後藤直，根本裕子，鈴木賢治

◆ 執筆者一覧（五十音順）

金子 政彦（第3章，第5章を担当）
1946年 神奈川県生まれ
1973年 横浜国立大学教育学部卒業
　同　年 神奈川県中学校教諭採用
　　　 元鎌倉市立大船中学校教諭

亀山 俊平（第10章を担当）
1962年 京都府生まれ
1986年 宮城教育大学卒業
1987年 東京都公立中学校教諭採用
1993年 和光学園和光中学校教諭（現在に至る）

後藤 直（第9章を担当）
1965年 新潟県生まれ
1988年 新潟大学教育学部卒業
　同　年 新潟県中学校教諭採用
現　在 三条市立大崎学園教諭

下田 和実（第3章，第5章を担当）
1951年 鳥取県生まれ
1974年 大阪通信大学短期大学工学部
　　　　 電子工学科卒
1974年 大阪中学教諭採用
2012年 大阪市立大桐中学校 定年退職

鈴木 賢治（第1章，第2章，4章を担当）
1958年 宮城県生まれ
1982年 新潟大学大学院工学研究科修了，
　　　　 新潟大学助手
1993年 博士（工学）名古屋大学
2004年 新潟大学教授（現在に至る）
2013年 新潟大学教育学部長（2017年まで）

根本 裕子（第12章を担当）
1969年 茨城県生まれ
1992年 茨城大学教育学部卒業
1993年 茨城県中学校教諭採用
現　在 ひたちなか市立那珂湊第三小学校教諭

野本 勇（第2章，第8章を担当）
1950年 東京都生まれ
1974年 日本大学理工学部電気工学科卒業
　同　年 東京都中学校教諭採用
1980年 私学麻布学園教諭
2014年 私学麻布学園 退職

野本 恵美子（第11章を担当）
1955年 神奈川県横浜市生まれ
1978年 文化女子大学家政学部卒業
　同　年 東京都公立中学校教諭採用
2015年 町田市立第一中学校教諭 退職
現　在 私立和光学園和光高校非常勤講師

藤木 勝（第6章，第7章を担当）
1948年 長野県松本市生まれ
1970年 東京学芸大学卒業
　同　年 東京学芸大学附属大泉中学校教諭
2008年 東京学芸大学大学院教育学研究科
　　　　 技術教育専攻入学
2010年　同　修了
2010年 東京学芸大学教育学部技術科
　　　　 非常勤講師
現　在 私立和光高等学校非常勤講師

三浦 基弘（第2章，第3章を担当）
1943年 旭川市生まれ
1965年 東北大学卒業
1965年 東京都高等学校教諭採用
　　　　 東京都立小石川工業高等学校教諭，
　　　　 東京都立田無工業高等学校教諭
現　在 東京都立田無工業高等学校
　　　　 ボランティア教員

技術・家庭科ものづくり大全
その教育理念と授業実践

2021年8月25日　第1刷発行

編　　者　産業教育研究連盟
発 行 者　坂上美樹
発 行 所　合同出版株式会社
　　　　　東京都小金井市関野町1-6-10
　　　　　郵便番号　184-0001
　　　　　電話　042（401）2930
　　　　　振替　00180-9-65422
　　　　　URL　http://www.godo-shuppan.co.jp/
印刷・製本　惠友印刷株式会社

ISBN 978-4-7726-1473-3　NDC 590　148×210
© 産業教育研究連盟，2021